쟌 모리스의
50년간의 세계여행
1

A WRITER'S WORLD: TRAVELS 1950-2000
Jan Morris

Copyright © 2003 by Jan Morris
Korean translation copyright © 2011 by Euan Y-M Park
All rights reserved

Korean translation rights arranged with A P Watt Limited, London
through Eric Yang Agency, Seoul
이 책의 한국어판 저작권은 에릭양 에이전시를 통해 저자와 독점 계약한 도서출판 바람구두에 있습니다.
한국에서 저작권법의 보호를 받는 저작물이므로 무단 전재와 복제를 금합니다.

일러두기

본문 중의 모든 ( ) 안 내용은 쟌 모리스의 것이고, [ ] 안 내용은 역자 박유안이 설명을 돕기 위해 덧붙인 것입니다. 각주의 경우 역자가 덧붙인 주해는 그 끝에다 [역주]라고 밝혔습니다.
본문 중의 모든 사진은 원본에 없는 것들로서, 바람구두에서 편집하며 첨가한 것들입니다. 사진을 제공해준 김수련(@kuippo01), Movana Chen, 김효선, The Times, Amtrak, EMSA Jena, Swedish Tourist Board 등께 감사드립니다.

쟌 모리스의 50년간의 세계여행 1 _에베레스트부터 성전환까지

초판1쇄　|　2011년 6월 20일
지은이　|　쟌 모리스
옮긴이　|　박유안(@euanpark)
디자인　|　김여진, 최윤선

펴낸곳　|　도서출판 바람구두
주소　　|　121-842 서울시 마포구 동교로 155-3
전화　　|　02-335-6452
블로그　|　blog.naver.com/gardo67
이메일　|　gardo@paran.com

ISBN-13(1권)　|　978-89-93404-08-1 (03900)
ISBN-13(세트)　|　978-89-93404-07-4 (03900)

_ 바람구두를 출판사 이름으로 쓸 수 있도록 흔쾌히 동의해주신 '바람구두연방의 문화
　망명지' 운영자께 감사드립니다.
_ 잘못 만들어진 책은 구입하신 서점에서 바꾸어 드립니다.

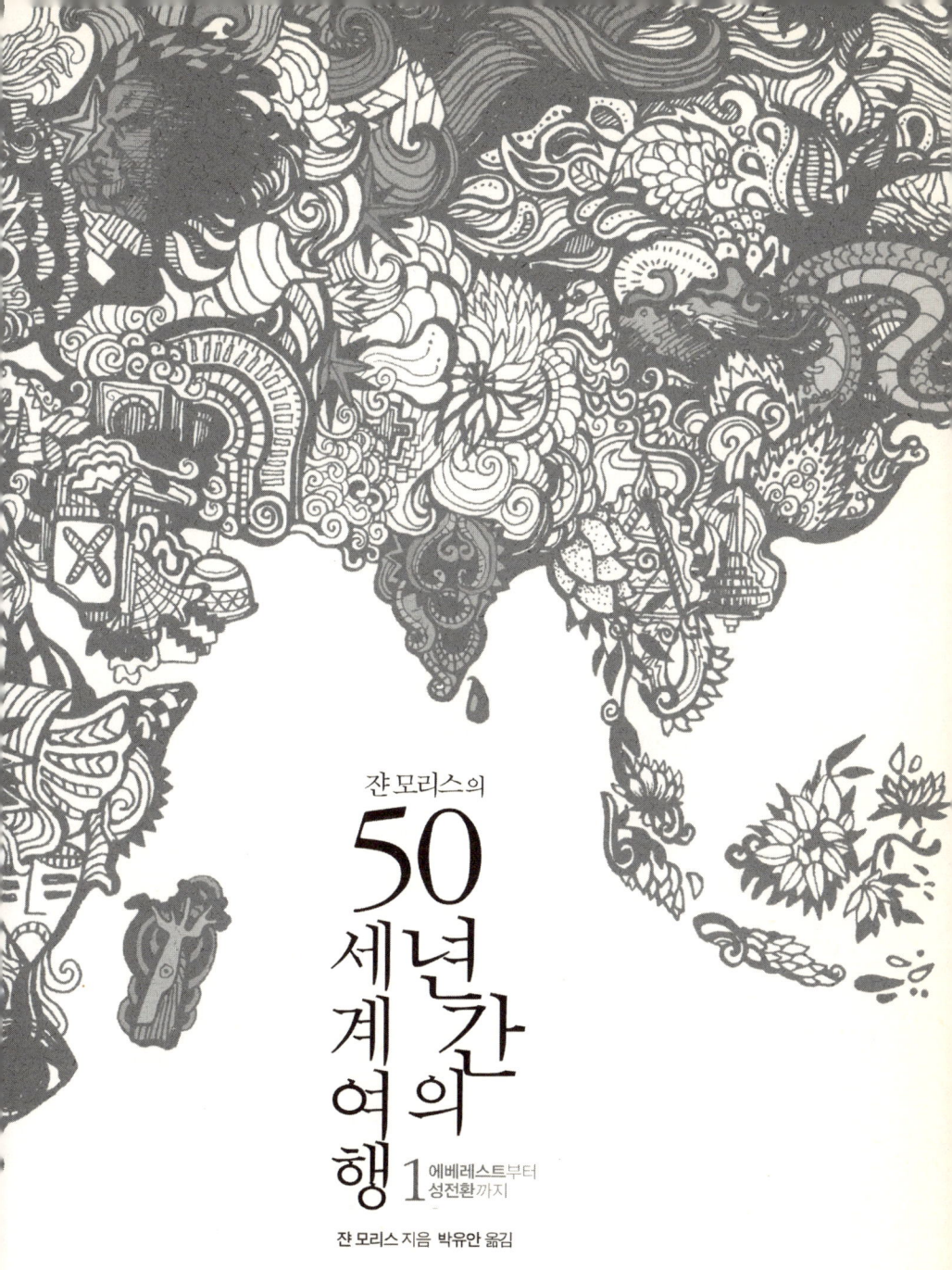

쟌 모리스의
50년간의 세계여행

1 에베레스트부터 성전환까지

쟌 모리스 지음 박유안 옮김

바람구두

한국어판 서문

상상의 힘 속에서

이 책은 세상의 가장자리에서 살아온 사람이 쓴 세상 이야기입니다. 저는 세상에서 늘 이방인이자 구경꾼이었고, 주체적 행위자라기보다는 관찰자에 가까웠습니다. 그래서 세상에서 벌어진 여러 사건들을 다룬 이 책의 글들도 한결같이 서반의 감수성과 상상력을 통해 거르고 다듬은 것들임을 미리 밝혀드립니다.

게다가 저는 유럽에서도 가장 독특한 민족 출신입니다. 저의 민족 웨일스는 '민족'이면서도 '국가'를 이루지는 못했으며, 제 언어는 지녔으나 독자 화폐를 가지진 못했습니다. 막강한 이웃인 잉글랜드를 옆에 둔 탓에 그 지배를 받으면서 웨일스는 수백 년 동안 항거 상태에 있었다고 해도 좋을 것입니다.

물론 저는 글을 쓰는 작가입니다. 그래서 더더욱 변두리에 서서 세상을 들여다보는 데 익숙합니다. 첫 직장생활 10년 동안은 신문사에서 일했지만, 그 뒤로는 줄곧 '나 홀로' 일했습니다. 내가 가고 싶은 곳을 내가 짠 계획대로 다녔으며 거기서 이끌어낸 결론도 지극히 개인적이었습니다. 그런 결론들은 때론 그릇된 것이었고 때론 어이없는 엉터리이기도 했지만, 적어도 오로지 '나만의 결론'이었음은 분명합니다.

초연하게 살아온 내 인생에 덧붙일 마지막 한마디! 이 책에서 회상하는 제 삶은, 반은 남자 반은 여자로 살았던 인생입니다. 저는 남성으로 태어나 제임스James 모리스라는 이름으로 인생의 절반을 살았고, 그 절반 즈음에 짧게 말해 성전환이라고 알려진 걸 마무리하고서 쟌Jan 모리스가 되어 여자의 삶을 살며 글을 썼습니다. 이런 사실이 내 글에 영향을 미쳤는지 어땠는지는 전적으로 독자 여러분이 판단하실 문제이지만, 여자가 된 뒤 세상을 관찰하는 저의 반응이 새로운 양상으로 전개되었음은 틀림없는 사실입니다.

    자, 사실이 이와 같은데, 수긍이 되시는지요? 셰익스피어는 한때 관객들에게 이렇게 간청했습니다. "관객 여러분들께서 상상의 힘을 발휘해 주시면 … 바로 그 상상의 힘 속에서 우리들의 결함이 여러분들의 생각 덕분에 봉합될 것입니다." 물론 이 책을 셰익스피어에 버금가는 천재가 썼다는 건 아니지만, 친애하는 독자 여러분, 여러분들만의 상상력으로 이 책의 책장 사이사이를 생생하게 채워주시기를, 그리고 결함 따위에는 눈감아 주시기를, 부디 그렇게 해주시기를 지은이는 바랄 뿐입니다.

쟌 모리스

프롤로그

그게 사실인가?

『50년간의 세계여행』에 담긴 세계는 지난 반세기 동안 내가 직접 걸어다니며 체험한 세계이다. 그래서 레퍼토리도 시간의 흐름에 따라 펼쳐놓았다. '세계'라는 제목에 혹해서 제법 균형 잡히고 객관적인 글을 기대하시는 독자들도 있을지 모르겠다. 심오한 철학의 소유자인 어느 소설가가 자기 시대를 두고 성찰하는 비망록 같은 책이라거나 품격 높은 신문사에서 퇴직한 어느 칼럼니스트의 수상록 같은 글들처럼 말이다. 미리 말씀드리건대 그런 오해는 마시기를 바란다. 내가 썼던 신문 칼럼과 에세이들을 모은 이 책은 그런 글들에 비해 균형 감각이나 포괄성 면에서 크게 뒤진다. 이 책이 지난 50년 동안의 세계 발전을 담고 있음은 틀림없으나, 담는 방식은 다른 글들과 달리 매우 현란하다. 글 자체가 무슨 전시나 공연 같기도 하며, '세계'에 대한 것인 만큼 '나 자신'에 대한 글이기도 하다. 책은 제법 거창한 이야기로 시작해 아주 고즈넉하게 끝을 맺는다. 생각해 보시라. 50년간 글을 쓰고 세계를 누비다 보면 누군들 막바지에는 한결 자분자분 조용해지지 않겠는가. 개똥지빠귀조차도 마구 들떠 노래하는 일은 한창 때에나 하는 법이다!

이 책은 1950년대부터 1990년대까지의 20세기 후반부를 다룬다.

즉 2차대전 종전부터 밀레니엄의 끄트머리까지이다. 이런 제목을 달고 나오는 책들이 으레 그러하듯 나도 당연히 이 시기가 아주 운명적인 역사의 주요 시점이라고 말하고 싶었다. 그렇지만 아마도 이 50년도 다른 여느 50년과 크게 다를 일은 없다 싶다. 어찌 보면 내가 산 반세기의 시대정신은 다른 때보다 더 행복하고 보다 긍정적인 것이기도 했다. 물론 인류가 자본주의와 공산주의 두 세계로 철저히 나뉘어 서로 의심하는 일에만 전념하던 냉전의 시대였음은 엄연한 사실이다. 그것 말고도 많은 이들의 근심을 자아낸 일들이 많았다. 소규모의 무력 충돌도 잦았다. 어떤 이들은 핵전쟁 종말론에 몸을 떨었고, 보다 많은 이들은 마약문화의 무자비한 확산을 지켜보며 치를 떨었다. 환경오염은 잔인한 수준이었고, 저주의 역병이라는 에이즈도 생겨났다. 빈곤, 나아가 기아가 일부 세계에서는 풍토병처럼 깊이 뿌리내렸다. 범지구화도 자리 잡기 시작했으니, 이는 곧 지구의 미국화 속도가 탄력을 받았음을 뜻한다. 지구를 누비고 다니는 일이 전에 없이 손쉬워짐에 따라 예기치 못한 문제들이 불거졌고, 세계 인구의 증가 추세는 우리의 미래가 어떠할지 함부로 말할 수 없게 만들었다.

그런데 이런 얘기가 너무 겁나신다면, 두려움과 끔찍스러움을 훌훌 털게 해줄 얘깃거리도 풍부하다. 가령 유럽의 제국들이 전 세계의 그 수많았던 식민지에서 물러난 게 바로 지난 반세기에 걸쳐 벌어졌다. 이런 철수 조치가 늘 특별한 혜택을 가져다 준 것은 아니었고 수많은 갈등으로 얼룩진 과정이기는 했지만, 전반적으로는 그 어느 민족도 다른 민족의 주권을 빼앗아 군림할 수 없다는 마땅한 인식이 생겨났다. UN은 워낙 자주 무기력한 모습을 보이긴 했어도 박애를 표방한 상징으로서는 유효했다. 제도화된 종교는 서유럽에서 사람들의 삶을 쥐락펴락하던 힘을 잃기 시작했으며, 그 반면 동방에서는 이슬람이 당당한 체제의 힘으로서 대접받았다. 불교야말로 세상을 밝힐 진정한 등불이라고 보는 사람들도 많았다. '파산한 신'인 공산주의는 마침내 내 반세기 동안에 나가떨어졌고, 옥신각신하던 유럽의 나라들은 이제 드디어 하나 되는 방향으로 움직이고 있는 듯하다. 생태계 파괴는 자연에 대한 관심의 증폭으로 이어졌다. 비록 세계인구의 절반이 예나 지금이나 가난하지만, 다른 절반은 유례없는 번영을 누리게 되었다. 인류 최초의 우주 진출은 (적어도 초창기에는) 앞으로 놀라운 성과를 거두겠다고 기대케 한 반가운 징조였다.

    일반적인 수준에서 보아 지구 대부분에서 사람들은 2차대전 이전보다 더욱 친절해지고, 더 넓은 아량과 관용의 소유자들이 되었다. 지구의 어느 골목을 거닐건 위협을 느끼는 일은 별로 없으며 강도를 당하는 일도 거의 없었다. 아무리 비관적으로 보이는 상황에서라도 인류는 행복한 대단원을 향하여 뚜벅뚜벅 나아간다는 사실, 그런 바람직한 진보가 벌어지고 있다고 우리는 (적어도 나는) 믿었다. 19세기 빅토리아 왕조 시대의 낙관론과 비슷할 수도 있으리라. 그리고 떼이야르 드 샤르뎅의 이론인 '안으로 감기' in-furling, 즉 아주 미세하게나마 모든 종족이 일종의 궁극적 화해를 향해 움직이고 있다는 견해를 믿을 근거는 제법 충분하였다.

    어쨌거나 이런 생각은 나만의 반응, 나만의 시대정신을 다듬고자 한 나만의 시도들이었다. 바로 그렇게 나는 나만의 세계를 느꼈던 것이다. 1950년대가 시작될 때 나는 스물넷이었고 1990년대가 끝날 때 일흔넷이었다. 그러므로 이 책에 실린 지구 거닐기 여정은 젊디젊은 날의 여명에서 노쇠한 날의 황혼녘까지 한 인생의 여정과도 겹친다. 새파란 청년이 늙어간다는 것, 그것은 얼마나 중차대한 변화인가. 그렇기에 글에 깃든 나의 모든 판단들은 이런 변화에 의해 윤색될 수밖에 없었다. 누구에게나 늙는다는 건 당당한 전진이기 마련이지만, 또 한편으로는 사고

방식이나 심적 변화 측면에서 지나친 까탈을 부림으로써 취약해지는 과정이기도 하다. 50년 동안 자신의 견해나 가치체계가 초지일관했던 이가 과연 있겠는가. 경험과 성숙으로부터 배우기도 하지만, 변덕스런 심기와 취향, 지루함, 개인적 여건 따위도 변화를 낳는다.

이 책에서 다뤄진 일들에 때로는 깊숙이 관여하기도 했다. 나는 타고난 외부인이자 직업적 구경꾼이며 기질적 외톨이이다. 내 생애 내내 사건과 사물을 쳐다보는 게 내 일이었고, 그런 외부 관찰이 나 자신의 감수성에 어떤 영향을 미치는지도 지켜보았다. 대체적으로 보아 내 인생은 그다지 자기반성적인 삶이 아니었지만, 한 측면에서는 자기검증의 포로가 되다시피 했다. 어린아이일 적부터 나는 합리적인 근거와는 무관하게 '잘못된 몸을 타고났다, 여자로 태어났어야 했는데'라는 생각에 사로잡혔다. 영국 군대에서 장교로 일한 4년 동안, 또 해외특파원으로 일한 10년 동안 이 미스터리와 씨름하다 보니 자연스레 자기기만은 아닐지라도 상당한 수준의 자기성찰이 필요해졌다. 마침내 통속적으로 성전환이라고 알려진 과정을 마무리함으로써 나는 이 수수께끼를 풀고서 '제임스'가 아닌 '쟌'으로 거듭났다. 그럼으로써 몇몇 비평가들이 내 글에서도 눈에 띄게 드러난다고 꼬집은 해방감을 맛보았다. (이 최종 변화 과정을 직접 눈으로 확인하는 기쁨을 얻으시려면, 이 책의 18장 말미를 보시라.) 이런 극적인 에피소드가 성찰적인 글모음에서 핵심적인 부분으로 내세워지는 경우는 많지 않다. 이 책에서도 마찬가지이다. 왜냐하면 내 글의 문체는 단순히 성이 '바뀌었다'는 사실보다는 인간의 행복과 사랑이 늘 한결같이 '꾸준했다'는 점으로부터 더 큰 영향을 받았기 때문이다.

어쨌든 애송이로서나 베테랑으로서, 남자로서 또 여자로서, 저널리스트로서 또 큰 뜻을 품은 작가로서 나는 내 반세기 내내 세계를 두루 돌아다니며 보고 느낀 세계를 글로 썼다. 출발은 기자로 시작했다. 미국의 사례를 보아 하니 저널리즘을 거쳐 문학 세계로 나아가는 길이 가장 올바른 길이라고 생각했던 것. 옥스포드대학을 졸업하고서 런던의 〈타임스〉 기자가 되었는데, 그러자마자 나의 방랑자 인생은 시작되었다. 당시까지만 해도 〈맨체스터 가디언〉이란 이름을 달고 있던 〈가디언〉 신문사로 이내 자리를 옮긴 것이다. 이 두 신문사는 당시 최고의 명성과 권위를 누렸으며, 강하고도 다채로운 개성을 자랑하는 곳이었다. 이들은 내가 신문기사를 어느 정도 에세이처럼 쓸 수 있도록 허락했을 뿐만 아니라 사건 사고들을 마치 특별관람석에 앉아 보는 듯한 각도에서 관찰할 수 있도록 해주었다. 부끄럽지만, 그래서 당시 나의 교만은 하늘을 찔렀다. 얼마 시간이 걸리지도 않아 나는 거만과 독단에 가득 차 인류의 문제를 읊조렸고 그런 문제를 풀려면 나라와 민족이 어떡해야 하는지 훈수를 늘어놓았다. 막스 비어봄이 자신과 옥스포드와의 관계에 대해 얘기했듯이, 나를 밉살스러운 존재로 만든 것은 〈타임스〉와 〈가디언〉 두 신문사였고, 나는 아직도 그에 대해 감사한다.

　큰 뜻을 품은 작가라고 했지만, 나는 큰 뜻을 품은 무정부주의자이기도 했다. 나는 언제든지 권위로 똘똘 뭉친 정부를 혐오했다. 간간이 그들의 휘황찬란함에 매료되긴 하지만 말이다. 내가 신문기사를 작성할 때는 이런 점이 때로는 글에 힘을 불어넣기도 했고 또 때로는 방해물이 되기도 했다. 그러나 1960년대 중반에 이르러 나는 모든 고용의 굴레로부터 스스로를 해방시키고서 나 홀로 떠돌아다니기 시작했다. 나는 이 거대한 세상의 쓴맛을 너무 일찍 봐버린 탓에, 내 글이 그날그날의 뉴스에 얽매이기를 더 이상 원치 않았다. 그 이후 세기말에 이르기까지 나는 주로 책을 쓰는 일에 매달렸다. 이를 위해서는 주로 미국의 잡지에 내 여행에세이를 싣는 것으로 수입을 만들어 가족을 부양해야 했다. 내가 일한 신문사는 단 두 군데이지만, 20세기의 마지막 40년 동안 내가 영어로 쓴 글을 실은 잡지는 수십 군데도 넘었다. 내 이름을 달고 나온 책만 해도 35권에 이른다.

처음부터 끝까지, 새파란 기자에서 나이 든 문인이 되기까지, 나는 내 반세기를 다 바쳐 사람 사는 대륙 곳곳을 여행했다. 거기서 한 시대의 역사적 사건들을 목격했다. 세상의 온갖 위대한 도시들도 내 글 속으로 걸어들어 왔다. 곳곳의 문화 현상들도 몸소 체험했고, 획기적인 변화들을 뼛속 깊이 호흡하기도 했다. 그리고 그 모든 것들이 나 자신에게 어떤 흔적을 남기는지 기록하였다. 아, 그 시간들은 참으로 황홀했다. 그리고 비록 내 판단이 참으로 가당찮고 자기몰입이 지나쳐 눈살을 찌푸리게 하는 지경에 이르더라도, 내 인생의 그런 즐거움이 일부라도 내 글에 녹아들었기를 바란다.

그렇다면 이 책은 내 인생의 성취를 보여주는 알맹이인 셈이다. 이 책에 실린 글들은 모두 여기저기로 떠났던 여행에서 빚어져 나온 것들이다. 지금 와서 읽으면 참으로 미숙하지만 그래도 거의 대부분의 글들을 원래 출판했던 그대로 실었다. 단지 지루해지는 부분이나 다 실을 여유가 없을 때 군데군데 잘라내기만 했을 뿐이다. 이해를 돕기 위한 설명을 [박스 안에] 곁들였으며, 기자가 아닌 문인의 자격으로 원본의 미세한 부분을 살짝 손보기도 했다(가령 세미콜론을 너무 자주 쓴 문제라든지, 도시를 부를 때 마치 배처럼 여성형 대명사인 'she'를 쓰던 젊은 날의 습관을 싫어하게 된 데 따른 수정 등). 오늘날의 독자들은 다 다녀본 곳이려니 싶은 곳에 대해서는 불필요한 사실적 묘사를 빼버렸다. 종종 지금의 정치적으로 올바른 표현법에 견주어서 대단히 문제일 법한 표현도 나오며, 어떤 때는 그 옛적의 내 태도가 참으로 창피스러운 대목도 있다. 이따금씩 시기가 명확치 않은 부분도 있다. 역사가 늘 10년 단위에 맞춰 일어나는 건 아니기 때문에, 또 부분적으로는 내 기억 자체가 흐릿해진 경우들이지만, 대부분은 날짜에 크게 의미를 두지 않는 내 습관 탓이다. 내 조국인 웨일스 이야기는 거의 등장하지 않지만, 거의 모든 글들의 행간에서 독자들은 발견하시리라, 내 조국 캄리Cymru에 얽힌 무언가가 숨어서 웃음 짓고 있음을. 마치 미저리코드misericord[1]에 새겨진 익살맞은 '의적 그린맨'Green Man처럼….

지난 반세기의 세상에 대한 한 성찰로서 이 모음집은 간혹 너무 순진하거나 혼동을 일으킬지도 모르지만, 이는 요점을 벗어난 지적이다. 물론 나는 세상에 대해 글을 썼다. 하지만 그것은 **나만의** 세상이었다. 세상을 내가 다른 맥락 속에다 옮겨둔 것이다. "그게 사실인가? 정말 그랬던 건가? 그것은 **나만의** 사실이다. 비록 진상을 따져들면 꼭 사실이 아니라 해도, 상상 속에서 그것은 사실이다."

---

[1] 영국의 대성당에서 사제들이 앉도록 만든 선반을 가리킨다. 라틴어 어원인 misericordia가 은총, 자비의 뜻이므로, 이 선반은 '신께서 다리 아픈 사제에게 베푼 자비'의 소산인 셈이다. 주로 성경 속의 이야기 혹은 민간 우화의 주인공을 익살스럽고 괴이한 모습으로 등장시켜 조각한다. [역주]

©Movana Chen

차례

한국어판 서문 상상의 힘 속에서 … 4

프롤로그 그게 사실인가? … 6

1부 – 1950년대

ch 1 에베레스트, 1953 … 20

ch 2 나쁘달 것 없는 공화국, 미국 … 26

ch 3 중동, 분쟁의 왕국 … 45

ch 4 남아공, 백과 흑 … 93

ch 5 카리브해, 혼돈 속의 낙원 … 102

ch 6 유럽, 전쟁이 끝난 후 … 113

ch 7 오리엔탈리즘: 극동 기행 … 137

ch 8 베네치아, 1959 … 155

2부-1960년대

ch 9 아이히만 재판 … 164

ch 10 냉전 … 175

ch 11 남미에서 전율을 … 230

ch 12 옥스포드, 1965 … 246

ch 13 오스트레일리아 … 252

ch 14 새로운 아프리카 … 268

ch 15 맨하탄, 1969 … 287

3부-1970년대

ch 16 쾌락의 장소들을 찾아서 … 296

ch 17 한때 '브리타니카'였던 곳들로 … 315

1부 _ 1950년대

©김수련

The 1950s

1950년대는 2차대전 직후의 10년으로서, 세상은 대전의 소용돌이로부터 갓 벗어나 숨을 고르는 중이었다. 전쟁 탓에 박살이 난 유럽에서는 소비에트 군대가 대륙 동쪽을 점령한 상태였고, 미국군도 서유럽 전역에 주둔했다. 또 이 두 강대국이 인공위성을 쏘아올린 시기도 1950년대였다. 패전국 일본은 미국의 비호 아래 국가적 자신감을 슬슬 꾸준히 회복하였고, 공산 중국이 소련의 잠재적 라이벌로 떠오르고 있었다. 그토록 오랫동안 국제 무대의 주요 결정권자였던 대영제국은 세계 각지에서 시대착오적인 제국주의의 지배를 질질 끌었다. 인도와 파키스탄은 독립 성취 직후의 들뜬 시기에 서로 아옹다옹 무력을 앞세웠다. 중동에서는 영국의 손아귀에서 벗어난 아랍과 이스라엘인들이 상대의 미래를 두고서 실랑이가 한창이었다.

그래도 1950년대는 여러 가지로 행복한 시대였다. 영국에게도 예외는 아니었다. 2차대전의 승전국이라는 찬사에 흠뻑 젖은 영국은 — 그 전쟁 때문에 엄청나게 처참한 상태에 빠져 있었지만 — 스스로를 숱한 민족들 사이에서 우뚝 선 지위의 소유자라고 계속 굳게 믿었다. 이 시기에 나는 영국이 세계 곳곳에서 행사하던 영향력을 하나 둘 잃어나가는 과정을 빠짐없이 지켜보는 일에 매달렸다. 영국의 두 유명한 신문사에서 — 처음엔 (세상에서 가장 위대한 신문이라고 자평하는) 런던의 〈타임스〉에서, 나중에는 (세상에서 가장 똑똑한 신문이라고 자평하는) 〈맨체스터 가디언〉에서 — 기자 일을 했던 탓이다.

ch 1
에베레스트, 1953

> 내 직장 생활은 한 제국 탐험대와 함께 시작했던 것이나 다름없다. 1953년 5월 29일에 존 헌트 경이 이끄는 영국 원정대는 세계 최고봉인 '초모룽가' 즉 에베레스트 산에 인류 최초로 올랐다. 이 원정대에는 두 명의 뉴질랜드인, 에베레스트 산기슭의 유명한 셰르파 산악인 한 명, 그리고 고산지대에 익숙한 셰르파 짐꾼들도 속해 있었다. 나는 〈타임스〉 신문 소속으로 원정대를 수행한 유일한 기자였다. 이 경험은 내게 (당시의 표현을 그대로 쓰자면) 대박 특종을 안겨주었다. 이 등정은 대영제국이 거둔 마지막 업적과도 같았다. 더욱이 내가 쓴 기사가 런던의 신문에 실린 게 공교롭게도 1953년 6월 2일, 바로 엘리자베스 2세 여왕의 대관식 날 아침이었으니! 낭시의 애정 어린 평가에 따르자면 '새로운 엘리자베스 시대'의 개막일에 말이다.
> 5월 30일 오후에 나는 에베레스트 서쪽 사면의 6,600미터 고지에서 헌트 경 및 다른 대부분의 대원들과 함께 뉴질랜드인 에드먼드 힐러리와 셰르파 텐징 노르카이를 기다리고 있었다. 정상 등정에 나섰던 이들이 돌아오기만을…. 그들이 돌아오기 전까지는 성공 여부를 알 길이 없던 시절이었다.

"저기 온다! 저기 와!"

나는 텐트 입구로 달려 나갔다. 400미터 남짓 떨어진 조그만 협곡에서 방풍 등산복 차림의 네 사람이 서서히 모습을 드러내고 있었다. 캠프의 대원들은 일제히 뛰쳐나가 오르막을 뛰어올랐다. 부츠는 부드러운 눈밭에 푹푹 빠지고 미끄러지고 야단이었다. 헌트 경은 짙은 색의 커다란 스노우 고글을 쓰고 있었고, 그레고리의 모자 꼭지에 달린 털방울은 그가 뗄 때마다 마구 흔들렸다. 부르딜론의 멜빵은 셔츠 밖으로 나와 덜렁댔고, 에반스의 모자챙은 앞부분이 불룩 올라간 게 영락없는 '미국 부두노동자들 꼬락서니였다. 우리는 눈길에 미끄러지면서도 정신없이 내달렸고, 셰르파들도 자기들 텐트에서 뛰쳐나와 잔뜩 흥분한 모습으로 우리 뒤를 따라 달렸다.

한참을 달리느라 내 고글엔 뿌옇게 김이 서려 귀환하는 등정대원들의 모습을 또렷하게 볼 수가 없었다. 두터운 안개 너머로 그들을 내다본 셈이었다. 그들은 저 위에서 터벅터벅 기계적으로 내려왔고, 우리는 잔뜩 부푼 맘으로 경주하듯 달려 올라갔다. 김으로 너무 많이 흐려져 아무것도 보이지 않자 나는 고글을 눈 위로 밀어올려버렸다. 뽀얀 눈 때문에 눈이 부셔 앞을 분간하기까지 얼마가 흘렀다. 그 순간 대원들을 이끌고 내려오는 조지 로위의 모습이 보였다. 팔을 번쩍 들어올리고 흔들면서 걸어내려오던 그의 모습! 틀림없이 엄지를 치켜든 모습이었다. 에베레스트 등정 성공! 힐러리 대원은 녹초가 된 몸으로 승리의 표시인 양 얼음도끼를 흔들고 있었다. 갑자기 텐징이 옆으로 미끄러졌다 일어나며 환한 백색의 미소를 우리에게 날려보냈다. 정상에서 돌아온 그들, 그들이 우리와 손을 맞잡았다. 양손을 펌프질하듯 오르내리고 서로 껴안고, 웃고, 미소 짓고, 울고, 사진을 찍고, 다시 웃고, 다시 울고, 그 모든 환희의 소리가 골짜기를 타고 내려가, 뒤에서 달려오던 셰르파들에게까지 전해져 기대 섞인 웃음을 터뜨리게 했다.

텐징이 셰르파들에게 다가가자 한 명 한 명 텐징 앞으로 다가가 그를 축하했다. 축하를 받는 텐징에게서는 군주의 기품마저 느껴졌다. 어떤 셰르파들은 기도할 때처럼 살짝 고개를 숙이기도 했다. 어떤 이들은 부드럽고 정중하게, 절대 손가락까지 꽉 쥐지 않고 악수를 나누기도 했다. 검은 머리를 길게 땋은 한 노장 셰르파는 깊이 고개 숙여 자신의 이마를 텐징의 손에 갖다 대기도 했다.

우리 일행은 커다란 반구형 텐트에 들어가 정상등정대를 둘러싸고 질문공세를 퍼부었다. 여전히 웃음이 가득했고, 여전히 정상 정복이 믿기지 않았다. 에베레스트에 올랐다! 우리 앞의 낡은 박스 위에 앉은 저 두 사내가 세계에서 가장 높은 곳, 에베레스트 정상에 올랐다! 그리고 우리 밖에는 아무도 이 사실을 모른다! 날은 너무나 밝았다. 눈은 그지없이 뽀얗고, 하늘은 그지없이 푸르렀다. 대기는 아직도 온통 흥분으로 들끓는 듯했다. 우리 모두가 그토록 학수고대하던 소식이었지만, 등정 성공, 그것은 깜짝 놀랄 멋진 소식임에 틀림없었다. 그 순간의 충격파는 아직도 에베레스트 서쪽 골짜기에 울리고 있으리라. 그토록 강렬한 충격이었으니! 그토록 크나큰 기쁨의 순간이었으니!

> 국제무대에서 신문세계의 뉴스 쟁탈전은 아주 치열했다. 그래서 나는 그날 저녁에 바로 허겁지겁 산을 내려가, 런던으로 등정 성공 소식을 알리는 첫 기사를 보내려고 온갖 꼼수를 총동원했다. 이틀 뒤 셰르파들의 도움을 받아 에베레스트를 떠날 때에도, 나는 내가 보낸 기사가 무사히 특종 대박을 터뜨렸는지, 아니면 누가 내 기사를 중간에 가로챘는지, 그래서 나보다 더 사기꾼 기질이 뛰어난 경쟁 업체에 의해 도둑질 당했는지 알 길이 없었다.

때는 6월 1일 저녁이었다. 공기는 상쾌했고 향기까지 머금고 있었다. 우리는 다시 소나무 우거진 무성한 이파리들의 세계인 저지대로 돌아왔다. 귀에는 물이 불어난 두드코시Dudh Khosi 강물의 우당탕거리는 외침이 가득했다. 두드코시의 서쪽 둑에는 벵카Benkar라 불리는 조그만 셰르파 마을이 자리 잡고 있었다. 땅거미가 내릴 때쯤 우리는 그 마을에서 묵고자 짐을 풀었다. 몇 채의 집들로 둘러싸인 조그만 빈터에 소남Sonam이 내 텐트를 쳤고, 나는 라디오 안테나를 세웠다. 셰르파들은 늘 그랬다는 듯 태연하게 주변의 집들로 쳐들어가서 2층 방에서 밀짚과 화덕, 감자를 끼고서 자리를 잡았다. 곧 고기를 굽는 냄새와 차 향기가 진동했다. 내 텐트 밖에 앉아 곰곰 생각에 잠겼을 때였다. 내 앞에는 어린애들 두엇만 무표정한 얼굴로 나를 쳐다보고 있었다. 소남이 바싹 마른 닭고기를 커다란 접시에 담아 가지고 왔다. 치앙(알콜 성분이

들어간 죽 같은 것), 차, 초콜렛, 추파티스chupattis도 곁들여서.

도대체 내 기사는 어디쯤 갔을까? 먹으면서 나는 그 생각만 했다. "벌써 카트만두에서 잉글랜드로 가는 비행기를 탔을까, 아니면 아직도 누군가의 짐꾸러미 속에서 히말라야의 산기슭을 터벅터벅 걷고 있을까? 내일 6월 2일은 대관식 날이자 에베레스트의 날도 되려나? 아니면 대성당의 마지막 우람한 종소리처럼 런던에 한발 늦게 도착할 건가?" 도무지 알 길이 없었다. 나는 허공에 홀로 남겨진 느낌이었고, 닭고기는 질겼고, 꼬마들마저 내 기운을 뺐다. 그렇게 잠자리에 들었다.

하지만 다음날 아침은 아주 상큼한 기분으로 눈을 떴다. 햇볕이 내 침낭으로 스멀스멀 기어올라올 때쯤 손 하나를 미라 같은 내 몸뚱이 밖으로 끄집어내 라디오를 틀었다. 몇 차례 어설픈 손짓이 거듭되고 잠깐 지지직 잡음이 들리더니 곧 어느 잉글랜드인의 목소리가 흘러나왔다.

그 목소리는 틀림없이 "에베레스트 등정 성공 소식을 전해드립니다"고 얘기하고 있었다. "엘리자베스 여왕께는 대관식 전날 밤에 이 소식이 전해졌다고 합니다. 비 내리는 런던의 거리를 메운 대관식 인파들은 이 소식을 듣고 환호를 지르고 춤을 추었습니다. 30년이라는 거의 한 세대에 걸친 기나긴 시도 끝에 지구의 꼭대기에 오른 이 쾌거는 인류의 가장 위대한 탐험들 중 하나로 기록될 것입니다. 이 코로네이션 에베레스트[2] 뉴스는 〈타임스〉의 독점 특보로 전해드렸습니다."

나는 불에 덴 듯 몸을 일으켰다. 침낭이 아무렇게나 떨어졌다. 텐트를 확 젖히며 바깥으로 뛰쳐나갔다. 더러운 셔츠, 너덜너덜한 부츠, 찢어진 바지 차림으로 말이다. 얼굴은 웃자란 수염으로 더부룩했고, 피부는 햇볕과 추위로 갈라졌고, 목소리는 갈라졌다. 그래도 난 셰르파들에

---

2 Coronation Everest. 런던의 그 멋진 목소리의 주인공이 그렇게 표현했다. [대관식을 뜻하는 '코로네이션'과 에베레스트를 합쳐 만든 표현으로서, 훗날 잔 모리스는 이 표현을 자신의 책 제목으로 썼다.]

게 고함을 질렀다. 셰르파들의 졸음에 젖은 눈길들이 근처의 집들 창문에 나타났다.
"초모룽가 이제 됐어! 에베레스트 이제 다 됐다구! 완벽해! 완벽해!"
셰르파들이 고함으로 내 말을 받았다. "알았습니다, 신사 나으리. 이제 아침 드셔야죠?"

> 〈타임스〉 신문이 등정 성공 소식을 대관식 날짜와 맞추려고 일부러 발표를 연기했다는 의혹이 제기되기도 했다. 말도 안 되는 소리! 에베레스트의 우리 대원들에겐 장거리 무전기도 없었고, 나는 그 뉴스를 제때 전달하려고 거의 목숨을 걸다시피 하고서 에베레스트를 미끄러져 내려왔다. 내 특종을 보호하겠다는 심산으로 나는 기사를 암호로 작성했다. 그 암호는 오로지 등정 성공을 알릴 때에만 쓰려고 만들어낸 것인데 대충 다음과 같다. "눈 상태 안 좋다"(= 정상 등정 성공), "전진기지 포기"(= 힐러리), "기상 호전 대기 중"(= 텐징), "모두 무사"(= 아무도 다치지 않음).
> 내 특종은 신문사에 무사히 도착했다. 그렇지만 1면 머리기사 대접은 받지 못했다. 〈타임스〉 신문의 1면에 뉴스가 실리기 시작한 것은 그로부터 13년이 더 지나서였다. 그 기사가 독점 특보 지위를 누린 시간도 얼마 되지 않았다. 편집진이 큰 아량을 베풀어 그 기사를 그날 밤 신문 초판에 실음으로써 다른 신문들이 복사해 쓸 수 있도록 허용했던 것이다. 당시 기사는 익명으로 쓰였고, 그래서 내 기사 뒤에 내 이름을 달지도 못했다. 이 탐험에 대해 내가 책을 쓸 수 있게 된 것도 3년이 지나서였다. 『코로네이션 에베레스트』가 바로 그 책이다.
> 우리 탐험대가 네팔에서 런던으로 돌아온 뒤, 정부의 공식 파티가 주로 열리는 랭카스터 하우스에서 축하 만찬이 열렸다. 파티장의 내 옆에는 이 행사를 주관한 집사장이 앉았다. 지긋한 나이에 고풍스런 매력의 소유자인 그는 사람들을 즐겁게 하는 재주를 가진 조신朝臣이었다. 내 맞은편은 자기 생애 처음으로 아시아를 떠나 그곳에 앉게 된 텐징 노르카이였다. 그 노신사는 식사 도중에 내 쪽으로 몸을 돌려 말했다. 그날 밤에 나온 클라레 적포도주가 랭카스터 하우스의 저장고에 모셔진 최고급 포도주 중에서도 마지막 특상품이라고, 세상 다른 어디에도 그런 포도주는 남아 있지 않을 거라고도 했다. 맘껏 음미하시길 바란다는 말도 잊지 않았다. 나는 너무나 감격했다. 탁자 건너편의 텐징도 틀림없이 감격한 눈치였다. 아마도 그는 포도주란 걸 난생처음 맛보는 것인지도 몰랐다. 그의 눈은 그 행사장의 득의만만하게 즐거운 분위기 탓에 반짝반짝 빛났다. 그는 최고의 맵시를 자랑하는 이국적 인물이었다. 제복 차림의 시중드는 사람들은 텐징의 잔을 채우고 또 채웠다. 옆자리의 노신사께서 다시 내게로 몸을 돌려 맑은 에드워드 시대 [1901~1910]의 억양으로 말했다. "오우, 모리스 씨, 텐징 씨가 대단한 클라레를 척 알아보고서 즐기는 저 모습, 너무 멋지지 않습니까?"

HILLARY AND TENSING REACH THE SUMMIT

A message was received by The Times last night from the British Mount Everest Expedition, 1953, that E. P. Hillary and the Sherpa Tensing Bhutia reached the summit of the mountain, 29,002ft. high, on May 29. The message added: "All is well."

Thus the British expedition, under its leader, Colonel H. C. J. Hunt, has succeeded in its enterprise. Hillary, a New Zealander, was one of the members of the 1951 expedition which, under the leadership of Eric Shipton, found the western Cwm and so discovered the southern route to Mount Everest, by which the success of the present expedition was made possible. It was Tensing who, with Raymond Lambert, on the first Swiss expedition of 1952 reached the record height of 28,215ft. on May 28.

If the plans announced were followed, Hillary and Tensing formed the second assault party in this season's attempt. They were using portable oxygen apparatus of the "open circuit" type. The first assault, made on May 25 with "closed circuit" apparatus by Bourdillon and Evans, presumably failed. Both were made from Camp VII—"that vital camp," in the words of our Special Correspondent with the expedition, "established on the bleak plateau on the South Col, at 6,000ft."—and the climbers must have returned safely on the day that they started.

INITIAL FAILURE

The failure of the first assault was not a surprise. The closed-circuit apparatus, in spite of various advantages over the other, was found to have certain definite disadvantages and is, in any case, less well tried. If the second, now successful, attempt had failed, a third was to have been made this season after a 10-day withdrawal to the Western Cwm. Had this in turn failed the arrival of the monsoon

E. P. Hillary

would have necessitated a postponement until the autumn. Plans for this eventuality had been made.

As reported in a message published yesterday, the timing of the assault was delayed, largely through obstacles, caused by bad weather, in the crossing of the difficult ice-covered Lhotse face, which leads to the South Col. This delay led to rumours in Katmandu—whence they were spread abroad—that the pre-monsoon assault had failed. Although there was some sickness among members of the expedition, as well as the obstacle of bad weather, there is no reason to think a withdrawal was contemplated at any stage.

JOINT SPONSORSHIP

The expedition was sponsored jointly by the Royal Geographical Society and the Alpine Club. The members are:—Colonel H. C. J. Hunt (leader), Major C. G. Wylie, W. Noyce, T. D. Bourdillon, A. Gregory, G. C. Band, R. C. Evans, E. P. Hillary, G. Lowe, M. Westmacott, Dr. M. Ward, Dr. L. G. C. Pugh, and T. Stobart.

Plans were made in the greatest detail in London and the expedition was armed with the latest equipment, much of it designed specially for this ascent. The party, most of whose members left England in the first days of February, established its base camp at Thyangboche, in Nepal, on March 26.

There followed a period of acclimatization and training. By mid-April a route was marked out through the ice fall and into the Western Cwm. A camp was set up on the Khumbu Glacier at some 20,000ft. by April 16, when the first tests of the oxygen apparatus were made. At that time May 15 was set as the target date for the assault on the summit.

SUCCESSIVE CAMPS

Plans were made for the establishment of eight successive camps, of which Camp I was the base camp on the glacier, Camp II half-way up the ice fall leading to the Western Cwm, Camp III at the top of it, and Camp IV the advanced base, Camp V was a stores depot at the foot of the Lhotse face, Camp VI was half-way up it, and Camp VII was on the South Col at 26,000ft. Camp VIII, perhaps never set up, was to be on the ridge between the Col and the summit.

The tactics of the assault were finally drawn up on about May 14, and the dates fixed for the two attempts were May 23 and 24. Bad weather, with heavy snowfalls, illness among members of the expedition, and a brief moment of reluctance on the part of the Sherpas, many of whom were also ill, conspired to postpone the attack. Because the long journey from the mountain to Katmandu could be covered only by runners on foot, several days had to elapse between the writing of dispatches and their arrival in London. The suspense has been rewarded, if only by the apt timing of the announcement of this great achievement on the eve of the Coronation.

Copyright

LONG RECORD OF ATTEMPTS

MOUNTAINEERS' ROLL OF HONOUR

FROM OUR SPECIAL CORRESPONDENT
BASE CAMP, KHUMBU GLACIER

With the conquest of Mount Everest, one of the great prizes of adventure has been won. Everything about Mount Everest is big, and its long record of victory over successive expeditions is of course due principally to its stupendous size. Here at the expedition's base camp at the head of the Khumbu Glacier the array of mighty peaks that surrounds the Everest massif is spread in panorama. To the south are the two fine summits of Taweche, and just across the valley to the west is Pumori, the noble mountain that George Leigh Mallory first saw and named to the memory of a daughter born to the north, with the romantic pass of the Lho La which leads dramatically, between towering heights, into Tibet. Above all these magnificent mountains, recognizably the greatest among the great, stands the summit of Everest itself, harsh and formidable : and down into the glacier round this camp tumbles the huge ice-fall of Everest, an extraordinary jungle of ice pinnacles and winding ice lanes that has become the staircase to the mountain's summit.

Another major problem of Everest concerns the weather. It is now generally accepted that at only two periods of the year can an assault on Everest reasonably be launched—in the lulls that generally occur in May and September, before and after the monsoon.

Everest has proved so difficult an objective of adventure that the assaults that have been made on it during the past 30 years or so have acquired something of the nature of a campaign ; each attempt has been a skirmish in battle rather than a complete battle in itself, and from each climbers have learnt more of the problems of the mountain and of the involved methods that must be adopted to solve them.

The campaign against Everest has fallen into two phases because of the mountain's theatrical situation across the frontiers of two "secret" countries—Tibet and Nepal. Before the last war Nepal was completely forbidden to foreigners, while the Dalai Lama, then the temporal as well as the spiritual ruler of Tibet, was sometimes willing to allow expeditions to Chomolungma, "Goddess Mother of the World," as Everest was known to his subjects.

THE RONGBUK ROUTE

The first seven expeditions to Everest, all British and all between the wars, therefore journeyed to the mountain from the north, starting from Darjeeling and travelling through the plains of southern Tibet to the Rongbuk glacier, which forms the northern highway to the Everest massif. The La La pass, high above the moraine hillock on which your Correspondent is sitting, would, if it could ever be crossed, lead a traveller from the south directly into the Rongbuk route of the early Everest adventurers.

The first expedition to Everest, mounted nearly seventy years after the discovery of the mountain as the world's highest, was a reconnaissance led by Colonel G. K. Howard-Bury in 1921. It was saddened by the death of one of its climbers, the celebrated Scottish mountaineer Dr. Kellas, who had a heart attack during the wearing approach march ; but its members explored the approaches to Everest from north and east, and found what appeared to be a practicable route as far as the north-east shoulder of the mountain. Next year General C. G. Bruce, working on these findings, led an expedition which made the first assault on the summit. During it G. I. Finch and Captain Geoffrey Bruce climbed to 27,300ft. This expedition, too, was marred by death, for during a later attempt on the summit, just before the monsoon, seven Sherpa porters were killed in an avalanche.

Colonel E. F. Norton led the next expedition, in 1924, made famous and terrible by the disappearance on the high slopes of the mountain of two remarkable Englishmen, George Leigh Mallory and Andrew Irvine. The expedition began badly, with appalling weather. During the early weeks a Gurkha accompanying the party died of a clot in the brain, and a Sherpa porter of frostbite. But in May Norton himself reached a height of 28,126ft., climbing for the last part alone ; and early in June Mallory and Irvine set off for a further assault on the summit in high confidence and good weather conditions. They were last seen at about 28,000ft., and it is not known how high they climbed.

AIR SUCCESSES

There were four full-scale expeditions to Everest in the thirties, besides successful flights over the summit made by British pilots, flying British aircraft, in 1933. In that same year Hugh Ruttledge led an expedition in the course of which F. S. Smythe, Wyn Harris, and L. R. Wager all climbed to about 28,100ft. In 1935 Eric Shipton led a reconnaissance to examine snow conditions and test climbers new to the Himalaya. In 1936 a second expedition led by Ruttledge was thwarted by bad weather, the monsoon arriving in the Everest region exceptionally early, and two years later the last attempt from the north, led by H. W. Tilman, was again defeated by the weather. In 1938 the lull before the monsoon never occurred.

Since the war the pattern of action against Mount Everest has necessarily changed. Entry into Tibet, now under Communist control, is out of the question for western climbers. In Nepal, on the other hand, changes of regime have led to an easing of restrictions on the entry of foreigners. British, French, Swiss, American, German, and Japanese expeditions have all been permitted to enter Nepal in recent years.

Tensing

The present expedition has enjoyed several advantages over its predecessors, although most of its climbers had little previous experience at very high altitudes—since the war there has not been a large reserve of experienced Himalayan mountaineers in England. First the weather—perhaps the most important and least foreseeable factor of all in an assault on Everest—has not been at its worst; the mountain has shown, in Mallory's words, "forgetfulness for long enough of its more cruel moods." The expedition's oxygen apparatus, after long years of hard trial and sometimes painful error, has proved more satisfactory than before. The Sherpa porters have improved in mountaineering skill and confidence. The sahibs enjoyed remarkably good health and fortune in the early weeks of the attempt.

But above all, as Colonel Hunt is first to emphasize, the 1953 expedition has been able to build upon the experience of others. Ten previous expeditions have learnt their lessons of Everest ; at least 16 men have died in the learning. To-day, high above the rugged Nuptse ridge, Everest looks as surly, as muscular, as scornfully unattainable as ever ; but after 30 years of endeavour the greatest of mountains is defeated, and many are the ghosts and men far off who share in the triumph.

Copyright

*Man's Challenge to the Heights, page 7.

SYMBOL OF BRITISH ENDURANCE

N.Z. PRIME MINISTER'S TRIBUTE

Mr. Holland, the Prime Minister of New Zealand, who is in London for the Coronation, said last night : "Naturally I am exceedingly proud that a New Zealand member of this team has been the first Britisher to conquer the hitherto unconquerable Everest. What a grand achievement on the eve of the Coronation ! And I would hope that this terrific example of team spirit, endurance, and fortitude in this, our Coronation year, might be rewarded as a symbol that there are no heights of difficulties which the British people cannot overcome. I cannot emphasize too strongly, however, that although a New Zealander is the first to conquer Everest this climb has been made possible by the combined effort of a great many people, including other members of the team and the organization behind them, and by the lessons learned in many previous attempts by many gallant men."

ch 2
나쁠 것 없는 공화국, 미국

> 에베레스트 탐험대 수행 직후 나는 처음으로 미국에 가게 되었다. 1년 동안 영연방 연구비 지원을 받은 덕분이다. 2차대전을 승리로 이끌고서 부와 확신에 차 있던 미국은 여전히 나쁠 것 없는 흥분 상태였다. 하지만 외국 방문객을 접하는 태도를 보자면, 우리가 미국이란 나라에 익숙지 않은 것처럼 그들도 우리 방문자들을 낯설어했다. 나는 미국 전역을 여행하면서 〈타임스〉 신문에 기사를 보냈으며, 1년이 지나 연구비 지원기관에 보고서를 써야 했을 때 나는 내 첫 책 『동부에서 서부까지』Coast to Coast로 보고서를 대신했다. 이 책의 첫째 장은 맨하탄에 대해 쓴 글인데, 내가 한 도시를 두고 쓴 최초의 에세이나 다름없다.

2-1 맨하탄

갑자기 저 멀리 우뚝 선 고층건물들이 눈에 들어온다. 햇볕을 받아 반짝이는 그 모습은 마치 어느 고대의 땅에서 만나는 기념비처럼 보인다. 그 모습에 약간 취한 당신은 허드슨 강 아래의 터널로 빨려들며 "흡!" 하고 숨을 들이키리라. 이 터널 안에서는 최고속도 35마일을 넘어도, 최저속도 30마일보다 느려도 안 된다. 당신 차는 조립라인에 올려진 어느 공장의 부품처럼 일정한 속도로 아무 생각 없이 착착 나아가야 하는 것이다. 하지만 다시 햇볕 속으로 나오는 순간, 기적이 일어난다.

영혼이 활짝 피어나는 듯한 느낌을 받는 곳, 그 터널의 끝에서는 날마다 르네상스가 벌어진다. 더 이상 강바닥에 갇혀 있지 않아도 되는 자동차, 트럭, 버스들이 엔진 소리 드높게 검은 구름 같은 매연을 내뿜으며 일제히 제 갈 길로 내달린다. 순식간에 규율의 자리에 진취적 기업가의 기상이 만개한다. 고함을 지르랴, 손짓 하랴 정신없이 바쁜 경찰관들, 여름철용 프록코트 선반을 밀고 가는 사내들, 철로를 따라 덜컹대며 달리는 기차, 요란하게 사이렌을 울리는 거대한 정기선定期船, 주렁주렁 쇼핑백을 손에 든 초라한 옷차림의 검은머리 여인과 택시 창밖으로 폭언을 퍼부어대는 사내, 희한한 폴란드 이름을 내건 가게, 낯선 신문으로 꽉 찬 엄청난 크기의 신문 가판대들…. 현란한 색깔과 소음들, 뭐라 형언조차 할 수 없는 냄새, 깡마른 고양이, 무지 낡은 쓰레기차, 환자처럼 피곤한 얼굴을 한 버스운전사들…. 당신이 미처 깨닫기도 전에 맨하탄의 신비함이 당신을 먼저 사로잡으리라.

글을 통해 맨하탄의 신비한 화려함을 알고 있는 사람들은 많다. 하지만 이곳을 직접 둘러보지 않고서는, 가령 프레드 애스테어 씨의 말처럼 "5번가를 따라 걷노라면 그 길의 품위에 이끌려 절로 춤을 추게 된다"는 이 도시의 반짝거리는 활기가 도대체 어떤 것인지 쉬이 짐작하기 힘들다. 맨하탄은 놀랍도록 힘이 넘치는 도시이다. 가을철의 싸늘한 바람이 빌딩숲 사이의 깊은 협곡에서 악을 쓰듯 웅웅거릴 때마저도 그런 원기가 느껴진다. 택시운전사들의 일장연설은 옛 러시아에서의 학살, 고난의 시절을 겪던 아일랜드, 자기 아버지의 고향이라는 나폴리 등에 이르기까지 막힘이 없다. 웨이터들은 당신을 꼬드겨 더 먹게 하는 데 선수이다. (그러니까 "너무 말라 보이시네요", 그 말에 속으면 안 된다.) 일용품 가게에서는 처음 보는 여자애가 까불대면서도 예의바르게 물어온다. "아저씨 신문에서 만화 칸만 좀 보여주시면 안 될까요?" 록펠러센터의 스케이트장에서는 어김없이 당신의 눈을 즐겁게 하는 것들을 만날 수 있다. 얼음 위에서 발끝으로 팽이 돌 듯 몸을 놀리며 실력을 뽐내는 어여쁜 여자아이들, 비틀거리며 몸을 발작하듯 휘젓는 어린아이들, 얼굴 가득 경멸의 기미를 고스란히 내비치며 슝 지나가는 괴팍스런 인물, 강사의 손을 잡고서 흥분에 겨운 트위드 옷차림의 나이 든 부인….

끝을 모르는 활기와 열정, 바로 이것이 맨하탄의 기상氣像이다. 맨하탄 한복판의 길거리들에서라면 슬럼이나 칙칙한 교외를 잊고서 기운찬 움직임과 발랄한 색깔의 세계를 맛볼 수 있다. 새 건물들 중에서도 으뜸은 마치 크림케이크처럼 화사한 유리궁전 같은 것들이다. 파크애비뉴의 한 건물의 1층은 정원이고 상층부는 초록빛 유리판이다. 5번가의 한 은행의 경우에는 천장에서 아래로 덩굴식물이 자라고, 행인들은 거대한 통유리창 안으로 금고의 깊은 회전문을 볼 수 있다. 그 근처의 어느 타자기 가게는 바깥에 받침대를 펴놓고 진짜 타자기 한 대를 내놓아 지나가는 사람 누구나 두드려볼 수 있도록 해 놓았다. 어느 날 새벽 두 시에 내가 그곳을 지나는데 지저분하게 수염을 기른 한 노인이 엄청나게 바쁘다는 듯 잔뜩 집중하고서 타자기를 두드리고 있었다. 놀라운 수학 공식이 번쩍 떠올라서 혹은 외계의 메시지라도 전해 듣고서 막 다락방에서 후다닥 그 타자기로 뛰어내려온 사람처럼 말이다.

자동차들은 마치 케이크 틀 속을 굼벵이처럼 기어가는 반죽처럼 어지럽게 뉴욕을 가로지른다. 대략 75년 전[1880년대]쯤의 어느 관찰자 눈에는 뉴욕의 교통이 "어디서나 빼곡이 퍼져 있고, 빽빽하게 뒤엉켜 화사한 색깔, 환한 움직임, 세련된 맵시의 거대한 한 덩어리를 이룬다"고 보였다. 이런 사정은 지금도 크게 다르지 않다. 특히 차들의 색깔은 여전히 환하고 유쾌하다. 여인들은 대담한 색상의 옷을 걸치는 데 주저함이 없고, 가게의 쇼윈도는 눈부시며, 자동차에는 공작새의 화려함에 버금가는 색깔들이 입혀져 있다. 높은 데서 내려다보면 맨하탄의 거리는 변화무쌍한 색깔들로 살아 꿈틀댄다.

뉴욕의 민첩한 군중들 사이를 헤집고 나가다 — "죄송합니다. 제가 당신 나일론 상하게 한 건 아니죠?" — 이따금 찢어지는 사이렌 소리와 함께 조그만 공식 차량 행렬을 만나곤 한다. 단속될 일 없다는 듯 신호도 무시하고 차들을 마구 밀어제끼며 나아가는 이런 차들은 월도프 호텔이나 시청으로 달린다. 오토바이에 올라탄 경찰관은 인정이라곤 눈곱만큼도 없어 보이지만, 할머니들에게는 아주 친절할 것 같기도 하다. 짙은 색 코트에 홈부르크 중절모 차림의 호텔 프런트 직원들은 지나치게 공식적이다. 거창한 차들의 뒷좌석에서는 저명한 방문객, 오페라 가수, 정치가, 구릿빛 얼굴의 탐험가들이 교통규칙을 무시해도 된다는 사실에 부끄럽게도 흐뭇해한다.

센트럴파크 귀퉁이에는 핸섬택시[2인승 2륜마차]들이 길게 늘어서 있다. 겨울이면 이 핸섬은 석탄 난로를 싣고 손님을 맞는다. 마부는 톱햇top hat 차림의 노신사들이고, 말들은 어쩐지 말라 보이며, 바퀴도 왠지 부실해 보인다. 맨하탄 섬의 어느 쪽 물가에서든 거대한 대륙 간 여객선을 구경할 수 있다. 혹은 저 유명한 뉴욕의 예인선이 브룩클린 다리의 검은 철구조물 아래를 빠르게 오가는 모습을 볼 수도 있다. (높고 둥그런 선교船橋, 태연한 표정의 선장 등이 건방진 양키 분위기를 풍기는 그 예인선들!) 그랜드센트럴 역 바깥에서는 발밑의 쇠창살 틈새로 번쩍거리는 쇳덩어리인 시카고 특급열차를 내려다볼 수도 있다. 평생 그랜드센트럴 역에서 살더라도 기차 한 대 못 볼 수도 있다. 기차는 죄다 양탄자 아래 지하감옥에 꼭꼭 수감되어 있으니까.

맨하탄의 가게들은 지상의 모든 좋은 물건들로 꽉 차 있다. 그 휘황함은 이야기에 등장하는 동방의 모든 향기 나는 시장들을 능가한다. 월도프-아스토리아의 늙은 웨이터 한 명은 내게 호언장담했다. "원하는 건 뭐든지 말씀하세요. 혹시 저희 호텔에 없으면, 사람을 보내 근처 가게에서 바로 구해다 드립니다." 쇼윈도의 모피는 유별난 탁월함을 서늘하게 뿜낸다. 파리에서 건너온 드레스는 호사스러울 만큼 멋지다. 미국식으로 기분 좋고 간편한 드레스들도 물론 허다하다. 상상할 수 있는 모든 크기의 신발들, 비밀스런 취향의 사람들이나 찾을 법한 책들, 모든 시대 모든 대륙에서 끌어다 모은 그림과 보물들, 이국적인 기쁨을 안겨주는 음식들, 별스런 혈통을 지닌 조그만 강아지들, 아예 먹을 것들로 가득 차 나오는 냉장고, 당당한 롤스로이스 자동차, 어지러울 만큼 기발한 장난감들, 보는 이를 매료시키는 수많은 장식품들…. 꿈속에 등장하는 모든 것, 돈으로 살 수 있는 모든 것이 여기에 있다! 맨하탄은 놀라움의 창고, 전설의 창고이다. 이 전설적 놀라움의 창고는 우리 시대 들어서야 가득 차게 된 것이다. 야만인 정복자들이 맨하탄에 쳐들어온다. 실크와 새틴의 목을 자르고, 사교계의 햇병아리 여성들을 겁탈하고, 멋진 프랑스 레스토랑에서 게걸스레 쑤셔 넣는 야만인들! 이쯤 되면 정복의 대상치고는 참으로 훌륭하지 않은가!

하지만 뉴욕의 다른 쪽 극단에서는 여전히 길거리의 거지들을 볼 수 있다는 사실은 너무나 극적으로 두드러진다. 그들은 보도 한쪽에 코트만 걸치지 않았을 뿐 그럴듯하게 차려입고 다소곳이 서서 깎듯이 구걸을 한다. 그러다 밤이 되면 도시의 환한 불빛을 뒤로 하고 싸구려 골방으로 돌아간다. 이들은 또 다른 맨하탄의 대사大使이다. '그 맨하탄'의 수많은 으슥한 거리에는 니그로와 푸에르토리코인, 폴란드인 및 가난한 이탈리아인들이 서로 멸시하고 헐뜯으며 해묵은 싸움을 벌이는 불행한 이웃들로서 살아간다. 이런 곳에서 풍기는 불평불만과 분노의 기운은 뉴욕에 대해 정나미가 떨어지게 만들 수도 있다. 할렘의 어느 경찰서에서 범죄 발생 기록을 보면 맘이 착잡해진다. 숱한 페이지들마다 끔찍한 사건들로 — 칼로 찌르기, 강간, 강도, 폭력, 제정신으로는 도저히 불가능할 괜한 심술 등 — 빼곡하다. [심층 분석 기사 전문인] 일요일 신문에나 실릴 법한 사건들이 이처럼 방대하게 차고 넘치는 기록부를 보고서 흠칫 경악하고서도 짐짓 태연하게 물어본다. "그것 참! 그런데 이 사건 기록들이 몇 주 동안 벌어진 건가요?" 경찰관 양반이 침착하게 웃으며 대답한다. "그건 오늘 발생한 사건들만 적은 겁니다."

　　미국은 탐욕의 땅이다. 미국인이라면 누구나 끊임없이 부를 추구하며 부자들을 경탄의 눈길로 쳐다본다. 뉴욕의 낙오자들, 즉 미처 미국인이 되지 못한 수백만의 뉴욕 사람들은 아무리 가난하고 궁핍해 보여도, 아무리 꿈을 잃고 좌절한 듯 보여도 '아메리칸 드림'을 ― 어느 누구에게든 부를 얻을 기회가 오리라! ― 굳게 신봉한다. 이따금 이런 꿈이 그야말로 애절해 보이기도 한다. 이스트리버East River 근처의 한 싸구려 커피숍에서 만난 늙은이 한 명은 내게 뉴욕의 엄청난 부를 거만하지 않게 은근히 자랑했다. 칙칙한 단칸방이나 헤진 소매의 코트 대신에 뉴욕의 모든 금고와 온갖 사치품들이 다 제 것인 양 그는 말했다. "그렇지요. 매일 아침, 매일 아침 말입니다, 뉴욕에서 내다 버리는 쓰레기만 모아도 유럽의 모든 사람들이 일주일은 거뜬히 먹을 겁니다." 그렇게 내뱉는 그의 표정에는 유럽에 대한 아무런 부러움도 없었고 자기가 가진 게 정말 자랑스럽다는 진정한 자부심만이 가득했다. 옆자리의 여러 먼지투성이 인부들도 자긍심과 경탄에 찬 고개를 끄덕거렸다.

　　그렇지만 맨하탄의 이런 모순 속에서 사회적 양심을 제대로 유지하기란 좀처럼 쉽지 않다. 이 기회의 도시에서 벌어진 부자와 빈자 사이의 격차는 유별나게 크다. 뉴욕에 울려 퍼지는 자본주의라는 이름의 교향악에는 재미와 활력, 자극이 넘친다. 휘황한 네온 불빛, 엄청나게 크고 밝은 오피스 단지, 끝내주는 가게와 친절한 점원들을 보라. 하지만 개인 저마다의 장점만을 내세우는 이 쾌락의 경주로에는 틀림없이 역겨운 무언가 또한 존재한다. 이 도시의 활력이 계몽적 양심이 아닌 사리사욕에 바탕하고 있다는 신호가 맨하탄 어디에서나 끈질기게 발견된다. 여성들에게 간호사가 되기를 촉구하는 포스터에는 "다른 사람을 돌보는 방법을 배우세요. 그러면 당신을 돌보는 방법도 알게 될 것"이라고 적혀 있다. 도로안전 광고판에는 "당신이 구한 생명, 당신 생명일 수도 있다"고 쓰여 있으며, 기차표 위에서는 "예약을 지키지 못할 때는 일러주세요. 당신 친구나 직장 동료가 그 표를 필요로 할지도 모르니까요"라고 가르친다. 이런 신호들을 끊임없이 접하다 보면 외국인 방문자들은 자기를 그곳에 보내준 후원자들의 선심에 대해서도 슬슬 의혹을 품게 된다. 이 사람들이 진정으로 내게 기쁨을 주려고만 한 것일까, 아니면 이런 선심을 씀으로써 모종의 인정을 받으려고 한 것은 아닐까? 뜻밖의 선물이야 그저 기쁘기 마련이지만, 주는 사람은 대가로 뭘 바라는 걸까? 그러다 보면 머지않아 의지 혹은 정신의 왜곡, 오락가락 춤추는 이데올로기, 온갖 괴팍함, 온갖 감정적 애국주의 따위가 일사불란하게 자아의 고양에만 매달리는 움직임보다 낫겠다는 믿음이 불끈 솟구치곤 한다.

그런데 상기하시라, 맨하탄은 야심가들의 안식처가 아니던가. 맨하탄의 떠들썩한 경쟁이 너무 성스럽게 진행되기를 기대하는 것은 연목구어 아니겠는가. 크든 적든 탐욕에 기초해 세워진 곳, 그것이 바로 맨하탄이라고 인정하는 게 마땅할지도 모른다. 그로테스크한 고딕 성당이든 믿기 어려운 성공회 교회든 이 도시의 교회들마저도 자기들만의 공격적인 사회적 염원을 드러내 보인다. 참으로 놀라운 건 그런 저급한 동기로부터 그토록 훌륭하고 아름다운 것들이 그렇게 많이 생겨났다는 점이다. 뉴욕에는 멋진 그림들을 소장한 전당이 허다하고, 매년 수백만이 이들을 즐기러 그 집들을 찾는다. 〈뉴욕타임스〉는 매주 한 페이지 가득 콘서트 소식을 싣는다. 타의 추종을 불허하는 박물관, 생기 넘치는 공연장, 대단한 출판사들이 뉴욕에 자리 잡고 있으며, 뛰어난 대학도 있다. 〈뉴욕타임스〉 ― "문자화하기에 알맞은 모든 뉴스를 싣습니다"가 NYT의 구호이다 ― 그 자체가 이 도시의 화려한 장식품이며, 때로 잘못된 판단을 싣기도 하고 때로 지루하기도 하지만, 결코 증오의 글이나 싸구려 글을 싣지 않고 악의적인 짓을 일삼지도 않는다.

뾰족한 날카로움과 불타는 색감의 도시 맨하탄은 사실 그 자체가 아름다움이다. 특히 높은 데서 내려다보면 그 아름다움이 더욱 빛난다. 마천루의 숲 한복판에서 센트럴파크가 놀라운 초록의 공간으로 반짝이고, 저 멀리 월스트리트의 고층건물들이 어렴풋이 내다보인다. 햇빛을 머금은 맨하탄 섬 양쪽의 푸른 두 물길 위로는 대서양 정기선이 쉴 새 없이 줄을 지어 바다 쪽으로 미끄러진다. 참으로 장엄한 풍경이다. 그 풍경을 노래할 시인 워즈워드가 없어도 말이다. 확성기를 든 사내 혹은 50센트짜리 가이드북을 든 사내 한 명이면 그것으로 족하다.

그래서, 맨하탄에서 벗어나는 일은 눈 덮인 산꼭대기에서 내려오는 일과 같다. 그럴 때면 대기조차도 한결 편안한 느낌으로 바뀐다. 자극적 환경이 한결 부드러워지고, 소음도 가라앉는다. 색감도 윤곽이 흐려지며 사라지고, 압박감도 덜고, 교통 흐름도 드문드문해진다. 그러면서 당신은 맨하탄이라는 도시의 주문에서 벗어난다. 그러다 잠시 멈춰 설지도 모른다. 고층 아파트와 풀이 무성한 습지 너머로 고층건물들의 불빛이 밤을 달리는 맨하탄 풍경을 그저 슬쩍 뒤돌아보려고….

> 물론 맨하탄은 지난 20세기 동안 택시운전사로부터 범죄율에 이르기까지 커다란 변화를 겪었다. 그렇지만 내 속에서 불꽃처럼 일어났던 1953년 이 도시의 감흥은 크게 바뀌지 않았으며, 그 후 나는 매년 거르지 않고 맨하탄을 찾았다.

2-2 남부

> 첫 미국 남부 방문은 날 그리 들뜨게 하지 않았다. 애틀랜타에 도착한 날은 마침 공립학교의 인종분리 관행이 위법이라고 판결함으로써 세간을 떠들썩하게 했던 '브라운 대對 교육부' 소송이 워싱턴 대법원에서 마무리된 바로 다음날이었다.

법원의 판결이 알려지자 남부 백인들의 불만은 거칠게 터져 나왔다. 남녀 할 것 없이 노여워하는 사람들의 말을 들으며 나는 그날을 보냈다. 그들이 내뱉는 욕설은 어찌나 연극적이고 천편일률인지 마치 어떤 『편견용어사전』에서 대량으로 끄집어낸 것 아닌가 싶을 지경이었다. 어느 커피숍에서였다. 가게의 지배인과 한때 경찰 간부였다는 한 사내와 얘기를 나누었다. 그들은 거리에서 벌어진 인종갈등을 떠올리며 한참을 떠들었다. 거리에서 굶겨먹고 두들겨 팬 '니그로들'에 대해서도 그들은 아무렇지 않게 얘기했다. 특히 한 명은 군중에게 내몰리다 황급히 바로 그 가게의 출입문으로 뛰어들었다는데, 그 니그로를 냅다 길바닥에 다시 내동댕이쳤다고 의기양양하게 말하는 것이다. 지배인은 최종판결문을 읽듯 선언했다. "니그로들이 머물 곳은 뒷문뿐이죠. 공손하게 모자를 벗어 손에 들고서 말입니다."

보다 온건한 애틀랜타 시민들은 이런 야만스런 말들에 경악한 나머지 백인의 우월성을 지킬 다른 방도를 지지했다. '올드사우스'Old South[남북전쟁 이전의 옛 남부]의 낭만에 흠뻑 취한 이들은 마치 독실한 척하는 죄수들처럼 이렇게 말하곤 했다. "그 문제는 우리한테 맡겨요. 우린 니그로들을 이해하구요. 니그로들은 우릴 이해하고 또 존경해요. 어찌 되었건 우린 오래도록 함께 살아왔단 말이죠. 니그로들은 우리가 속속들이 안다니까요. 니그로들의 정신 상태는 확실히 우리랑 달라요. 그러니까 전부 우리한테 맡기라고요. **남부 문제는 남부가 알아서 하겠다** 이거지요." 내가 만약 남부의 니그로였다면 부드럽게 속삭이는 이들보다

시끄럽게 떠들어대는 부류를 훨씬 좋아했으려니 싶었다.

시골 니그로들은 옛 노예제 시절의 그림에 등장하는 모습과 크게 다르지 않아 보였다. 여전히 들판에서 맨몸으로 땀을 흘리고, 화려한 색채와 번드르르한 장식품을 즐기고, 여전히 노래를 즐기고, 여전히 무지하고 조직되지 않은 집단으로 남아 있었다. 그들은 여전히 굴종의 신분으로 끝없이 비참한 사람들일 뿐이었다. 자신의 사회적 지위를 고민하는 이는 거의 없었고, 오로지 처량한 무관심으로써만 발언할 뿐이었다. 앨라배마에서였다. 어느 니그로 농부와 얘기를 나누다 물어보았다. 유색인종들에게 사정이 점차 나아지고 있는지 말이다. "허이구 선상님, 나아지긴 쥐뿔이 나아져유. 허긴 더 나빠지는 것두 없긴 허쥬. 그저 바뀌는 건 쥐뿔두 없다 그거지유. 살색이 안 뽀얀 사람들, 여기 남쪽에 사는 다음에는 사정이 아예 좋아질 수가 없단 말이쥬."

남부의 억압적 분위기는 일면 지역 자체의 속성에서 비롯된 바도 크다. 크게 보아 남부는 넓고 건조하며 먼지만 풀풀 날리는 생명 없는 시골이다. 간간이 사로잡을 만큼 아름답기도 하지만 대개는 마냥 구슬픈 풍경이다. 강인함과 원기왕성함, 신선함과 활력이 모자라는 땅인 것. 즉 디킨스와는 참으로 거리가 먼 이상한 땅이라는 말이다. 어느 여름 날 차를 몰고 (가령) 사우스캐롤라이나 주를 달리다 보면 끝도 없이 이어지는 면화밭이 당신을 삼켜버린다. 이따금씩 먼지 속에 버려진 듯한 초라한 마을이 나타난다. 누더기 같은 나무집, 색 바랜 광고판, 몇 안 되는 풀죽은 사람들(백인과 흑인들)이 가게 주변에서 서성대는 모습. 페인트칠도 하지 않은 어느 가난한 백인의 집 밖에는 고물 차 한 대, 혹은 베란다의 온갖 잡동사니들 속에 놓인 세탁기 한 대만이 눈길을 끈다. 휘청 굽은 첨탑을 이고 선 작고 뽀얀 교회가 보이기도 한다. 군데군데 검게 곰팡이 핀 늪지가 나타나고, 그럴 때면 물속에 뿌리를 내린 을씨년스런 나무들도 나타난다. 대농장의 저택은 으리으리하기도 하지만, 제대로 손을 보지 못한 그 모습에 울적해지기 십상이다.

한번은 딱 그렇게 생긴 집에 들러 주인과 얘기를 나누며, 예전 넉넉했던 시절의 슬픈 그림자를 확인할 수 있었다. 3세대 전에 파커 농장은 1,200만 평이 넘는 규모로서 일대에서 가장 큰 축에 들었다. 그런데 지금은 18만 평의 땅에 면화, 담배, 고구마, 옥수수를 기른다는 것. 저택까지 올라가는 좁은 소나무 길은 비포장이었다. 차 꽁무니로 먼지가 구름처럼 일었다. 길가에 조그만 통나무집이 두 채 있었는데, 하나는 밖에 내건 빨래로 봐서 사람이 사는 집 같았고, 다른 하나는 처마까지 지푸라기가 들어차 있었다. 그 길 끄트머리에 버티고 선 고전 양식의 대저택은 무너지기 일보직전이었다. 넓고 화려한 현관 부분은 기둥 네 개가 따로 지붕을 받치고 서 있었다. 파커 부인은 자기 집 정도면 워싱턴이나 토마스 제퍼슨이라야 어울린다고 생각했지만, 흔들대는 널찍한 계단, 축 처진 현관의 문틀, 지붕 높은 곳의 주인 떠난 벌집 따위를 본 나는 '나 정도면 딱 어울리겠네' 싶었다. 집안은 어수선했지만 정감이 가는 모습이었다. 저택의 현관에서 건물 맨 뒤까지 길게 뻗은 홀에는 낡은 풍금이 놓여 있었고, 그 악보대에는 커다란 찬송가 책이 올려져 있었다.

막 트랙터와 난투극을 벌이고 나타난 농장주인 양반은 기름진 손에 부분 가발을 쓰고서 목이 트인 셔츠 차림이었다. 그렇지만 대부분의 남부 신사들처럼 그는 사람을 반기는 재능을 타고난 인물이었다. 그래서 우리는 곧 현관의 난간 달린 계단에 걸터앉아 소나무 길을 내다보며 시원한 음료수를 홀짝거렸다. 그는 농장을 거의 혼자 운영한다고 했다. 풀타임 고용자는 한 명뿐이라는 것. 아이들은 가까운 공립학교에 다니고, 집안일은 아내 몫이었다. 농장에 딸린 다섯 오두막은 니그로 가족들에게 세를 놓았으며, 각 가족의 가장들은 다른 데 가서 일을 한다고. 이열종대로 늘어선 '더 스트리트'라는 이름의 옛 노예 거처의 집들은 텅 빈 채 허물어지고 있었다.

현관에 앉아 얘기를 나누는데 진입로에서 거대한 먼지 구름이 일더니 우리 쪽으로 다가왔다. 두 마리의 몸집 좋은 노새였다. 노새는 봅슬레이와 클레오파트라의 유람선을 교배한 듯한 썰매를 끌었고, 썰매를 탄 이는 기품 어린 주름살투성이 얼굴에 밀짚모자를 쓴 흑인 노인이었다. 노인은 황제처럼 모퉁이를 돌았다. 노새는 헐떡였고, 썰매는 삐걱댔다. 우리는 먼지의 소용돌이 속에 갇힌 꼴이 되었다. 현관을 지나면서 노인은 모자 꼭지를 쥐고 들어올리며 인사했다. "굿 이브닝, 주인님! 굿 이브닝, 파커 마님!" 내외가 대답했다. "굿 이브닝, 엉클 헨리!"

2-3 시카고

> 뉴욕에서 시카고까지 트웬티스 센츄리 리미티드Twentieth Century Limited 기차를 타고 갔다. 19세기에 잉글랜드 방문객들이 그 기차로 시카고에 들어갈 때 "신사 양반, 시카고는 시씨 타운[3]이 아니랍니다"는 말을 듣곤 했다는 기억이 났다. 1953년의 시카고를 다룬 사뭇 건방진 아래 글은 뒤이은 시카고 연작의 출발점을 이룬 에세이이다. 그 후 매 10년마다 시카고 에세이를 쓰게 되었던 것이다

첫날 밤 도시의 야경을 즐기라며 사람들이 나를 호숫가로 데려갔다. 우리 뒤로 미시간 호가 시커먼 공터처럼 멋지게 펼쳐져 있었다. 호수 위에서는 덜루스에서 온 철광석이나 캐나다에서 온 신문용지를 실은 증기선들의 불빛이 반짝였다. 북미 대륙을 절반 정도 가로질러 들어간 내륙의 시카고에 가보기 전에는 이곳이 거의 해변 도시 같다는 것을 실감하기 힘들다. 그곳 특유의 국지적 폭풍이 일어나고 너울이 일며, 쏟아

---

3 sissy town. 계집애 같은 머슴애, 운동하기 싫어하는 사내아이들, 혹은 겁 많은 아이들 일반을 놀리는 말로 쓰인 'sissy'를 도시 이름 앞에 붙여 시카고의 사내다움과 강인한 이미지를 잉글랜드에서 온 샌님들에게 사뭇 빼기는 표현으로 쓰고 있다. [역주]

지는 햇살 아래 일광욕을 즐길 수 있는 모래밭과 부두 등 영락없는 해변 풍경이다. 시카고에서는 유럽행 배에 몸을 실을 수 있으며, 선착장에서는 여러 나라의 국기들을 단 배를 볼 수 있다. 호수는 어찌나 넓은지 꼭 대양 같다. 물가로 내려가 정말로 짠물이 아니라 담수란 걸 확인하고픈 충동에 휩싸인 게 한두 번이 아니었다.

그렇게 바다처럼 큰 호수를 등 뒤에 두고 우리는 그날 밤 시카고의 야경을 구경했다. 호수를 따라 큰 빌딩의 불빛이 길게 뻗어 있었다. 어떤 마천루는 두부를 잘라놓은 듯 네모반듯했지만 어떤 것들은 크고 작은 뾰족탑과 총안銃眼, 첨탑 장식들을 이고 있어서, 꼭 기능 일변도의 건물들을 몇몇 바로크 식 마무리로 누그러뜨려 놓은 듯했다. 이 불빛의 띠 바로 옆은 고속도로이다. 호수의 윤곽선 모양대로 뻗은 고속도로는 주저함이나 멈춤을 모르고 오로지 질주하는 긴 차량의 불빛들로 가득했다. 시동을 꺼트렸거나 길을 몰라 멈춰 선 어느 불쌍한 여인의 차만이 유일한 예외였는데, 그 뒤에서 울려대는 항의성 경적 소리는 귀를 멀게 할 지경이었다. 순간 긴 불빛의 행렬이 멈추는 듯하더니 금세 차들이 양옆으로 빠져 나와 드높은 엔진 소리와 바퀴가 세차게 구르는 소리를 울리며 다시 질주하기 시작했다. 불쌍한 여인은 아랫입술을 깨문 채 기어를 매만지느라 진땀을 빼고 있었다.

여러 가지 점에서 시카고는 아직 무정한 도시이다. 조금이라도 동작이 굼뜬 이는 시카고의 거리에서 냉대받기 십상이다. 당황한 가슴을 쓸어내리게 해줄 조언을 기대해서도 곤란하다. 거기서는 정해진 곳으로 바삐 움직이는 일만이 벌어진다. 호수 위의 육중한 파수병처럼 버티고 선 시카고의 건물들 사이사이로는 뒤쪽의 음산한 곳들로 통하는 좁고 긴 협곡이 나 있다. 시카고의 겉모습에는 찬란한 기품의 깊이가 없다. 눈부신 길 두셋이 감추고 있는 것은 슬럼과 칙칙한 교외의 밀림이고, 그 속에서 인종과 도덕은 마구 뒤범벅이 된다.

사실 비즈니스 지구의 훤한 풍채는 대낮에도 그다지 맘을 사로잡지 못한다. 소음과 혼잡 때문에 그런 것일지도 모른다. 시카고가 지상에서 가장 시끄러운 곳임은 틀림없다. 자동차들은 으르렁대고, 고가철도는 덜컹댄다. 경찰관의 희한한 두 음색의 호루라기 소리는 대도시에서 길을 잃은 바다 새의 울음소리 같고, 자동차 경적은 찢어지는 비명을 내지른다. 커피를 마시고 사무실로 돌아가는 여사무원들은 깡통처럼 달그락대는 목소리를 한껏 높여 잡담을 주고받는다. 붐비는 교차로마다 쏟아져 나오는 양떼처럼 쇼핑객들이 잰 발길을 옮긴다. 경찰들이 성마른 손길로 이들을 내몰고, 자동차는 부릉부릉 출발신호만 기다린다. 시카고의 속도는 소름끼치고, 혼잡은 절망적이다. 이집트 농부들의 생활을 개선하려는 새 계획이 무자비한 출생률 탓에 빛을 바랜 것과 마찬가지로, 시카고에서 새로 마련된 주차공간과 새 고속도로는 쉴 새 없이 늘어만 가는 차량의 홍수에 파묻히고 만다. 싫증이란 걸 모르는 자동차들이 아침마다 도시로 들어오는 고속도로를 가득 메우고 들썩들썩 요란을 떤다. 질주하듯 달리다가 경적을 울려대고 으르렁대며 길이란 길을 모두 차지하여, 급기야 단 한 대의 차도 더 집어넣을 수 없겠다 싶을 만큼 말이다. 그럴 때면 도시 전체가 부풀어오르는 느낌이다. 길거리는 빼곡한 차들로 난장판이 되고, 차량의 흐름은 숨이 막힐 지경에 이른다. 사무용 건물을 헐어서 주차장으로 쓰는 게 시카고에서는 돈이 된다. 지나치게 신중하다거나 신경과민인 사람들은 함부로 시카고 길거리의 대소동 속으로 차를 몰고 나올 게 못 된다. 왜냐하면 특히 바로 이 점에서 시카고는 '시씨 타운'이 아니기 때문이다.

범죄와 부패의 영향력은 아직도 드높다. 그늘진 악의 중심인 조직폭력단Syndacate이 여전히 활개를 친다. 폭력단 요원들이 지방정당조직에도 침투해 있다고 얘기된다. 알 카포네의 시절 이래로 수백 건의 미결 살인사건이 기록되었으나, 대부분의 시민들은 그런 문제들이 슬며시 잊히도록 내버려둔다. 그런 데 관여했다가는 잃을 게 너무 많다는 걸 잘 알기 때문이다. '빅 맨'은 성사 직전의 계약을 잃을 터이고, '리틀 맨'은 자기 동네 파출소장이나 새끼 보스의 미심쩍던 협력을 잃을 터인 것. 뇌물은 여러 수준에서 흔하게 발견된다. 운전면허시험관에게 5달러 지폐를 하나 찔러주면 시험이 한결 순조롭게 끝난다는 걸 아는 사람은 다 안다. 살인사건이 지독스레 자주 벌어진다는 것도 누구나 다 안다. 적어도 그만큼 신문에서 자주 읽는 것이다. 그런데 이 문제를 시카고의 어느 경찰 간부에게 물었더니 그는 주제를 교통 혼잡과 매춘이라는 '쌍둥이 화제'(이 둘은 늘 함께 가는 듯하기에)로 슬쩍 돌려버렸다.

    만약 도시 자체가 보다 널찍하고 겉모습도 위생적으로 보인다면 시카고의 이런 칙칙한 불건전함이 훨씬 덜 불거져 보일 것이다. 그렇지만 눈을 현혹하는 호숫가의 장관에도 불구하고 시카고는 곪고 있다. 철컹대며 낡은 고가 위를 달리는, 바퀴 달린 환자용 의자의 초연한 건방짐 같은 게 느껴지기까지 하는 시카고 고가철도의 창밖으로는 볼썽사나운 이 도시의 뒷면을 고스란히 살필 수 있다. 슬럼의 각 구역은 이탈리아, 중국, 푸에르토리코, 리투아니아 등 특정 민족과 얽혀 있다. 하지만 밖에서 보아서는 죄다 끔찍스런 침체의 땅으로 보일 따름이다. 모퉁이가 허물어지고 창문은 금이 가거나 깨지고 문짝은 고리 부분에서 휘어진 슬럼의 갈색 벽돌건물들. 위층 창문에는 손에 빗을 든 니그로 여인이 너덜너덜하고 지저분한 블라우스를 걸치고 창밖으로 몸을 빼고 있다. 곧 무너질 듯한 나무집 계단에는 콧수염을 길게 기른 이탈리아 노인이 웅크리고 앉아 있다. 비막이 판자의 흰색은 잔뜩 더러워졌고, 발코니 난간은 축 늘어지거나 푹 꺼져 있다. 세계 어느 곳에서든 슬럼은 슬럼이니, 파리나 글래스고우에도 이만큼 쇠락한 지역이 아마도 있을 것이다. 그러나 여기 시카고에서는 부자가 되려고 미국에 왔다가 보호받지 못하고 자란 동물들과 같은 삶을 살아온 수많은 인종의 시민들로 인해 슬럼의 풍경이 더욱 사무치는 모습을 띠게 되었다.

　이런 실존적 환경은 마치 산화제와 같아서, 태평스레 덜렁대는 시카고의 오랜 자신감을 불가피하게 갉아먹었다. 얼마 전까지만 해도 시카고 사람들은 자기 도시가 지상에서 가장 위대하고 가장 유명한 도시가 되리라, 그리하여 뉴욕이나 런던, 파리를 능가하는 곳, 신세계의 중심, 우주의 으뜸 도시가 되리라고 확신했다. 놀라운 성장을 기록하던 19세기 동안 시카고에서 흔해빠진 게 백만장자였고, 대륙의 모든 보물이 그곳으로 몰려들었다. 그토록 열렬하고 단순한 의도로 뭉친 사람들이니 지구의 무게중심이 빠르게 중서부 Middle West로 옮겨지리라 여기는 건 당연했다. 실제로 그런 무게중심의 이동이 벌어졌다고 볼 수도 있다. 시카고와 그 인근의 철도망과 공장, 곳곳에 널린 가축수용소 따위는 미국의 힘줄이면서 세계 절반의 힘줄을 이루었다. 하지만 아무리 시카고에 눈이 먼 사람이라도 그곳을 전 세계적 거대도시라고 주장할 순 없다. 옛적의 그 거창한 명성은 이미 크게 훼손되었다. 시카고가 뉴욕을 따라잡다니, 모두 코웃음 칠 일이다. 대신 열등함을 인정하고 단념하는 분위기가 시카고에 팽배하다. 여기에는 힘자랑을 일삼던 옛적에 대한 약간의 후회도 가미되어 있다. 이유야 어떻든 이벤트의 흐름은 대개 시카고를 못 본 체하고 지나친다. 한때 활기가 넘쳤던 시카고의 극장가 또한 침체의 늪에 빠져 브로드웨이 작품을 재탕하거나 곰팡내 나는 천편일률의 광대극을 무대에 올리는 것으로 변통한다. 떠들썩하고 긴박한 분위기에도 불구하고 시카고는 때로 역류하는 물 같아 보인다.

　이런 인상은 부분적으로만 정확하다. 시카고에도 놀랍고 흥미진진한 것들이 많기 때문이다. 멋진 갤러리와 뛰어난 도서관들, 엄청나게 많은 대학들이 거기 있고, 시카고의 교향악단은 아주 훌륭하다. 거대한 컨테이너 야적장들이 교외의 농촌지대에 널려 있고 기차들이 어지럽게 들판을 누빈다. 시카고 강의 다리들은 거대한 화물선이 통과하게끔 척척 멋지게 들어올려진다. 자칭 '세계 최고의 신문'인 〈시카고 트리뷴〉은 가장 기운찬 신문 중의 하나임에 틀림없다. 건축가 프랭크 로이드 라이트가 자신의 마지막 뻔뻔스러운 대작인 1마일[1.6킬로미터] 높이의 마천루를 세우려고 했던 곳도 바로 시카고였다. 엔리코 페르미와 그의 동료들이 최초의 원자로에서 핵 연쇄반응 실험을 성공한 곳도 시카고의 어느 스쿼시 코트에서였다.

하지만 이런 정력적인 활동들이 시카고의 영혼을 말해주던 시대는 이미 막을 내렸다. 시카고 사람들은 여전히 진보라는 이름의 괴물에 의해 내몰리고 실패할지 모른다는 생각에 시달린 나머지 혹독하리만치 긴박하게 살아가는 존재들이다. 하지만 너무 많이 시달렸던 것일까? 아니면 그곳의 타락이 그토록 뿌리 깊었던 것일까? 그 와중에 그들의 유서 깊은 열성도 무뎌지고 헤퍼 보일 만큼 넉넉했던 목적의식도 사그라지고 말았다. 인생의 정거장에 멈춰서는 걸 받아들인 것이다. 전통이 되다시피 한 사랑스런 허풍을 떨며 으스대던 세월은 이제 끝났다. 보다 체념적이고 수동적인 모습으로, 나아가 (아마도) 약간은 환멸에 젖은 모습으로 바뀐 것이다. 시카고가 '흘러가 버린 것'이 아님은 분명하지만, 적어도 '이러저러했더라면 더 좋았을 것'이라고 말하는 데는 무리가 없다.

> 내 책 중 하나에서 나는 〈시카고 트리뷴〉 신문을 "미국에서 제일 알맹이 없고 편견투성이인 신문"이라고 평가했다. 그 신문사 직원들이 악의로 가득 찬 회사 분위기를 어떻게 참고 견디는지 참으로 신기하다는 비아냥도 곁들였다. 〈트리뷴〉지에 실린 내 책 서평을 보면 "우리 신문사를 두고서 28세의 제임스 모리스 씨는 중늙은이 같은 훈계를 늘어놓다 말고 살짝 찬사를 내비쳤다"고 썼다.
> 시카고는 내가 상당 시간 머문 최초의 미국 도시였다. 그곳에 도착하고 얼마 지나지 않아 어느 친절한 시카고 시민이 나를 교외의 자기 집으로 초청했다. 나는 기꺼이 초대에 응했다. 세상에! 칵테일파티, 리셉션, 호화 만찬, 호숫가의 피크닉 등이 끝도 없이 이어졌다. 나는 순진하게도 "이게 미국이라면 미국은 정말 멋진 곳이로구나" 경탄해 마지않았다. 마티니가 샘물처럼 흐르고, 친절함이 결코 마르지 않는 곳. 1953년의 그 마을 레이크포리스트Lake Forest가 시카고에서뿐만 아니라 공화국 미국 전체에서 가장 부유하고 으리으리한 교외지구라는 사실은 한참 뒤에야 알게 되었다.

2-4 로켓

> 1954년에 접했던 미국의 넷째 이미지는, 당시 내 상상력을 사로잡았다가 이후 두고 두고 나를 전율에 떨게 한 놀라운 미국 기차의 이미지이다.

　미국의 서부를 만든 것은 기차이다. 그리고 나는 지금도 거대한 기차가 미국의 참맛을 가장 잘 대변한다고 생각한다. 육중한 화물을 끌고 내달리는 기차, 언뜻 뽀얀 냅킨과 은빛을 반짝이며 교차로를 지나치는 거대한 기차들. 우리 일행은 전형적인 서부 철도 마을의 조그만 호텔에서 하룻밤을 묵었다. 찌든 담배 냄새가 고약한 싸구려 호텔이었다. 철길이 내다보이는 곳이어서 기차역 짐꾼들의 거칠고 탁한 목소리가 들려오는 곳이었다. 서글서글한 호텔 주인이 오후에 내게 말했다. "기차를 좋아하신다면 '로키 마운틴 로켓'을 놓치지 마세요. 로켓은 정확하게 매일 밤 8시 19분에 도착해요. 말했듯이 기차 좋아하시면 정말 볼 만할 거예요." 8시 17분에 우리는 길을 건너 역으로 갔다. 로켓을 기다리는 승객들이 몇몇 있었다. 단추구멍에 장식꽃을 단 옷차림에 가방을 든 여행자 몇몇, 환송객 몇몇, 우리처럼 구경 나온 잡다한 관광객들까지. 애들을 데리고 나온 사람, 쇼핑백을 든 사람도 있었고, 어떤 이는 질겅질겅 껌을 씹으며 어슬렁대다 이따금씩 가래를 뱉어대기도 했다.

　땅거미가 지면서 가로등에 불이 들어오기 시작했다. 이내 먼 곳에서 굵은 포효가 들려왔다. 경적이 요란스레 터졌고 뒤이어 딸랑딸랑 종소리가 울렸다. 선로 위로 눈부신 빛줄기가 세차게 밀려들어왔다. 여행자들이 주섬주섬 짐을 챙겼고, 애들이 폴짝폴짝 뛰었다. 어슬렁대던 이들의 껌 씹는 속도도 빨라졌고, 몇몇 행인들이 역 안으로 더 들어왔다. 순간 로켓이 역 안으로 미끄러져 들어왔다. 거대하고 번쩍대는 디젤 엔진 네 개는 그야말로 집채만 했다. 엔지니어가 창밖으로 몸을 기댄 모습도 위풍당당했다. 쇠와 알루미늄으로 만들어진 객차들도 반짝반짝 빛났다. 동글동글 쿠션을 넣은 침대차도 언뜻 보였다. 흑인 짐꾼들이 높다란 객차에서 뛰어내려 가방을 움켜쥐었다. 식당칸 창문에서는 커피를 홀짝대던 승객들이 무심한 눈길을 던졌다. 군데군데에서 창문 차양을 내리느라 불빛이 틈새로 새어나왔다. 디젤엔진들이 다시 으르렁대자 차장들이 기차에 뛰어올랐다. 문짝이 스르륵 닫히더니 이 거대한 기차가 움직이기 시작했다. 근사하고도 늘씬하게, 화려하고도 힘차게, 마치 기나긴 은빛 선박처럼 말이다. 머지않아 기차는 평원을 뚫고 나가 콜로라도의 산지를 오르리라.

ch 3
중동, 분쟁의 왕국

> 미국에서 한 해를 보낸 뒤 나는 〈타임스〉 신문의 중동특파원이 되었다. 당시 중동은 지금도 그렇다시피 분쟁의 현장이었다. 7년 전[1948년]에 팔레스타인[성서에서 말하는 '약속의 땅 가나안'] 땅에 세워진 이스라엘 문제, 산유국 사이의 알력, 소비에트의 간섭, 대영제국의 지역 내 존재 따위가 그 분쟁의 불씨에 기름을 끼얹었다. 훗날 그때의 경험을 『셀류카의 시장』이라는 책으로 옮겼다. 중동 전 지역이 내 관할이었고, 근거지는 카이로였다. 영국의 지배 아래, 또 국왕 파루크의 지배 아래에 있었던 카이로는 1952년의 군사쿠데타 이후 가말 압델 나세르 대통령이 이끄는 독립공화국의 수도가 된 상태였다.

3-1 이집트

아프리카 내륙을 가로질러 북으로 북으로 구비구비 흐르는 웅대한 강 나일은 이집트 삼각주에 이르러 여러 갈래로 갈라진다. 그리하여 참으로 오래도록 변함없이 풍성한 토양에 깊이 뿌리내린, 지긋지긋하리만치 비옥한 뭔가가 있는 듯한 지역이 만들어진다. 이집트의 꼭대기, 나일이 갈라지는 그 지점에 카이로가 있다. 이집트의 수도, 아프리카 최대 도시, 아랍 세계의 메트로폴리스, 이슬람의 지적 중심, 그리고 수천 년 동안 지상에서 가장 위대한 곳 중 하나였던 카이로!

공기가 어찌나 깨끗하고 산뜻한지 카이로에서는 상하는 게 아무것도 없을 듯하다. 어찌 보면 이집트란 나라 전체의 기질에 지독한 방부제 기운이 어려 있기도 하다. 그 일대를 굽어보는 벌거벗은 산등성이인 모카탐Mokattam 언덕에 오르면 카이로 외곽의 기자 피라미드군이 눈에 들어온다. 여기서 보는 피라미드들은 부드러운 분홍빛에 반투명으로 보여서, 마치 분홍 설화雪花 석고로 만든 피라미드 같다. 피라미드들이 선 곳은 사막과 바로 맞닿은 곳이다. 나일 강의 흐름이 사막을 뚝 그치도록 만든 곳인 것. 섬뜩할 만큼 늙은데다 참으로 신비로우며 짐짓 무서워 보이기까지 하는 피라미드들. 몇 년 전만 해도 여행자들은 이들이 사막에서 스핑크스와 나란히 생각에 잠긴 듯 서 있는 모습으로 접했다. 그 당시의 괘씸하기 짝이 없는 아라비아 통역자들은 그들을 수행하는 성직자들 같았다. 하지만 이제 카이로는 상류로 확장을 거듭해서 사막까지 일부 개간했으며, 주택, 나이트클럽, 호텔, 골프장 등이 늘어선 길로 수도와 파라오가 연결되기에 이르렀다. 그래서 피라미드는 이제 무슨 교외의 명물 같이 되었다. 코펜하겐에 티볼리 공원이 있듯이 카이로에는 피라미드가 있는 것.

카이로의 또 다른 얼굴은 어두운 중세의 빛깔로 얼룩져 있다. 아랍 정복자들이 동쪽의 사막을 넘어 이슬람의 이름으로 이집트를 점령하던 그때로부터 곧바로 전해 내려온 빛깔로 말이다. 언덕 위 전망대에서 서쪽으로 도시의 얼룩덜룩한 부분이 보인다. 갈색을 머금은 어수선한 그곳에서는 (조금만 상상력을 발휘해 보시라) 세월과 향신료, 더러운 오물 따위가 증기처럼 뿜어져 나오는 듯하다. 여기가 중세의 카이로이다. 그 길의 폐허와 같은 잡동사니 속에서 이슬람 사원의 광탑들이 우뚝우뚝 붉거져 어디서도 볼 수 없는 숲을 이룬다. 원형계단을 달고 있는 것, 불룩한 꼭지를 가진 것, 하나로 된 것, 둘로 된 것, 후추통 같은 것, 접시꽃 같은 것, 우아하고 단조로운 것, 고집스레 많은 장식을 단 것, 남근처럼 우락부락한 것, 차분히 점잔빼는 것…. 주위의 난잡한 집들 위로 불거진 이들 광탑은 지하 깊은 곳으로 공기를 불어넣는 다채로운 통풍구 같다. 카이로에서는 날마다 다른 모스크를 갈 수 있다고 한다. 그리고 그런 데에서는 마치 기적의 식초 저장법으로써 보존되어온 듯한 중세 이슬람의 흔적이 남아 있다. 이제 막 원시적 애니미즘과 이교도적 미신의 혼돈을 뚫고 일어난 중세 이슬람의 기상이⋯. 이곳의 좁디좁은 골목과 기우뚱한 집들에서는 '악마의 눈' 얘기가 공공연히 믿어지고 수백의 종교적 금기와 주문이 일상생활의 진행을 뚝뚝 잘라놓는다.

　도시성곽의 대문들 중 하나를 찾아보시라. 거기에는 아직도 선사시대의 이름 모를 성자에게 기도하는 종이와 천 조각들이 덕지덕지 붙어 있을 터이다. 또 모스크에서 축제가 열려 애들이 타는 그네가 세워지고 그 지방 성인의 묘지 주위에서 밤새도록 떠들어대는 행렬이 끝없이 이어질 때면 온갖 중세의 등장인물들이 거리의 등불 아래로 쏟아져 나온다. 반쯤 정신 나간 누더기 차림의 탁발승은 신들린 듯 푸드득거리고, 사납기 짝이 없는 말라깽이 거지는 불타는 눈으로 긴 손톱을 휘두른다. 할례 수술을 할 도구를 조심스레 가대 식 탁자 위에 펼쳐놓는 이도 있고, 온화하고 정중한 모스크의 성직자도 보인다. 후한 상인은 단것과 금품을 나눠주고, 광대, 행상인, 소매치기 등도 총출동이다. 똑같이 조잡한 검은 옷을 입은 몇몇 여인들은 길모퉁이에 동그마니 쪼그려 앉아 시끄럽게 수다를 떨거나 탬버린을 두들긴다.

　거칠게 달리는 버스로 2~3분만 나가면 이 중세의 거리에서 현대 카이로의 대로로 접어든다. 중동 권력지형의 한복판이 바로 여기이다. 서구화된 카이로가 탄생한 때는 나폴레옹이 자신의 학자들을 데리고 왔을 때인 1798년이었다. 그 후 외세의 직간접적인 영향과 간섭 아래 발전을 거듭했다. 드디어 독립된 카이로는 어찌나 세련되고 짜임새가 좋은지 다른 아랍 수도들을 한낱 시골도시처럼 보이게 한다. 이집트 공화국은 자칭 아랍 세계의 지도자로서, 수도 카이로는 참으로 역동적이고 든든하다. 새로 지은 고층빌딩들이 강변에 우후죽순 솟아올랐다. 온통 유리로 뒤덮여 높은 요금을 자랑하는 큰 호텔이 둘, 꼭대기에 회전 레스토랑을 갖춘 전망탑이 하나, 겉으로는 멀끔하고 속으로는 온통 뒤죽박죽인 방대한 신흥업무지구, 고급 아파트단지와 확장일로의 주거지 따위이다. 멋진 강변도로가 도시의 이쪽에서 저쪽 끝까지 나일 강가에 시원스레 뻗어 있다. 나일 강 위에 새로 지은 다리도 멋스럽기 짝이 없다. 오늘날의 카이로가 최신 유행의 도시인 것은 아니고, 도시의 품위 또한 대부분 나일 강과 과거로부터 비롯되었지만, 카이로에는 분명 활기와 박력이 담겨 있다.

침체와 부진의 정반대, 거기가 카이로의 자리이다. 카이로는 부글부글 끓는 도시이다. 종종 허풍떨기도 하지만, 잠시도 쉴 줄을 모르는 곳. 필딩Fielding의 이야기에는 누군가가 한 맹인에게 빨강색의 느낌을 물어보는 대목이 나온다. 그 맹인의 대답인즉, "빨강은 내게 늘 뭔가 트럼펫 소리 같은 것이었다"는 것. 카이로를 맑은 은방울 소리라고 할 수는 없다. 그렇지만 헤드라인에서 카이로라는 이름을 보는 순간 당신은 그만큼 날카롭고 요란한 어떤 소리를 마땅히 떠올릴 것이다. 이곳에서는 늘 뭔가가 벌어진다. 위대한 경제학자가 느긋하게 이곳을 찾아 착륙하거나, 대정치가 한 분이 철학자처럼 이곳을 떠나 이륙한다. 혹은 영국의 경제사절단이나 모스크바의 새로운 조치가 이곳을 겨냥한다. 혹은 이스라엘을 향한 맹비난이나 이라크와의 화해책이 터져 나오는 곳, 러시아의 댐 건설업자나 아랍연맹 대표단이 드나드는 곳. 위협이 난무하고 행진이 거듭되는 곳. 혹은 그저 이집트 대통령께서 시끄러운 오토바이와 사이렌 소리를 앞세워 검은 방탄차를 타고 쫓기듯 내달리는 곳.

카이로는 빛나는 곳이다. 불타며 열을 내뿜는 카이로. 반대파들 사이의 대립, 근대와 전통의 충돌로 타오르는 카이로. 무엇보다 이곳은 현대사의 휘황한 빛깔로 불타고 있다. 카이로의 어느 다리 위에 멈춰 서

보시라. 차들이 빵빵대고 시민들이 밀쳐대는 다리 위에 서 있노라면 검은, 갈색의, 노란 피부의 사람들이 역사의 중심으로 몰려들어오면서 그 무게중심이 옮겨지는 소리가 금방이라도 들려올 것 같다. 아프리카-아시아 통일운동의 정수를 발견할 수 있는 곳이 바로 카이로이다. 그 발상은 얼마나 기름지며, 그 야망은 얼마나 대담한가. 그다지 두드러지지 않고 노골적으로 유치한, 하지만 늘 격렬하고 힘찬, 뻔뻔스러울 만큼 전투적이고 내놓고 기회주의적인 곳. 카이로의 기업가정신은 벨리댄서, 음담패설, 과식과 기운찬 농담들로 흘러든다. 카이로는 불꽃놀이와 가슴 큰 가수들을 사랑한다. 신문들은 약삭빠르다. 만평가들은 놀라운 풍자의 재주를 가졌다. 커피숍마다 선전선동으로 장식된 라디오 프로그램들이 쾅쾅 울린다. 카이로는 막 열병에 걸린 도시이다. 마침내 땀이 확 솟구칠 순간을 향해 끊임없이 부풀어오르는 곳인 것.

  서방세계의 온갖 편의시설들을 죄다 이용할 수 있는 곳이지만 그래도 카이로는 서유럽 도시들과는 너무 다르다. 카이로는 다정하게 당신을 맞는다. 길거리를 헤매는 당신에게도 친절한 편이고, 따뜻한 대화 속으로 당신을 초대한다. 그러다 길끝에서 지극히 희한한 뭔가를 맞닥뜨리게 된다. 때로는 이런 경험이 아주 겁나는 것이기도 하다(뒷골목을 질주하는 깡패들, 혹은 우르릉 쾅쾅 지나가는 집채만 한 탱크들). 때로는 아주 매력적이기도 하다(공원에서 유쾌한 가족과 콩 요리를 함께하기). 때로는 당혹스럽기도 하다(어느 날 아침 국가정책이 180도 뒤바뀌었다는 소식을 듣는 일). 때로는 참으로 큰 힘을 주기도 한다(어느 벼락출세한 젊은 정치인이 뿌리 깊은 재갈을 벗어던지고서 단호하고도 명쾌하게 진실을 힘주어 말함으로써 우리의 화석화된 추측들이 낡은 억측일 뿐임을 일러줄 때). 서유럽 사회를 형성시킨 특유의 역사와 갈등은 카이로를 만드는 데 거의 힘을 쓰지 못했다. 특수도시 카이로는 신세계의 희망, 강점과 약점, 불만 따위를 그 동력으로 삼는다.

이집트가 부자나라가 아니듯 카이로도 부자도시는 아니다. 그래도 이 도시는 굉장한 인물들과 자연의 힘을 지닌 수도이다. 마치 청청한 정원의 대문 망루처럼 카이로는 비옥한 삼각주의 끝머리에 우뚝 서 있다. 그 주위로 온 세계가 숨죽이고 드러눕나니, 이 유서 깊은 도시가 활짝 팔을 펼칠 때면 그 긴 그림자가 마치 지니[요술램프의 거인]처럼 아시아와 아프리카를, 지중해의 바닷가를 뒤덮으리라. 카이로는 지상의 다른 어느 도시와도 같지 않다. 소음덩어리인 카이로를 도도하고 차분하게 흘러가는, 처연하고도 심오한 위엄을 내뿜으며 오로지 바다로만 행진하는 고결한 강 나일처럼. 마치 생의 흥망성쇠를 쳐다보며 "이게 다 뭔 소란이람"이라고 중얼거리는 어느 사내와도 같은 그 강처럼.

> 나세르의 혁명 정권은, 많은 부분 내 경탄을 자아내기도 했으니, 노골적인 독재 정권이었다. 독재를 가능케 하는 정권의 통치기술을 보도하고자 도시와 농촌 곳곳을 골고루 누비기도 했다.

바이엘아랍Bai-el-'Arab의 시골길에 한동안 차를 세워둔다면 앞유리창 먼지 위에 뭔가 쓰여 있는 걸 보게 될 터이다. 익살스런 얼굴 그림이거나 이름 한 둘, 아리송한 경우, '가말 압델 나세르 만세' 따위가 말이다. 이집트 공화국의 시골마을 어디에서나 알구무리야al-Gumhuria의 영향을 접하지 않기란 거의 불가능하다. 나세르 연대장이 이끄는 이 정권의 지지자들은 알구무리야가 바야흐로 이집트를 지옥의 참상에서 건져내고 있다고 본다. 그렇다고 해서 혁명정부의 저돌적인 개혁 덕택에 바이엘아랍의 모습이나 느낌이 크게 달라졌다는 건 아니다. 다른 수천의 마을들처럼 이곳 또한 거의 아무런 영향을 받지 않은 채로 남았다. 최근 100여 년 동안의 물질적 진보는 이곳을 비켜갔고 아직도 빈곤과 무지의 나락 속에 깊이 잠겨 있는 것이다.

옹기종기 한 덩어리를 이룬 이 마을의 진흙 오두막들은 카이로 북쪽 삼각주 지대의 큰길가에 자리 잡고 있다. 그런 집의 먼지 이는 마당에 서면 들판 너머로 나일 강을 미끄러지는 거대한 흰 배들이 내다보인다. 근처에서는 눈을 가린 황소가 물레방아를 돌리느라 하염없이 맴맴 돌고, 바지를 허벅지까지 걷어붙인 사내들은 원시적 도구를 들고서 물을 관개수로로 퍼올린다. 면화, 밀, 콩이 자라는 들판은 눈부시게 환하다. 좁은 길에는 나무들이 줄지어 서 있다. 아주 가끔 자동차가 벼락같은 경적을 울리며 지나간다.

　이 조그만 마을에는 무슬림과 콥트인[이집트의 그리스도교도] 둘 다 산다. 주민들은 친절하고 공손하지라 집에 들어가 보기도 어렵지 않다. 내온 커피를 마시며 펠라fellah 즉 이집트 농부들이 어찌 사는지 직접 볼 수도 있다. 진흙바닥을 개, 염소, 닭, 터키, 심지어 마소와도 함께 쓰는 농부들의 살림집은 그야말로 처참하다. 침대는 딱딱하기 그지없고, 맨바닥에 불을 지펴 밥을 짓고, 쓰레기와 빈 깡통들이 나뒹구는데, 이 모든 게 두툼한 먼지 막으로 덮여 있는 것. 더럽고 모자란 게 이들 삶의 전부인 듯싶으나 그 사회에도 우아함은 있다. 그들은 친절함을 타고난 사람들이다. 게다가, 신기하게도 손 모양으로 만든 문고리, 애들 그림처럼 형형색색인 나무 조각품, 장식 쟁반, 두들겨 편 동판 장신구 등 이들에게서도 아름다움을 추구하는 흔적을 찾을 수 있는 것이다.

　알구무리야 정권의 고위인사인 마지 핫산에인Magdi Hassanein 소령 및 여러 귀빈들이 한 무리의 차를 끌고 최근 이 마을을 찾았다. 환영 행사는 성대했다. 서부의 사막개간사업으로 조성된 방대한 농토인 '해방구역'으로 이주할 바이엘아랍 대표 펠라인fellahin을 뽑으려는 게 이들의 방문 목적이기 때문이다. 거기 뽑히면 좋은 집, 새 옷, 안락한 마을 생활이 상품으로 보장되었고, 그래서 반응은 거의 광적이었다. 도로 옆의 들판에 천막이 세워지고 커다란 양탄자가 깔렸다. 악대는 가파른 상

성上聲의 오프비트 가락들을 줄줄이 연주했다. 성장盛裝을 한 아랍 말들은 이집트 시골의 오뜨에콜[고등마술]이라고 할 그 유명한 춤을 추고 있었다. 열광하는 구호가 드높았고, 여인들은 결혼식 같은 큰 축제 때 쓰는 희한한 호각으로 찢어지는 고음을 불어댔다.

해방구역은 정권의 다른 사업들처럼 용감하고도 기발했다. 그러나 이 정부가 여러 점에서 합리적이다 하더라도, 또 여러 점에서 독재이기도 하다. 언론에는 재갈을 물렸고, 엄청난 파급효과의 법률들이 난데없이 갑자기 발표되었다. 후안무치하게도 외국과의 갈등을 스스럼없이 국내정치에 써먹곤 했다. 반체제인사들은 공식적 절차 없이 제거되었다. 그렇기에 바이엘아랍의 치어리더들이 소곤대는 소리는 이내 드높은 찬성의 구호와 "마지 핫산에인 소령 만세" 소리에 묻혀버렸다.

학교 안에서는 해방구역 이주민 후보 몇몇이 방문단 앞에 줄을 지어 늘어섰다. 마치 새로운 우수민족을 빚어낼 원료들인 양. "30세 이하일 것. 글을 깨우쳤고, 용모 단정할 것. 자, 보시오! 이들이 얼마나 지적인 모습인지. 해방구역에서는 새 개버딘gabardine 유니폼을 입을 것이오. 이들은 심리학자들 앞에서 테스트를 받습니다. 필기시험을 치르는 모습도 보러 오시오."

나무 탁자에 앉은 이 신이집트인들은 하나같이 뽀얀 순백의 갈라비야galabiya를 입고 새로 뾰족하게 깎은 연필을 들고 하얀 시험지를 마주했다. "잠시 후 시작합니다. 이건 아주 엄격한 시험입니다. 준비하는 모습들 좀 보시오! 아니, 아니, 아직 후보자가 결정된 게 아니오. 이제 시작할 시간이오. 기다리시오!" 그런데도 후보자들은 하나같이 벌떡 일어나 신성한 충성심 가득한 표정으로 몇 차례 더 "만세!"를 외친 뒤에야 다시 시험 보는 일로 돌아갔다.

그처럼 독재는 인간성까지 물들였다. 철권통치가 이집트의 재건에 꼭 필요했을 수도 있겠다. 철권통치 기간 동안 자긍심과 충성심이 오래도록 강제로 주입되었다. 금융계의 비관론, 지식인들의 악평, 자유주의자들의 염려, 소수파 유대인들의 불안 따위에도 불구하고, 그리고 아랍 세계의 왕따가 점점 더 심해짐에도 불구하고, 알구무리야 정권은 이집트에 알맞은 것으로 보인다. 하지만 필기시험과 대부대를 내세운 혁명 정부의 기고만장한 젊은이들이 과연 모든 과정을 잘 이끌어갈지, 아니면 그들보다 앞선 시대의 수많은 사례들에서처럼 결국 파리나 진흙집, 고물 깡통만 남기고 사라질 것인지 도대체 누군들 예측할 수 있겠는가.

> 카이로의 다른 쪽에는 카르가Kharga라는 오아시스가 있다. 나일 강 서안에 위치한 조그만 사막 마을들의 군락인 이곳은 전통적으로 유배지였다. 5세기에 성처녀 마리아가 신의 어머니 즉 성모일 수 없다는 혁명적 교리를 내놓았던 네스토리우스가 그곳에 유배되었다. 아타나시우스 신조信條의 장본인 아타나시우스Athanasius도 거기 유배되었다는 얘기도 전해진다. 나세르 대통령 치하에서 그곳은 정적들을 — 주로 근본주의 단체인 '무슬림 형제단'의 구성원들 — 감금하는 곳으로 쓰였다. 그런 수용소에서는 아무런 경고도 없이 아무 항변도 못한 채 사람들이 감쪽같이 사라지는 일이 비일비재했다. 〈타임스〉 기자 신분으로 나는 그곳의 수감자들을 만나러 찾아갔다.

이곳은 유배지로서는 최적이다. 나일 강 서쪽으로 220킬로미터 남짓 떨어진 서부사막의 널찍한 내리받이에 자리 잡은 이 오아시스의 한쪽에는 이글대는 절벽이 우뚝 솟아 있고 나머지 삼 면은 물기 없는 모래가 둘러싸고 있다. 주변의 사막은 불친절한 음모가 같은 꼴을 하고서, 중대한 결정의 순간이 닥치면 냉큼 오아시스 전체를, 야자수 숲과 마을, 수용소 등 모든 것을 삼켜버릴 기세이다. 한때 수단에서 출발한 노예무역상들의 길이었던 거친 길이 북동쪽으로 나일 강을 향해 뻗어 있다. 그렇지만 카르가로 가는 가장 쉬운 방법은 나일 강변의 나그하마디Nag Hamadi라는 곳에서 디젤 궤도차를 타는 것이다. 이 귀여운 탈것은 — 마을사람들은 그 아비가 증기기차, 어미가 버스였다고 말한다 — 아주 이른 아침에 출발해 작열하는 태양이 가장 격렬해질 즈음에 그 움푹한 오아시스에 도착한다. 그러므로 승객들은 차에서 내리며 마치 자신들이 이런 급격한 변동을 일으키는 데 일조하였던 것인 양 느끼게 된다.

카르가의 흥미진진한 면면을 배우느라 이틀이 후딱 지나갔다. 그곳 전체가 마치 붕대를 둘러 잠잠해진 듯했고, 그런 분위기가 그토록 황량한 곳에서 그토록 험악한 소문의 주인공이 된 자잘한 마을들의 덩어리인 카르가에 잘 어울린다 싶었다. 세찬 바람에 이리저리 쓸려 다니는 사막의 모래가 해마다 마을을 야금야금 잠식하는 곳. 바깥쪽의 일부 촌락은 이미 그렇게 사라졌다. 어떤 마을은 거대한 방어벽을 마을 둘레에 세우기도 했다. 어떤 동네에선 한 집에만 사람이 살았는데, 그 오두막 주인마저도 야수처럼 굽어보는 누런 모래 언덕의 기세에 밀려 곧 떠난다고 했다. 집주인은 철학자처럼 말했다. "모래도 자기가 원하는 게 있죠. 모래가 자기 권리를 찾게 해줘야죠." 무너진 담, 허물어진 집, 버려진 바리케이드 등, 모든 게 반쯤 모래더미에 묻힌 모습이었다.

수용소는 사막 안으로 몇 킬로미터나 들어간 곳에 있었다. 선뜻 길 안내를 하겠다는 사람도 없고 해서 나는 오아시스의 중심 마을에 눌러앉아 친절한 안내자 혹은 탈옥수가 나타나기만을 마냥 기다렸다. 사실 그 마을의 중심 광장을 어슬렁대다 커피를 마시는 것만으로도 충분히 즐거웠다. 김빠진 듯하면서도 맘을 달래는 묘한 분위기였다. 대부분 베르베르Berber족인 마을사람들은 생기 없는 모습과 달리 다정하였다. 상당수의 골목길은 나무와 흙으로 만든 지붕으로 덮여 있었다. 거친 아랍 약탈자들로 하여금 마구 말을 타고 내달리지 못하도록 하려는 장치라고 했다. 이 그늘진 골목을 따라 조그맣고 기이한 털 수실로 장식한 바구니를 든 사람들이 푸석푸석 발자국을 남기며 오갔다. 밤이면 샛길마다, 열린 가게마다 등불이 내걸렸다. 그 불빛 아래로는 콩더미, 커다란 유리 양념통, 덧문에 축 늘어져 기댄 가게주인들의 모습. 이 견고한 전통의 도시에서 내가 만난 여인은 오직 한 명이었다. 온통 검은 물을 들인 듯한 구부정한 모습의 여인이었는데, 그나마 황급히 광장에서 담벼락 아래 그늘 속으로 총총 사라지는 뒷모습이었다.

그런데 장날이면 대변신이 벌어진다. 그때 죄수들을 만날 방법도 생겨났다. 큰길에 고기 파는 매대가 길게 늘어서고 기름기 많은 뽀얀 낙타고기가 산더미처럼 쌓인다. 푸주한들이 피 묻은 손으로 큰칼을 무뚝뚝하게 놀리면서 살점과 근육이 찢어지는 소리와 함께 고기를 잘라낸다. 이 끔찍한 먹을거리들은 알고 보니 경찰 둘이 호위하는 트럭에 실리고 있었다. 그 차가 어디로 가냐고 물었더니 "죄수들한테 가는 것"이라고 했다. 오호, 나도 같이 가면 안 될까요, 얼른 그렇게 물었다. 어림도 없수다, 그게 대답이었다. 그들은 정치범이었고 외국인과의 대화는 허용되지 않았다. "수용소장님이 아시면 큰일 나요!" 그런데 한 사람이 보일 듯 말 듯 윙크를 하며 나에게 카르가 병원으로 대신 가볼 것을 권했다. 광장에서 우회전하면 바로 거긴데, "아주 재미있을 거"라는 것. 그 아침에 당장 그곳을 찾았고, 서글서글한 젊은 의사가 그곳을 구경시켜 주었다. 한 병동에 이르니 연주창에 걸린 여러 환자들이 바닥의 지푸라기 매트 위에 누워 투덜대고 있었다. "왜 여기 누워 있나요? 침대가 모자라나 봐요?" 의사는 심드렁하게 대꾸했다. "평소에는 넉넉한데 지금은 수용소의 죄수들이 병동 하나를 가득 메우고 있어서요. 그 사람들 만나보실래요?"

그렇게 거기서 아타나시우스의 후손들을 만났다. 후손이라고는 해도, 공산주의 혹은 무슬림 계열의 사람들이니 판이한 믿음의 소유자들인 셈. 그들은 많기도 많았지만 눈에 감은 붕대 혹은 팔다리의 깁스 탓에 참으로 기이해 보였다. 우리는 과거와 미래, 수용소의 상태와 석방 가능성 등 이것저것 대화를 나눴다. 그들에 따르면 매일 아침 정부 대표가 와서 체제 교육을 시킨다는 것. 하지만 그들의 눈빛은 결코 세뇌 당한 자의 눈빛이 아니었다. 두 명의 잿빛 머리 경찰이 베란다에서 우리를 지켜봤다. 이따금 구석의 침대에 누운 한 무뢰한이 거친 자극적 구호를 외치며 우리 대화를 잘라놓곤 했는데, 그 말투만은 참으로 교양 넘치는 잉글랜드인의 억양이었고 오랜 배움과 통찰력이 느껴졌다.

네스토리우스도 이곳 카르가에 유배되었을 때 저렇게 고함을 질렀을 거야, 나는 맘속으로 그렇게 생각했다.

> 수감자들의 부상 자국에서도 수용소의 교화방법이 어떠리라는 게 짐작되긴 했지만, 나세르 대통령의 이집트에 살며 일해야 했던 나로서는 〈타임스〉 독자들이 행간에서 그런 사실을 짚어내도록 우회 묘사하는 게 현명하겠다 싶었다.

3-2 베이루트

> 1950년대의 베이루트, 레바논 공화국의 수도인 그곳은 아주 비정치적인 도시로서 아랍 세계의 즐거움을 만끽할 수 있는 곳이었다. 프랑스의 위임통치 탓에 도시 전체가 프랑스의 기운을 머금고 있었다. 도시가 앉은 곳은 아름다웠고, 도시의 기질은 친절하였다. 훗날 위험천만인 테러의 도시이자 종교적 고집불통들의 도시로 알려지게 되는 베이루트와는 완전 딴판이었던 것. 일 핑계를 대고 나는 그곳을 숱하게 찾아 올라갔다.

베이루트는 불가능의 도시이다. 몇 가지 점에서 그렇다. 우선 레바논 산지가 지중해와 만나는 그 땅의 황홀함이 그러하다. 또 그 도시의 발끈거리는 기질, 제멋대로인 잔치 분위기, 눅눅하게 얼버무리는 듯한 기운이 '불가능'이다. 베이루트는 경제적으로도 불가능이다. 여러 이론가들에게서 '완전 불능'이라고 낙인 찍힌 시스템 아래에서 더할 나위 없는 번영을 누리는 것. 마치 땅벌이 공기역학적으로는 날 수 없는 것과 마찬가지로, 베이루트는 기존 법칙과 사례에 비추어서는 존재할 수 없는 곳인 것이다.

하지만 거기 그렇게 베이루트는 엄존한다. 머리칼을 찰랑이며, 치마 주름을 펄렁이며 서 있는 베이루트는 도시들의 무대에서 카르멘과도 같다. 베이루트는 중동의 마지막 환락가이다. 진지한 우리 세대 들어서 거의 잊힌 격렬함과 천박함으로써 살아가는 땅인 것이다. 파우니faun, 드리아드dryad, 돈의 신money-god 등 이 귀신 붙은 해안선의 모든 신들이 술판을 벌이려고 내려오는 곳이 바로 베이루트이다. 그래서 이곳은 지칠 줄 모르는 환락지이다. 베이루트는 또 유혹과 성찰이 교차하는 곳이다. 오랜 명성의 대학도시인 곳. 항구이자 매음굴인 베이루트는 아랍 사막의 꼬트머리에 위치한 관측소이기도 하다. 고대도시임에 틀림없으나 뻔뻔스런 모더니티가 난데없이 기세를 펴는 곳이기도 하다. 이스라엘과 시리아 사이의 중간쯤의 감칠 맛 나는 바닷가, 거기서 빈둥대는 듯한 이 도시의 몸가짐은 그런 지리적 위치에서 그런 역사적 순간에 다른 어떤 도시도 차마 그런 척 할 수 없는 태도를 보여준다. 시사문제에 예민한 사람들에게 베이루트는 기만적인 현상이다. 허나 무엇보다도 베이루트는 '불가능'이다.

베이루트에는 큰 강도 없다. 넓은 산업지역을 배후지로 거느리지도 않는 베이루트는 오랜 세월 동안 관문이자 배출구로서 주요한 지위를 얻었다. 다마스쿠스의 입구이자 시리아의 출구였던 것. 방랑길에 올라 터벅터벅 걸어가던 이 문명 저 문명이 이곳에 잠시 멈추거나 머물렀다. 그 흔적들이 여기의 돌기둥, 저기의 조각물, 도서관 속의 전설 혹은 해변에 버려진 약통 따위에 남아 있다.

돌기둥과 약통! 정복자들은 고작 그런 것들만 남기고 떠났다. 베이루트의 짜임새가 너무 얄팍하여 뭔가를 빨아들여 간직하질 못했기 때문이다. 대부분의 유산이 파괴된 것은 지진과 화재 때문이지만, 베이루트를 눈에 보이는 과거가 없는 도시로 만든 것은 거의 전적으로 그 땅의 특성이었다. 시류의 흐름을 타면서 부단히 옮겨 다니는 베이루트, 그곳은 늘 콘템포러리이다. 반은 그리스도교, 반은 무슬림인 인구들의 나라 레바논. 그곳의 수도인 베이루트는 아직 동방의 방식과 서방의 방식 사이에, 친프랑스와 아프리카-아시아 사이에, 해변을 가득 메운 어여쁜 호텔들과 위쪽 언덕 곳곳의 낡은 동방의 마을들 사이에 자리 잡고 있다. 하지만 당신이 익히 알고 있는 정신분열증의 도시들 같지는 않다. 오히려 베이루트는 그 양분된 상태를 당당하게 적극 활용함으로써 가장 매끄럽고 가장 매력적인 기업가들의 도시가 되었다. 이곳에서는 모든 것이 반드시 이용된다. 한 바구니의 쇠못, 신용장 한 장, 시 한 편, 새로운 항법, 칵테일 한잔, 새로운 음색, 압출 성형기, 수프 한 그릇, 베이루트는 이 모든 걸 받아들여 필요하면 가공을 거쳐 이윤을 붙인 뒤 다른 데로 넘긴다.

베이루트는 중간에 서 있음으로써 먹고산다. 절정의 돈 욕심을 양식으로 삼는 셈이다. 이 도시가 떠맡지 못할 일이란 없다. 밀을 내륙의 다마스쿠스로 보내는 곳, 서쪽의 함부르크행 유조선에 기름을 채우는 곳. 당신의 지식에 색깔을 입히고, 당신의 논문을 번역하고, 당신을 아라비아의 족장에게 소개하는 곳. 바닷가의 냉방 스위트룸에서 모자람 없이 화려함을 즐길 수도 있는 곳. 당신 나라의 무조無調 음악이 축제마당에서 연주되기도 하고, 자가지그[이집트의 상공업도시]에서 한창 논란이 되고 있는 사안에 대한 그다지 믿을 것 없는 통계들을 접할 수도 있다. 창구의 환전직원은 전혀 놀라는 기색 없이 노르웨이 여행자수표를 인도의 루피화나 마리아 테레사 달러[4]로 바꿔준다. 철이나 석탄 같은 천연자원은 하나도 없지만, 이렇다 할 공장도 병력도 없는 곳이지만, 베이루트는 당신이 요청하는 모든 일을 기꺼이 해낼 것이다. 단, 돈만 제

---
4 미국 최초의 동전은 마리아 테레사 탈러Maria Theresa Thaler라는 이름으로 처음 주조되었는데, 이로부터 오늘날의 달러라는 이름이 유래한 것으로 알려져 있다. 1900년대 초반까지 에티오피아의 공식 화폐단위였다가, 지금껏 아프리카, 중동 일대에서 널리 쓰인다. 마리아 테레사는 18세기 오스트리아-헝가리 제국의 여제였다. [역주]

대로 낸다면 말이다.

　아니다. 그렇게 말하면 너무 심하다. 모든 게 돈 때문만은 아니다. 베이루트는 장터를 캠브리지와 소르본느에 연결시키는 곳, 사상의 집산지이기도 하다. 베이징 혹은 피츠버그에서 사람들도 금세 이 자유로운 곳의 어느 구석에서 진한 에로티시즘에 젖어 혹은 철학 개념들을 심도 깊게 토론하느라 편안해할 것이다. 베이루트의 공기에는 뭔가 짜릿한 맛이 배어 있다. 쓰고도 달며 부대끼지 않는 어떤 맛이. 지상에서 유일하게 그런 맛을 간직해낸 곳이 베이루트이다. 동과 서 사이의 옛 동맹으로부터 빚어진 곳이 이곳이기 때문이다. 고대인들의 휴머니즘이 살아 숨 쉬는 곳이면서 동시에 지중해의 둘도 없는 햇살로 소복한 곳이기 때문이다. 옛 알렉산드리아를 탄생시킨 정신, 바로 그 기백이 베이루트를 낳았다. 고전 모드를 사랑하는 모든 이들에게, 모든 고결한 본능의 소유자들에게 베이루트는 향수 어린 후회의 도시인 것이다.

　늘 후회스러운 게, 베이루트는 B급의 불가사의, 부차적인 도시이기 때문이다. 아랍 세계의 가장자리에 서서 뒤틀린 회의론자처럼 초연하게 내부를 쳐다보는 베이루트. 이 도시의 양심은 흔적기관일 뿐이다.

　이 모든 것들이 흥미를 자아낸다. 중동의 모든 것들이 베이루트로 나아간다. 음흉하고 지루한 평계들을 늘어놓는 정치적 망명객들이 베이루트를 찾는다. 거기서 매부리코의 눈부신 종교지도자들은 아랍 특유의 금빛 번쩍대는 옷을 걸치고 염주를 돌리며 떠들썩한 말다툼에 뛰어든다. 비단옷을 걸친 사슴 같은 눈망울의 세련된 시리아 여인들, 곱슬머리에 검게 그을린 강가의 매춘부들, 바로크 조각상 같은 유대인들도 눈에 띈다. 베이루트 거리에는 시인이 넘친다. 몽상가 기질의 예술가들, 해어진 샌들을 끄는 털북숭이 실존주의자들, 악보를 든 예술애호가, 손가방을 든 스파이들의 거리이기도 하다. 어떤 때는 거기서 드루즈파

Druse[이슬람 과격파] 인물들을 볼 수도 있다. 막 동부의 산악지대에서 내려온 듯한 그들은 지독히도 터부룩한 모습으로 당당하게 으스댄다. 함대가 부두에 들어와 (영국인, 미국인, 프랑스, 혹은 그리스인) 병사들을 풀어놓으면 해변의 바들은 상스러운 농담으로 떠들썩해진다. 중동에서 또 한 번의 위기가 벌어지면 베이루트의 태연자약한 호텔들로 세계 각국의 기자들이 몰려든다. 그럴 때면 현관의 짐꾼들은 기자 세계의 은어를 복습하고 뉴스거리를 주워들으려 기웃기웃거린다. 아예 도시 전체가 고성능의 안테나로 둔갑해 파르르 떠는 것 같다.

하지만 베이루트는 쉽사리 가슴 깊은 곳을 열어보이지 않는다. 소방차가 요란스레 길거리를 누비지만 불은 늘 엉뚱한 데서 일어난다. 그처럼 덧없는 곳도 없어서, 마치 끔찍이 부패하고 야박한 여학교 같다. 하긴, 이런 생활방식이 영구할 수는 없으리라 싶다. 너무 변덕스럽고 너무 빠르며, 지나치게 가상적이고 환상적인 것. 베이루트는 철학자와 파라오들을 잃어버린, 어쩌면 클레오파트라마저 잃어버린 알렉산드리아와도 같다. (세월은 특히 베이루트의 귀부인들을 위축시켰다. 푸들을 안고 선글라스를 낀 채 살롱을 나와 디자이너 옷집으로 뒤뚱뒤뚱 발걸음을 옮기는 그녀들을…) 지난 세월의 역사 속에서 베이루트는 늘 뿌리 없는 도시 같았다. 음탕하면서도 땅에 속하지 못한 곳, 씩씩한 남성다움에도 불구하고 생식력이 없는 곳 말이다. 바람 한 자락, 행운 한 토막 같아서, 이 모든 찬란한 색감의 짜임새들이 망각의 늪 속으로 순식간에 사라져버릴 듯한 곳….

바로 그것이 이 땅의 본질이다. 베이루트는 조그만 공화국의 자그만 수도이며, 거기서 벌어지는 사건이 중대하게 느껴지는 경우는 거의 없다. 베이루트는 늘 속삭인다. 두고 봐, 법석 떨지 말고, 기다리라고, 한잔 더 하면서 말이야…. 여기서는 못 본 체하는 눈, 구석에 난 구멍, 내민 손의 다른 쪽, 카운터 아래의 무언가가 늘 느껴진다. 베이루트는 진지한 도시가 아니다. 제대로 된 빅토리아 시대의 사람이라면 이곳을 증오했으리라. 하버드의 경제학자나 영국의 공무원들도 베이루트의 말도 안 되는 시책들이나 경박스런 매력, 능청스런 야함, 온갖 꼬드김 따위를 따져보고서는 당장 구제불능이라고 낙인 찍었을 것이다. 무릇 근엄한 잿빛 목적의식의 소유자들이라면 누구나 그러했을 것처럼.

하지만 그릇된 구원이 판치는 세상에서 대체 누군들 이곳을 구제할 수 있을까? 여성 사교가와 여성 문학병이 우리 시대를 주름잡지만, 솔직하고 사랑스러운 자유파들은 여전히 우리의 기운을 북돋운다. 그처럼 어설픈 기쁨, 그처럼 태평스런 눈의 반짝거림이 베이루트가 우리에게 주는 선물이다. 그다지 영적인 도시는 아니지만, 대단한 매혹의 도시임에는 틀림없는 곳. 무엇보다 아름다운 배경 덕분에 더욱 우아해 보이는 곳. 그것은 영원한 고전의 아름다움이고 파랑과 짙은 포도주색 계열의 아름다움이다. 북유럽의 길고 을씨년스러운 밤을 보내며 꿈꿔오던, 그토록 갈망하던 따뜻한 남쪽 나라에서의 술 한잔과도 같은 것이다. 베이루트는 종종 B급도시 같은 느낌이지만, 베이루트가 선 무대는 그야말로 최상급이다. 동지중해 해안선의 이 지점에 레바논 산악지대가 바다와 평행을 이루며 우뚝 선 것. 바다와 산이 어찌나 가까운지 변덕스런 베이루트 시민이라면 아침에 스키를 타고 오후에는 해수욕을 즐길 수도 있다. 도시를 완전히 둘러싼 이 멋진 산지 덕택에 베이루트는 그저 흥겨운 곳이 아니라 참으로 장엄한 곳으로 격상된다. 그 산들은 메트로폴리스의 떠들썩한 경박함에 기묘한 느낌의 막을 덧씌우고, 순간과 영원의 날카로운 대조 속에 베이루트가 자리하게 한다.

베이루트 해변의 한 테라스에 내놓은 탁자를 연상해 보시라. 때는 짧디짧은 지중해의 해거름이다. 가게마다 저녁 장사를 위해 셔터를 올리고, 당신이 앉은 레스토랑에서도 그 밤의 첫 비단 드레스가 팔랑팔랑

나부끼고 첫 칼질이 달그락거릴 터이다. 탁자에 오른 음식은 새우 혹은 시돈Sidon 산 붉은 숭어, 베카Bekka의 청정 골짜기에서 온 과일, 기분 좋은 레바논 산 백포도주 혹은 콧대 높은 프랑스 특산 포도주일 터. 후미진 해변 근처에서 도시는 끽끽 빵빵 와글댄다. 보이지 않는 대장간에서는 댕강거리는 쇠붙이 소리가 들려오고, 바람결에는 향신료와 생선 비린내가 묻어 있다. 큰길 너머 어디쯤에서는 라디오가 쾅쾅 울려대고, 더 멀리서는 덜컹대는 전차 소리도 들려온다. 그렇게 마치 황혼에 묻히고 마는 한숨처럼 동지중해의 또 하루가 저물어 간다. 그 모든 뜨겁고 묵직하며 숨 막히는 징후들과 함께…. 요란한 물살을 일으키며 집으로 돌아가는 오늘의 마지막 수상스키어들이 해변의 아가씨들 앞을 으스대며 질주한다. 바다에는 키 큰 돛단배 스쿠너선이 더디게 미끄러지는 게 꼭 어슴푸레한 빛 속의 귀신 같다. 방파제 너머에는 이탈리아의 대형 정기선이 깃발을 펄럭이며 부드럽게 터빈을 돌려 그리스를 향해 나아가리라. 간간이 지친 비행기 한 대가 바다 쪽에서 날아와 붉은 등을 깜박이며 뒤편의 삼나무 숲 너머로 착륙하리라. 금발의 미녀와 근육질 젊은이들을 가득 태운 스포츠카는 요란스레 나타나서는 절벽가의 도로를 따라 나이트클럽으로 달려가리라. 해안선에는 온통 뽀얗고 높은 네모 콘크리트 건물들이 늘어서 있다. 불 켜진 발코니는 파라솔들로 덮여 있고, 희미한 불빛의 바에서는 먹먹한 음악이 흘러나온다.

바로 그때가 기회이다. 미처 밤이 닥치기 전, 아직도 저녁이 흐릿한 자줏빛으로 남았을 때, 벨벳 같은 땅거미가 채 스러지기 전이 베이루트의 불가능한 아름다움을 맛보기에 안성맞춤인 것. 바로 그때, 빽빽한 언덕의 집들 너머, 고층건물 너머, 외곽의 교외와 올리브 숲 너머, 구릉지의 마을들과 꼬불꼬불 이어지는 다마스쿠스의 길 너머, 바로 거기 베이루트 위로 성큼 산들이 떠오르기 때문이다. 바다와 베이루트 위로 불거진, '신의 연못 위에 떠있는' 듯한 그 산들…. 높은 산마루에서는 눈이 반짝이고, 황갈색 산비탈들은 바위밭을 지나 들판과 올리브 숲을 가로질러 저 아래 지중해로 구르듯 떨어져 내린다. 이 고요한 산자락에서 베이루트가 아파하고 또 찬미한다. 당신이 포도주를 홀짝거리거나 생선 요리를 떼어먹는 동안에도 언덕 위 마을에서는 하나둘 불빛이 켜지리라. 하나둘 언덕을 밝히며 올라가는 별들의 무리처럼, 마침내 어둠이 내리고 마지막 황혼 자락도 스러지면 산꼭대기의 눈밭만이 밤하늘의 희미한 코로나처럼 베이루트를 굽어보리라.

> 베이루트는 중동 주재 서방 언론인들의 끔찍한 사랑을 받던 유흥지였다. 카이로의 내 미국인 동료 언론인 한 명의 경우, 며칠 실컷 즐기려고 베이루트에 올라간 사이에 이집트에서 큰 뉴스가 터졌다. 그 친구가 해변에서 시원한 음료수와 따뜻한 햇볕을 즐기며 일광욕을 하고 있는데 미국 본사에서 날아온 쪽지 하나가 전달되었다고 한다. "파루크 이집트 국왕의 퇴위 소식을 어떻게 취재할 계획인지 보고 바람."

3-3 요르단

> 1955년에 〈타임스〉 신문의 취재 지시에 따라 암만으로 갔다. 이집트 신부와 요르단의 후세인 국왕의 결혼식을 취재하는 출장이었다. 요르단의 하심Hashemite 왕조는 1차대전 후 대영제국의 비호 아래 태동한 왕실이다. 1946년까지 그곳은 트란스요르단Transjordan이라는 이름의 영국령 위임통치지역으로서, 마치 대영제국의 보호국과도 같았다. 그 결혼식은 대영제국의 식민통치에서 비롯되고 터키–아랍 전통에서 생겨난 절충적 의미의 전통을 예시적으로 보여준 마지막 시범이라고 할 만했다.

왕은 그의 아버지 탈랄Talal 국왕의 초상화 아래에 서서 하객들을 맞았다. 그의 옆에 선 인물은 그의 조카이자 이라크 국왕인 페이잘Feisal 2세이다. 하나같이 조그맣고 젊은 두 왕은 참으로 작고 무기력해 보이면서도 멋졌다. 자그만 키에 탄탄한 몸집의 두 왕은 왠지 빌려 입은 듯한 짙은 색 정장 차림에 손을 어찌할지 몰라 안절부절못하는 모습이었다. 샌드허스트Sandhurst[영국육군사관학교]를 갓 졸업한 후세인 왕은 거의 차렷 자세였다. 페이잘 왕은 그나마 익숙해 보이는 모습으로 다리를 살짝 벌리고 손을 앞으로 모아 쥐고 있었다. 그들은 분명 왕이지만 뒤숭숭한 공화국의 왕들이었다.

그 호사스러운 날의 — 수도 암만은 새벽부터 불꽃놀이 시간까지 온갖 행진과 시위로 떠들썩했다 — 절정은 그날 저녁의 연회에서 왕이 공식적으로 왕비를 맞이하는 순간이었다. 예전 같으면 이 의식도 규방의 장막 뒤에서 벌어졌을 테고, 집안일을 하는 무수한 여인들이 잠시라도 베일을 벗고서 뭇사람들의 시선에 노출되는 일도 없었을 것이다. 하지만 그날의 행사는 대부분 여인들이 도맡았고, 몇몇 사내들은 그저 물끄러미 지켜볼 따름이었다. 그 자리의 여인들은 베일 따위를 걸치지 않았음은 물론이고 황홀케 할 만큼, 아니면 적어도 어찌할 수 없을 만큼 거리낌이 없어 보였다.

나는 한쪽 구석에 서서 연회장의 사람들이 두 주인공을 맞으러 부산떠는 광경을 지켜보았다. 홀 입구의 경비병은 길고 검은 망토에 아스트라한astrakhan 모자, 긴 부츠, 온갖 장구를 덜렁덜렁 매단 체르케스Circassia인들이었다. 옛적에 내시들이 보초를 섰듯이 말이다. 계단 꼭대기에는 진홍색 제복에 뾰얀 개머리판의 총을 든 두 창기병이 늠름하게 서 있었다. 하지만 연회장은 온통 여인들로 넘실댔다. 공단, 능라, 모피 등 그녀들의 드레스는 으리으리하고 찬란했다. 립스틱과 마스카라는 거대한 덩어리의 모자이크 같았고, 반짝거리는 귀걸이들의 군무는 장관이었다. 번들대는 핸드백의 금속 조각들 탓에 눈이 어지러울 지경이었다. 샤넬과 디올 향수가 진동했다. 국왕의 생모가 입장하자 쉿쉿대는 아라비아어 속삭임이 홀 안 가득 물결쳤다. 난생처음이었던 것이다. 그녀가 화려한 비단 드레스 차림에 베일 없이 대중들 앞에 나타난 게!

늘 그렇듯이 나는, 비록 걸친 옷은 판이했으나, 그곳을 가득 메운 중동 규방 특유의 어수선한 질투와 여학교 같은 재잘거림이 참으로 친근하게 느껴졌다. 왕궁에 들어온 그 여인들은 얼마나 자주 그리고 얼마나 뻔뻔스레 상대방 드레스의 디자이너가 누구이며 머리장식이 어떤 것인지를 확인하였던가. 그녀들의 눈은 얼마나 짙은 화장을 떠받치고 있었던가. 마치 이슬람궁전Seraglio의 은밀한 복도 한쪽의 투명한 커튼 너머에서 내다보는 듯하던 그 눈들. 갈고리 같은 손톱은 얼마나 잘 긁어대게 생겼으며, 얼굴 살갗은 얼마나 고운 핑크빛이었으며, 그 해방된 부인들은 얼마나 소극적이고 인형처럼 굴었던가. 꼭 음탕한 술탄이 그들 사이를 거닐며 집게손가락을 들어 당당하게 여기저기를 가리켜 미인을 뽑아주기만을 기다리는 밀집대형의 향수 부대 사병들 꼴이었다.

하지만 조용하고 지적인 문학소녀 같은 아내와 함께 연회장 안으로 들어선 이는 왜소한 후세인 국왕일 따름이었다. 순식간에 환상은 깨어지고, 연회장의 부인들은 팬스레 드레스를 쓰다듬거나 장갑의 주름을 눌러 폈다. 그때였다. 꼬깃꼬깃한 저고리를 입은 사진사가 난데없이 체르케스 경비병들을 뚫고 나가 황급히 외쳤다. "숙녀 여러분, 딱 한 번만, 딱 한 번만 더 멋지게 웃어주세요. 네?"

> 이런 공식적인 모습들과는 무관하게 1950년대의 요르단은 아랍 전역에 넘실대던 혁명 전야의 기운으로 가득했다. 이런 실정은 아랍 세계 어디에서나 거의 한결같았다. 그런 국가적 분위기를 새로운 각도에서 살피려고, 역시 암만에서 벌어진 정치적 급진세력 다섯 명의 재판장에 가보았다.

혁명은 얼마나 멋진 소재인가. 그래서 우리는 그토록 거창한 추상으로 혁명을 떠올리곤 하는 것인지도 모른다. 우린 마치 천문학자처럼 광활하게 말한다. 바야흐로 아랍 세계를 뒤흔드는 대혼란에 대해. 아주 가끔씩 그 거대한 정치적 그림의 밑바탕(선언문 너머에서 투쟁하고 있는 가련하고 나약한 양심적 인류들)을 떠올리는 건 계몽의 힘이 우리를 반짝 깨워놓을 때뿐이다. 바로 그런 번쩍 하는 순간이 오늘 아침 암만 바깥 어느 언덕 위의 요르단군 훈련대의 장교식당에서 벌어졌다.

　식당의 뽀얀 탁자보 위로는 금방이라도 점심이 나올 듯했고, 훈련대에서 모아둔 은지팡이들이 유리곽 안에서 그럴듯하게 번쩍거렸다. 햇살 속에서도 네온 조명은 밝디밝았다. 벽에는 장갑차 그림들이 걸려 있었고, 창밖의 난쟁이 소나무들은 톡 쏘는 향기를 내뿜었다. 요르단인 5명의 재판이 열리고 있었다. 폭발물 불법 소지 및 이용, 역모가 그들의 혐의였고, 구형량은 사형이었다. 바로 여기, 이 격렬한 실루엣 속에서, 선명하고도 잔인한 혁명의 이미지들을 접할 수 있었다.

　법정 한쪽에 피고인들이 앉았다. 헙수룩한 쿠피야kuffiyah 차림의 두 요르단인은 묵묵하고 차분한 얼굴로 침착하게 앉은 게, 꼭 교회에라도 온 듯한 모습이다. 한 뚱뚱한 사내는 살찐 얼굴을 머리 수건으로 가리고 있다. 심문자들이 그를 어찌나 험하게 다루었는지 이미 초죽음이 된 상태이다. 손에는 온통 시퍼런 채찍 자국이고, 그의 느린 몸동작은 고통 그 자체이다. 둥그런 두 눈도 촉촉히 젖어 괴로워하고, 기우뚱하는 그의 몸짓에서는 절망이 묻어나며, 그의 손은 옆 사람 무릎 위에 풀썩 떨어져 있다. 피고인석 끝에는 한 쌍의 연인이 앉아 있다. 큰 키에 수염을 기른 그, 마른 몸매에 부리부리한 눈망울의 그녀. 바이런 류의 혁명 로맨스의 정수라고 할 만한 연인이다. 목 트인 푸른 셔츠 차림의 청년은 웃음 띤 얼굴에 쾌활해 보인다. 처녀는 창백하고도 당당한 얼굴이다. 그녀의 검고 큰 두 눈엔 근심과 초조가 어려 있다. 오렌지색 줄무늬 드레스에 하얀 팔찌, 목에는 앙상한 십자가 목걸이 하나.

　재판정의 다른 한쪽은 온통 카키색에 엄한 표정의 당국자들이 앉아 근엄하게 서류를 넘기는 게, 영락없는 군사법정이었다. 더블 정장 차림의 변호인들이 앉은 탁자 하나, 또 겁에 질린 듯한 표정의 얼치기 중위가 앉은 검사석 하나. 장교용 붉은 금장襟章과 리본을 달고서 당당하고 자신감 넘치는 얼굴을 한 장군이 주임 재판관이다. 그 옆으로 약간 뚱뚱해 보이는 두 소령이 긴 벤치의 양쪽 끝에 부속품처럼 앉았다. 장군의 얼굴은 크고 우악스러운 게 마치 사막에서 금방 나온 듯했다. 그의 목소리는 어찌나 우렁찬지 짐짓 귀에 거슬릴 정도였다. 그는 잘 다듬은 억센 콧수염 위의 움푹한 두 눈을 부릅뜨고 법정을 노려보았다.

바로 그렇게, 고발자, 피고인, 재판관이 거기 앉아 있었다. 그들 주위로는 밀치락달치락하는 방청객들이 가득하다. 빈둥빈둥 어슬렁대거나 아예 냉담하게 즐기는 듯한 표정들이다. 재판정에 앉거나 열린 문께에서 웅성대는 병사들은 쉬는 날 동원된 사병들임에 틀림없다. 열심히 귀 기울이는 민간인들도 몇몇 보인다. 헬멧을 쓴 경찰들은 멍청하면서도 기꺼워하는 표정으로 든든하게 앉아 있다. 꼭 전전戰前의 잉글랜드 코미디에 등장하던 지전거 탄 시골 순경 꼴이다. 몇몇 외신기자들은 취재노트에 하릴없이 낙서만 해댄다. ("여보게, 이곳 분위기를 전달하는 글을 쓸 수는 있겠지만, 그게 어디 진짜 뉴스인가? 그런 건 계집애들한테나 먹히는 거라고.") 검은 단발머리의 여경 한 명은 금귀걸이에 약식 모자를 쓰고서 두터운 화장을 한 얼굴로 온통 남자들 틈새에서 유난히 불거져 보인다. 그 모든 장면들에서는 뭔가 입을 옹다문, 유쾌하지 못한 즐거움이 느껴졌다. 그건 마치 아주 끔찍한 교외의 재상영관에서 접할 법한 그런 느낌이었다.

하지만 사실 이 작은 법정은 끔찍한 감흥과 두려움, 충성심과 저항 정신 등 혁명의 토대를 이루는 갖가지 인간적인 판단들이 생생하게 충돌하고 갈등하는 현장이었다. 그 애처로운 연인들은 죽음을 코앞에 두고 있었으며, (만약 모든 혐의가 사실이라면) 민족주의의 명분 아래 수많은 낯선 사람들을 폭탄으로 날려버릴 만반의 준비를 했던 인물들이었다. 그들 사이 애정은 눈에 띄게 달콤했고, 처녀의 드레스는 어여뻤으며, 그녀의 십자가는 가냘프고 고왔다. 하지만 그들은 야만스런 것들과 너무 가까이 살았다. 젊은 검사는 조바심에 넥타이를 매만지고 재판장의 환심을 사려는 웃음을 연신 날렸다. 그가 내민 증거는 거리낌 없이 휘두른 폭력으로 얻어낸 자백이 전부였다. 불쌍한 그 젊은이 머릿속이야 승진 생각뿐일 터이나, 그도 재판정을 가로질러 보기만 하면 그 만신창이 피고인이 끙끙대며 수건을 머리 둘레로 여미느라 올린 손 위로 시퍼렇게 멍든 채찍 자국이 보일 텐데 말이다.

재판 과정을 단호하게 이끄는 장군께서는 이 재판이 스스로에게 사형 선고를 내리는 것일 수도 있음을 잘 알고 있었다. 그가 판단해야 할 힘은 참으로 강력한 것이어서, 그가 집행하는 공권력보다 훨씬 더 불가항력에 가까웠다. 만약 혁명이 끝내 암만까지 집어삼키면 그도 이 충성의 대가를 치러야 할 것이리라. 그곳의 모두가 노심초사하는 사람들이었다. 모두가! 재판관, 죄수, 검사, 호송자 등 모두가 잔인한 변화의 격랑 속에 휩쓸려든 인간들인 것.

방청객은 어떤가? 비유컨대 그들은 부엌 의자에 앉아 엄지를 쭉쭉 빨고 있을 뿐이다. 그들이 보여주는 건 정치적 무관심의 수렁뿐이었다. 그 수렁 속에서 인간의 양심이 — 스스로 지각한 것이든, 호도된 것이든 — 다이아몬드처럼 빛나느니. 엄청난 격정의 한가운데 앉은 그들. 이쪽의 고문당한 사내, 저쪽의 박복한 연인들 사이에. 재판장의 냉혹한 음성 위로 그들 모두의 한결같은 무언의 염원이 들리는 듯했다. "얘야, 내 바구니 이리 좀 건네주렴. 사내들끼리 두런두런하는 동안 난 뜨개질이나 계속 해야겠다. 내가 늘 말했다시피, 인간들 천성은 고쳐지질 않는 거야. 안 그렇니?"

> 그 용의자들이 어떤 판결을 받았는지는 모르지만, 어쨌거나 요르단에서는 혁명이 일어나지 않았다.

3-4 예루살렘

> 1940년대 말에 나는 대영제국 군인으로서 위임통치지역이던 팔레스타인에서 일했다. 영국은 1948년에 철수하면서, 아랍인과 유대인들이 팔레스타인 땅을 두고 싸우도록 내버려두었다. 양측 모두에게 성지인 예루살렘은 쌍방 합의를 가로막는 장애물로서, 도저히 풀릴 길 없는 숙제 같았다. 〈타임스〉 신문에 아래 기사를 쓴 1955년 당시에는 성곽 안의 구예루살렘이 요르단 치하였다. 요르단 영토의 일부로 여겨진 거기엔, 영국이 창설했던 요르단의 아랍연합Arab Legion 병력이 주둔했다. 한편 예루살렘의 근대화된 부분은 이스라엘이 점령한 상태였다.

구예루살렘은 아직도 황금빛이다. 특히 어느 늦여름 저녁에 올리브 산이나 겟세마네 동산의 휘어진 나무들 사이로 볼 때 가장 빛난다. 성지 중에서도 가장 성스러운 곳, 여전히 찬란한 이슬람 도시이자 여전히 요새인 곳. 최근의 전투로 상처 입은 예루살렘의 건물들은 고요하게 무르익은 모습이다. 꼬부랑길들마다 순례자와 성직자들이 오가며, 베두인[아랍계 유목민] 사람들, 구두닦이, 커피장수, 가운 차림의 상인들과 어린더런 뒤섞인다. 성벽 위에는 전투복 위에 분홍빛 체크무늬의 쿠피야를 쓴 아랍군단의 병사들이 이스라엘과 대치한 최전선을 지키고 있다.

평화라는 이름은 예루살렘의 전통에 견주어 낯설다. 전쟁과 죽음, 군대와 포위, 피바다와 몰수 따위가 이 도시에서는 일상이다. 성긴 언덕들에 둘러싸인 이곳은 참으로 놀라운 정적 속에 조용하고도 침착하게 가라앉아 있다. 하나 둘 가로등불이 켜지고, 승천의 언덕에 위치한 모스크에서는 저녁기도를 알리는 주문이 울린다. 하지만 무자비한 전선은 옛 성곽도시를 대부분의 근대적인 교외와 뚝 떼어놓고 있다. 서쪽 언덕의 타는 듯한 불빛이 환한 곳, 바로 거기가 유대인이 점령한 신예루살렘의 중심이며, 아랍인들에게 그곳은 부탄처럼 도무지 갈 수 없는 땅이다. 그야말로 적이 문밖에 와 있는 셈.

예루살렘의 혼은 이스라엘 치하인 교외의 대단한 신흥촌을 떠나 성곽 안 옛 도읍에 자리를 잡았다. 길거리는 사람들로 북적대고 번화하며 깨끗하다. 커다란 미국제 자동차들이 가파른 계단길 옆의 오르막을 아슬아슬 올라간다. 신예루살렘에서 밀려난 부유한 아랍 상인들이 성곽 안에 많은 가게를 연 탓이다. 그들이 내놓은 향료 넣은 커피를 마시고 있으면 상인들이 슬슬 말을 걸어온다. 그 하소연은 한결같이 거대한 상점과 으리으리한 저택들, 두둑한 은행 잔고를 버리고 떠나왔다는 내용이다. 내 영혼의 황금대륙 아틀란티스 같은 사라져버린 풍족함의 신화가 떠오를 지경이다. 그 불운아들은 애처롭게도 당신을 자기 건물 꼭대기로 데리고 올라가 그 최전선의 경계지대를 보여줄지도 모른다. "바로 저기죠. 저기 좁고 긴 땅, 잔뜩 가라앉아서 어지럽기 짝이 없는 데죠." 버려진 건물들, 굴러다니는 전선 덩어리, 온갖 잡다한 쓰레기 따위가 마구 흩어진 그곳. 아랍 쪽 경계선의 허물어진 몇몇 건물들로는 가난한 부랑자들이 몰래 들락날락거리곤 한다. 한 이스라엘 아낙네는 그 한가운데에서 두 나라 사이의 갈등 따위는 잊은 채 한가로이 빨래를 넌다. 그리고 그 끄트머리, 옛 성곽 가까이의 어느 망가진 집 옥상에는 모래주머니를 쌓아 만든 조그만 유대측 초소가 보란 듯이 서 있다.

 그 전선 너머는 완전 딴 세상이다. 빗장 너머의 온화한 그곳은 마치 전혀 이국적인 문명이 무심하게 이식된 곳인 듯하다. 아랍인들은 그저 건너다보며 경탄해할 따름이지만, 그들이 사는 곳 또한 이슬람 제2의 성지이며 그들만의 세계도 거기에 잘 살아남았다. 찬란한 '바위 돔'은 전투 중에 피해를 입었지만, 여전히 너른 안마당과 홍예, 계단, 옛 담벼락 따위를 거느리고 있어서 놀라운 찬란함으로 반짝인다. 그 앞에 서면 누구나 그 경건함에 넋이 나간 모습의 촌뜨기가 되고 만다.

 그리스도교인들도 자신들의 성지를 거닐며 자신들의 철학이 든든하게 지켜지고 있음을 실감한다. 프란체스코회 순례자들은 어김없이 비아돌로로사 길을 따라 나아간다. 갈색 장삼 차림의 수도승들, 순면 원피스를 걸친 미국 여인들, '십자가의 길' 옆 딱딱한 자갈 위에 무릎을 꿇은 이탈리아 가족들까지. 오랜 분열과 대립의 역사 속에서 찢어지거나 문을 내린, 겉모습도 더럽혀지고 신성도 훼손된, 성묘 교회에서는 가톨릭 교도들의 행진이 밤마다 이어진다. 교양 어린 목소리와 그레고리안 성가가 울리는 가운데, 가는 초를 든 순례자들의 물결 속에서 잉글랜드 성공회 신부의 모습도 보인다. 잠깐 뒤 거친 불협화음의 음악과 함께 그리스인들이 들어온다. 나이 든 주교는 성직자복으로 어찌나 꽁꽁 감쌌던지 두건 아래로 그의 안경과 흰머리 몇 올만이 희미하게 보일 따름이다. 아르메니아 성당의 지하 예배당에서는 어느 늙은 여인이 지팡이를 내려놓고 경배의 뜻으로 두 손을 번쩍 든다. 키 큰 아비시니아[에티오피아] 수도승은 기둥들 사이에서 고요하게 명상에 빠져 있다. 성묘 교회 뒤의 콥트 교회의 기도실 제대 위에서는 달덩이만 한 부엌용 시계가 재깍재깍 쇳소리를 내며 돌아간다.

그렇게 구예루살렘의 신령함은 지속되느니, 그 성곽 안에서 수많은 이슬람과 그리스도교 종파들이 아직도 왕성하게 활동 중이다. 하지만 그런 믿음의 힘도 무색하게, 이 도시는 결코 편안할 날이 없다. 도시 남부의 똥문Dung Gate 안쪽은 온통 폐허로 덮여 있다. 허물어진 집들과 망가진 뜰들에는 바키테시bakitesh를 구걸하는 불행하고 거친 난민들만이 드나들 뿐이다. 유대인들은 예루살렘의 유대 구역을 떠났고, 그들의 집은 폐허로 방치되었다. 통곡의 벽은 버려진 채여서 헤롯의 거대한 돌들 사이로 꼬깃꼬깃 밀어넣은 소원의 종이들도 더 이상 찾아볼 수 없다. 기드론Kedron 계곡 위의 유대공동묘지에는 양배추만 무성하다.

> 1967년에 이스라엘이 예루살렘 전역을 손에 넣었고, 그 후 거기서 어떤 일이 벌어졌는지는 다들 익히 잘 아시는 그대로이다.

3-5 이란

> 페르시아(당시만 해도 이란은 널리 그렇게 불렸다)는 여전히 샤인샤 즉 '왕 중의 왕'이 다스리는 나라였다. 그는 카자르Qajar, 아프샤리드Afsharid, 사파이드Salayid, 일한Ilkhan 등 여러 왕조의 피를 물려받은 인물. 〈타임스〉 신문은 영국과 이란이 합작 건설한 이란 남부 아바단Abadan의 거대한 정유시설이 관심사였으나, 나는 이란 내륙의 여러 사의 도시들을 어슬렁대는 잿밥에만 관심을 기울였다. 이런 도시들에서는 고대문명 특유의 톡 쏘는 맛을 느낄 수 있어 너무 좋았기 때문이다. 또 광신적 이슬람 근본주의가 이란을 휩쓸기 이전이어서 세상의 평판도 그리 모질지 않았고….

　페르시아는 스스로 법칙을 만든다. '페르시안 웨이'처럼 비비 꼬이고 안팎과 앞뒤가 뒤바뀐 사고방식은 일찍이 없었다. 그처럼 매혹적으로 사람을 호리는 예측불가능의 인간공동체 또한 자고로 없었다. 그 어느 곳의 건물도 페르시아처럼 말도 못할 만큼 아름답지는 않으며, 광활한 이란의 평원만큼 독특한 느낌의 경관도 없다. 그 너른 평원은 차마 묘사할 수가 없을 듯 보이다가도, 포근하고 다채로운 색깔을 내보이기도 한다. 간간이 지하수로가 지나가는 곳임을 표시하는 커다란 원형 분화구가 점점이 박혀 묘한 풍경을 연출하는 그 평원. 아무 페르시아인이나 붙잡고 오른쪽 귀가 어디인지 물어보시라. 그러면 그는 왼손을 머리 뒤로 돌려 뒤에서 오른쪽 귀를 가리킬 터이니.

　페르시아에서의 삶을 다스리는 힘은 대개 유머이고, 삶을 지속시키는 힘은 일련의 허황한 결론들에서 나온다. 그렇기에 페르시아에서 벌어지는 일들은 우당탕거리면서도 달래는 듯하게, 꼭 왕모래 섞인 아편제처럼 펼쳐진다. 그런 삶의 자세는 유구한 역사 속에서 형성되었다. 오랜 압제의 세월을 거치며 페르시아 사람들은 스스로를 유머와 빤질거리는 교활함, 괴짜스러움의 막 속에 감추었다. 연막을 피우고, 위장술을 펼치고, 일부러 교란용 발자국을 남기고, 최루가스를 뿌려대는 것. 그 너머에서 페르시아인들은 다가오는 위험을 피해 무대 옆 가림막 속으로 얼른 숨어들어 얼떨떨한 원통함을 삼키는 것. 이 모든 페르시아의 쏘는 맛과 억지스러움을 맛보려면 이스파한Isfahan의 장터를 찾는 게 최고다. 중동의 멋진 시장들 가운데 가장 즐거운 곳이 바로 이스파한의 장터들이다. 꾸불꾸불 산만하고 신비로운 이 장터는 지붕을 뚫고 쏟아지는 햇빛이 옷감, 양탄자, 보석, 채소 위로 꽂히듯 떨어진다. 터번을 쓴 이국적인 인물들이 그 사이를 누비고 다닌다. 밀고 자빠지고 고함지르고 흥정하는 소리는 끝도 없다. 얼핏 교회 같아 보이는 둥근 천장이 길게 이어진 아래에서 이 모든 일들이 한 덩어리로 벌어진다. 이 이슬람 시장에서 여인들은 가차 없이 다뤄진다. 그들은 당나귀에 떠밀려 넘어지기 일쑤이고 혹독한 저주의 말을 뒤집어쓰기도 한다. 이따금 이런 장터의 힘찬 기운이 소름끼치는 오싹함으로 둔갑하기도 한다.

한번은 장터를 거닐다 한 청년의 자전거가 자빠지는 걸 봤다. 신문지로 둘둘 싸서 짐칸에 실었던 물건이 나뒹굴었다. 길 위로 떼굴떼굴 구른 건 뿔 달린 양의 머리통이었다. 유리 같은 눈망울, 잘린 목으로 송알송알 배어나오던 핏방울···. 묘하게 불온하기로는 장터 입구께의 지하감옥 같은 데 있던 고풍스런 낙타 방앗간도 빼놓을 수 없다. 삐걱대는 계단을 타고 내려가면 창문 하나 없는 지하 땅굴 속이다. 이 끔찍스런 곳 한복판에서는 눈을 가린 늙은 낙타 두 마리가 어슴푸레한 불빛 아래에서 연자방아를 하염없이 빙빙 돌린다. 똥 냄새와 털, 밀짚, 장작불 냄새로 매캐한 가운데, 저 멀리 구석에서는 누더기 차림의 늙은 낙타꾼 셋이 불을 지펴 밥을 짓는다.

그런 곳에서는 페르시아의 맥박이 선명하게 들려온다. 그 고동 소리는 오래 되었고 꽉 막혔으며, 교활한데다 엉뚱하다. 서늘한 바람을 일으키며 거칠게 오가는 이 지붕 덮인 장터의 무리들에서는 무언가 신랄한 기운이 느껴진다. 또, 비록 겉치레가 아주 저속한 느낌의 남자라 하더라도, 페르시아인들의 눈빛에는 웅숭깊고도 면밀한 자기성찰의 기운이 어려 있다. 이스파한에서는 사막이 손에 잡힐 듯 가깝게 느껴지며, 이슬람도 늘 가까이에 있다. 이 도시가 거칠고 속세를 벗어난 땅의 끄트머리에 자리 잡고 있음을 상기시키는 징후는 많디 많다. 한 부족으로 이뤄진 떠돌이 악단, 수많은 타부와 미신 따위가 그 땅끝에 깃들어 살아간다. 바로 거기서 조로아스터교 및 위대한 페르시아의 신비주의가 생겨났고, 고대를 주름잡은 섬약한 페르시아 시인들이 길러졌다. 오늘날까지도 꼬불꼬불 위태로운 계단을 한두 층 올라가면, 먼지와 물담뱃대의 향긋한 연기가 뒤섞인 실내에서, 세밀화가들이 긴 의자에 다리를 꼬고 쪼그려 앉아 제자들이 동그라니 지켜보는 가운데 일하는 모습을 볼 수 있다.

독가스와 향수 내음이 함께 풍기는 듯한 곳, 이스파한. 그 내음에 매료되어 행여 감상에 젖기라도 한다면, 순간 당신은 홀연히 보게 되리라. 으스대며 걸어오는 천하태평의 한 인물을. 터번을 쓰고 낙낙한 외투를 걸치고서, 모피모자, 양가죽 신발, 장식허리띠, 맑은 빛의 가운 혹은 몸에 딱 붙는 조끼 차림의 그는 '영원한 페르시아'를 의인화한 딱 그 모습의 인물일 터이다. 이스파한의 거리에는 늘 그런 엄한 이미지의 사내 모습이 유령처럼 어려 있으며, 이스파한에서 벌어지는 모든 일들마다 그의 향신료 배인 숨결이 아득하게 느껴진다.

> 당시 페르시아 왕 샤의 수도 테헤란 또한 신랄한 자극으로 넘실거리는 곳이었다. 이런 기운을 내가 한낱 우스개로 그린다고 해서, 그 기운 자체가 우스꽝스럽다는 것은 결코 아니다. 페르시아 고유의 특색이라는 게 워낙 자주 수플레 요리처럼 맛보아야 하는 것이기에 그럭하는 것일 뿐이다. 수플레처럼 페르시아의 맛 또한 유머라는 거품으로 부풀려 있지만, 그 밑에 강렬하고 미묘한 불가사의함이 감추어져 있는 법!

위대한 레자Reza 샤가 새로 개통한 이란 종단열차에 시승했을 때라고 한다. 앞서가던 열차가 탈선해 철길 옆에 뒤집어져 있었다. 철도 직원들은 국왕에게 자신들의 무능함을 보여주고 싶지 않았고, 그래서 갖은 애를 기울여 자빠진 기차를 선로 위로 옮기려 (아니면 적어도 바로 세워놓으려) 했다. 그런데 왕이 탄 기차가 다가오는 순간, 제자리에서 딱 1센티미터가 모자라는 게 아닌가. 순간 그들은 참으로 고결한 페르시아 식 해결책을 찾아냈다. 바로 기차를 묻어버린 것.

페르시아의 분위기는 자극적이고도 방어적이다. 지상 어느 나라의 맛에도 뒤지지 않을 만큼 유별난 민족적 맛을 간직한 것인데, 외국인도 거기에 쉬이 흡수된다. 테헤란의 페르시아중앙은행의 둥근 천장 아래 회랑에는 왕실보석들이 보관되어 있다. 입이 딱 벌어지는 이 보석과 예술품들이 중앙은행권 즉 국가화폐를 뒷받침하는 근간이다. 이 보물들은 왕실이 대를 이어 모은 것들로서, 전리품으로 약탈한 것이거나, 보석 치장을 한 무기류, 값을 매길 수조차 없는 지팡이, 다른 왕실들로부터 받은 선물 등이다. 평상복 차림의 사람들로 늘 북적대는 지하금고의 기대한 보물전시실은 관광객들의 인기 방문지가 되었다.

어느 아침에 나도 그 지하에 들렀다. 평일인데도 어찌나 붐비던지. 나 같은 구경꾼들의 푸릇푸릇한 머리장식이 어지러이 출렁대고 팔찌 장식들이 연신 잘그락거렸다. 그러다 참으로 아담한 브로치와 조그만 보석 시계를 전시한 상자 앞에 멈춰 섰다. "딱 내 스케일이로군." 그 방을 주름잡는 건 왕방울만 한 다이아몬드나 여러 층의 왕관이었겠지만, 난 그 앙증맞은 보물이 너무 좋았다. 좀 더 자세히 보려고 몸을 구부리는 순간, 난데없이 전시실 가득 찢어지는 경보음이 울려댔다. 모두 얼어붙었다. 완전 정적. 팔찌 구슬 하나 찰랑대지 않았다. 대경실색한 우리들은 이제 곧 유리가 깨지고, 총성이 울리고, 수갑 채우는 소리가 들리거나 폭발이 일어나겠구나 싶었다. 하지만 경보기가 계속 울리는 동안 잠시 아무 일도 벌어지지 않았다. 그때였다. 녹색 옷을 입은 젊고 멋진 여인이 침착하게 전시실을 가로질러 걸어왔다. 그녀는 엄청난 에머랄드 주위로 다이아몬드로 총검과 총신을 새긴 나디르 샤의 기카Gika를 보관한 전시대를 지나쳤다. 그녀는 보석으로 만든 지구 위에 황금 사자들이 포효하는, 아제르바이잔 사람들이 레자 샤에게 바친 권장權杖도 무시했다. 인도 무굴제국의 초대 황제로부터 물려받은 것으로서 카자르 Qajar족의 보물이 되었다가 코이누르Koh-i-Noor족의 소유가 된 '빛의 바다' 보물도 본체만체한 그녀는 자분자분 걷기만 했다. 또각또각 구두 굽 소리 요란하게 그녀는 회랑을 가로질러 곧장 내게로 걸어왔다.

온화한 미소를 머금은 얼굴로 그녀가 내게 말했다. "실례합니다만, 손님, 거기 기대신 팔꿈치 좀 치워주시겠습니까?" 내가 팔을 치우자 경보음이 뚝 그쳤다. 그녀는 고맙다고 말했다. 파문은 기차 위로 마지막 모래를 꼭꼭 밟아주자 페르시아 최고의 영광된 인물이 휙 지나갔다.

3-6 오만

> 1955년 겨울, 대영제국의 충실한 속국인 '무스카트 오만'의 술탄이 런던의 요청을 받아들여 그 나라 내륙의 분쟁지역인 오만 일대에 대한 통치권을 다지기로 결정하였다. 술탄은 오만 지역을 한 번도 방문한 적이 없었다. 하지만 그곳에 석유 매장 가능성이 높다고 하자 사정은 달라졌다. 국왕이 친히 아라비아 반도의 동남부를 가로질러 방문길에 나선 것. 술탄의 남쪽 왕궁이 위치한 아라비아해의 살라라흠Salalahm에서 시작하는 일정이었다. 나는 〈타임스〉 특파원 자격으로 술탄 일행을 수행했다. 베두인족 가이드들과 누비아족 노예들로 구성된 일행 중에 나만이 유일한 유럽인이었다. 그도 그럴 것이 무스카트 오만은 당시 지상에서 가장 폐쇄적인 국가 중의 하나로서 노예제도도 남아 있는 상태였다. 훗날 나는 그 여행기를 『오만의 술탄』이라는 책으로 펴냈다.

왕궁 안뜰에 뭉뚝하고 힘세 보이는 미국제 트럭 한 대가 한아름 짐을 싣고 서 있다. 술탄은 트럭 옆에까지 와 선 채로 지도를 펼쳤다. 술탄보다 거의 20센티미터 가량 키가 큰 나는 그를 굽어보며, 그가 내게 여행길을 일러주는 동안 그의 얼굴을 뜯어보았다. 그는 44세에 불과했지만, 치렁치렁 위풍당당한 그의 옷차림, 품위 있는 몸가짐, 묵직한 터번,

무성한 수염 등이 어울려 훨씬 나이 들어 보였다. 검은 눈망울은 부리부리한데다 속눈썹도 길어 아주 진지한 인상이었다. 호의적이고 유머 넘치는 그의 화술에도 불구하고 그의 입은 이따금 이죽거리기에 제격인 듯 보이고, 몸의 다른 부분들과 따로 노는 듯할 때가 잦았다. 고풍스럽고 우수 어린 술탄의 얼굴은 동방의 옛 그림에서 흔히 보던 얼굴 같았다. 피라미드처럼 깊은 수수께끼 같은 얼굴이구나 싶었다.

트럭 운전사가 문짝 옆에서 벌벌 떨며 서 있는 가운데, 술탄이 날렵하게 트럭에 올랐다. 옷깃을 탁 낚아채고 칼의 위치를 바로 잡고 서류를 간추리면서 술탄이 앞좌석에 제자리를 잡았다. 눈에 띄게 조심하며 그가 선글라스를 썼고, 운전사가 풀쩍 트럭에 올라 시동을 걸었다.

"자, 모리스 씨! 준비 다 되셨으면 이제 출발할까요?" 술탄이 말했다. 흥미로운 여행이겠는걸, 싶었다. "편안하시길 바랍니다. 필요한 게 있으시면 언제든지 제 수행원들에게 말씀하세요."

나는 고개를 숙였고 그는 미소를 지었다. 수행원들의 소총이 절거덕거렸다. 안뜰에서 너른 바깥마당으로 나갔다. 거기 준비를 마친 우리 일행이 서 있었다. 꼭 같이 생긴 미제 트럭 여섯 대가 거기 더 있었다. 짐짝이 어찌나 높은지 차가 금방이라도 자빠질 것 같았다. 각 트럭마다 푸른 저지 셔츠 차림의 건장한 흑인 노예들이 딸려 있었다. 그들은 꼭 영국해군의 사병들이나 한갓진 부두에서 만난 앙증맞은 〈스카이라크〉호Skylarks의 선장 같았다. 차 한 대에는 조그만 염소 다섯 마리도 실려 있었다. 불운한 운명이나 냉정을 잃지 않은 그 염소들의 얼굴만이 짐칸의 옆판 위로 삐죽 올라온 채, 부채질하듯 귀를 펄럭이고 있었다. 다른 트럭들의 앞좌석에는 각양각색의 고관들이 자리했다. 서둘러 마당을 가로지르며 힐끗 보니 수염과 터번, 소총과 단검, 반짝이는 눈빛 등이 뒤범벅이 되어 보였다. 숨을 크게 들이키니 샴페인 향기가 느껴졌다.

술탄은 분명 시간 지키기의 명수였다. 엔진의 굉음은 이미 대단했고, 흑인 노예들은 산더미 같은 짐꾸러미에 대롱대롱 매달리다시피 했다. "여깁니다, 나리! 이쪽이에요!" 두 니그로가 웃음 띤 얼굴로 마당을 뛰어와 나를 맞았다. "짐은 다 실었습니다. 어서 옵쇼." 내 손을 나꿔채듯 쥔 그들이 나를 트럭으로 데려갔다. 트럭 문은 이미 열렸고, 안에서는 운전사가 나를 보고 씨익 웃었다. 풀쩍 뛰어올라 자리에 앉았다. 노예들도 뒤쪽의 짐칸으로 잽싸게 기어올랐다. 바로 그 순간, 술탄의 나팔소리가 크고도 끈덕지게 울렸다. 팽팽하던 줄을 풀어준 개들처럼 트럭들이 뒤뚱뒤뚱 균형을 잡으면서 내달렸다. 배기가스가 궁궐 안에 자욱했다. 그렇게 출발했다. 노예들이 한목소리로 파타fatha를 소리 높여 부르며 우리 원정대의 평안을 기원했다. 뜨락마다 궁궐 경비대원들이 줄지어 서서 고개를 조아렸고, 어떤 사내들은 아예 땅바닥에 엎드리기도 했다. 궁궐 문지기가 철커덩 소리 요란하게 문을 열었다. 구경꾼들이 작대기를 흔들며 충성의 인사말을 소리 높여 외쳤다. 예비점검을 마친 노예 소녀들이 키들키들 옷자락을 펄럭이며 집안으로 뛰어든다. 요란한 엔진 소리를 울리며 우리 원정대는 도시를 빠져나와 광야로 내달렸다. 샘가를 어슬렁대던 늙은 낙타들까지도 우리 일행의 질주를 바라보느라 얼핏 고개를 들었다.

　무스카트의 붉은 깃발을 매단 트럭이 선두이다. 그 차 운전사 옆에 앉은 베두인족 가이드는 조그만 키에 비썩 말라 탐욕만 번득이는 인상이다. 다음 차는 술탄의 차. 트럭이 덜컹댈 때마다 그의 큰 터번이 아래위로 출렁댄다. 셋째 트럭에는 하얗고 긴 수염의 늙은 중신 한 명이 탔고, 넷째 트럭에는 멋진 사막 부족장 둘이 변속기 위에 엉겨붙은 채 창밖으로 총을 내밀고 있었다. 다섯째 차의 주인공은 성스러운 풍채의 나이 지긋한 카디qadi[이슬람 재판관] 한 명이다. 나머지 일행들이 그 뒤를 따랐다. 마치 바싹 적들의 뒤를 쫓는 강도들처럼 광야를 거칠게 내달리며, 무지막지한 속도로 말이다. 깃발은 힘차게 펄럭였다. 거구의 노예들이 서로 웃음 지으며 무기를 거머쥐었다. 조그만 염소들도 서로 옹기종기 기댄 모습이다. 참으로 멋지고 신나는 출발이었다.

"어디로 가는 거래요?" 내 운전사가 물었다.

> 원정대의 행선지는 술탄의 수도인 페르시아만의 무스카트였고, 우리는 끝내 무사히 도착했다. 술탄은 내륙의 산지 및 오지의 여러 반대세력들의 코를 납작하게 만들고, 만족할 만한 석유채굴권의 성과를 얻고서 의기양양하게 수도에 입성했다. (하지만 그는 14년 뒤 자기 아들에 의해 쫓겨났고, 나라 이름도 단순히 '오만'으로 바뀌었다.) 그런데 내가 보기에 술탄의 노예들은 처분 가능한 노예라기보다는 갖가지 특권을 누리는 하인들 같았다. 또 이 술탄의 나라의 종주국이나 다름없던 영국 측은 그들을 '노예'라고 부르지 말 것을 여러 차례 종용했다. 어느 외무성 관리가 런던의 상부에 보고한 문서에는 이렇게 적혀 있다. "모리스 씨와 대화를 가졌으며, 노예가 노예가 아닌 때가 언제인지를 잘 알아듣게 얘기한 것 같습니다." 헌데, 그 여행을 다룬 내 책 『오만의 술탄』은 그때부터 지금까지 내내 오만에서 금서이다. 왜 그런지는 나도 모른다.

3-7 수에즈 사태

> 1956년에 이집트의 나세르 대통령은 프랑스가 관리하던 수에즈 운하를 국유화했다. 이에 맞서 이스라엘은 영국, 프랑스와 한통속이 되어 이집트의 시나이 반도를 급습했다. 군사적으로 보아 그 작전은 흠잡을 데 없는 기습 점령이었다. 뒤이어 영-불 연합군이 이스라엘과 이집트 사이를 갈라놓는다는 명분 아래 운하 일대를 점령하였던 것이다. 이처럼 말도 안 되는 대모험을 감행함으로써 중동에서 유럽 식민모국들이 행사하던 영향력은 종말을 고하게 되었다. 대영제국의 신뢰도 추락을 알린 근본적 발단이 된 사건이기도 한 것이다.
> 그때쯤 나는 〈타임스〉에서 〈가디언〉 신문사로 옮겼는데, 〈가디언〉은 나를 시나이 반도로 보내 어정쩡한 승리 상태에 있던 이스라엘군의 동태를 살피도록 했다. '어정쩡하다'고 한 것은 거기서 앞으로 무슨 일이 벌어질지 아무도 몰랐기 때문이었다. 소련 혹은 미국이 개입할까? UN이 개입할까? 혹 삼차대전이 태동하고 있는 것은 아닐까? 그런 생각들만 분분할 따름이었다.

오늘 오후 무지개가 떴다. 나 말고는 아무도 눈여겨보지 않는 무지개가. 교차로에 선 내 주변에는 전쟁을 마친 이스라엘 병사들이 집으로 갈 차를 얻어 타려고 부산했다. 지나가는 트럭에 환호하고, 무용담을 나누고, 기념품을 견줘보고, 휘파람을 흥얼대던 그들은 하늘의 희미한 무지개 따위에는 눈길 한번 주지 않았다. 아마 그들이 맞을 것이다. 오늘날 거대한 힘이 이스라엘 주변에서 요동치고 있으니. 10년에 불과한 지난 이스라엘의 생애 속에서 지금처럼 불확실성이 드높았던 시기는 없었으니.

어쨌건 집으로 돌아가는 병사들을 보는 건 좋은 일이다. 특히 이처럼 확신에 찬 신념을 소유한 젊은이들인 경우는 더욱 그렇다. 이스라엘 군에는 비정규군 같은 자유스러움과 태평스러움이 아직 남아 있으며, 내 주변의 병사들은 — 지구상의 거의 모든 나라들에서 달려온 — 내가 익히 맛보지 못한 독특하고도 반항적인 당당함으로 뭉쳐 있다. 이들은 단순한 전투병일 뿐만 아니라 불굴의 과격 유대인들인 것이다.

그들의 견해에는 반박이 용납되지 않았고, 그들의 주장에는 의문이 허용되지 않았다. 행여나 내게 항의의 맘이 생길라치면 어김없이 맑은 눈을 부릅뜨고 내게 이렇게 말하는 젊은이가 나타났다. "이스라엘 사람들은 만에 하나 전쟁에서 져 버리면 세상 어디에도 갈 데가 없답니다." 아무리 당신이 불편부당하고, 아무리 팔레스타인 측 또한 측은하게 여긴다한들 어찌 선택권이 승리 혹은 멸종의 길뿐인 사람들을 반박할 수 있겠는가?

끝도 없이 이어지는 병사들의 이야기는 마음을 사로잡기에 충분했다. 팔뚝에 SS 휘장을 문신으로 새긴 독일군 장교가 이집트 포로들 사이에서 발견되었다느니, 이집트 탱크부대에 러시아어 명령이 하달되었다느니, 무기로 그득한 지하터널 여럿을 찾았다느니 등등. 포획한 군수품이 엄청났다는 얘기, 군복 위에 파자마를 입은 이집트 특공대 얘기도 빠지지 않았다. 전쟁 발발 때부터 그랬듯이 병사들은 말도 거칠었다. 어떤 명분에서든 영국 혹은 러시아 혹은 UN의 지시를 따라 이스라엘이 시나이에서 철수해서는 안 된다는 데도 만장일치였다. 그들의 분위기가 그

ⓒ김수련

와 같았고 나 또한 그에 못지 않았으므로 아예 그런 점은 논란거리로 삼고 싶지도 않았다.

트럭이 분주히 오갔고, 병사들이 올라타 손을 흔들었다. 내리는 빗속에서 나는 다음 일정을 준비했다. 바로 그때 무지개가 떴다. "저것 봐요. 무지개!" 루마니아에서 전장으로 달려온 지 얼마 안 된 턱수염 기른 어느 과묵한 하사관에게 그렇게 말하며 감상적으로 덧붙였다. "평화의 상징이라잖아요!" 그러나 그 별난 NCO께서는 자기 감상을 감추려고 손수건을 꺼낼 맘이 추호도 없었다. "이런 상황에서 그런 비유를 하시면 곤란하죠." 자신의 스텐 경기관총을 어깨에 걸치면서 그가 대답했다. "하나님이 무지개를 보이신 건 이제 홍수를 그치리란 약속이었죠. 노아에게 방주를 떠나도 좋다는 신호를 주고자 하셨을 땐 작은 새 한 마리를 보내 그 부리에 나뭇잎 하나를 물어오게 하셨고요."

> 이 전투 막바지께 나는 한 이스라엘군 장교와 나란히 앉아, 포획된 이집트 장갑차들의 기나긴 행렬이 북쪽의 이스라엘로 옮겨지는 광경을 지켜보았다. 그에게 만약 UN이 그 탱크들을 이집트로 반환하라고 하면 어떡할 것인지 물어보았다. "탱크라고요? 탱크가 어디 있어요?" 그의 대답이었다.

> 시나이를 떠나 내가 찾아간 곳은 이집트의 포트사이드였다. 수에즈운하의 북쪽 출입구인 이곳은 내가 여러 해 동안 잘 알고 지낸 곳이었다. 영국군이 그곳을 폭격하고 점령한 뒤 사정이 어떤지를 보러 간 길이었다.

난폭한 비현실감, 이번 수에즈 여행의 느낌이 바로 그랬다. 그렇기에 포트사이드가 환상 속에 잠긴 듯한 모습인 게 그리 놀랍지는 않다. 오늘의 포트사이드는 악몽 같은 느낌의 도시이다. 어느 반가운 아침이 닥치면 그 도시의 모든 이들이 일어나 뜨거운 찻잔을 쥐고서 악몽의 기억을 떨쳐내야 할 듯한 곳.

어둠 속의 평원에 자리 잡은 온갖 나라의 수도들을 둘러싸고서는 쉽사리 전쟁이 벌어진다. 그런 곳에서는 이데올로기가 충돌하며 쓰러뜨려야 할 독재자의 동상도 즐비하다. 하지만 포트사이드는 그런 일들과는 아예 무관한 곳 같았다. 포트사이드는 아주 색다르고 동떨어진 곳이었다. 삶의 목적이 단 하나인 곳. 마치 모형 기찻길 한켠의 마을처럼 지도 위에 깔끔하게 자리한 곳. 몇 주 전만 해도 이곳에서는 묘한 자극적인 생기가 느껴졌다. 그래서 초라한 푸른색의 주름 비단 드레스들에 묻힌 가운데 시몬아르츠Simon Artz 백화점에서 커피를 마시며 바다 위를 오가는 유조선들을 쳐다보는 재미가 그만이었다.

키프로스 섬에서 영국공군 비행기를 타고 날아가며 보는 포트사이드는 너무나 낯익어 보인다. 늘 그렇듯이 암표꾼들이 금세 꽁무니에 따라붙고, 마차들이 퇴색한 큰길을 달가닥달가닥 달려 내려갈 것 같다. 뒷골목의 어수선한 빈민촌과 누더기 같은 집들에서는 예비범죄자들이 방탕한 밤을 준비할 테고. 허나 속단은 금물이다. 비행기가 착륙하기 전에도, 의기소침한 기운이 도시 전역을 묵직하게 짓누르는 게 느껴진다. 비행기에서 내려다 본 길들은 텅 빈 것이나 다름없다. 배들 사이를 오가며 물건을 파는 작은 배들이 안면몰수하고 나부대는 꼴도 더 이상 볼 수 없다. 아랍 지구를 북적대며 거니는 무리들도 자취를 감췄다. 바닷가에서는 전함 대여섯 척이 유심히 육지를 지켜본다. 꺼림칙한 침묵이 도시 전체에 드리워진 것이다. 무슨 끔찍한 전염병이 포트사이드를 덮쳐 사람들로 하여금 대문을 꽁꽁 걸어 잠그게 만들었는가. 길거리에는 오로지 불안에 떠는 청소부들의 모습뿐….

곧, 눈이 부셔 어리벙벙한 새에, 당신은 포트사이드에 내리리라. 센추리온 기갑대의 탱크들이 외곽의 진흙밭을 마구 기어다닌다. 바닷가의 큰 건물들은 총탄 자국으로 벌집 같다. 아랍 지구의 일부는 잿더미이고, 길거리의 바람 끝에는 희미한 죽음의 냄새가 묻어 있다. 하지만 버스를 타고 수에즈운하로 가는 동안 접하는 가장 충격적인 풍경은 이런 전쟁의 참상이 아니다. 그 충격은 이 모든 게 너무나 꿈같다는 데서 온다. 예전까지 확률적으로 이러저러하리라 여겨지던 모든 것들이 이곳에서 일거에 산산이 부서져버렸다. 영국군이 무력으로 그곳을 점령한 것이다.

곳곳에 영국기가 휘날리고, 눈에 익은 군복들과 징발된 시트로엥 차량을 모는 장교들이 쉬이 눈에 띈다. 정중한 영국 수병들이 부두 곳곳에서 보초를 서고, 종군기자, 거들먹대는 고급장교와 보기 좋게 오동통한 하급장교들, 또 아마도 당신 동창생일 법한 사람들이 내뱉는 영국 특유의 농담과 욕지거리들이 난무한다. 순간, 아, 이 모든 게 사실이 아니려니 싶다. 마치 취객이 취기를 털어내듯, 그렇게 당신은 고개를 가로저으리라. 그러나 문득 항구 쪽으로 눈길이 가면, 그곳 바다에 침몰한 배들의 돛대와 굴뚝들이 어지러이 눈을 메운다. 맙소사! 이게 환상이 아니로구나!

쇼핑가는 축 늘어져 풀죽은 모습이다. 관광용품점의 셔터는 굳게 내려져 있다. 몇 안 되는 장사꾼들이 가게 앞에 주방용 의자를 내놓고 앉아 맥 풀린 눈길을 던진다. 가게를 턴 흔적도 여기저기 눈에 띈다. 바닥에는 깨진 유리조각이 널렸고, 한때 인조 에머랄드와 짝퉁 골동품을 담았을 미끈한 공단 박스들만 텅 빈 채 버려져 있다. 야전병원으로 쓰이는 카지노팔레스 호텔에서 동그란 타부쉬 모자를 쓴 기품어린 지배인을 ─ 그 호텔을 에드워드 시대와 굳게 맺어주던 ─ 만날 수도 없다. 수에즈운하회사의 돔 지붕 아래는 당당한 맵시의 간부 장교들 차지가 되었다. 병사들은 선박회사 사무실의 창문에 기대 한가로이 밖을 내다본다.

이따금씩 이집트 행상이 말을 걸기도 한다. 그는 물건을 내보이기 전에 혹시라도 누가 그를 비열한 협력자라고 몰아세울까봐 유심히 주위를 살핀다. 여느 아랍 상인들과 달리 아주 순순하게 값을 깎아주는 것도 특이하다. 커피가게 바깥에는 텅 빈 탁자에 두어 사내가 앉아 멍한 눈길을 던진다. 당신의 질문에 그들은 시무룩한 체념과 으쓱하는 어깨짓, 들어올린 눈썹 따위를 버무려 대꾸할 터이고, 그나마 말을 아낄 것이다. 포트사이드는 겁먹은 도시이다. 여전히 익숙한 부대인 영국군에 의해서가 아니라, 이 도시의 겉모습 뒤에서 들끓는 분노와 복수라는 거친 힘에 의해서 말이다.

3-8 바그다드

> 1958년의 혁명으로 이라크에서 40년간 대영제국의 보호국 노릇을 한 하심 왕조도 물러났다. 젊은 국왕 페이잘 2세와 그의 삼촌인 황태자 압둘릴라 둘 다 살해되었으며, 정권의 실력자이자 아랍 세계에서 가장 널리 알려진 정치가였던 누리 에스-사이드 파샤도 죽음을 당했다. 세 명 모두 멀쩡할 때 나는 그들을 만났고, 그들이 죽은 지 이틀 뒤에도 다시 바그다드에 들렀다.

타는 듯한 햇살 아래 열린 대문을 걸어 들어가며 나는 옛 이라크에 작별인사를 고했다. 내 운전사는 할복하는 시늉을 곁들이며 내게 일러주었다. "누리 에스-사이드가 죽었거든요. 이제 그 사람 집이자 동시에 요새인 곳으로 갈 겁니다." 그 우악스런 벽돌 건물의 정면은 얼기설기 기관총탄 자국이 뚜렷했고, 집에 딸린 정원은 티그리스 강 쪽으로 이어져 있었다. 혁명의 그날, 군중들이 그의 집으로 몰려오자, 누리는 강을 건너 도망쳤다. 집은 을씨년스런 폐허로 바뀌었고, 부서진 가구, 종이, 쓰레기 따위가 산더미처럼 엉켜 있었다. 정문 앞에서는 한 꼬마가 청량음료를 팔았고, 끝도 없이 밀려드는 호기심 덩어리인 사람들은 부스러기들을 뜯어내거나 망가진 욕조를 훑어보며 집안을 누볐다.

끔찍한 비애의 흔적이 그 집 곳곳에 널려 있었다. 군중들은 옷장에서 나무 조각을 떼어내고 침실 문짝에서 마지막 자물통을 뜯어내는 등 온갖 것을 뒤진다. 틀니 다듬는 도구 한 다발, 경주 기록 카드 따위가 뒹

굴고, 터키 군대가 쓰던 것과 같은 반쪽이 투구가 어느 상자 밑에 찌그러져 있다. 마루에 굴러다니는 종이조각들을 주워보니 앨런비Allenby 전략론, 로마법률 연구, 기차 엔진을 다룬 기사, 스릴러 소설 따위이다. "벨리는 허리를 굽혀 장비들을 살펴보았다. "선장님! 비상 구조신호는 보내신 거죠?" 제임스 경이 그를 향해 물었다."

부서진 금고 주위에 모인 한 무리는 혹시나 먼저 온 사람들이 미처 챙기지 못한 보물이라도 없는지 그 물건을 앞뒤로 마구 흔든다. 두 젊은이는 물건을 점검하는 장사치처럼 망가진 찬장을 살핀다. 마치 넝마주이가 낡은 신사복을 살피듯이…. 총을 멘 초병 한 명이 뒷문을 지키고 섰다가 다가오는 사람들을 보고 가족이라도 만난 듯 환히 웃는다. 살짝 고개 숙이며 건네는 "어서 오세요"란 인사말도 이제 당신에게 뒤뜰을 맡긴다는 말처럼 들린다.

지난 수십 년 동안의 이라크 역사에서 누리는 얼마나 막강한 존재였던가. 그의 흔적은 아직도 이토록 강렬하게 남았지 않은가. 그래서 그가 저 티그리스 강 너머에서 불명예스럽게 참시당했다는 사실이 더더욱 믿기지 않는다. 그의 집은 옛 영화를 잃고 엉망진창의 쓰레기 더미 같다. 그가 죽었을 때 사람들은 차를 앞뒤로 왔다 갔다 하며 그의 시체를 짓뭉갰다고 한다. "이 인간은 부패 덩어리"라면서. 하지만 정원의 가장 높은 데에 서 있노라면 이상하게 마치 무슨 자선행사를 위해 집을 대중들에게 개방했을 따름이라는 생각이 든다. 마치 그 늙은 위인께서는 밀려드는 무지랭이 군중들을 피해 위층에서 시가를 물고 서류더미나 뒤적거리리라는 상상이 말이다.

그래서 음료수를 파는 꼬마녀석을 지나다 말고 휙 하고 고개를 돌려 집안을 들여다보았다. 느릿느릿 계단을 내려오는 거구의 누리가 보이지나 않을까 싶어서. 어느 높은 다락방 창문에 그의 비꼬는 듯한 가죽빛 얼굴이 언뜻 비치지나 않을까 싶어서. 그렇지만 현관으로 들어가는 것은 떠들썩하게 웃는 행복한 한 가족이었고, 위층에서 들려온 소리는 털썩털썩, 쿵쾅대는 소음이었다. 꼬마아이들의 고함소리, 달음박질하는 발자국 소리, 어느 떠들썩한 휴일의 소리들뿐이었다.

3-9 이스라엘

> 이스라엘 공화국이 세상에 선을 보인 지 겨우 10년 뒤, 그 나라는 '놀라운 나라'이면서 동시에 '모욕의 나라'로 자리 잡았고 무엇보다 '만성 불안에 휩싸인 나라'가 되었다. 공식적으로 이스라엘을 끝장내는 데 최선을 다하겠노라는 정책을 펴는 아랍 나라들에 둘러싸인 채, 이스라엘은 배짱과 뻔뻔함, 사랑이 넘치는 기부금과 꾸밈없는 철면피 따위의 힘들을 교묘하게 운용하며 생존의 길을 갔다.

나는 서양의 시민Civis occidentalis sum, 그래서 텔아비브가 완전히 외국 같지는 않았다. 아시아의 분위기를 머금은 대기와 동양적인 태양 아래에서 새하얀 건물들 사이로 열대의 나무들이 자라는 곳. 길가 카페의 맥주는 희한한 화학적 성분을 머금은 것이, 꼭 유럽의 술 에일에서 넘치는 식물 성분을 확 걷어낸 것 같았다. 하지만 당신이 서유럽 사람이라면 이 유대인의 나라의 주요 도시인 텔아비브에서 늘 집에서와 같은 편안함을 느낄 터이다.

이스라엘의 수도는 예루살렘이고 북부 해변의 하이파는 보다 차분하고 우아한 도시이다. 그렇지만 텔아비브의 명성은 시온주의의 성지라는 데서 나온다. 골목골목마다 자기들의 땅을 찾아가자던 시온주의자들의 엄청난 땀이 배어 있는 것이다. 유대인이라 함은 도대체 뭘까, 이 놀라운 존재들의 무게가 왜 저리도 서글퍼 보일까, 휴양지와 업무지구가 반반인 이 조그만 해변도시가 위대한 나라의 위대한 도시로 자리 잡는 날이 과연 올 것인가, 아니면 유대인다움의 심장부는 여기가 아닌 다른 어디에 있는 게 아닐까, 지구상에서 이런 생각들을 곱씹기에 텔아비브보다 더 나은 데는 없다. 이스라엘이라는 국가가 태어나기 이전부터 시온주의에는 뭔가 초자연적이고 성서에 기반한 그 종족만의 힘이 깃들어 있었다. 마치 계절이 바뀌는 것 같은 힘이, 혹은 대단한 천국의 진실 같은 힘이. 그런데 오늘날 텔아비브는 바람 빠진 역사의 현장이나 다름없다. 잘해봤자 단조로운 도시에 불과한 이곳은 영락없는 촌구석 느낌이다. 앨런비로드를 따라 어여쁜 젊은 여인들이 갓난애를 안고 산보하고, 옆자리에서 들려오는 대화는 진실과 잔인함이라는 그리 밝지 못한 근본에 대한 것보다는 오이 값이나 어린 모슈Moshe가 왜 철자법을 자꾸 틀리는지 따위이다.

사실 텔아비브는 평범한 도시이기를 원한다. 오늘날 이곳을 찾는 서유럽인들에게 텔아비브는 첫눈에도 퍽 낯익은 느낌이다. 날씨는 더할 나위 없고, 해변에 펼쳐진 황금빛 백사장은 지상의 것이 아닌 듯 아름다우며, 느릿느릿 너울대는 지중해의 파도는 해안도로까지 밀려든다. 하지만 풍경이 아무리 이국적이더라도 이곳은 유럽 도시나 다름없다. 사시사철 쏟아지는 햇볕 탓에 멋들어지게 그을린 얼굴의 소유자들이긴 해도 이곳 주민들 또한 유럽인이나 다름없다. 헤브루 말만큼이나 자주 영어, 독일어, 폴란드어, 이디시 말을 들을 수 있는 곳. 길을 가다 마주친 얼굴은 언뜻 보아 당신이 잘 아는 파리의 출판업자 혹은 런던의 음악가 같다. 그 익숙함은 오로지 그가 유대인이면서 동시에 서유럽인이기 때문이다. 시인 필립 베일리Philip Bailey[1816~1902]는 한때 미국을 가리켜 '전 세계의 이복형'이라고 불렀다. 텔아비브 또한 서방의 대도시들과는 먼 친척 같다. 혈맹과 같은 형제지간인 유대인사회를 통해서 맺어진 사이인 것.

텔아비브는 아직도 1930년대 도시 같다. 히틀러가 점령한 유럽을 떠난 유대인 망명객들이 자리 잡았던 런던 교외 같은 느낌인 것이다. 전

간기에 텔아비브를 점령했던 영국 제국주의의 자취도 길 이름 몇몇이나 경찰서 건물 따위를 빼면 거의 남은 게 없다. 반면 텔아비브의 건축에는 '물 탄 바우하우스' 양식이 진하게 배어 있다. 아무 특색 없이 반듯반듯 비례를 맞춘 광장들은 2차대전 이전의 건축 평론잡지에서 보던 도시설계 같아 보인다. 번지르르한 새 호텔과 톡톡 튀는 카페들이 즐비한 해변 조차도 대개는 차분하고 신중한 역사극 분위기를 머금고 있다. 텔아비브가 생겨난 해는 1910년이지만 실제로 탄생한 것은 히틀러가 권력을 잡은 뒤이다. 그때 텔아비브에 밀려든 피난민들이 그 시대의 표식을 그곳에 아로새겼다. 겉보기는 그저 알뜰해 보일 따름이더라도, 뚫어져라 쳐다보노라면, 텔아비브의 껍데기 아래에서는 아직도 망명자들의 예술과 애환, 유배자들의 향수를 찾아낼 수 있다.

텔아비브는 일상적인 도시이기를 원한다. 하지만 그 꿈은 난망하다. 이스라엘이 어디 일상적인 국가인가? 분노와 도전의 시대 이래 이스라엘은 한결 원숙해졌고 시비조로 으르렁대던 모습도 한풀 꺾였지만 아직도 '아인 브레라Ein Brera 즉 '다른 수는 없다'를 구호 삼아 살아가는 나라이다. 적들이 빙 둘러싸고 있어 불안하게 고립된 처지도 마찬가지이다. 거기다 이따금씩 이스라엘 사람들의 생활 리듬은 과거의 부름 아래 뚝 끊어지곤 한다. 그럴 때면 역사가 혹은 국가가 나서서 상기시킨다. "이스라엘인이여, 그대들은 평범하지 않다. 아직도 뿔뿔이 흩어진 민족, 끔찍스레 고통받는 천재들의 민족이다. 일상적인 시간의 흐름 그 너머에 있는 민족인 것이다." 사려 깊은 방문객이라면 이들이 당면한 유별난 딜레마를 금세 눈치챌 수 있다. 이들은 유대인임을 잊고, 갈라진 민족의 처지도 잊고 '제2의 레바논' 땅에서 평범하고 건강한 시민으로 살아갈 수 있다. 아니면 스스로를 핍박받고 우월한 존재라고, 세상으로부터 초연한 존재라고 의도적으로 몰아세움으로써, 새로운 국가를 과거의 어둡고도 눈부셨던 유대의 세월에 묶어둘 수도 있다. 이들은 기꺼이

천재의 굴레를 벗어던지고 조그맣지만 재능 있는 지중해의 공화국으로 남을 수 있다. 아니면 유대민족의 찬란한 유산이 남긴 '감옥 같은 왕궁' 속에 갇혀 텔아비브를 이스라엘인들의 도시만이 아닌 유대민족의 도시로 만들어갈 수도 있다.

이런 딜레마에 직면해 텔아비브 사람들은 이미 결정을 내린 듯 보일 수도 있다. 이 도시에는 그다지 금빛 찬란한 곳도 못 봐줄 곳도 없고, 누구나 여기서는 오동통 살이 오르고 만족스러워하기 때문이다. 해변에서 빈둥대는 사람들을 유심히 보시라. 큰 키에 건장하고 웃음이 넘친다. 화사한 차양모자에 짧은 반바지, 먹을거리를 챙겨 나선 소풍, 오동통한 아기들…. 중립적 이교도의 눈으로 이들을 살펴보면 금세 알 수 있다. 크레베코Crevecoeur[1735~1813]가 오래전 미국을 두고 얘기한 것처럼, 텔아비브도 이미 '새로운 유형의 인간'을 만들어내고 있음을. 이스라엘에서 태어난 세대가 성숙기에 접어들고 있다. 이들은 게토의 참상이나 그 밖의 자잘한 유대인의 고난을 전혀 알지 못한다. 텔아비브의 젊은 세대가 분명 이스라엘인이지만 유대인이라고는 느끼지 않는 것은 텔아비브의 승리이자 동시에 비극이다.

그토록 대단했던 사람들의 천재성이 빚어낸 그토록 대단했던 도시가 고작 이런 기능만 맡는다? 많은 유대인들은 그래서는 안 된다고 생각한다. 텔아비브가 '유대의 미래'를 제대로 보여주는가에 대해서는 나도 고개를 갸우뚱하게 된다. '유대 국가의 앞날'을 보여준다는 건 정확한 표현일 테지만 말이다. 다시없을 유대인의 스토리가 그렇게 끝을 맺다니, 역사나 예언, 예술이나 유대주의 어디에 비춰봐도 그건 도무지 사실처럼 들리지 않는다. 텔아비브의 편안한 분위기를 즐기는 시간이 길어질수록 유대인들이 점점 더 '선택받은 민족' 같아 보였다. 그건 격렬하면서도 뭐라고 설명할 수 없는 이유 때문이었다. 어떤 인류의 활동을 파헤쳐 근원을 따지거나 결론을 살피노라면 끝내 유대인들을 만나게 되는 경우가 얼마나 많은가. 아무리 이들이 이 도시를 행복한 일상으로 가득하게 만들더라도, 이들은 결코 우리처럼 되지는 못하리라. 또 평온하고 고요하고 평범한 상태가 영원히 지속되지도 못하리라. 불운하지만 높이 칭송받는 민족, 신령한 어스름 속에서 영원히 찰싹거릴 파도 같은 사람들.

텔아비브는 틀림없이 과실을 거둘 것이고, 국가 수준이 아닌 낮은 데서 의미 있는 역할을 할 것이다. 그런데 유대의 이야기에서 단 하나의 온당한 결론은 자기를 던지는 게 이기심을 눌러 이긴다는 것. 벌써 이 얘기만 들어도 그리스도교인이라면 유대인 얼굴 하나가 떠오르지 않으시는지?

> 하루는 이스라엘이 점령하고 있던 예루살렘의 신시가지에서 랜돌프 처칠이라는 동료와 함께 앉아 있었다. 위인 처칠의 고집쟁이 아들인 그는 어느 신문사 특파원으로 거기서 일하던 중이었다. 이스라엘 적포도주를 너무 많이 마신 탓이었을까, 랜돌프는 주변 풍경을 물끄러미 쳐다보며 생각에 잠겼나 싶었더니 불쑥 크고도 꿈꾸는 듯한 목소리로 혼잣말을 내뱉았다. "만델바움, 만델바움! 만약 내 성이 처칠이 아니었더라면 미스터 만델바움이라고 불려도 참 좋았을 텐데…."[5]

---

[5] 이 책 '3-4 예루살렘'편 초입에서 지적했듯, 당시 예루살렘은 요르단이 점령한 구예루살렘, 유대인이 점령한 신예루살렘으로 나뉘어 있었는데, 그 사이에 설치한 검문소 이름이 바로 '만델바움 게이트'(유대 상인 만델바움 씨 집터에 세운 데서 유래한 이름)였다. [역주]

ch 4
남아공, 백과 흑

> 1957년에 〈가디언〉 신문사가 나를 남아프리카연방으로 여러 달 내려 보냈다. 그때까지도 영연방의 자치령인 상태이긴 했지만, 1948년 이래 아프리카너 Afrikaner 국민당이 권력을 쥐고 있었다. 그에 따라 아파르트헤이드 즉 강제적 인종분리 정책도 서서히 시행되던 중이었다.
> 요하네스버그의 드릴홀Drill Hall에서는 전국에서 끌려온 반체제인사 156명이 반역죄로 재판을 받고 있었다. 이들에게는 공산주의와 연루되었다는 혐의도 덧붙여져 있었다. 나는 이 재판을 취재해 〈가디언〉에 보도했고 『남아공의 겨울』이라는 책으로도 만들었다.

　이 재판은 참으로 기괴하고도 비열한 아프리카의 현상이다. 희미하나마 원주민의 느낌도 묻어난다. 말 안 듣는 부족장들이 최고지배자 앞으로 끌려나온 듯, 혹은 노예들이 다오메이[지금의 베냉]의 식인종 왕들 앞에서 단체로 통합 심사를 받는 듯한 것. 드릴홀은 영국령 남아프리카가 한창이던 옛적에 지어진 건물이다. 나지막한 베란다와 수많은 게시판들, 반드르르 갈색 광택을 낸 군부대 사무실 같은 집이다. 아침마다 피의자들이 이곳에 늘어선다. 그들의 자세에 배인 체념은 지겨우면서도 거칠다. 암갈색의 커다란 홀은 아직도 [영국인들이 즐기던] 펀치볼과 가죽각반을 떠올리게 한다. 가죽 내음 같은 체육관용 신발 냄새가 풍기는 것. 한 문짝 위에는 커다랗게 '피난문: 잠그지 마시오'라는 터무니없는 옛 안내문이 걸려 있었다. 싸늘한 그 겨울 아침, 불빛도 꽤 희미했다. 입구의 동그란 탁자에 앉은 경찰관은 햇볕 드는 쪽으로 범죄소설을 들어 올려 읽으면서 나름대로 인생의 자극제를 찾고 있었다.

그렇게 이곳은 남아공에서 암묵적으로 인종분리 정책이 폐기된 곳이 되었다. 방청석은 물론 분리되었다. 뽀얀 양들의 자리와 검은 염소들의 자리로. 하지만 피고인들은 줄을 두른 자기들 자리로 소떼처럼 내몰렸다. 백인이나 황인종도 있었고, 당당한 흑인들도 있었다. 한둘은 신문을 읽었고, 편지를 쓰기도 했다. 잠자는 것 같은 사람도 있었다. 한 사내는 초록, 노랑, 검정이 섞인 블레이저 코트 차림이었다. 큰 키의 기품 있게 생긴 유대인 한 명은 슬라이드 필름을 초연히 간추리고 있었다. 그린 베레에 흑백 꽃무늬 스커트 차림의 한 아프리카 처녀는 벤치에 복사물들을 활짝 펼쳐놓고 뭔가 논문을 쓰느라 여념이 없었다. 조그맣고 쾌활한 인도인은 옆 사람들과 낄낄댔고, 바싹 마른 턱수염의 흑인 사내는 왠지 모를 기이한 겉모습을 하고서 마치 고개 꺾인 인형처럼 싸늘하게 천장만 쳐다보았다. 거의 모든 색깔의 좌파 활동가들이 이 자리에 함께했다. 때로는 거북할 만큼 가까이에서 말이다. 잘 생긴 거구의 흑인 추장 루툴리Luthuli는 백발에 인자한 미소를 머금고 있었다. 그는 줄루족의 위인이자 흑인해방운동Union 내에서 가장 두드러진 흑인 지도자이다. 변호사, 성직자, 학생, 택시운전사, 작가, 주부, 정치활동가 등, 그 자리의 모두는 동기야 다르더라도 아파르트헤이드에 반대하는 이들이었다. 모두가 아프리카너 국민당 정권의 숙적이었고, 모두가 적어도 이론적으로는 교수대에 오를 후보들이었다.

남아공은 압제와 자유가 비슷한 함량으로 뒤섞인 희한한 혼성체이다. 그날의 묘한 재판장 분위기에서도 뜻밖의 고풍스런 공명정대함이 느껴졌다. 판사는 성실했고, 경찰관은 피고들에게 친절했다. 재판장 전체가 대학강의실이나 휴양지 같기도 했다. 글이나 제대로 알까 싶은 평상복 차림의 형사가 읽어내린 검찰 측 증거는 그야말로 코미디(가령 공산주의 경향의 한 장로교 목사가 "모스크바의 자기 교회에서" 교황을 알현했다는 죄목으로 기소됨) 같기도 했다. 변호사들은 재치 넘치는 사람들이었다. 매일 아침 11시면 티-타임이라며 휴정이 선포되는데, 그럴 때면 보온병들이 일제히 출동하면서 재판정 분위기가 아연 명랑해진다. 사기꾼 같아 보이는 아프리카 사람들이 머리 위에 '반역 재판, 1956'이란 팻말을 들고서 사진을 찍을 때면 사람들은 앉은 채로 빙긋 웃으며 엄지를 치켜세운다(아프리카 민족주의자들의 인사법). 장로교 목사께서는 다음 주일예배에 쓸 설교 원고를 옆자리에게 보여주는데, 거기엔 벌써 특수부의 검열 소인이 찍혀 있다. 자원 변론을 맡은 변호사들은 피고들 사이를 거닐거나 크라운 카운슬 — 검사들을 아직도 '크라운 카운슬'[왕실과의 관계를 강조하는 영국 식 이름]이라고 부르다니 웃기는 노릇 아닌가! — 즉 검사들과 잡담을 나눈다. 기자 두어 명이 탁자에서 하릴없이 뭔가를 끌쩍대고, 방청석의 흑인 두어 명은 친구들에게 전화하느라 애를 먹는다. 가령 유럽이나 미국의 논리적인 분위기에 익숙한 방문자의 경우, 줄루족 추장이나 더반에서 온 택시운전사의 아내, 부자 맑스주의 변호사, 아프리카너 당원인 경찰관, 잉글랜드 본토에서는 이미 잊힌 것과 다름없는 여학생 교복과 검정 스타킹 차림인 방청석의 여학생 등과 얘기를 나누다 보면 멀미에 머리가 핑핑 도는 느낌이다. 드릴홀의 티-타임은 잉글랜드 사람이면 누구나 편안해할 법하다.

> 그날의 재판을 보며 느꼈던 씁쓸함은 드릴홀을 나와 저녁거리에 섰을 때도 다시 처연한 느낌으로 재연되었다. 가게들이 문을 내리고 공장의 일꾼들이 부지런히 밤의 어둠 속으로 발길을 재촉할 무렵이었다.

이 즈음이면 요하네스버그의 모든 가난한 흑인 노동자들은 걸음을 재촉한다. 그들은 도시 내부에 사는 게 금지된 사람들. 그래서 서쪽의 슬럼과 집단 취락으로 가는 버스를 타려고 서두르는 것. 땅거미가 내리는 매일 저녁마다, 건물들 사이로 차가운 밤바람이 몰아칠 때면, 축 늘어진 어깨의 거대한 누더기 행렬이 버스 터미널 쪽으로 길게 늘어선다. 드릴홀 바깥 광장 전체가 그 물결에 휩싸인다. 그래서 끄트머리가 머리와 다시 만나기도 한다. 수천의 아프리카인들이 낡은 버스 쪽으로 줄에 맞춰 발을 질질 끌며 천천히 이동한다. 내가 본 줄 중에서 가장 길고 슬프고 싸늘한 줄이었다. 버스는 충분히 자주 왔고, 흑인들이 추위 속에서 오래도록 떨어야 하는 건 아니었다. 하지만 이 장면은 말 못 할 밑바닥의 느낌을 주었다. 앞으로 나아가는 그들의 모습은 참으로 무심하고 기계 같았다. 백인들은 서둘러 차에다 몸을 싣고 힐브로Hillbrow나 파크타운Parktown의 집으로 향했고, 백화점에는 불이 들어오기 시작했다. 그런데 이 버림받은 가난한 사람들은 만원버스에 실려 불빛도 거의 없는 머나먼 자기들 동네로 향하는 것이다. 많은 이들은 배고픔에 시달렸다. 대부분은 자기 동네에 내리자마자 강도와 폭력의 공포에 시달리며 살아야 한다. 반 정도는 여가시간의 전부를 도시와 초원지대의 자기 집 사이를 오가는 데 써야 한다. 법이 정한 강제 거처가 그곳이기에! 그들은 어둠이 짙게 내린 한밤중에라야 집에 당도하고, 동트는 기미가 살짝 보일 뿐인 이른 아침부터 일터로 향한다. 그런 광경을 지켜보며 그 뜻을 헤아리노라면, 더군다나 방금 보고 나온 드릴홀의 멍청한 재판 풍경과 비교하노라면, 당신은 금세 십자군 같은 개혁충동에 휩싸이게 된다. 바이런 같은 충동[6]에, 아니면 적어도 가슴을 후벼 파는 동정심에….

그런데 다시 발길을 옮겨 호텔에 당도하여 케이프 산 리슬링 포도주를 마시며 회상에 젖다 보면 바깥 거리에서 코맹맹이의 쇳소리 음악

---

6 1788년에 태어나 프랑스대혁명(1789년)동이나 다름없는 바이런. 자신이 풍자 대상으로 삼던 영국 부유층에게서 높은 인기를 누렸으나 혁명군의 대장 나폴레옹을 '자유의 아들'로 선포한 뒤 거의 추방되듯 영국을 떠나야 했다. 그는 이후 자신의 재산을 독립전쟁 중이던 그리스 군대에 모조리 쏟아 붓고 숨을 거두었다. 『혁명만세』, 319쪽 참조. [역주]

이 들려올 것이다. 그 소리를 따라 프레지던트스트리트의 아케이드 아래에서 흑인 한 명이 외로이 어슬렁대며 기타를 뜯는 모습을 내다볼지도 모르겠다. 갈가리 해어진 갈색 모자와 청색의 거친 무명바지 차림의 그는 높은음자리의 콧노래를 부를 테고, 그의 몸짓 하나하나가, 그의 들썩대는 어깻짓이 바로 이게 천하태평임을 보여주리라.

> 최악의 아파르트헤이드 압제는 아직 닥치지 않았고, 사법부는 비교적 독립적이었다. 반역재판정에 섰던 156명의 피고인들은 4년의 재판 끝에 모두 무죄로 풀려났다. 그렇지만 남아공의 흑인과 백인 사이에는 이미 넘을 수 없어 보이는 한계가 있었다. 하루는 포트엘리자베스로 크리스토퍼 겔을 찾아갔다. 겔은 굽힐 줄 모르는 빈체제 인사로서 백인이었다. 자칭 '한밤의 목소리'라는 흑인 분파의 단원들을 만난 직후였는데, 이들은 그 목소리가 멍청한 성경의 동정녀들에게 던지는 경고라고 했다.

    인종 갈등의 양쪽을 모두 헤아리는 유럽인은 거의 없다. 정치적 열의를 지닌 고학력 흑인들의 믿음을 거리낌 없이 지지하는 경우는 드물기 마련인 것. 그렇게 드물다 보니, 나 같은 해외 특파원은 머지않아 크리스토퍼 겔Christopher Gell[1917~1958]을 찾기 마련이다. 아프리카 저항운동의 강점과 약점을 누구보다 더 잘 아는 사람이 바로 겔이다. 그의 글은 전 세계의 매체에 실렸고, 남아공에서 그의 이름은 거의 전설적이다. 포트엘리자베스의 완고한 그의 이웃들은 그를 미치광이나 괴물이라고 생각한다. 아프리카인들에게 그는 마법이다. 세계 각지의 기자와 논평가들에게 그는 소중한 나침반이자 정보원이다. 아프리카너국민당에게 그는 저주받을 놈이었다. 전화는 도청되었고, 방문객이 누구인지도 감시되었다. 그의 통렬하고도 조롱 섞인 견해들은 아프리카너 본부의 지하창고에 차곡차곡 저장되었을 것임에 틀림없다. 이 따분한 시골 항구도시에 앉아서 국가적 사안에 독특하고도 막대한 영향력을 행사하는 그의 존재는 남아프리카공화국이 처한 비극의 상징과도 같았다. 그가 척수소아마비로 말미암아 불구자가 되어 인공 허파를 달고 살아간다는 사실은 상황을 더욱 흥미진진하게 해준다.

그는 잉글랜드에서 태어난[7] 남아공 사람으로서, 보는 이의 가슴을 설레게 하는 품성의 소유자이다. 나는 그가 말하는 것들 대부분이 틀렸다고 본다. 편협해 보이거나 불공평해 보일 때도 많다. 그렇지만 나는 그와 함께라면 지옥이라도 기꺼이 따라갈 것 같았고, 그런 이와의 만남은 처음이었다. 그의 아버지는 영국 해군 장교였고, 겔 자신도 인도총독부에서 일했다. 그의 생기 넘치는 화법은 이따금씩 잉글랜드 젠틀맨 특유의 감탄사들로 장식되었다. 그 누구라 한들 그를 한순간이라도 고리타분하고 지리멸렬한 자유주의자라고 몰아세울 수는 없다. 그는 자신의 처지를 분명히 인식했고, 다른 이들도 마찬가지였다. 그에게 전화를 걸어 누구인지를 소개하면 그는 이렇게 말한다. "끊지 마세요. 끊지 마시고, 내가 전화기 내려놓는 거 기다리세요. 그리고 잘 들으시면, 딸깍 하는 소리가 들릴 겁니다. 놈들이 도청하는 게 끝나는 소리지요. 준비되셨죠? 좋아요, 이제 내가 끊습니다. 잘 들으세요!" 그의 껄껄대는 목소리가 사라지고 잠깐 기다리다 보면, 문득 먹먹하고 당황한 딸깍 소리가 들려오는 듯하다. 당신은 베일 속의 검열자가 잠시 헤드폰을 벗어놓으며 겔 문서에다 새로운 항목을 기록하는 상상을 할 테고….

그는 그처럼 껄껄대는 기상으로 끊임없이 정부를 비웃으며, 스스로 선택한 대의명분인 아프리카 해방을 위해 씩씩하게 나선다. 그의 작은 집까지 이어진 길은 사람들의 발길로 잘 다져져 있다. (그의 멋진 젊은 아내가 그 집에서 물리치료사로서 겔과 가족을 부양한다.) 흑인 정치가들, 지방신문의 편집자들, 헤아릴 수 없이 많은 출장 형사들, 아프

---

[7] 모리스는 여기서 "English-born"이라는 표현을 쓰고 있지만, 겔은 실제 스코틀랜드의 에든버러 태생이다. 젊은 시절의 제임스 모리스는 여기서, 잉글랜드를 전체 영국의 대명사로 쓰는 통상적 잉글랜드인의 어법을 따르고 있는 것으로 보인다. [역주]

리카 독립운동에 관심을 갖고서 기어이 이 희한한 바이런 같은 인물을 만나려는 수많은 사람들이 이 집을 찾는다. 젤은 인공 허파를 단 채로 혹은 침대에서 이들을 맞는다. (호흡보조장치 없이 지낼 수 있는 시간은 매일 3시간뿐이다.) 아주 큰 키의 그는 병색이 완연하면서도 그렇게 쾌활할 수가 없다. 안경을 쓰고 한쪽 팔을 위로 매달아 올린 그의 방에는 책과 꼼꼼하게 정돈된 파일들이 가지런하다. 아버지가 탔던 배 중 하나라고 하는 순양 전함 〈후드〉호 Hood의 그림이 걸려 있고, 침대 옆 탁자는 온갖 증거자료와 소책자, 편지, 읽다 만 책 따위로 어수선하다. 간혹 등에 아기를 업은 흑인 하녀가 커피를 들고 느릿느릿 들어오기도 한다. 젤은 애정 어린 무심함으로써 그녀를 대했다. 간간이 전화가 울리면 젤은 일부러 얼굴을 찌푸리면서 전화를 들고서 자신의 견해와 편견, 주장 따위를 한바탕 폭풍처럼 마구 쏟아 붓는다. 급기야 전화기 저편의 목소리가 기가 꺾여 한풀 숙으면 젤의 얼굴은 개구쟁이처럼 발개진다. 대화는 지적인 파멸 상태로 끝을 맺는다.

그리고 나서 그는 당신 쪽을 돌아본다. 마치 소방용 호스나 대포가 돌 듯이. "자, 이제 이 망할 놈의 국민당 인간들을 단도직입적으로 얘기하자면…" 그의 말에는 놀라운 에너지가 넘친다. 그 억누를 길 없는 힘에는 활기와 익살, 분노와 신랄함이 배어 있다. 당신에게 보여주려고 이름을 적거나 단숨에 소개의 편지를 써내리느라 잠깐 말이 끊기긴 하지만, 이내 악담과 웃음, 슈바이처 박사의 말 따위가 비길 데 없는 자극과 설득력을 내뿜으며 홍수처럼 계속 이어진다. 하지만 그의 상처받은 몸은 천천히 가라앉는다. 숨은 점점 거칠어지고 힘들어진다. 말은 헉헉대는 소리로 뚝뚝 끊어진다. 우거지상의 얼굴에는 애쓰는 표정이 역력하다. 그럴 때면 그의 몸에서 마치 고딕 그림의 상징 같은 멋진 기품이 뭉게뭉게 피어나오는 듯하다. 당신은 그 목격자가 되고….

마침내 젊은 아내가 웃음을 머금고 들어와 인공 허파로 그를 데려간다. 당신이 그의 곁을 떠나는 동안에도 그는 여전히 중얼거릴 테고, 열정적이고도 귀여운 그의 두 눈은 머리 위에 달린 작은 거울로 떠나는 당신을 지켜볼 것이다. 나서는 당신에게 그가 말한다. "물론 우린 옹졸하지. 그런데 그럴 수밖에 없어. 그렇지 않으면 이런 놈들한테서 뭘 얻어내겠나?" 어떤 사람은 크리스토퍼 겔이 성자라고 말한다. 분명한 것은 포트엘리자베스의 그의 존재가 '한밤의 목소리'와 오래 살아남기 경쟁을 한다면 단연 앞서리라는 것이다.

ch 5
카리브해, 혼돈 속의 낙원

> 1950년대 후반에 〈가디언〉 신문기자였던 나는 카리브해 일대를 취재했다. 제국주의가 막을 내린 지 얼마 안 된 그곳은 일종의 혼돈 상태였다. 나는 가능한 한 많은 기사를 썼고, 그 일부를 『도시들』Cities이라는 에세이집에 실었다.

5-1 트리니다드

> 트리니다드는 서인도제도의 대영제국 식민지 가운데 가장 코스모폴리탄한 곳이었다. 아시아계 인구도 많았고, 도시 특유의 활기도 느낄 수 있었다. 당시 트리니다드의 수도인 포트오브스페인에 들르는 일은 크나큰 기쁨이었다.

  열기가 한풀 꺾인 초저녁의 사바나Savannah를 거닐다 어디선가 귀에 거슬리는 무반주 바이올린 음악이 들려오면 당신은 젊은 모건 씨가 연습 중임을 눈치채리라. 사바나는 트리니다드의 수도인 포트오브스페인 북부의 너른 녹지이다. 열대의 언덕이 바다 쪽으로 미끄러져 내려가는 그 비탈 둘레에 그 이름도 유명한 트리니다드의 대저택들이 잔뜩 몰려 있다. 어떤 집은 우람한 고딕 풍이고 어떤 것은 색다른 무어Moor 풍이며, 두드러지게 새파란 집도 있다. 그 가운데 가장 멋진 집이 매러발

로드 25번지, 바로 모건 씨가 사는 집이다. 여러 발코니를 거느린 크고 뽀얀 이 집은 마치 차이나스테이션의 기괴한 포함砲艦 같다. 이 집이 이고 있는 장식도 대단하다. 종탑과 포탑, 맞비침 금속 세공, 연철 장식, 난간과 깃대, 닭 모양 풍향계, 그 밖에도 온갖 자잘하고 정교한 장치들로 가득하다.

무어 풍 집은 어느 대주교의, 고딕 성채는 어느 대농장 주인의 집이다. 하지만 가장 트리니다드다운 일은 25번지에 젊은 모건 씨가 산다는 것! 몇 년 전 잉글랜드에서 온, 위층의 서늘한 큰방 아치 천장 아래에 악보대를 두고 바이올린 켜기를 즐기는 모건 씨. 포트오브스페인은 그런 도시이다. 끊임없이 뒤범벅되는 다양함과 뒤섞인 인종, 우연한 결탁, 놀라움과 부조화! 서방세계의 역사와 해적, 노예, 전쟁의 과거로 도금한 듯 꾸며진 곳, 그곳의 현재는 야단법석의 정치로부터 영국문화원에 이르는 다양한 스펙트럼을 자랑한다. 그 으리으리한 언덕 위의 저택에 모건 씨 같은 사람이 설마 있을까 하실지도 모르겠다. 허나 그는 번지르르한 초대형 모자이크 가운데 봐줄 만한 한 조각일 따름이다.

사바나를 계속 거닐어 보시라. 모건 씨의 음악이 희미해질 무렵이면 이 다양성의 사회가 지닌 기품과 풍성함을 살짝 맛보시게 되리라. 사바나는 트리니다드의 도시 광장이다. 경주로 옆의 텅 빈 관중석에는 밀짚모자를 쓴 거구의 니그로 한 명이 길게 늘어져 누워 게으름의 멋을 내뿜는다. 하지만 그 아래 잔디밭은 시끌벅적 생기발랄하다. 언덕에 서서 아래쪽 도시 어디를 굽어보든 크리켓 경기 모습이 눈에 들어온다. 더 분명히 말하자면 트리니다드 섬 어디서나 크리켓 시합이 벌어진다고 해야 하리라. 잡목 숲 안에 지도에도 나오지 않는 공터를 닦아 바나나 나무의 애처로운 그늘이나 붉은 꽃 화사한 봉황목 아래에서 크리켓을 즐기는 경우가 수도 없이 많다. 그렇지만 이 언덕 아래야말로 트리니다드 크리켓의 심장이다. 오늘날 세계에서 가장 기세등등하고도 즐겁게 크리켓을 즐기는 곳이라고 해도 좋다. 여기서는 서른 혹은 마흔 게임이 동시에 펼쳐지는 경우가 허다하다.[8] 딱, 딱, 공을 두들기는 소리가 먹먹한 불꽃놀이 소리처럼 잔디밭 위를 가득 메운다. 어디를 둘러보건 잔뜩 웅크린 외야수, 멋쟁이 흑인 타자들이다. "하우잣!" 마법의 탄성이 터지는 순간 게임은 느닷없이 유쾌한 마당놀이 한판으로 둔갑하거나, 모든 뽀얀 팔과 눈들이 맞춘 듯이 일제히 하늘을 향하기도 한다.

이런 스포츠맨들 중 어떤 이는 아주 당당하고 빈틈없는 몸가짐을 자랑한다. 순백의 뽀얀 옷차림에 [홈베이스라고 할] 주문柱門까지 제대로 세워두고 말이다. 하지만 이런 깔끔한 클럽인들의 시합에서부터 한쪽 끄트머리에서 펼쳐지는 누더기 차림의 꼬마애들의 경기까지 — 낡은 나무판자가 방망이, 돌멩이가 공, 그리고 주문으로 쓰이는 양철 석유통 뒤에는 포수가 눈을 동그랗게 뜨고 공 잡을 채비에 들떠 여념이 없다 — 사바나 크리켓의 풍경은 다양하기 이를 데 없다. 하지만 어떤 품격의 게임이건 어김없이 허세가 깃들어 있다. 당신의 산책로는 무작정 달려드는 공과 돌멩이, 야수들로부터 자유롭지 못하다. 비난과 열광의 거친 함성들은 산책길의 마디를 딱딱 끊어놓는다. "갠 아웃이야! 아웃!" 꼬맹이들이 기쁨에 찬 목소리로 외친다. "멋져. 아주 멋지게 던졌어!" 파이프를 입에 문 젊은이가 중얼댄다. 다양한 문화와 전통이 포트오브스페인의 무늬를 이루는 데 이바지했다. 그 중 가장 강력한 것이 바로 이 질기고 해묵은 탯줄 같은 스포츠인 크리켓이다.

크리켓 플레이어가 죄다 흑인은 아니다. 많은 시민들이 인도계 혈통이고, 유럽, 아프리카뿐만 아니라 중국계의 기미도 엿보이며, 외가쪽 조부모 대에서는 힌두계 혈통도 발견되곤 한다. 인종 간 대립은 아직도 대단하다. 특히 황인종과 흑인 사이에서 심한데, 사바나에서 그런 대립

---
8 크리켓 구장 하나가 거의 야구장만 하다! [역주]

의 징후를 접하게 되기도 한다. 예컨대 인도 혈통의 어느 아빠는 연 날리며 놀자고 자기 아이를 부르는 검둥이 소년을 내쫓는다. "저리 가라. 이 녀석아." 화난 표정으로 고함친다. "이건 우리들끼리 하는 게임이야. 다른 사람이 여기 와서 게임 하면 안 되지." 흑인 꼬마는 멀찍이 떨어져서 고집스런 눈초리로 쳐다본다. 아이가 쓴 옛 보병모자는 그 애 머리엔 너무 크다. "아저씨랑 게임 할 거 아니거든요. 여기서 저 혼자 놀 거거든요. 이게 뭐 아저씨들 공원이래요? 저는 바로 여기서 제 연이나 날리며 놀 거라고요." 그 힌두인의 부드러운 얼굴이 눈에 띄게 짜증으로 실룩거린다. 그 실룩거림이 실은 트리니다드 사회 전반을 가로지르며, 이 도시의 정치에 아연 섬뜩한 활기를 불어넣기도 한다.

    사바나에는 백인들 또한 있다. 남쪽에서는 여자애들이 하키 시합 중이다. 관중들은 애들 어머니들부터 노골적으로 음탕한 눈길을 던지는 사내들까지 각양각색이다. 이 또한 어느 지역 경기 프로모터가 얘기한 다양한 스펙트럼을 반영한다. "미스 에보니[흑단]와 미스 마호가니[적갈색], 미스 새틴우드와 미스 올스파이스, 미스 샌달우드[백단], 미스 골든 애플[노랑], 미스 자스민[밝은 황색], 미스 파머그래니트[석류], 미스 로터스[연꽃], 미스 애플블라섬[사과꽃]." 메마른 얼굴을 한 서인도제도의 백인들이 여기저기서 [크리켓의] 롱스톱 플레이에 열중하거나 잔디밭에서 빈둥댄다. 간혹 카키색 반바지와 리넨 스커트 차림의 제국 풍 노부부가 잔디밭을 가로지르며 끈덕지게 운동하는 모습을 보게 되기도 한다. 식물원 옆의 총독저택은 지금까지도 너무나 영국적인 모습이지만, 거기 사람들은 나처럼 뽀얀 얼굴을 보아도 공공연히 성난 눈초리로 쏘아보지는 않는다. 크리켓 경기장 사이사이로 조심조심 나아가는 당신에게 산보객들은 그저 유쾌한 웃음을 던질 따름이다.

    웃음만 던지지 않는 경우도 흔하다. 트리니다드인들은 대단한 입담을 자랑하니까. 종교 얘기를 걸어올지도 모른다. "우리가 수니파 이슬람인 걸 이해해 주셔야죠. 모든 게 교리의 문제랍니다. 그러니까, 신분 계승succession 문제에는 동의할 수 없다는 거죠." 아니면, "벗이여, 저는 여기에 게임이 아니라 명상을 하러 왔답니다. 생각하고 이해하려는 노력 말입니다. 아시죠?" 아니면 정치 얘기가 나오기도 한다. "전부 다 인종문제라니까 그러시네. 이 작자는 독재자라고. 그렇고말고. 그 작자한테 무슨 경륜이란 게 있냐고. 버티 같은 작자는 피 속에 정치가 굴러다닌다니까? 이게 진리의 말씀이라니까 그러시네." 아니면, "어디서 오셨소? 잉글랜드? 내 두 형제와 숙모, 조카가 사는 데가 버밍엄이라오. 버밍엄시 미덴스레인 102번지가 주소라오. 거기가 참 좋은가봐. 돈도 잘 번다 그러던데?" 아니면 서방세계 어디서나 그러하듯 여기서도 길가의 쇠울타리에 기대 선 택시기사들의 유서 깊은 외침을 들으리라. "차 필요하시죠, 손님? 섬 구경 속속들이 시켜드립니다. 피치호수, 베네딕토회 수도원, 공항, 칼립소, 림보댄스, 나이트클럽? 여기, 명함 받으세요, 손님. 그게 제 이름이죠, 커스버트 B 해리슨!"

 사바나 산보의 마지막으로는 소년 양철밴드의 행진에 휩쓸리는 클라이맥스가 제격이다. 스무 명 남짓 되는 소년들이 손수 만든 유니폼 차림으로 깡통과 양철판을 두드리며 가락에 맞춰 노래까지 곁들인다. 그들의 선원복에는 '브라스 보이'라는 밴드 이름이 엉성하게 수놓여 있고, 저녁 햇살 아래 활보하는 아이들은 마치 장난꾸러기 검은 요정 같다. 아이들은 양철판을 마구 때리고 단조롭고도 명랑한 민요를 노래하며 맨발로 발 빠르게 원을 그리며 하염없이 맴돈다. 크리켓 선수들은 그 고전적 게임에 몰두하고, 사바나의 하늘 위엔 연들이 출렁거린다. 어느 잉글랜드인 부인은 경주로 옆에서 느긋하게 자기 개가 돌아오길 기다리고, 관중석의 니그로는 움찔거리더니 눈 위로 모자를 바짝 당기고서 다시 잠에 빠져든다. 이 모든 풍경의 한가운데에서 떠들썩한 양철밴드의 의식이 무성하다. 반짝거리는 아이들의 종아리가 달그락대는 가락에 맞춰 나긋나긋 발길질을 해대고 뽀얀 이빨들이 햇살을 받아 빛난다.

　　포트오브스페인은 관용의 땅으로서 코스모폴리탄하며 비교적 교육수준이 높은 도시이다. 그러나 그 모든 크리켓 방망이질과 지적인 모습에도 불구하고 이곳의 요체는 이 꾸밈없고 귀에 거슬리는 축하의식 속에 담겨 있다는 생각이 가끔 든다. 물론 아직까지 바람에 실려 오는 모건 씨의 바이올린 소리가 마치 물러가는 어느 세계의 멜로디처럼 들리는 순간들도 분명 있다. 마치 그의 집을 장식한 현란한 포탑과 장신구들이 오래 전 트리니다드를 떠올리게 하는 기념물이듯이….

5-2 바베이도스

> "바베이도스가 영국 뒤에 서겠습니다." 이 콩알만 한 식민지가 2차대전을 시작한 영국정부를 격려하느라 띄운 전문에는 그렇게 쓰여 있었다. 그로부터 20년이 지났을 때도 바베이도스는 영국 스타일에 너무나 충실해 보였다.

　　올해 부활절은 은빛 바다에 자리 잡은 산호섬 바베이도스의 세인트존스에서 맞았다. 긴긴 대서양의 파도가 교회 아래쪽의 해변에 닿아 따뜻하게 부서진다. 키다리 사탕수수밭은 햇빛 속에서 부드럽게 출렁인다. 그런데 오늘 아침 예배를 마치고 교회 앞마당에 앉았을 때 내 머릿속은 전혀 딴판의 생각들로 가득했다. 바베이도스가 얼마나 끈끈한 관계들로 묶인 작은 세계인지, 좋든 싫든 이 세계와 내 세계가 공유하는 전통과 옛 인물들은 또 얼마나 많은지, 그것이 부활절 무렵 잉글랜드 남부의 켄트 지방에 피어난 꽃들을 촉촉이 적시는 는개든, 혹은 카리브해에서 불어오는 훈훈한 무역풍이든….

　　예배에 참석한 마을사람들은 거의 모두가 흑인들이었다. 사탕수수밭 노동자들과 그 가족들인 것(이들이 일하는 대농장은 이 유서 깊은 섬을 바둑판처럼 나눈다). 그런데 낯설어 보이는 사람이 하나도 없었다. 그들이 걸친 하얀 모슬린 옷과 커다란 밀짚모자는 한때 잉글랜드의 사회 구조를 아름답게 꾸민 것들이었다. 설교를 기다리며 그들이 자리에 앉느라 페티코트와 풀 먹인 옷이 바스락거리는 소리도 너무나 익숙했다. 에드워드 왕조 때 펴낸 자서전들 속에서 그토록 자주 접하던 풍경이 아닌가. 그들이 신나게 부를 찬송가가 무엇인지도 짐작이 갔다. 주저하며 시작하는 도입부, 한데 어우러진 불협화음 등이 내가 영국군 교회에서 듣던 것과 똑같았기 때문이다. 나와 안면이 있는 성당지기가 검은 옷을 걸치고서 살짝 수염벌레의 피해를 입은 들판을 가리켰다. '땅' 하고 피아노가 첫 음을 때리는 순간 나는 그녀의 점잔빼는 지휘자 분위기에서 금세 눈치챌 수 있었다. 이 늙은 신자들 가운데 누가 늘 반 박자 먼저 노래를 부를 것인지를!

눈을 감고 사제의 말을 받아 진행되는 신도들의 응창을 듣노라면, 이런, '톰 존스의 잉글랜드' 그 화려한 시대에 파슨 애덤스 Parson Adams[9]가 기도문을 이끌 때의 그 목소리가 아닌가. 바베이도스 사람들의 악센트는 참으로 고색창연하고 소박하며 예스럽고 꾸밈없이 뭔가를 떠올리게 한다. 감칠맛 나는 서부 잉글랜드의 목젖을 떠는 r 발음에다 살짝 아일랜드 말투를 은도금한 듯하다. 마치 [홍차 위에 얹어 마시는] 크림처럼 말이다. "저쪽 자리에 앉으시면 됩니다." 기도서를 나눠주며 성당지기는 그렇게 말할 터이고, 그 순간 당신은 홀연 18세기로 인도된다. 문밖에서 왈그닥거리는 마차 소리가 들려오고 시골 대지주댁 여인들의 턱끈 달린 보닛 모자들이 마호가니 탁자 위로 하늘거린다. 시몬 씨의 빼어난 설교가 마무리되고 신도들이 경건하게 "아멘, 아멘"을 외치며 아침 미사가 끝나는데, 그 소리는 마치 시골 사람들의 징 박은 목 긴 구

---

[9] 헨리 필딩의 1742 소설 『조셉 앤드류스』에 등장하는 순진한 조연. 톰 존스도 필딩의 1749 소설 『톰 존스』의 주인공이다. [역주]

두가 농장 건물 안의 돌 포장 위에서 달그락대는 소리 같다.

바베이도스는 순수하고 진정한 낙원은 아니지만, 클럽이나 큰 호텔 따위와 거리가 먼 이런 시골에서라면 옛 이상향 아르카디아Arcadia 에라도 온 듯 느끼거나, 혹은 톨킨 교수가 [『반지의 제왕』에서] 호빗들이 살 곳으로 그렸음 직한 유쾌하고 신비로운 땅 같다는 생각이 절로 든다. 이런 데에는 착하고 친절한 사람들만 살 듯하다. 분명 그들은 농장에서 임금 인상을 거세게 요구하는 이들이지만, 가령 "스프레드베리 마님은 저 위쪽 저택에 계시지요"란 말을 아무렇지 않게 넙죽 내뱉고, 자기들 통나무집으로 당신을 맞아들일 때도 지체 없이 기꺼이 참으로 극진하게 정성을 다 한다. 이런 마을의 지도를 펴놓고 보면 언제나 우리 마음을 어루만지는 전설 속의 이야기들에 나올 법한 이름투성이다. 문샤인 홀, 건 힐, 윈저, 캐틀워시, 로커스트 홀, 비크덴…. 이지 홀Easy Hall을 따라 내려가면…. 저쪽 조우스 라이드Joe's Ride 옆에….

그렇게 축하의 종소리가 요란하게 울리는 가운데 일요일 아침 예배가 끝난 뒤 햇살을 만끽하며 찬송가 가락을 흥얼거리다, 문득 나는 깨달았다. 어느 섬도 사실은 섬이 아니구나, 종탑에서 나를 내려보며 히죽 웃음 짓던 저 장대한 기골의 흑인 종지기가 우리 모두를 위해 종을 울려대고 있구나. 교회 마당의 꽃들은 참으로 이국적이었고, 사방 가득 사탕공장의 벽돌 굴뚝들이 사탕수수밭 사이에 불거져 보이는 게 너무나 쓸쓸하고 낯설어 보였다. 그러나 내 바로 옆 그늘 속에서 꿈꾸듯 솟아 있는 케르Kerr, 카터Carter, 토핀Toppin, 실리Sealey 등의 성씨를 새긴 묘석을 보며, 내 귀에는 틀림없이 들렸다. 소함대의 해리스 특무상사가 교회에서 앞장서서 할렐루야를 부르던 그 소리가….[10]

---

10 쟌 모리스는 영국 해군 장교 출신이며, 앞서 '영국군 교회'를 언급한 것처럼 여기서도 군 복무 시절의 추억을 바베이도스에서 불현듯 회상하고 있다. [역주]

5-3 쿠바

> 당시 쿠바는 기나긴 미국의 지배에서 갓 독립한 나라였다. 미국은 그야말로 썩은 침략자였다. 내가 갔을 때는 마피아와 연계된 독재자 풀젠시오 바티스타 치하였다. 바티스타 정권의 부정부패와 폭정은 치를 떨 만했다. 하지만 훗날 카리스마 넘치는 좌파 게릴라 출신 피델 카스트로 치하의 쿠바를 취재하는 〈가디언〉 기자 신분으로 다시 그 섬에 갔을 때도 치가 떨리는 충격은 마찬가지였다.

이게 꿈이라면 누가 날 꼬집어 깨워주기를…. 그런데 이미 잠에서 깨어난 상태라면, 이렇게 쿠바에 도착하는 일은 불면증에 걸린 우리 세계가 감내해야 할 가장 언짢은 악몽 중 하나이다. 즐겁고 화창한 섬 쿠바, 마이애미에서 150킬로미터 남짓 떨어진 곳, 음악을 사랑하는 정다운 라틴 사람들이 사는 곳, 달콤한 휴양지의 바다 속에 자리한 섬, '아메리칸 웨이'의 모든 기쁨들이 우리를 유혹하고 스페인이 선사하는 쾌락의 절반 가량이 우리의 욕망을 자극하는 곳. 친애하는 거드름쟁이 노인 엉클 샘[즉 미국]께서 저기 저 물길 바로 너머이고, 가판대에 〈뉴욕타임스〉가 잔뜩 쌓여 있는 곳. 그런데 쿠바 신문 하나를 집어들면, 수염 기른 한 엉터리 사내가 "양키에게 죽음을"을 지껄이는 기사, 공산 중국에서 막 도착한 통상사절단의 소식, 아주 진지하게 쿠바 침략을 얘기하는 어느 미국인의 기사, 쿠바의 제1방위선은 소련의 로켓 병기고라고 설명하는 미치광이 기사 따위로 빼곡하다. 아, 그런데 마이애미가, 핫도그와 여성전용클럽 등이 뒤범벅된 도시의 전형인 그곳이 바로 내가 묵을 객실 창밖으로 거의 내다보일 만큼 가깝다고?

도착의 첫 장면은 평범하고 꽤나 유쾌하다. 환대하는 쿠바인들은 참으로 친절하고, 외국인이 입국하기에 가장 편안한 나라인 것도 틀림없다. 세관 통관 때문에 우왕좌왕하는 사이에도 칼립소 밴드의 연주가 쾅쾅 울려 퍼진다. 총천연색 면 옷을 걸치고 바싹 구운 빵 같은 낯빛에 웃음을 머금은 시민들의 어수선한 무리가 난간에 기대어 축제 분위기를 연출한다. 그리고 밤길을 달려 시내로 접어드는 길은 당신의 모든 기대를 충족시킨다. 끈덕지게 울어대는 매미의 연주가 풀밭을 가득 메우고, 휘황한 광고판과 네온 불빛, 드라이브인 시설들과 단정한 주유소들, 어둠 속에 널찍한 고속도로를 미끄러져 내려가는 자동차들의 행렬까지. '아메리칸 웨이'가 열대지방에서 이런 기념비로 다시 태어났구나, 푸에르토리코만큼이나 뻔뻔스레 아메리카스럽구나, 마이애미보다 못할 것도 없는걸, 그런 느낌이다.

하지만 아침에 눈을 뜨면, 창밖으로 찬란하게 뽀얀 하바나가 포구의 잔잔한 푸른 물을 배경으로 활짝 펼쳐지고 멋진 해변을 따라 달리는 차량들의 소음이 나지막이 들려오면, 꿈에서 깨어나 다음 단계로 나아가야 한다. 참으로 해괴한 일들이 거기서 벌어지는 것. 이 사탕수수와 비키니의 나라는 — 뉴욕 관광청의 안내책자에 '바로 옆집처럼 문을 활짝 열고 우리를 부르는 섬'이라고 소개되어 있다 — 아메리카의 이상과는 너무나 먼 쪽으로 훌쩍 기울어져, 체코슬로바키아나 헝가리처럼 러시아의 위성국가가 될 수도 있음을 심각하게 얘기해도 좋을 지경에 이른다. 길거리의 풍경은 마이애미나 탐파와 판박이다. 똑같은 가게와 똑같은 건물, 똑같은 회사의 자동차와 똑같은 내음, 볼거리, 소리들…. 열대 특유의 상쾌한 자극과 스페인 풍의 장식이 엷게 곁들여진 것마저도 남부 마이애미를 빼닮았다. 그런데도 이 섬에서는 시시콜콜한 것까지 인민민주주의의 세례를 받았음을 보여주는 징후들이 금세 눈에 띈다. 흑해의 기름을 국영정유공장에 배달하는 러시아 배들이 항구에 떠 있고, 중국 공산주의자들이 거리를 활보하며, 신문 지면은 아버지처럼 쿠바를 염려하는 후르시쵸프의 관심으로 가득 메워진다. 어느 일간지의 만화는 충실한 세계 각국으로부터 왕따 당하는 미국의 모습을 그리고 있어서, 꼭 [소련의 풍자만화잡지인] 〈크로코딜〉Krokodil에서 그대로 옮겨온 듯하다. 깃발과 구호로 묵직하게 뒤덮인 이 도시, 바로 간

밤에 내 호텔 위층에서 미국인 둘이 체포되었다지!

그래도 단순한 방문객의 눈에 더욱 섬뜩하고 으스스해 보이는 것은 넌지시 빈정대는 분위기이다. 이를테면 하바나의 힐튼 호텔은 늘 그렇듯 지지리도 통속적인 거대한 몸뚱이로 번쩍대며 자본주의의 핵심이 이러함을 내보인다. 하지만 바르샤바나 레닌그라드의 멋진 옛 호텔들이 그러하듯 이 또한 이미 국영기업이다. 이름도 '하바나 리브레'로 바뀌어서 아메리카 색을 털어낸 지 오래이며, 그곳의 비워지지 않는 재떨이나 메아리치는 레스토랑 등은 마치 수정거울 속에 비친 공공관리의 칙칙한 이미지 같다.

> 그로부터 반세기가 흘렀다. 소련은 아예 사라지고 '친애하는 거드름쟁이 엉클 샘'도 예전처럼 너그러운 나라가 아니게 되었건만, 피델 카스트로는 변함없이 쿠바의 지도자 지위를 지키고 있다. 한번은 하바나에서 현직 국립은행장이었던 어네스토 게바라 씨를 인터뷰하게 되었다. 그로부터 30년 뒤 나이 든 어네스토는 체 게바라로 불리면서 전 세계적인 청년문화의 상징이 되었다. 그 무렵 잉글랜드에서 체 게바라의 유명한 얼굴이 그려진 티셔츠를 입은 어느 히치하이커를 태워주게 되었다. "모르긴 몰라도 체 게바라를 실제로 만난 사람은 제가 처음일 겁니다. 이렇게 당신한테 차를 태워준 사람들 중에서요." 내가 그렇게 말했더니, 이 청년 대답이 걸작이다. "오, 그래요? 그런데 체 게바라가 누군데요?"

ch 6
유럽, 전쟁이 끝난 후

> 1950년대도 끝나갈 무렵, 나는 〈가디언〉 신문에다 유럽의 수도 세 곳에 대한 짧은 글을 실었다. 각각의 글은 서로 다른 기분에서 서로 다른 기법으로 썼다. 또, 존경받던 유럽의 전시戰時 지도자 두 명을 — 이들은 당시 생존해 있었지만, 이미 전설 속의 인물처럼 다뤄졌다 — 멀찍이서 바라본 두 편의 상이한 글도 함께 소개한다.

6-1 베를린

> 게르만제국의 옛 수도인 베를린의 골목들을 거닐며 나는 깊이 생각에 잠기다가 꽤나 침울해지곤 했다. 악명 높은 베를린장벽은 아직 설치되지 않았던 때였지만, 베를린은 서방과 소비에트 양측으로 나뉜 상태였고, 도시 대부분은 여전히 폐허인 채였다.

베를린은 유럽의 중심 도시이다. 어떤 이는 세계의 중심이라고도 한다. 베를린 한복판에 브란덴부르크 문이 서 있다. 상처투성이로 남겨진 그 우람한 아치문. 브란덴부르크 문이 베를린의 중심인 것은, 그 문이 서 있는 위치가 서방의 최일선이기 때문이 아니라, [미국과 소련이라는] 낯선 두 철학의 위세 사이에 끼어 있으면서도 여전히 게르만의 본질을 잘 드러내고 있기 때문이다. 이 기념물은 눈에 거슬리기도 하고 종종 혐오의 대상이 되기도 하지만, 적어도 아주 실제적인 느낌을 주는 것임에는 틀림없다.

비록 베를린이 흥미진진한 곳이자 동시에 불길한 느낌의 장소임에도 불구하고 — 콘크리트 벽뿐만 아니라 체제의 논리로도 분단된 곳이기에 — 내게 이 도시는 괴상한 무대도시의 느낌이 강하다. 동베를린의 무대에서는 공산주의 대사가, 서베를린의 무대에서는 자유주의 대사가 요란하다. 그러면서 공산주의 교리를 역설하거나 딸랑딸랑 이윤의 종소리를 들려준다. 하지만 그 어느 쪽의 연기도 그리 자연스럽지 못하다. 얼마 전까지만 해도 그 도시는 대서양에서 코카서스 산맥에 이르는 영토를 거느렸고, 자기 자신의 냉혹한 이데올로기를 지녔었다.[11] 그런데 지금은 악몽의 박람회장 같은 도시가 되었다. 세계의 절반씩을 차지한 세력들이 거기 모여 자기들의 전시장을 세워올리는 것이다. 베를린의 대기에는 공허함과 가식만이 가득하다. 마치 이곳의 참뜻은 20년 전에 강제로 발기발기 찢겨지고, 그 자리에 갖가지 구호들과 밀봉장치들만 꽉 들어찬 꼴이다.

베를린이 더 이상 노이로제를 앓지는 않는다고 말하는 게 유행인지는 모르겠지만, 나는 동의할 수 없다. 내게 이 도시는 엄청나게 뒤죽박죽이 된 거대도시로 느껴진다. 유서 깊은 근심거리들 혹은 온갖 억압에 의해 마구 일그러진 곳, 그래서 퍼붓는 두려움에 뭉개져 만신창이가 된 이곳의 처지도 이해가 된다. 베를린 사람들이 용기와 부지런함, 현실주의의 소유자들임은 아무도 부정할 수 없다. 그들의 명랑함은 런던 코크니Cockney에 뒤질 게 없어서 지저귀듯 즐거운 모습들이다. 도시의 운명이 그토록 격렬하게 요동쳤음에도 불구하고 겉으로는 아무렇지도

---

11 철혈재상 비스마르크가 이끈 프로이센이 1860년 독일을 통일하면서 프로이센 국왕인 빌헬름 1세와 빌헬름 2세가 독일황제가 되어 이른바 '제2제국'의 전성기를 이끌었다. 쟌 모리스는 이 제2제국의 시도가 나폴레옹의 뒤를 이어 유럽을 통합하고자 한 '넷째 격동기'를 이룬다고 소개한다. 『쟌 모리스의 50년간의 유럽여행』 5장 참고. [역주]

않은 듯한 얼굴들이다. 그러나 이들은 남들 앞에서 겉으로야 그렇게 싹싹하지만 그 아래에 어두운 정서를 품고 사는 사람들이 아닐까? 냉소주의, 자기혐오, 망가진 자존심, 음침한 결심 따위를 품고 사는…. 동베를린과 서베를린의 차이는 빛과 어둠 사이의 차이라고 말하는 사람들이 있다. 하지만 내가 보기에는, 비록 이쪽에서 저쪽으로 건너가는 일이 견디기 힘들 만큼 대단한 충격을 주긴 하지만, 그럼에도 불구하고 두 쪽 모두 칙칙한 어둠과 눈부신 빛을 동시에 가지고 있는 듯하다. 마치 사고 현장처럼 말이다.

베를린은 사라진 제국의 수도이다. 이제 제국의 과거는 마치 철모를 씌워 찬장 속에 넣어둔 해골처럼 쉬쉬하는 비밀이 되었다. 베를린 한쪽은 동독민주공화국의 수도이고, 다른 쪽은 독일연방공화국의 한 지방이다. 하지만 베를린의 게르만다움Germanness은 묵인과 암시, 추억의 힘으로 살아남았다. 동베를린의 선전벽보와 훈계방송, 국영상점과 가늘고 긴 눈매로 째려보는 듯 거들먹대는 길 레닌알레 따위가 유서 깊은 운터덴린덴 길 주변을 찐득찐득 불쾌한 아시아의 냄새로 물들였다. 서베를린 쪽에서는 미국이 이끄는 세계의 온갖 잡동사니들이 의기양양하게 마구 날뛰었다. 네온사인, 주크박스, 〈타임〉지, 코르뷔제가 설계한 아파트, 콘라드 힐튼이 세운 호텔, 보급판 책들, 한 줄로 땋은 머리 스타일, 드라이 마티니, 브리지트 바르도 등등. 옛 독일은 지하로 기어들어가 버린 채, 이따금씩 멋진 오페라나 실러의 연극, 아름다운 가락, 네오나치 따위의 모습으로 바깥 외출을 하곤 할 따름이었다.

도시 한쪽의 동베를린 사람들은 달이 지나고 해가 바뀌고 위기에 위기를 거듭하면서 자신들이 전혀 새로운 유형의 사람으로 거듭나고 있음을 깨달았다. 습관의 힘에 의해 문자 그대로 하나의 커다란 덩어리로 세뇌된 사람들로! 다른 쪽의 서베를린 사람들은 걸어 다니는 상징이 되어 갔다. 경제적으로나 지리적으로 아무런 뜻도 의미도 없는 도시, 확실

115

하고 든든한 보장 같은 것은 아예 없고 오로지 시퍼렇게 겁에 질린 불행한 거물처럼 목숨만 남겨진 듯한 도시, 이 도시의 사람들은 누가 혜택 보는 꼴은 못 보겠다는 몽니 부리기에 동원된 것이었다. 베를린이 언젠가 다시 통일된 자유독일의 수도가 되리라 믿는 시민들은 거의 없었다. 동베를린인들은 정해진 시간표대로만 산다. 아니면 일과 후의 공산당 집회를 위해 살거나. 서베를린인들은 자신들이 얼마나 역설적인 운명에 처했는지를 수긍하면서 그저 태평스레 인생의 나날을 보낸다. 마치 반짝거리는 어항 속의 금붕어들처럼.

그런데도 베를린은 하나의 도시로 남아 있다. 상처 입은 도시임을 애써 감추려고 하지도 않는다. 그 얼굴에서는 수치심과 반항심, 공허함과 애절함이 뒤섞여 드러난다. 베를린 사람들의 안내를 받아 길거리를 거닐며 설명을 듣노라면 스스로를 비꼬는 말들이 지독하다. 던지는 농담은 상스럽고, 때로는 잔인하다. 넌지시 얘기하는 말들 속에는 자기비하의 암시가 곳곳에 배어 있다. 브란덴부르크 문의 이쪽이나 저쪽이나 모두 스스로를 민주주의라고 부르고 있다며 비꼬는 식이다. (동베를린에선 대문자 D로, 서베를린에선 소문자 d로 시작하는 차이밖에 없다는 말도 덧붙인다.) '자유의 영원한 횃불'을 밝히려면 연료가 너무 많이 든다는 말도 빈정대는 농담으로 내뱉는다. 거의 미안하다는 듯한 말투로 템펠호프Tempelhof 공항이 — 지금도 세계에서 '가장 놀라운 공항'이 바로 이곳이다 — "히틀러가 제대로 한 것 하나"라고 소개한다.[12] 그 말투에는 체념한 듯하면서도 화난 기색이 역력하다. 듣는 당신이 무슨 생각을 하는지 그들도 잘 아는 것이다.

이는 다름 아니라, 독일이 20세기라는 시대에 있어 어떤 의미였는지를 따지는 줄기차고 집요한 질책의 도시가 바로 베를린이기 때문이

---

12 나치가 베를린 한복판으로 비행기가 뜨고 내리도록 해둔 이 공항을 잔 모리스는 "믿지 못할 만큼 놀라운 공항"으로 소개한 바 있다(『50년간의 유럽여행』, 429쪽). [역주]

다. 거창한 러시아전쟁기념관만큼이나 대단한 자유의 종은 우리 시대에 게르만의 가치는 썩은 가치였음을 또다시 일깨워준다. 서쪽이든 동쪽이든 베를린은 독일의 폐허 위에 선 도시이고, 독일인의 눈물로 젖은 도시이다. 스러져간 백만 젊은이들의 망령으로 늘 괴로워하는 도시이다. 백만의 환상이 깨지며 남긴 파편들로 흥건한 곳이다. 불신임되어 숨을 거둔 애국심의 허깨비만 출몰하는 곳이다. 그래서 가장 구슬픈 도시가 바로 이곳 베를린이다. 베를린은 영혼을 잃어버렸고, 아직도 그 빈자리를 메우려는 노력은 계속되고 있다.

내게 비친 이 도시의 노이로제는 너무나도 확연했다. 가령 도심 한복판에 자리 잡고서 족쇄 채운 코끼리들로 유명한 동물원에 대한 거의 집착에 가까운 베를린 사람들의 자부심을 보시라! 그처럼 호전적이고 두렵기만 한 도시에서 그토록 불가사의하게 꽃망울을 터뜨리는 꽃들에게 쏟아 붓는 그들의 열정을 보시라! 베를린의 밤풍경도 너무나 이상야릇하게 침착해 보인다. 이를테면 참으로 수수한 아내와 함께 자리한 베를린 시민들이 틀림없이 여자 웨이트리스 복장을 한 털복숭이 사내로부터 너무도 태연하고 편안하게 맥주잔을 건네받는 광경을 보시라! 서베를린의 번지르르한 방종을, 동베를린의 흐릿한 냉담함을 보시라! 이쪽과 저쪽이 갈수록 서로를 소외시키는 저 불가피한 과정을 보시라! 너무 놀라 할 말을 잃은 듯 묵묵히 극장을 빠져나오는 〈나의 투쟁〉Mein Kampf — 게르만의 자존심을 갈기갈기 찢어놓은 [히틀러의 자서전을 극화한] 끔찍한 영화이다 — 관객들의 무거운 침묵을 보시라!

베를린의 심장은 브란덴부르크 문이라고 말하련다. 그 멋진 4두전차가 복원되긴 했지만 예전처럼 그 위에서 세상을 향해 호령하는 일은 없지 않겠는가. 옛 위풍을 보여주는 이 상징 주변에는 지금도 진짜 베를린이 서 있다. 입이 딱 벌어지는 독일연방의회, 폐허로 남은 빌헬름스트라세, 망가진 대성당과 헐린 궁전의 잔해, 괴링의 사무실과 히틀러의 벙커, 금방이라도 무너질 듯한 제3제국의 본부들, 사라진 제국의 무덤이 거기 있으니. 우리들의 20세기 후반부에 베를린에서 무슨 일이 벌어질지 아무도 확언할 수 없다. 그렇지만 누가 그곳을 다스리던지 간에 그 끔찍한 수도의 그림자들을 떨쳐내기 전에는, 그 어두웠던 시절의 기억 자체가 엷어지기 전에는, 새 도시의 밝은 빛과 몰아치는 기세가 모두 엉터리일 따름이다. 그 마음은 또 어찌 편하겠는가.

6-2 파리

> 파리는 물리적으로 보아 전쟁의 상처를 크게 입지 않았다. 파리의 길을 거닐면서 나보다 나이가 많은 가공의 한 잉글랜드 남자가 그 도시를 거닌다고 상상해 보았다. 다른 영국인들처럼 그 또한, 자기들은 그토록 장렬하게 싸웠는데 프랑스인들은 그 전쟁의 부끄러운 기억들을 훌쩍 뛰어넘는 걸 보고서 분통을 터뜨렸을 것임에 틀림없다.

중년의 그 잉글랜드인은 트릴비 중절모를 비스듬히 기울이면서 조심스레 북Nord 역을 나와 파리의 길거리로 접어든다. 리용Lyon 역에서 기차를 다시 타기까지 두어 시간의 여유가 있었다. 하지만 흥청망청 보낼 기분은 전혀 아니었다. 그가 아무리 애를 써도, 그의 프랑스어가 아무리 세련되고 그의 경력이 아무리 국제적이어도, 그의 맘 깊은 곳에서는 마치 어두운 동굴 속에서 뼈다귀가 바스락거리듯 파리에 대한 잉글랜드인들의 해묵은 반감이 솟구쳤다. 수세기에 걸친 피의 결투와 라이벌 관계로부터, 비극으로 끝난 동맹관계의 쓰라린 경험으로부터, 잉글랜드 사람들의 기질 속에 흐르는 청교도적 성향으로부터(그런 기질 탓에 빼어난 수도 파리가 벌써 오래도록 연옥煉獄에 이르는 대기실인 양 여겨져 왔다), 변방 태생이라는 한계에서 오는 부러움으로부터, 일찍이 바다로 진출한 섬사람들의 몸에 밴 자기과시와 협량한 역사관으로부터 비롯된 뿌리 깊은 반감! 미국인들은 파리에 찬사를 아끼지 않는다. 그래서 파리에서 소설을 쓰고, 과격한 추상화를 그리고, 봄날의 파리를 끔찍이 사랑하고, 파리의 고풍스런 택시를 빌려 타고, 늘씬한 금발의 여인들과 엄청나게 비싼 꼭대기 방에 깃들어 사는 것이다. 반면 이 중년의 잉글랜드인은 무척 신중하고 절제된 방식으로 파리를 본다. 좌우를 매섭게 훑어보며, 지갑을 주머니에 더 깊숙이 찔러 넣고, 미치광이 택시들 사이를 잽싸게 걸어서 길모퉁이의 카페에 자리 잡는다. 그리고는 프랑스인들이 우스개로 '섬놈들'이라는 뜻으로 쓰기도 하는 '홍차 한잔'을 시키면서 쓴웃음을 짓는다. "이거 뭔가 잘못 됐군. 커피를 시켰어야 하는 건데." 그렇게 중얼거리면서도, 그의 섬나라 근성에는 불이 붙는다. 파리 탓이다. 파리 탓에, 그의 등 뒤에 놓인 영국해협이 깊고 넓고 중요하게 여겨지는 것이다.

파리의 무엇이 문제일까? 이는 부분적으로 파리가 어리둥절해질 만큼 이국적이기 때문이다. 런던에서 영국 북쪽의 뉴캐슬까지보다 훨씬 가까운 거리의 파리이건만, 이 잉글랜드 신사에게 있어 파리보다 더 확실하게 이질적인 외국의 분위기로 느껴지는 곳은 세계 그 어디에도 없다. 비록 2차대전 이전에는 조금 덜 멀게 느껴졌을지 모르지만, 4년 동안의 연락 두절 상태로 인해 파리는 완전히 경계선 너머의 도시가 되어버렸다. 위기감과 치욕에 젖어 프랑스의 자존심은 더욱 단단해졌다. 공용 언어의 부담을 털어 버리기는 했으나 프랑스어는 국경이 사라지는 세상 속에서 여전히 확고하고 당당한 프랑스어로 남았다. 파리는 유럽의 받침점임에 틀림없지만, 온갖 찬란한 구식 애국심으로 장식되어 있다. 늘 그랬듯이 파리는 수많은 외국인들에게 피난처를 제공했지만, 그들에게 프랑스의 옷을 입혔다. 파리 길거리에서는 영어를 쓰는 사람이 거의 없다. 독일은 말할 것도 없고 미국, 영국, 이탈리아의 분위기를 풍기는 외모의 소유자도 거의 없다. 공중변소에서 대학에 이르기까지 파리는 속속들이 프랑스 풍이다. 그렇다 보니, 거의 본능적으로 누군가를 보호해주려고 하는 기질을 물려받은 이 중년의 잉글랜드인은 스스로 부당한 불이익을 받는다고 느끼기 마련이다. 옛 시인처럼 그도 인류 전체를 순수하게 사랑한다. 하지만 도저히 잉글랜드와 동화되지 않을 저 프랑스인들에 대해서는 알 수 없는 울화통이 치미는 것이다.

"그리고 말이야, 파리는 뒈지게 뻐기기만 한단 말이야" 잉글랜드인은 혼자 그렇게 웅얼거린다. 물론 나무 그늘이 드리워진 널찍한 산책길 두어 개쯤 있는 거야 별 문제가 안 된다. 왕실의 행진이나 비상용 주차장으로 쓰기에 제격이니까. 그런데 파리는 도시 전체가 원, 원호, 직각 등 기하학적 패턴으로 좍좍 그려져 있어서, 잉글랜드인의 '용의주도하게 만들어낸 비공식성' 취향과는 도무지 안 어울린다. 파리에도 어찌나 꼬불꼬불한지 마치 무슨 세공품 같은 골목길들이 있다(몽파르나스Montparnasse를 타고 넘어 몽마르트Montmartre의 빽빽한 건물들에 이르기까지 그런 길들이 널렸다). 하지만 우리의 잉글랜드인이 계산을 마치고 다시 도시 속으로 접어들 때는 끝도 없이 이어진 공식성의 땅으로 빨려드는 느낌에 젖는다. 샹젤리제는 가도 가도 끝이 없다. 에투알Etoile 광장은 한없이 뱅뱅 돈다. 콩코드Condorde 광장의 이쪽 끝에서 저쪽 끝까지는 수천 미터 거리 같다. 엄격하게 화려한 루브르Louvre궁을 빠져나와 튈르리Tuileries 정원을 가로질러가다 보면, 마치 이러저러한 왕족들의 수많은 알현실에 꾸벅꾸벅 절을 해대며 뒷걸음질하며 퇴청하는 것 같다. 파리의 강 자체가 벌써 작위적이다. 꼭 정교하게 만든 전망대에서 기나긴 물의 아방궁을 보는 것 같다. 에펠탑은 또 어떤가? 범인들이 장미 화단 뒤에 고리버들로 만든 탑을 세우듯, 어느 비범한 조경가께서 그 탑을 거기다 점지해둔 듯하다. 이 모든 게 우리 체스터[잉글랜드 북서부 리버풀 근처의 소도시] 출신의 잉글랜드인을 불편하게 한다. "우리 브리타니아에는 이런 넓은 길들 필요 없는데…. 브리타니아에는 이런 광활하고 화려한 공간도 필요 없는데…." 그는 그렇게 생각하면서, 프랑스가 그런 장치들을 필요로 한다는 사실 자체에 화딱지가 나는 것이다.

리볼리Rivoli 길을 걸어가며 생각에 잠긴 우리의 주인공은 이 모든 게 **약삭빠른 프랑스인들**의 몸에 배인 것이라고 생각한다. 파리 사람들은 마치 수많은 원숭이들처럼 교활하다는 걸 누가 모를 것이며, 파리에서 단순하고 소박해 보이는 것을 어찌 찾을 수 있겠는가! 파리의 모든 것에서는 향기가 난다. 심지어 무뚝뚝한 문지기조차도 세련된 풍채로 당신을 훑어보고, 뚱뚱한 시장 아줌마도 절대 속속들이 여성노동자처럼 보이진 않는다. 으리으리한 기품의 괴짜 귀부인께서 그저 재미삼아 슬럼 생활을 하는 듯하거나, 어쩌다 금이 간 가문의 신념을 떠받들고 있는 듯 보이는 것이다. 속물 파리지엔들도 놀랍도록 우아할 뿐만 아니라, 끔찍하게 박식하며 어쩜 그렇게도 말타기에 능숙한지도 모를 일이다. 상냥한 청년들은 번뜩이는 사교술로 무장되어 마치 아몬드처럼 세련되고 미끈하다. 소르본느의 학생들은 얼굴이 벌개져 정치와 기상천외한 철학적 고찰을 떠들지만, 결코 스타킹 올을 찢어 입고 다닐 것 같진 않다. 심지어 청소부조차도 페르노Pernod 같은 최신 유행의 알코올 음료를 마시고 카망베르Camembert나 브리Brie 같은 고급 치즈를 먹고 독한 타르트tart 담배를 피운다. 그들의 몸가짐에 배인 도시적 세련미는 중년의 잉글랜드 사내에게 약간 건방져 보이기까지 한다. 물론 우리의 주인공께서는 얼른 그런 생각을 고쳐먹는다. "나는 모름지기 리버럴한 생각의 소유자이거늘…." 하지만 넘실대며 흘러가는 프랑스인들의 머리통을 보며 "저것 봐, 저것 보라고"라는 생각이 드는 건 어찌할 도리가 없다.

그는 파리지엔들을 믿지도 않는다. 눈곱만큼도! 마치 도둑놈들 사이에 뚝 떨어진 듯한 느낌을 떨칠 수가 없는 것. 조그만 가게들이 풍기는 주도면밀한 게으름에는 뭔가 교활하고 엉큼한 기운이 도사리고 있다. 마치 침실 밑바닥의 서랍 위에 던져둔 나이트가운처럼 쇼윈도에 아무렇게나 툭 내던져진 옷들이 어쩜 저렇게 멋질 수가 있냐고! 마구 겸 박스레 허둥대는 모습도 절묘하게 연출된 것임에 틀림없어! 저 찬란한 싸구려들과 저 터무니없는 사치품들이 교묘하게 어울린 꼴 좀 보라고! 꼭 외과의사가 메스로 정교하게 수술해 둔 것 같잖아! 저 골이 난 듯한 택시운전사의 퉁명스러움도 어딘지 미심쩍지. 고객의 실체를 잽싸게 간파하고서 내장이라도 꺼내먹을 듯하단 말이지. 웨이터의 미소를 보면 마치 음식에다 이상한 걸 섞어놓고 키득대는 것 같아 무작정 화가 치밀어. 우리 중년의 잉글랜드인에게는 그 무엇도 곧이곧대로 받아들여지질 않아. 그는 중얼거리며 한마디 덧붙인다. 이야말로 자신에게 닥친 마지막 불행이라는 듯. "게다가 말이야. 이 지긋지긋한 인간들이 **정말로 서로를 속여먹고 산다 해도** 난 하나도 안 놀랄 거야!"

아주 오랜 옛적부터 프랑스인들의 신임장은 두 번 세 번 꼼꼼히 살펴야 한다고 그는 배웠으며, 자기 생애 동안에도 파리인들의 기록은 깔끔했던 적이 없었다고 그는 느낀다. 그래서 필립 시드니는 '저 달콤한 적, 프랑스'라고 썼겠지만, 그런 느낌은 날이 갈수록 많이 엷어졌다. 우리의 잉글랜드인은 코웃음 치며 스스로에게 묻는다. 다음번에는 프랑스인들이 조금이라도 더 나아지지 않겠냐고? 다음 쿠데타가 언제 일어날지 누가 알겠는가? 이 박애의 땅에서 불쌍한 학생들을 몽둥이로 내려치거나 최루탄으로 목욕을 시키는 프랑스 경찰들은 또 뭐란 말인가? 드골을 보고 라발[13]을 보라! 파쇼다 사건[14]을 보고 올드보니[15]를 보라! 불타

---

13 Laval. 독일에 협력했다 2차대전 후 처형당한 프랑스 정치가. [역주]
14 Fashoda Incident. 1898년 수단 남부의 파쇼다에서 영국의 종단縱斷정책과 프랑스의 횡단橫斷정책이 충돌하여 일어난 사건. [역주]
15 Old Bony. 영국에서 나폴레옹 보나파르트를 가리키는 속칭. [역주]

버린 라이[16]를 보고 아쟁쿠르[17]를 보라! 그는 신랄하게 내뱉는다. 도대체 말을 붙일 만한 파리지엔이 어디 있기나 해야지, 원…. (이렇게 신랄하게 쏘아붙이는 우리 잉글랜드인의 행색을 보라. 자기 아버지가 늘 즐기던 것과 꼭 같은 두툼한 씨아일랜드 원산의 면 소재 옷깃 아래 웅크리고 잔뜩 흥분한 그의 모습을!)

이제 그의 짧은 파리 체류가 끝나간다. 이번 방문은 그를 불편하게 했지만 틀림없이 자극하기도 했다. 그렇게 그는 역 쪽으로 다시 발길을 옮긴다. 비록 00시부터 24시까지로 표시된 출발시간이 낯선 탓도 있겠지만, "이거, 출발시간도 엉뚱하게 적힌 거 아닌가" 싶어 그는 맘이 적잖이 불편하다. 보시다시피 그는 관습의 인간이며 또한 중년이니까. 그가 내뱉는 말들은 어느 제국주의 세대의 편견을 보여주는 것일 따름이다. 그는 웅장한 것들에 길들여진 세대이고, 눈부신 고립의 마지막 끄트머리 위에서 길러졌다. 어린 시절 여전히 세계의 심판관으로 군림하던 잉글랜드를 그는 어렴풋이 기억한다. 화난 목소리로 어느 곳의 군주를 저지하고, 다른 데에서는 온건한 혁명가의 머리를 다정스레 쓰다듬으며, 그렇게 권력의 불균형을 당당히 바로잡던 나라 잉글랜드를! 그에게는 프랑스인들이 영국해협의 물을 얼마나 급격하게 빼내고 있는지를 깨달을 재간이 없다. 보아 하니 그는 미혼인 듯하지만, 만약 자기 아이가 있다면 그도 알았을 것이다. 파리에서 떠오른 생각들 모두가 한결같이 그에게 '자기 시대의 아이'라는 낙인을 찍었다는 것을. 그의 시대는, [프랑스를 떠나 도버를 향해 영국해협을 배로 건너다가] 마침내 흐릿한 수평선 너머로 잉글랜드의 뽀얀 절벽이 보이는 순간, 창피하게도 유전적으로 뜨거운 눈물을 울컥 솟구치게 하는 그런 주책없는 늙은 눈을 소유한

---

16 Rye. 잉글랜드 남부의 항구로, 1377년 프랑스의 침공 때 도시 전체가 괴멸될 정도로 불탔다. [역주]
17 Agincourt. 북프랑스의 칼레 남동쪽 50km 지점에 있는 작은 마을로서, 이곳에서 백년전쟁 후기인 1415년 프랑스군이 잉글랜드군에게 크게 패하였다. [역주]

마지막 세대이다. 그는 아직 쉰이 되려면 한참 남은 나이지만, 벌써 그는 거의 마지막 '섬나라 기질의 소유자'나 다름없다.

그를 비난하거나 그의 생각을 비웃어서는 안 된다. 그의 시대에는 그 방식만이 유일하게 성공적이었고 명예로운 것이었다. 그럼으로써 잉글랜드인들은 섬을 둘러싼 물길 너머에 안전하게 숨어 우리 모두를 풍요롭게 하고 놀라게 하며 기쁘게 한 민족적 비범함을 키울 수 있었다. 하지만 이제 역사의 수레바퀴는 방향을 틀었다. 그리고 우리 시대에서 가장 흥미로운 일 중 하나는 오랜 유럽의 친선이 다시 일어난다는 사실이다. 그러면서 어느덧 사이가 틀어진 대륙의 여러 나라들을 다시 한데로 불러 모으고, [20년 동안의 긴 잠에서 깨어 일어나는 미국 이야기 속의 주인공] 립 밴 윙클Rip Van Winkle처럼 기지개를 펴고 일어나 그 우람한 근육을 마사지하고 있지 않은가. 나는 예언한다. 잉글랜드인으로서 그렇게 가시 돋친 눈길을 던지며 그토록 조심스레 파리에 발길을 들여놓을 세대는 이제 없을 것이다. 그토록 뛰어난 곳을 그렇게 오래도록 시샘할 사람이 어디 있겠는가? 심지어 트릴비 중절모의 우리 주인공조차도 기차가 제 때 제 플랫폼에 척 나타나자 짐짓 놀라면서, "마침내 파리 인간들도 뭔가 나아지는 것 같군"이라며 마지못해 인정한다.

6-3 런던

> 어른이 된 뒤 나는 대부분의 시간을 해외에서 보냈다. 어느 아름다운 날 아침 런던의 길거리를 거닐며 나는 내 나라의 수도에서 무슨 이방인이 된 듯한 느낌에 휩싸였다. 그때는 정말 그저 어안이 벙벙했다.

런던과 노닥거리기로 작정하고 나섰던 그날, 아주 이른 아침이었다. 놀자고 결심하고 나선 이들이라면 누구나 그러하듯이 나는 푸짐한

©Movana Chen

잉글랜드 식 아침[18]을 먹는 것부터 시작했다. 가장 강력한 최음제 같은 음식이 바로 그것 아닌가. 코벤트가든[19]에 당도할 즈음 물기 머금은 새 아침의 첫 햇살이 반짝였다. 왠지 낭만적이고 창백해 보이는 채소 수레들 너머로 오페라하우스의 근엄한 풍채가 우뚝했다. 좁은 길마다 트럭들로 막혀 답답했고, 인도는 짐꾼들로 북적댔다. 검은 옷의 바싹 마른 노파가 양배추 한 짐을 머리에 이고서는 빠른 걸음으로 내 옆을 지나갔다. 한 고전 풍 건물의 현관께 그늘진 곳에는 어느 노동조합 운동가께서 붙여둔 포스터에는 몇몇 끔찍한 '파업 훼방꾼 퇴치법'이 적혀 있었다. "그런 기생충들에게는 교수형도 후하다!"

길모퉁이에는 펍 하나. 원래 시장의 짐꾼들 전용으로 허가가 난 것이어서, 이곳은 한때 그 아침 시간에 맥주를 마실 수 있는 런던 유일의 펍이었다. 거기 앉아서 브라운 에일을 한잔 시켰다. 김이 모락모락 나는 황금빛 소시지와 토스트 한 조각까지 곁들이니 왕실의 아침식사가 안 부러웠다. 두 엄청난 거구의 사내가 내 자리에 앉더니 쉴 새 없이 농담을 퍼부었다. 보란 듯 거센 코크니 억양이었다. 둘 중 하나는 틈만 나면 내게 마치 걱정 말라는 듯 희미한 윙크 같은 눈짓을 해대었다. 나는 소시지에 겨자 소스를 거의 붓다시피 하고 애써 에일을 즐기고자 했다. 아무리 많은 에스프레소 가게들로 겉치장을 한다 해도 런던은 걸쭉한 재미와 외설스런 생기의 도시이다. 그 핵심에 있어서 맥주와 소시지의 도시, 나이가 들어서도 먹성 좋은 건장한 사내들의 도시인 것이다.

이제 햇살은 마치 소심한 술꾼처럼 별실 문짝의 유리창을 기웃거린다. 그래서 나는 그 덩치 큰 두 농담쟁이들에게 인사를 건네고 동쪽의

---

[18] English breakfast는 베이컨, 소시지, 계란 등을 굽고 홍차를 곁들여 먹는 아침으로서, 기름기가 많고 푸짐한 것이 특징이다. [역주]

[19] Covent Garden. 이때까지만 해도 이곳은 과일·채소시장이 자리했으나 모두 테임즈 강 남쪽으로 옮긴 뒤, 2004년 현재는 관광상품 위주의 작은 가게들과 레스토랑이 밀집한 곳으로 바뀌었다. [역주]

빌링스게이트[20] 어시장으로 향했다. 내가 거기 도착했을 때 런던브리지는 거의 텅 비어 있었다. 음침한 계단을 내려가 시장으로 가는데, 다리와 강물 사이에서 울리는 내 발자국 소리가 어찌나 처량한지 몰랐다. 하지만 터널을 빠져 나와 로우어템즈스트리트에 접어들자마자, 지상에서 가장 찬란한 도시를 배경으로 하고 선 빌링스게이트의 소음과 색채, 약동하는 힘이 나를 덮쳤다.

거기서 동쪽으로 내다보면 저만치 마치 두꺼운 종이로 접어 만든 모델 같은 요새 런던타워가 보인다. 내 뒤쪽으로는 캐논스트리트 기차역이 둥그런 동산처럼 솟아 있다. 마치 거대한 동굴 같은 외용이다. 내 옆으로는 사무소 빌딩들 사이에 옹색하게 웅크린 채 서 있는 멋진 옛 교회 하나가 보인다. "이오니아 풍의 하얗고 황금빛의, 뭐라고 설명할 수 없을 만큼 찬란한" 이 건물은 바로 순교자 매그너스Magnus 교회이다. 내 왼쪽으로는 복잡한 골목길들이 펼쳐진다. 피쉬스트리트, 푸딩레인, 보틀프레인, 세인트메리엣힐 등이 완만한 오르막을 이루며 모뉴먼트[21] 쪽으로 뻗어 있다. 그 근처는 온통 하얀 윗도리에 이상한 가죽 모자 차림의 어시장 사람들투성이이다. 냉동 트럭에서 물건을 내려 시장 쪽으로 느릿느릿 밀고 가는 그들은 진흙과 생선 물에 뒤범벅이면서도 신나게 일한다. 이 힘찬 풍경을 보고 있노라면 뭔가 웅장하면서도 익살스러운, 생기발랄하면서도 무지막지한 기운에 떠밀리는 느낌이다. 그리고 그 모든 것 한가운데 시티the City[22]의 경찰관들이 성자처럼 서서 조그만 검은 노트에 뭔가를 적고 있다.

---

20 Billingsgate. 이 어시장도 원래 런던브리지 근처였지만, 그 후 템즈 강을 따라 더 하류 쪽으로 내려가, 지금은 도크랜즈에서 같은 이름의 근대화된 초대형 어시장 건물에 입주해 있다. [역주]
21 Monument. 1666년 9월 푸딩레인의 어느 빵집에서 발화해 13,000호가 넘는 화재 피해를 낸 런던 대화재를 기억하기 위해 세운 돌기둥이다. 1677년에 크리스토퍼 렌의 설계로 세워진 이 탑은 발화지점 서쪽 62m 위치에 62m 높이로 세워졌다. [역주]
22 세인트폴 대성당을 중심으로 한 런던의 구도심지역이다. 로마시대 이래 형성된 시가지로서, 지금은 금융·보험산업 관련 업체들이 입주한 고층건물들이 즐비한 곳이다. [역주]

강 건너 뱅크사이드Bankside의 선창가에서는 그처럼 웅장한 혼란의 활기가 느껴지지 않는다. 정적이 골목과 창고 위를 감돈다. 부지런하게 아침을 밝힌 몇 안 되는 일꾼들만 강변에 정박한 바지선 위에서 기침을 하며 거친 숨 섞인 말을 나누고 있었다. 그 사이사이로 런던이라는 도시가 또 하루를 열어 무럭무럭 잠 깨어나는 활기가 느껴졌다. 잠시 후 텅 빈 길에서 나를 향해 다가오는 인물이 보였다. 성큼성큼 딱 부러지게 발을 내딛는 그의 걸음걸이를 본 순간, 그 아침에 내가 진정 원하던 게 바로 이것이로구나 싶었다. 그는 온통 까만 옷차림이었다. 음침한 창고들로 에워싸인 움푹한 계곡 같은 길을 걸어내려 오는 그의 장딴지에 각반이 둘러져 있었다. 상업의 땅, 중세의 땅, 수도사의 땅이 묘하게 만나는 접점의 매력에 순간 매료되어 나는 그 자리에 우뚝 멈춰 섰다. "멋집니다!" 나는 그렇게 외쳤다. "예, 음, 그렇죠." 성직자는 그렇게 내 말을 받았다. "아침 이 시간이면 여긴 늘 이렇게 아름답답니다. 이 길로 조금만 더 걸어가시면 크리스토퍼 렌이 지은 건물 바로 옆에 새로 지은 제 거처도 보실 수 있답니다. 덕분에 저는 제가 일하는 대성당 자리에서 살면서 일하는 최초의 사우스와크Southwark 사제가 되었지요. 그러니까, 보자, 약 1,000년 하고도 300년 전쯤에 대성당이 지어진 뒤 처음으로 말입니다. 참으로 좋은 아침입니다!"

하지만 런던에서도 역사의 끈은 종종 툭 하고 끊어진다. 어떤 옛 기념비가 부서지거나 다른 걸로 바뀔 때, 혹은 무용지물로 버려질 때면 이 도시의 구슬픈 우울함이 물씬 느껴진다. 그러면서 깨닫는다. 런던이 찬란한 과거에 얼마나 심하게 기대고 있는지! 이제는 잊힌 인도성印度省 청사에서, 혹은 이제 더 이상 세계의 마지막 심판관이 아닌 어느 해군본부 건물에서, 혹은 빅토리아 여왕이 사라진 제국을 처연하게 내다보던 버킹엄궁에서 그런 향수에 젖을지 모른다. 아니면 내가 그날 아침에 그랬던 것처럼 블랙프라이어스Blackfriars 다리를 건너, 서서히 잠 깨어나는 플리트스트리트를 따라 킹스웨이에 접어들어 문득 발길을 멈추고 저 유서 깊은 스톨Stoll 극장을 허무는 모습을 — 세인트제임스St James's 극장이나 티볼리Tivoli 극장 대접을 받기에는 너무 앳되었던 것일까[23] — 한동안 지켜볼지도 모르겠다.

거기서 경사로를 따라 내려가니 섬뜩한 해골 같은 벽 사이를 지나 극장의 맨 밑바닥까지 내려가게 되어 있다. 거기서는 마치 우수에 찬 할리우드 뮤지컬 배우인 양 잔뜩 공상에 잠길 수도 있다. 고개 들어 뼈대만 남은 처연한 느낌의 극장 건물을 응시하면, 매표소의 나무판벽은 폐허 더미 속에서 아직도 점잖은 흑갈색으로 제자리를 지키는 가운데 모든 삽과 크레인이 열심히 일등석 쪽으로 총진격하고 있다. 우아함과 떠들썩함으로 늘 들뜬 분위기였다가 이제 차곡차곡 망각의 폐허더미로 주저앉고 마는 저 유명한 에드워드 시대[1901~1910]의 극장들보다 더 처절한 런던의 상징이 또 어디 있으랴!

어느덧 해가 중천에 떴다. 할리Harley스트리트행 버스를 탔다. 거기서는 평일 아침마다 세계 최고의 롤스로이스 자동차들이 가지런히 주차된다. 이 차들 가운데 가장 오래된 것은 골동품임을 보란 듯 자랑하는 1920년대 산 오렌지색 쿠페coupé이다. 가장 새 차는 왕실 의사들에게나 어울릴 법한 1958년형이다. 이 두 거만한 양 극단 사이의 온갖 롤스로이스들이 거기 모여 런던의 또 다른 매력을 이루는 것. 2차대전 이전의 주뼛주뼛한 롤스로이스 모델은 뒤로 살짝 기울어진 게 꼭 불편한 레이스 장식을 단 듯하다. 소심하게 스포티한 롤스로이스도 있다. 잘나가는 냉소적 정신과의사들이나 탈 법한 차다. 무지막지하게 육중한 팬텀 모델도 있다. 시커멓고 끔찍스런 그 차 안으로 어느 경애하는 전문가께서

---

23 스톨극장은 원래 1911년에 런던오페라하우스로 지어졌다가 오스왈드 스톨 씨가 인수한 뒤 1913년부터 오페라, 드라마, 발레, 영화 등의 극장으로 쓰였다. 1958년에 철거되었고, 지금은 거기에 런던대학에서 세운 피코크Peacock 극장이 서 있다. 세인트제임스 극장은 1836년, 티볼리 극장은 1874년에 세워졌다. [역주]

몸을 웅크리고 들어가며, 운전수에게 몇 마디 부드럽게 건네고 무거운 책임감을 털어 버리려는 듯 한숨 한 자락을 내뱉는다. 런던에 깊이 뿌리내린 위계와 허식을 맛보려면 이곳 할리스트리트를 거닐며 살펴보는 게 딱이다. 다른 보통사람들보다 좀 더 편안히 다녀보겠다고 만들어진 장치들 가운데 으뜸가는 이 찬란한 기계들을!

다음에 들를 곳은 소더비 경매장이다. 1차대전에 얽힌 갖가지 으스스한 얘기들을 꿰고 있던 택시기사 덕분에 와이퍼스Wipers[벨기에의 격전지 이페르Ieper의 영어 식 별명]와 솜므Somme[프랑스 북부의 격전지]를 실컷 떠올리며 갈 수 있었다. 그의 이야기보따리는 술주정뱅이의 공격, 임박한 폭동 따위로 이어지더니, 결국은 프랑스인들이 못마땅하다는 푸념으로 끝을 맺었다. "프랑스 인간들 안 믿어요. 양키만큼도 안 믿는다고요. 교육도 못 받은 놈들이 얼마나 많은 줄 아세요!" 그날 아침 경매장에 나온 물건들은 유리 제품이었다. 젊은 경매 진행자는 스웨덴 크리스털 작품처럼 미끈했다. 신중하고 만만치 않아 보이는 딜러들이 데스크 아래 탁자 주위에 모여 있었다. 미국인들은 경계선 근처의 소파에 낭패감에 젖은 표정으로 앉아 있었다. 예비의자에 다리를 꼬고 앉은 젊은 여자 두엇은 환하고 짧은 최신 패션을 뽐냈다. 그날의 부드러운 진행자는 조그만 눈짓이나 고갯짓도 참으로 희한하게 알아채고서는 경매 물건을 하나둘 척척 부드럽게 팔아치우며 데스크를 부드럽게 두드렸다.

그날은 점심도 부드러웠다(경매진행자도 그렇게 말하리라). 윈덤 Wyndham 극장의 무대용 출입구로 통하는 조그만 곁길인 세인트마틴 스코트St Martin's Court에 가면 유럽 최고의 생선요리 전문 레스토랑 쉬키즈Sheekey's가 있다. 여기는 런더너가 먹는 생선요리, 즉 넙치, 가자미, 뱀장어스튜 등을 맛볼 수 있는 곳이다. 또 치즈를 곁들여 무를 먹으며 백포도주 한잔을 마실 수도 있다. 쉬키즈의 단골은 각양각색이다. 그날 내 자리에 동석한 인물들을 심문해 보니 잉글랜드에서 성공한 사업

가로 자리 잡은 바바리아 출신 망명자, 그리고 구두 디자이너였다. 셋째 인물은 내가 시킨 뱀장어스튜를 못마땅하다는 듯 쏘아보며 자기가 키노츠Keynotes라는 보컬그룹의 일원이었으며 텔레비전 광고용 노래도 제작해 보았다고 겸손하게 말했다. 그의 하모니를 위해 한잔 했고, 바바리아인의 성공을 축하했고, 신발값에 대해 불평을 늘어놓았다. 그리고 그날 아침이 그다지 기름지진 않더라도 풍성한 결론으로 무르익어 가는 그 시간에 나는 생각했다. "런던아! 너는 참 뒤죽박죽 만화경이로구나. 비밀의 찬장이요, 이렇게 멋지고 그리운 뱀장어스튜로구나!"

> 1950년대의 런던을 다룬 위 글에는 일부러 틀리게 쓴 대목이 한 군데 있다. 코벤트가든의 그 펍에서 나는 아침 삼아 맥주를 마실 수도 있었다. 아니, 형이상학적으로 말해 사실 맥주를 마셨다. 하지만 그날 아침 날씨는 너무 풋풋했고, 소시지는 너무 오동통했으며, 모락모락 커피 향의 유혹은 차마 떨치기 힘들었다. 그래서 나른한 눈길로 바를 보다 말고 "아니야"라고 외쳤다. "바로 지금이야. 예술이 진실보다 더 아름다운 순간이!" 그리하여 [커피 대신 맥주 즉 브라운 에일을 마셨다는 게] 이 책 『50년간의 세계여행』을 통틀어 유일한 거짓말이 되었다.

6-4 두 명의 위인

> 2차대전의 두 영웅 드골과 처칠은 늙은 나이에도 불구하고 1950년대 말까지 뉴스에 오르내린 유럽인이었다. 대전 동안 '자유 프랑스'를 이끈 카리스마의 지도자 샤를 드골은 여전히 막강한 프랑스 대통령이었다. 뒤늦게도 1958년 들어 프랑스 식민지인 알제리에서 제국주의 전쟁이 벌어졌다. 게다가 프랑스계 정착민인 수십만 콜롱colon[식민지 농장주]들의 지지를 받은 알제리의 군사혁명도 드골의 머리를 썩였다. 콜롱들은 드골이 아랍 현지인들에게 자신들을 팔아먹으리라고 여겼던 것이다. 그렇기에 그해 5월 그가 알제Algiers[알제리의 수도]로 날아갔을 때 현지로부터 엇갈린 반응을 받으리라고 드골 스스로도 각오했을 만했다.

오늘밤은 알제리 혁명의 카타르시스를 맛볼 순간이다. 지난 몇 주간 불붙듯 끓어오른 격정들이 거의 광기와 다름없는 형태로 터져나오는 순간인 것이다. 언덕 위의 광장에 다시 모여든 알제의 콜롱들 사이에는 구호가 드높았고, 그들의 눈동자는 전의에 불탔다. 애국심에 눈이 먼 그들, 승리와 패배, 희망과 근심을 동시에 맛보고 있는 그들이다. 애국의 노래가 울려퍼진다. 그 가락은 내가 들은 노래 중 가장 시끄럽고 장중하며 제일 무서운 것이다. 천둥소리처럼 항구를 지나 지중해까지 울려퍼지던 그 노래. 그들이 토로하는 감정은 솔직한 동시에 부도덕하고, 순박하면서도 옹졸하다. 그렇지만 영국에서 자란 고리타분한 민주주의자가 보기에는, 오늘밤 알제의 광장에서는 군화의 악취와 대포의 쇠 냄새가 진동한다. 30만이 환호하고 고함치고 노래하고 소란스러운 가운데 폭력과 쇼비니즘으로 충만한 이 소름끼치는 무대로 오른 드골 장군에게서는 거의 순진함에 가까운 솔직함이 느껴졌다.

그 자리 그의 존재는 마치 깡패들 속의 주교님처럼 부조리하게 환영받았다. 얼굴은 부숭하게 부어오른 듯하고, 팔을 들어올리는 승리의 몸짓을 할 때는 사뭇 힘이 들어 보인다. 그렇지만 그의 목소리에는 진실성이 배어 있었고, 30만 인파의 눈 하나하나를 빠짐없이 응시하는 듯했다. "인종이나 정치적 입장과는 상관없이 모든 알제리 사람들은 동등한 권리와 의무를 지닌 프랑스 시민"이라고 그는 주장했다. 알제리 사람 누구에게나 인간답게 살 수단이 주어져야 하며, 북아프리카의 프랑스 사람들과 무슬림 사이에 화해가 이뤄질 것, 용감한 싸움에 나섰던 무슬림 반군들이 프랑스의 품안으로 되돌아올 것 또한 지적했다.

갈채와 구호가 마구 터져 나와 그의 연설을 뚝뚝 끊어놓았다. "프랑스의 알제리"l'Algérie Française라는 외침도 거듭되었다. 현장에서는 드골이 다른 주제로 넘어갈 때마다, 즉 공화국의 제도에서 알제리의 미래로, 단합에서 화해로 바뀔 때마다, 콤플렉스투성이인 군중들의 거대한 술렁거림이 피부로 느껴졌다. 마이크에 바짝 입을 갖다 댄 드골은 기다리는 군중들을 향해 또다시 입을 열었다. 집회장을 쓱 둘러본 뒤 엄지로 자기 가슴을 가리키면서, 알제리 국민들 사이에 반드시 화해를 싹 틔워야 하므로 "나 드골이 문을 열겠노라"고 장엄하게 선포한 것이다.

> 콜롱들은 드골의 이 연설에 어리둥절해했다. 저 사람 무슨 문을 연다는 거야? "내가 여러분들을 이해합니다." 드골은 비행기를 타고 파리로 돌아가기 전 또 그렇게 묵직한 한마디를 남겼다. 프랑스의 알제리를 포기하는 일은 결코 없으리라고 안심시킨 것이다. 그렇지만 드골은 알제리의 프랑스인들을 너무나 잘 알고 있었다. 그들이 아랍인들과 하나로 단합하려는 의지가 전혀 없다는 걸 말이다. 그래서 2년 만에 알제리는 더 이상 프랑스의 것이 아닌 독립국이 되었다.

> 전쟁지도자들 가운데 가장 두드러진 카리스마의 소유자였던 윈스턴 처칠은 같은 해에 이미 퇴직한 뒤였다. 영국 수상으로서 보수당을 이끌고 임했던 1952년 총선에서 패배한 것이었다. 1958년에 이르러 그의 병세가 아주 심각해졌고, 그가 머물던 프랑스 남부의 저택에서 곧 숨을 거두리라는 관측이 지배적이었다. 다른 대부분의 언론사들처럼 내가 근무하던 〈가디언〉도 나를 그곳으로 급파했다. 그런데 나는 이 노정치가의 임박한 죽음보다는(실은 그로부터 7년이 지나서야 숨을 거두었으니, 그다지 임박한 것도 아니었다) 그곳에 함께 머무르던 동료 기자들 구경에 더 몰두했다.

오늘밤 대리석으로 찬란한 몬테카를로의 파리 호텔에서는 굵직한 미국인의 목소리가 터지듯 울렸다. "이 더러운 바람둥이 개망나니야!" 그 순간에도 위엄을 잃지 않은 말투였다. "내 비록 빌어먹을 기자지만, 나도 인간이야. 그것도 모르니? 이것 보라고. 우리가 여기서 마릴린 먼로라도 기다리는 줄 알아? 처칠이야, 처칠! 알어? 처칠을 기다린단 말야. 그러니 내가 미치지."

취재 경쟁이 이처럼 뜨거워지면 우리 기자들은 모두 이렇게 미치기 마련이다. 하지만 이를 나도 '인간'이라는 문제로 비약시키는 일은 그다지 흔치 않다. 오늘밤 화난 그 미국인이 뭔지 모를 불만사항을 따지느라 바 테이블을 쾅 내리쳤을 때, 그의 말에는 역사적 진실이 담겨 있었다. 그의 말처럼 처칠을 기다리는 일은 뭔가 다른 일이었다. 낮 시간 내내 그리고 반쯤은 밤을 새면서 로크브룬Roquebrune 앞에 장사진을 이루고 경쟁을 벌이던 각국 취재진들 사이에는, 드러내놓고 하는 말은 아니더라도 뭔지 모를 불확실성의 정서가 팽배해 있었다. 오늘의 보도자료에 따르면 환자의 체온은 정상이며 회복세도 만족스럽다는 것. 하지만 "이 더러운 의사들을 믿어 버리면 아무것도 알아낼 게 없어"라는 게 우리 모두의 자세였다. 그래도 그 사실을 그대로 믿은 당당한 기자들 몇몇은 모나코의 살인적인 물가로부터 벗어나서 참으로 잘됐다는 듯 냉큼 짐을 꾸려 밤비행기를 탔다.

다른 기자들은 계속해서 공공의 알 권리를 위해 감시의 눈을 밝힌다. 감시 활동은 일찌감치 시작된다. 택시기사에게 "빌라로 갑시다"고 하면 모나코에서도 아주 높은 동네의 빌라라포사Villa la Pausa까지 올라가는 아침 차량의 내열에 합류하게 된다. 저택까지 뚫린 개인도로는 정오쯤이면 차량과 밴들로 가득 찬다. 화려한 노란 색의 이동주점은 '유럽 넘버 원'이라는 간판을 걸었고, 카메라맨 한 무리는 담장 위에 앉아 다리를 떨고 있다. 아주 영국적인 블레이저를 걸친 큰 키의 BBC 진행자는 수염 더부룩한 파리 주간지 사진기자들 사이에서 때아닌 위엄으로 두드러진다. 프랑스 경찰 둘이 동상처럼 서서 정문을 지킬 뿐, 사위는 쥐죽은 듯 고요하다.

걸으면 기분 좋은 먼지가 이는 순환로가 빌라라포사의 터를 감싸고 도는데, 육중한 망원렌즈를 장착한 사진기자들이 이 길을 따라 걷는 모습도 간간이 눈에 띈다. 누군가가 버렸을 도색잡지의 음탕한 그림들이 길가에 나뒹굴기도 하고, 어떤 대륙 사람들은 아예 작심한 듯 햇볕 좋은 곳에 주저앉아 열심히 동강난 자신을 추스르며 이어 붙인다. 어느 모퉁이에 가면 카메라맨 한 명이 정원 담벼락 위의 같은 자리에 늘 버티고 서 있다. 바로 거기서 저 아래쪽의 정원을 거니는 처칠 여사의 모습을 본 뒤로는 거기서 꼼짝도 않고 있다고 한다.

최고의 관찰지점은 이 집의 바다 쪽이다. 거기서는 이 집의 일부가 훤히 보인다. 셔터를 내린 위층 창문들에서 별채의 닫힌 문까지 말이다. 널찍한 나무 그늘은 시원하다. 무료한 기자들 몇몇은 돌을 던져 깡통을 맞추며 시간을 보낸다. 땀을 뻘뻘 흘리며 언덕을 오르던 잉글랜드 노신사가 기자들 옆을 지나며 훈수를 둔다. "여기서는 별로 보이는 게 없어요." 그러면 기자들이 "하! 하!" 과장된 웃음소리를 내며 "괜찮아요"라고 친절하게 대꾸한다. 그리곤 나지막이 덧붙인다. "엄청 잘난 양반이시구먼! 빵에다 버터나 발라 잡수시지, 웬 참견이람?"

하긴, 그들은 그때그때 빵에다 버터를 잘도 발라 잡수신다. 아마 멘톤Menton까지 차를 타고 내려가 점심 식사를 즐기기도 할 테고, 오후 보도자료를 받으러 파리 호텔에 모이기 전 한두 시간 정도 조그만 바의 분위기를 음미할지도 모른다. 윈스턴 경의 비서인 몬태규-브라운 Montague-Browne 씨는 정확하고 틀림없이 발표문을 읽어내리고는 추가 질문을 교묘하게 회피한다. "미안합니다만, 의학용어를 제가 더 설명드릴 수가 없군요." "정말 미안합니다만, 윈스턴 경은 빌라라포사에 오신 손님이신데 가정 일에 대해 꼬치꼬치 얘기하는 건 실례일 테지요." "그렇죠, 취재진들의 고충은 잘 이해하고 있습니다." "죄송합니다만, 윈스턴 경이 오늘 무슨 책을 읽는지 말씀드릴 수는 없군요." 찌그러진 안락의자들 사이를 헤치고 질문을 뒤로 하고 도망치듯 사라지면서 몬태규-브라운 씨는 우리의 맘을 어루만지듯 말한다. "빌라에 있는 사람들은 이제 무신경해졌답니다."

그렇게 브리핑이 끝나면 기자들은 일종의 입에 붙은 직업병으로 중얼중얼 푸념을 늘어놓으면서도 열심히 기사를 전송하고 저녁을 맞을 준비를 한다. 늘 그렇듯 그날 일 이야기를 하다 보면 그 재미에 시간 가는 줄 모른다. 무슨 무슨 신문은 빌라의 가정부에게 선을 대려고 했다더라. 누가 그러던데, 뭐시기 뭐시기 경은 기자를 잘라 버리라고 그랬다던데? "파리 프레시인가 하는 신문사 친구는 윈스턴의 잠꼬대를 주워들었다던데?" 저녁 먹은 뒤에 다시 택시를 타고 빌라로 올라가는, 끈질기고 맘을 못 놓는 기자들도 있기는 하다. 처칠이 저기 있으려니 짐작되는 방향으로 어둠속을 하염없이 쳐다봐야 직성이 풀리는 것이다. 어떤 기자는 지구 반대편으로 기사를 보내느라 데드라인 시간대 때문에 애를 먹는다. 나머지는 그곳의 시간표를 그대로 지키는 편이기에, 대개 어김없이 호텔의 갖가지 유흥시설에 틀어박혀 시간을 보낸다. 그리고 저 위쪽 산자락에서는 이 모든 난리의 주인공이신 친애하는 윈스턴 경이 침대에 누워 있는 것이다.

세계 곳곳으로부터 수많은 메시지가 쏟아져 들어오지만, 마지막 거인인 그는 거기에 꼭꼭 숨어서 신문을 읽으며 늑막염과 씨름하고 있다. 어떤 동료 기자들은 그가 브랜디를 달라고 그런다, 시가를 빤다, 자기건강 일지를 쓰고 있다, 서머싯 몸을 읽는다, 엄청난 식사를 요구한다 따위의 작문을 한다. 사실 나도 오늘밤 거기 올라가 있을 때 지저귀는 새 소리와 멀리서 톱질하는 소리 속에서 무언가 빌라라포사 쪽에서 나는 소리를 들은 것도 같았다. 그 집의 위층 창문에서 들려온 웃음소리 같은 그 소리는 흔히 들을 수 있는 소리가 아니었다. 걸쭉하고 비현실적인, 무책임하고 나이를 분간할 수 없는 해로우 학교의 웃음소리가.

"아니 어떻게 당신 혼자만 그걸 들을 수 있었던 거야? 당신 어디다 힘 좀 썼나 보지? 어이, 이봐요, 여기 드라이 두 잔 더!"

ch 7
오리엔탈리즘: 극동 기행

> 1959년 대부분을 나는 극동 나라들에서 지냈다. 거기서 〈가디언〉지에 기사도 쓰고, BBC에 방영될 프로그램도 만들고, 별스럽게도 미국의 워싱턴DC에 있는 세계은행의 의뢰를 받아 『허더스필드로 가는 길』The Road to Huddersfield이라는 책에 쓰일 자료를 수집하기도 했다. 당시만 해도, 훗날 세계를 변모시킨 놀라운 경제발전이 아시아에서 폭발적으로 일어나기 이전이었다.

7-1 일본

> 실제 도시에 떨어진 최초의 핵폭탄이 히로시마를 강타한 지도 14년이 지난 뒤였지만, 히로시마는 아직도 충격과 강박에서 벗어나지 못한 상태였다.

오타Ota 강 하구, 무리 지은 섬들이 나이카이內海의 안개 속으로 기어가듯 흩뿌려진 곳에 히로시마가 있다. 항구도시이자 산업도시, 옛 군사기지이자 시장중심지인 곳이다. 하지만 지금까지도 그곳에서는 1945년 8월 6일에 그곳 하늘에서 터진 원자폭탄과 더불어 살며 호흡하고, 그 폭탄을 얘기하고 또 생각한다. 도시는 이미 오래 전에 재건되었고 대학살 희생자들의 빈자리로 새로운 이주자들이 밀려들었다. 그런데도, 아름다운 새 건물들과 너른 길들에도 불구하고, 히로시마를 덮친 재앙은 폼페이에서보다 더 확실하게 얼어붙은 자국으로 남았고, 몽펠레 화산 폭발[1902]보다 더 영구적인 상처를 남겼다. 도시를 내려다보는 언덕에 오르면 소름이 끼친다. 히로시마가 얼마나 꾸밈없고 다소곳한 표적인지 너무나 확연하게 보이기 때문이다. 여러 언덕들 사이의 깔때기 모양 땅에 오밀조밀 모여들어 생긴 자리, 오타 강물이 바다로 한가로이 흘러드는 그 자리. 히로시마는 원래 여러 섬들을 이어 만든 도시이기에 수많은 물길이 도시 곳곳을 얼기설기 가로지른다. 도시 한복판에는 T자 모양의 다리가 있는데, 폭격기는 바로 그 지점을 겨냥했다.

오늘날의 풍경은 모두 새로 지어진 것. 일본 도시의 전형적인 헝클어진 듯 흩뿌려진 집들이 바다 쪽으로 길게 뻗어 있고, 중심지구에는 미국에서 흔히 볼 수 있는 고층빌딩 숲이 상업과 친절의 상징인 양 서 있다. 항구에는 큰 배 한두 척…. 거리를 메우고 제법 빽빽하게 흐르는 자동차들…. 요란한 줄무늬를 하고서 시청사 위에서 펄럭이는 광고용 풍선…. 물기를 머금어 부드러운 대기에는 정겹기까지 한 도시의 웅웅거림…. 언덕 위에서 보면 모든 게 그저 평범하다. 심지어 아름답다는 생각마저 든다. 거기서 그토록 새롭게 반짝거리는 도시, 그 뒤로 펼쳐진 짙은 초록의 고지대, 투명한 바닷물이 알알이 섬들을 품어안고서 미야지마Miyajima와 태평양으로 뻗어나가는 곳.

하지만 히로시마에서 며칠을 보내면 이내 그곳의 괴팍한 비정상성에 가위눌리기 마련이다. 누군가가 이 도시에서 영혼을 뜯어간 듯한 그 느낌…. 비록 택시가 내 옆구리를 스치듯 질주하고, 전차 벨 소리가 딸랑대고, 네온 불빛이 흥겹게 반짝이고, 기모노 차림의 아가씨들이 꾸벅꾸벅 인사하며 나이트클럽으로 손님들을 모시는 히로시마지만, 그래도 이곳은 어쩐지 지금도 텅 빈 도시 같다. 대기는 왠지 창백하고 재갈 물린 듯하다. 마치 높다란 건물들은 아예 거기 존재하지도 않고 오타 삼각주의 섬들은 여전히 검게 그을린 채 연기를 내뿜는 것 같다. 히로시마의 돌들이 여전히 방사능에 오염된 건 아닌지 한시라도 의심해본 적이 없거나, 수돗물이 정말 괜찮은지 유심히 쏘아본 적이 없는 방문객들은, "모든 게 안전하다"라는 보증서를 꼭 필요로 하는 이들이다.

이렇게 어쩔 수 없이 두려움에 젖는 것은 일면 의도된 바이다. 히로시마는 원자탄의 공포를 주도면밀하게 품어안았고, 그 기억이 정해진 목적에 따라 유지되고 있다. 도심 한복판에 서면 이 비참하고 무시무시한 철창 속에 갇힌 신세임을 실감하게 된다. 새로 지은 거대한 호텔의 창밖으로는 평화기념박물관이 보인다. 핵 기술을 전시하는 부분도 있지만, 단연 공포의 방 같은 곳이다. 박살난 히로시마의 모습을 보여주는 거대한 원형 모델은 지극히 위압적이다. 끔찍스런 현장 사진들이 군데군데 장식처럼 놓여 있다. 길 건너 문화센터에서는 매 시간마다 느릿한 찬송가조의 우렁차고도 달콤한 카리용carillon 연주가 녹음기에서 울려 퍼진다. 어딜 가나 사당이 눈에 띈다. 어린이 피해자 추모공원, 범종파 사원, 강둑 계단에 마련된 유명한 '그림자' Shadow. 중앙추모비의 비문은 사뭇 숭고하다. "실수는 반복되지 않으리니, 편안히 잠드소서." 히로시마의 이런 흔적들을 보고서도 아무런 감흥이 일지 않는다면 무감각이 거의 질병 수준이거나 백약이 무효인 염세주의자이리라. 오늘날 이 도시에서 보내는 하루는 에블린 워의 소설 속 어느 캘리포니아 공동묘지에서 보낸 악몽의 주말과도 같다. 즉 너무나 겉치레로 점잔빼며 죽음을 기리고 있는 모습들이 지겹기 짝이 없는 것이다.

히로시마의 재앙이 먼먼 옛 일이었다면 훨씬 쉽게 받아들였겠지만, 원자폭탄의 피해를 직접 겪고 있는 사람이 히로시마엔 아직도 허다하다. 지독스런 기형이 되어 아예 집밖으로 나서지 못하는 불운한 이들도 있다. 오늘도 병원 문을 두드려야 하는 환자들도 많다. 백혈병으로 신음하는 이들, 피폭 당시 엄마 뱃속에 있다가 극심한 장애나 기형을 안고 태어난 아이들, 그리고 그날 그곳에 있었으면서 부상을 입지는 않았으나 오늘날 마치 몸속에서 무언가가 쑤욱 빨려나가 속이 텅 비어버린 사람처럼 헛것을 보고 생기 없이 살아가는 사람들도 있다. "늘 피곤해요. 그날 이래 줄곧 피곤했어요." 어느 사내가 내게 한 말이다. 그 중 가장 안타까운 경우는 원자탄이 유전자에 미칠 효과를 두려워하는 수많은 젊은이들이다. 언론과 정치인들은 마치 먹잇감을 만난 듯 이 불길한 징조를 물고 늘어졌으니, 참으로 잔인하고 냉소적인 짓이었다. 머리 둘 달린 아이들이나 기형 금붕어 따위의 소문은 매정하고도 거칠었다. 그래서 그곳 젊은이들은 마치 귀신 씌인 집에 사는 흉물 취급을 받았다. 총각들은 다른 곳에서 신부를 찾고, 처녀들은 자기 고향을 숨기려고 한다. 몰인정한 기자들은 공포의 소재를 찾아 코를 벌름거린다.

하지만 일반 시민들은 친절과 상식의 소유자들일 따름이다. 얼굴이 끔찍스레 망가진 소녀는 그 얼굴을 빤히 들고 사랑스런 눈길을 당신에게 건넨다. 원자탄 이야기꾼은 마치 브리스톨이나 베를린의 담당자들처럼 엉뚱한 맛을 곁들여 술술 얘기한다. 신문과 박물관을 제외하면 히로시마는 거의 아무런 반감 없이 놀랍도록 태연하다. 그렇기에 히로시마가 해골처럼 텅 비어 보이는 것은 아주 구조적인 모습이다. 히로시마의 사람들이 아무리 활기차게 움직인다 해도 냉혹한 방사능의 마수가 곳곳으로 배어드는 양상인 것. 이 도시의 느낌은 차마 글로 묘사할 수가 없다. 무엇인지 꼭 짚어낼 수 없는 어느 근본적인 요소가 도시 전체의 환경으로부터 쏙 빠져버린 듯한 느낌인데, 그것은 색깔이나 냄새, 소리 따위가 아니라 도시에 의미와 따뜻함을 갖게끔 하는 그 무언가이다. 음식에 맛을 내는 소금 같은 것, 아름다운 얼굴의 눈망울 같은 것, 그런 걸 잃어버리고 만 곳이 바로 히로시마다.

> 교토가 내게 준 느낌은 판이했다. 하루는 호텔 라운지에서 느긋하게 앉아 있다가 텔레비전에서 일본 정치가 이네지로 아사누마nejiro Asanuma가 피살되는 장면을 실시간으로 지켜보기도 했다. 하지만 아래의 에세이와는 별 상관없는 이야기인지라 여기서는 빼버렸다.

교토京都는 수도라는 뜻이다. 카모Kamo 강가의 봉우리들에 둘러싸인 이 유명한 분지는 천 년 동안 일본의 수도였고 일본문명의 상징이었다. 심지어 오늘날에도 이 도시는 일본인들에게 단순한 중앙 고산지대의 오랜 지역중심도시에 그치지 않고, 뭔가 특별한 도시로 여겨진다. 일본의 옛 문화와 전통의 보고이자, 종교와 야심에 찬 애국심, 찬란한 문화유산과 낙천적인 기질이 살아 숨 쉬는 곳으로 우뚝 서 있다. 9천만 일본인들에게 교토는 닛폰Nippon의 영혼이자 가락 그 자체인 것이다.

그렇지만 덜컹대는 버스를 타고 오사카에서 이곳을 찾는 외국인들에게 교토는 언뜻 보아 그다지 사랑스런 곳이지 않다. 비록 멋진 풍경과 당당한 제국의 풍모에도 불구하고 세상에 내보이는 교토의 얼굴은 유감스럽게도 거칠고 조잡하다. 광란에 가까운 신新일본 열풍이 교토도 휩쓸었다. 마구 내달리는 자동차들로 그득한 도로가 그렇고, 옛 지혜를 의문과 환멸로 더럽히는 일이 그렇다. 교토는 최악의 전쟁 참화는 모면했으나, 일본의 다른 곳들과 마찬가지로 여기서도 사라진 명분과 일그러진 이상을 앓아야 했다. 감정은 뒤틀리고 열정은 억눌렀다. 교토의 모습은 1,100년 전 간무桓武천황이 그곳의 터를 닦을 때 결정되었지만, 그 후 비례와 원형을 많이 잃어버렸다. 어수선하기만 할 뿐 우아한 맛이 사라진 얼굴 없는 거리들을 덜컹대는 버스에서 내다보노라면 교토는 그저 잃어버린 스타일의 도시일 뿐이다.

둘 다 옳은 견해이다. 일본인들의 감동 어린 시선도, 외국인들의 실망 어린 시선도. 전체로 보아 교토는 초라하고 낡은 느낌의 단조로운 곳이다. 그래도 세상의 다른 큰 도시들처럼 이곳 또한 사적인 곳, 담장 너머에 숨은 곳으로서 '과묵한 매혹'을 품은 장소이다. 이런 곳의 아름다움은 그저 주어지는 게 아니라 적극적으로 찾아내야만 한다. 마치 일본 다도茶道의 절묘한 우아함에서처럼 이런 곳의 속내는 몇 겹의 풍자 저 너머에 감춰져 있는 법이기에.

©김수련

교토는 일본에서도 가장 보수적인 도시이다. 금빛 찬란하던 전성기를 지금도 호흡하며 사는 곳이다. 왕실과 쇼군들이 세련된 번쩍거림 속에서 호사를 부리던 그때를, 일본 불교의 4대 종파가 인근 산속에 자리 잡고 염불과 참선에 전념하던 그때를. 교토의 진짜 보물들을 꽁꽁 감춰두고 있는 이 도시의 귀족층은 아직도 고상한 척 거만을 떤다. 관광객들은 카메라를 눌러대고, 자동차들은 미친 듯 내달리고, 라디오는 귀를 찢을 듯 울려댄다. 그렇지만 번지르르한 건물들 저 너머에는, 사원과 정원의 황홀경과도 훌쩍 떨어진 저 너머에, 바로 이 속 깊은 도시의 혼이 평온하게 누워 있다. 마치 성스런 연못에 노니는 잉어처럼.

천황이 그곳을 떠나던 100년 전, 교토는 시대로부터도 버림받은 셈이었다. 하지만 교토의 빛바랜 웅장함에 취하다 보면 여전히 대단한 도시라는 느낌에 젖어든다. 아직도 권력과 절대주권의 흔적이 역력한 도시인 교토는 그래서 위협의 도시라는 느낌마저 준다. 이 내성적인 도시 사회에서는 일본성의 저변을 이루는 특성들이 깊이 살아 숨쉰다. 매혹적이기도 하지만 때로는 괴팍하고 섬뜩한 일본의 기질. 어떤 기질은 타의 추종을 불허할 만큼 미묘하고 까다로운가 하면, 어떤 것은 (서유럽인의 눈에) 불가해 그 자체이기도 하다. 교토에서는 서구 문명과의 어떠한 접촉도 거부한 채 세련되고 빼어나게 살아가는 공동체를 살펴볼 수도 있다. 이런 공동체는 눈에 띌 뿐만 아니라 활기에 넘치는 모습이다. 교토에는 물론 백화점과 방송국도 있고, 항공사, 에어컨 시설을 갖춘 호텔 따위도 있다. 그래도 교토는 그 본질에 있어 가장 동양적인 도시이다. 자기 성채의 높은 창문 밖으로 떠들썩한 유원지 풍경 너머 세상을 내다보는 두꺼운 투구 차림의 군주처럼 말이다.

수많은 사당과 절, 저택들은 이러한 감추어진 강인함과 배타성을 더욱 깊고 강하게 만든다. 이런 건물들은 마치 진흙 속의 보석처럼 도시 곳곳에 흩어져 있다. 막다른 길 끝에서 불쑥 나타나기도 하고, 나지막한 산의 조그만 소나무 숲에 장엄하게 자리 잡고 있기도 하며, 화려한 정원을 끼고 눈부시게 빛나고 있기도 하다. 교토의 절집, 신도神道 사당[즉 신사], 주요 왕궁만 해도 2,000개에 이른다. 미묘한 신성함과 지혜의 손길이 이 대도시의 구석구석을 넌지시 어루만지고 있는 셈이다.

어떤 건물은 그야말로 거대하다. 노송나무 껍질로 이은 지붕은 잔뜩 이끼에 덮여 가파른 물매를 이루며 집채 위로 위풍당당하게 솟구쳐 있다. 나무로 짠 누각 아래에는 의식용으로 쓰이는 거대한 징이 매달려 있다. 금박 입힌 차양을 젖히고 끝도 없이 꼬불꼬불 이어진 복도를 따라가노라면 선명한 색감의 대기실, 한없는 정교함을 뽐내는 정원, 완벽한 비례감을 주는 다실茶室 등이 펼쳐진다.

어떤 건물은 마당 구석의 헛간용 방갈로만큼이나 조그맣다. 주먹만 한 명상용 사원들은 바람에 깜박대는 촛불처럼, 높다란 공원 담벼락에 기대어 왜소한 침묵을 지키고 있거나 성미 급하게 흘러가는 개울가에서 균형을 잃지 않으려 안간힘을 쓰고 있다.

어떤 건물은 천황과 쇼군들이 남긴 빈 궁궐이다. 그만큼 풍채와 상징이 넘치는 집들이다. 그런 궁궐의 정원들은 바다 혹은 내해內海를 상징하거나 평화 혹은 낙원, 보물선 함대 혹은 우주를 상징한다. 각 방은 호랑이, 대나무 숲, 바다 새, 거북이 따위의 그림들로 가득하다.

어떤 건물은 승려와 성자들이 머문 기도의 집이다. 촛불과 느릿느릿한 움직임들, 딸랑딸랑 종소리, 신성한 종이들의 바스락거림, 향 내음이 어우러져 그런 곳의 신비감을 더한다. 죠우도우杖道 수련자들은 웅얼웅얼 주문을 외며 사후에 서방극락으로 갈 것이라고 굳게 믿는다.

어떤 건물은 엄청난 보물을 품고 있기도 하다. 산쥬산겐도三十三間堂에 모셔진 여신 간농Kannon 즉 관음의 이미지인 천불상千佛像을 보시라. 금빛 찬란한 관음 입상 1,000체의 위용은 입을 딱 벌어지게 한다. 천 개에 이른다는 팔을 가진 조용한 여신, 그 슬픈 눈빛에선 힐난의 기운마저 엿보인다. 불교 경전의 말씀이 아로새겨진 몸체 너머 또 몸체, 눈빛 너머 또 눈빛…. 풍신風神, 뇌신雷神의 호위 속에 자비로운 모성의 신이, 헌신의 신이, 액막이의 신이….

　어떤 건물은 발랄하고 투명한 보석 같은 곳이다. 금박 입힌 작은 집 긴카쿠지銀閣寺가 그 예이다. 미친 승려가 한때 그 집을 불태우기도 했으나, 지금도 연못 위에 날아갈 듯 사뿐히 앉아 있다. 그 사원의 방 하나는 시낭송회와 향 파티용으로 예약되어 있었고, 침엽수 사이로 바람이 스치는 소리가 사위에 가득했다.

　또 어떤 건물은 너무나 엄숙한 사당이기도 하다. 숨이 턱 끝까지 차오르는 계단을 딛고 올라야 하는 높은 데에 위치한 이런 곳들은 낙엽송 아래에 외로운 탑 하나를 숨기거나 우당탕 옆을 흐르는 계곡물 하나를 끼고 있다.

　교토의 이 위대한 건물들은 끝도 없고 피할 수도 없다. 이들 모두를 슬쩍 눈에 담는 데만도 몇 주가 걸릴 터. 또 이런 건물들이 교토의 각 마을과 교외마다 흩어져 있기 때문에 도시 전체의 품위가 한결 그윽해지고 무미건조하게 커져나가는 교토의 조직을 한데로 힘차게 묶어준다.

　일본 전통의 독특한 개성은 다른 어디에서보다 교토에서 가장 잘 살아남았고, 그래서 그곳에 무언가 격렬함을 불어넣었다. 교토의 실체는 골치 아픈 수수께끼와도 같다. 온갖 기괴함을 훈장처럼 매단 비법 전수자들의 도시 교토는 그래서 장식음투성이이다. 소나기를 만나 커다란 절의 처마 밑에 웅크리고 있다가 낡은 우산 하나가 당신의 눈을 사로잡을지도 모른다. 어느 성자가 그곳에 떨어뜨리고 간 이래 영겁의 세월 동안 신성한 은총의 상징으로 길이 보존되어온 우산 하나. 그림 앞에 무릎을 꿇어야만 정확한 감도의 화면이 떠오른다는 후지야마의 걸작 앞에서 탄성을 내지를 법도 하다. 또 다른 곳에서는 발을 디딜 때마다 삐걱대는 마루조각에 귀를 기울이기도 한다. (안내책자에 따르면) "일본 덤불휘파람새의 노래를 닮은 소리를 토해내는" 듯한 그 소리에. 온통 이끼로 뒤덮여 푹신한 정원의 산책로를 거닐기도 한다. 패드를 넣은 듯 푹신하고도 어슴푸레한 수도승들의 은신처 같은 그 길을. 나무관 속을 흐르는 물의 흐름을 이용하여 사슴 퇴치용 방울이 딸랑거리는 텅 빈 울림도 들려오리라. 궁궐 천장에서 아래로 드리워진 무지막지한 쇠사슬을 보고 눈이 휘둥그래질지도 모른다. 실은 소방대원들이 쓸 도구로 거기 그렇게 설치된 것이지만, 안내원의 희망 섞인 표현으로는 "일종의 장식물을 이루기도 했다". 만약 대단히 운이 좋은 당신이라면 약간 음란해 보이기도 하는 중세 그림을 지켜볼 기회를 가질 수도 있으리라. 비단으로 겹겹이 싸서 밀봉 상자 속에 꽁꽁 감추듯 포장된 이 그림은 너무나 귀한 소장품이어서 매년 20명까지만 관람이 허용된다는 것.

어린아이들의 손가락이나 호기심 많은 새들의 부리 탓에 교토 고궁의 얇은 한지를 바른 창문들에 숭숭 구멍이 나기도 하는데, 그 구멍을 때우는 방법이 참으로 독특하다. 각 구멍마다 조그만 꽃잎 모양의 종이를 꼼꼼하게 덧대 바르는데, 그 꽃잎 하나하나가 완벽한 비례를 갖춘 꽃 모양을 하고 있어 보는 이의 넋을 빼놓곤 한다.

교토의 일상생활도 이에 버금갈 만큼 꼼꼼한 우아함들로 빛난다. 일본의 대도시들 중 교토는 '수채화 같은 일본', 판화와 화초의 나라 일본에 가장 가까운 도시이다. 큰길들은 따분하기 짝이 없으나 바로 그 뒤에서는 매혹적인 골목들이 펼쳐진다. 바로 그런 뒷골목에서 나비 무늬 기모노, 하얀 스타킹, 쪽발 신발, 꽃문양의 목도리를 쉽게 찾아볼 수 있고, 도시 외곽으로 가면 서양도깨비처럼 거무튀튀한 얼굴에 동그란 웃음을 머금은 억센 시골 사람들로 가득하다. 높이 솟은 담벼락 길을 거닐어보시라. 공기를 가르는 듯 들려오는 이상한 피리소리, 아니면 일본 북 두드리는 소리가 들려오리라. 햇볕으로 반짝대는 강가의 무성한 풀밭에서는 잿빛 장삼 차림에 부푼 바구니 꼴의 초립을 쓰고서 영생의 길을 찾아 나선 승려의 모습을 발견하리라. 도시 어디서나, 높은 산과 하늘이 맞닿은 곳마다, 소나무들의 실루엣이 꼭 [영국 식 도자기에 쓰는] 버들 문양처럼 보인다. 두툼한 모직 교복에 뾰족한 모자를 쓴 동네 학생들이 시험에서 좋은 성적을 바라며 비는 모습을 보게 될 수도 있다.

교토는 게이샤의 고향으로서도 단연 으뜸이다. (예술가이자 동시에 기생인) 이 놀라운 쟁이들이 완벽의 경지에 이르도록 수련되는 곳이 바로 이곳이다. 그럼으로써 옻칠 단장을 한 수많은 객실에서 정교하고도 맛갈스런 춤으로 수많은 배불뚝이 후견인들이 흡족한 웃음을 머금게 하는 것. 어느 저녁 게이샤 밀집촌의 좁은 길에서 눈을 반쯤 감고 서 있으면, 홀연히 중세의 교토로 되돌아간 느낌에 젖는다, 야단법석의 서구 문명이 당도하기 이전의 그 시대로…. 골목마다 찻집과 밥집들로 흥겹다. 화사한 휘장이 문간에 드리워져 있고, 그 아래로 나란히 내놓은 도톰한 실내화가 행인들을 유혹한다. 수백의 동그란 등불들이 지역 전체를 오렌지색 불빛으로 물들인다. 고개 들어 저 높은 곳을 보면 광고용 풍선이 떠 있고, 그 꼬리에는 형광색 글씨들이 펄럭거린다.

집들 사이사이로 널찍한 카모 강이 콸콸 흘러가는 게 간간이 눈에 띈다. 건너편 둑 위에서도 휘황한 흥겨움이 반짝대고, 그 뒤로 달빛에 젖은 희미한 동산의 덩치가 떠오른다. 놀러 나온 젊은이 두셋도 떠들썩하니 구르는 듯 지나간다. 그러다 갑자기 뜻밖의 골목에서 전설 속의 일본 풍경이 등장한다. 석고를 바른 듯한 얼굴 화장을 한 게이샤가 부름을 받고 반듯하고도 잰 걸음을 놀리는 모습! 엄청나게 높은 머리 장식은 반지르르한 흑옥 빛깔이고, 하양과 진홍이 어울린 얼굴에는 생기가 넘친다. 아름다운 비단과 허리장식의 복장은 보색대비로 번지르르하고 화려한 무늬들도 비길 데가 없다. 부자연스러운 발걸음을 재촉하는 게이샤, 머리끝부터 발끝까지 물감과 무늬옷감으로 뒤집어쓰다시피 한 그

147

모습은 산 사람이라기보다는 멋진 장난감 같다. 혹은 파베르제Faberge 최후의 걸작처럼 에나멜 칠을 한 여왕의 장신구가 최신 시계장치를 달고서 재깍재깍 정교하게 움직이고 있는 듯하기도 하다.

역사의 굴절에도 불구하고 교토는 지금도 일종의 수도이다. 이 오랜 담장들 안에, 이 화려한 덧문들 너머, 저 높은 사원의 계단 위에, 이 향기로운 정원 속 어딘가에, 초록으로 흐르는 강 물길을 따라, 찻집과 유서 깊은 서원書院들에 감도는 깊은 정적 속에, 산지 저 높은 곳에, 아니면 이끼밭 어드메쯤에, 일본의 요체, 그 향기, 그 고갱이가 깃들어 있다. 교토의 짜임새 속으로 깊이깊이 말이다.

이 모든 게 사실이다. 이곳에서 무언가 힘이 느껴진다면 그것은 교토에서의 삶이 그토록 한결같기 때문이다. 하지만 마치 옛 성당에 들여놓은 가라오케처럼 외국인들의 어안을 벙벙하게 하는 근대 교토의 닳고 닳은 모습 또한 엄연한 사실이다. 거의 숭고한 것과 견딜 수 없을 만큼 천한 것들의 날카로운 공존, 바로 거기에 교토의 톡 쏘는 맛, 그 쓰라린 뒷맛이 있다.

교토를 찾는 누구나 들뜨고 위안을 얻는 건 아니다. 교토의 빼어남에는 병적인 음침함과 건전치 못한 기운마저 깃들어 있어 불편해지기도 한다. 어떻게 보자면 교토는 죽은 도시이다. 메멘토들 속에서 썩고 있는 셈이다. 하지만 달리 보자면 교토는 일본의 다른 곳들처럼 잡종의 삶 속에서 맥박 치며 자기증식하고 있다. 일부분은 친숙하고 정돈된 과거가, 또 일부분은 암중모색하는 현재가 서로 뒤섞인 형태로 말이다.

교토는 결코 평온하지 않다. 더 이상 헤이안쿄平安京 즉 '평화도시'가 아닌 것. 수도원처럼 담으로 둘러쳐진 어느 가문의 정원이나 외따로 떨어진 숲을 뺀다면, 이제 교토에서 빈터를 찾기란 거의 불가능하다. 교토의 모든 길거리들은 온갖 차량의 경적으로 왁자지껄하다. 흠 잡을 데

없는 오비obi[기모노 허리 장식]로부터 젊은이들의 야단스런 청바지와 스웨터에 이르는 온갖 잡동사니 스타일들도 와글와글 어수선하다. 모든 명상의 사원들마다 일본인 관광객들이 요란스레 휘젓고 다닌다. 학생가방과 도시락 통을 장식처럼 달고 다니는 수많은 학생들, 잠시도 쉬지 않고 서로 사진을 찍어대는 신혼여행객들, 관광버스에서 내려 서로 허리를 굽혀 묵직한 인사를 나누는 사업가들까지.

　성스러운 문 앞에서는 어김없이 관광용품 판매상들이 쉰 목소리로 당신을 맞는다. 엽서를 코앞에 들이밀거나 장난감 새를 흔들어 대면서. 거지 퇴역군인들은 연병장에라도 선 듯 우스꽝스럽게 갈고리 손을 들어 당신에게 경례를 붙이고 나무다리로 차렷 자세를 취한다. 일본의 풍경에서 빼놓을 수 없는 필수품인 기차들은 밤공기를 헤치며 강가를 달리고, 택시들은 덜컹대는 전차들 사이를 요리조리 폭주족처럼 질주한다. 기모노 차림의 신부도 눈에 띄지만, 파리 패션을 빌려다 입은 듯한 신부들도 그만큼 많다. 그럴 때면 신랑들은 빳빳하게 세운 칼라의 세로줄무늬 정장 차림이다. 신부 아버지의 얼굴에는 그 모든 비용 부담에도 불구하고 흐뭇해 마지않는 만족의 표시가 역력하다. 교토의 사원들 바로 옆에서는 야구경기가 벌어진다. 천황 궁전의 담장길은 육상선수들이 애용하는 연습로이다. 오늘날의 교토에서 아름다운 모조품 하나를 두고서 그게 신사에서 숭배되는 물건인지 아니면 광고에서 본 잡화품인지 도무지 분간이 안 된다. 교토는 두 얼굴의 도시이다. 한쪽은 불사조의 머리라면, 다른 쪽은 수다쟁이의 모습일 터이다.

　교토는 사나운 도시이기도 한가? 이런 신성하고 거룩한 상징들 속에 아직도 일본의 야만성이 남지는 않았을까? 언덕 위 높은 데서 이따금씩 번쩍대는 저것은 혹시 일본도日本刀가 아닐까? 그럴지도 모른다. 교토는 구석구석 그토록 완벽해 보이지만 왠지 뒤숭숭한 곳 같다. 심지어 이를 악물고 관광에 전념하는 사람들마저도 고요한 사원을 떠나 광란의 큰길로 추락하듯 나설 때면, 간혹 이 위대한 도시의 풍취 아래 감추어진 불쾌한 이물질 냄새를 맡을지도 모른다. 교토는 일본의 혼, 일본 민족의 소우주이다. 교토의 보물들 속을 거닐면 이 놀라운 나라의 매력을 죄다 맛볼 수 있다. '참새의 방'과 '야생 거위의 방', '은빛 사당'[銀閣寺]과 '1천 다다미의 방'이 거기 있다. 36대 유명 시인들의 서화, 궁수들이 활 솜씨를 겨루던 누각, 불멸의 정원 류안지Ryuanji가 거기 있다. 하지만 황실 영빈관Hall of the Imperial Visits[17세기 황족 별장]에서는 왠지 모르게 불안하고 거북할 것이다. 일본 휘파람새의 지저귐 같은 것도 시끄러운 스피커의 소음과 와락 덤벼드는 택시의 경적소리들이 꿀꺽 집어삼킬 테고.

7-2 홍콩

> 홍콩은 한번도 가 보지 못한 곳이었다. 당시 홍콩은 영국 왕실에 딸린 식민지 신세였으나, 내게는 그곳의 영국스러움보다 그곳의 중국스러움이 더 놀라웠다.

홍콩은 세상 사람들 모두가 여기 모여 사는 건가 싶을 정도로 분주하다. 전기 드릴 백만 개의 소음 따위는 저리 가라 할 지경. 사람들은 마치 로봇처럼 일한다. 어린아이들도 헤아릴 수 없이 많다. 홍콩의 기계들은 하루에 25시간씩 소음을 내뿜고, 시장에서는 세상의 모든 생선을 팔고 있다. 세상 새우는 모두 거기서 팔리고 세상의 게는 모두 거기 시장에 쌓여 있다. 홍콩의 고급 셔츠 값은 하나에 4펜스 하고 반 페니 밖에 안 한다. 유럽인 하나에 중국인 500만 정도의 인구구성이 아닐까. 그 중국 사람 하나하나가 발전소보다 더 기운이 넘치고! 차마 믿기 힘든 이 모든 장황함과 차고 넘침의 패러독스로부터 나는 권력의 무상함과 역사의 변덕을 배운다.

겨우 100년 전쯤 영국은 중국의 혼란을 틈타 홍콩을 점령했다. 그리곤 홍콩의 주권을 '영구히' 넘겨받았다. 그 뒤 원래 거의 무인도였던 이 섬은 엄청난 항구로 거듭나 군함들의 정박지가 되었다. 거기서 영국 상인들은 대영제국 해군의 호위 아래 중국 무역을 좌지우지했다. 홍콩은 가장 위대한 자유항이자 물자집산지가 되어 유럽의 우수성을 온몸으로 보여주었다. 서유럽 세계의 테크닉이 중국의 부패하고 허술한 구조를 탈바꿈시킨 곳이 바로 홍콩이었다. 이런 상인 제왕들은 어디서나 눈에 띄는 피크Peak의 저택에서 살았다. 반면 중국 본토 쪽의 언덕배기에서는 고개 숙인 아시아인들이 옥신각신 서로 속고 속여가면서 훗날 엡섬Epsom[런던 근처 서리 주의 교외도시]의 벽난로 선반 위를 예쁘장하게 치장할 상아 장식품을 깎고 있었다.

부유한 영국 상인들은 지금도 아침마다 중후한 검정 리무진을 타고 피크 언덕을 미끄러져 내려온다. 언덕에 단을 꾸며 세운 상인들의 멋진 저택들은 지금도 격조 높은 생기로 가득하다. 회사 깃발이 유니온 잭과 나란히 나부끼는 그 집들. 하지만 홍콩에서 하루만 지내보면 금세 깨닫는다, 홍콩의 활력은 모두 새로운 중국 덕분이라는 걸. 아니, 새로운 중국에 목을 매고 있다는 걸. '제국의 앙갚음'과 더불어 시대가 바뀌었다. 항구 한켠을 차지한 길쭉한 잿빛 전투함들(〈아피스〉호Aphis와 〈맨티스〉호Mantis의 후신들 및 유려한 하천용 전함들)을 보고 속아 넘어갈 이는 아무도 없다. 완고한 영국인이라도 그쯤은 안다. 홍콩은 군사적으로나 경제적으로나 방어 불능의 도시이고, 반쯤은 그저 믿으니까, 또 반쯤은 비꼬는 힘으로 살아가는 도시이다.

홍콩의 지리적 입지를 주목해 보시라. 홍콩 섬의 고지대에 서면 이 식민지의 거의 대부분을 굽어볼 수 있다. 발아래의 진짜 홍콩은 더 할 나위 없는 잉글랜드 분위기이고, 그 너머로 항구가 찬란한 띠처럼 드넓게 펼쳐진다. 자유 기업의 증기선과 정크선junks, 페리선과 론치선launches들로 빼곡한 항구는 휴식을 모른다. 늘 시끌벅적한 홍콩항은 세계 최고의 상업용 물길 가운데 하나이다. 하지만 좀 더 멀리 보이는 중국 본토의 구릉지와 그 사이의 땅들은 — 거기가 바로 홍콩 섬의 없어서는 안될 배후지인 뉴테러토리즈New Territories이다 — 영국령이 아니고, 그저 금세기 말까지(그때까지도 국가 간의 임대계약이 유효하다면) 영국에게 임대된 것이다. 중국만 불온하게 닫혀 있는 건 아니다. 중국 뒷마당의 영국령 홍콩의 임대권 또한 불확실하기 짝이 없다.

　이번에는 경제적 관점에서 홍콩을 들여다보자. 홍콩 섬 서쪽의 웨스트포인트에는 주장 강珠江 및 광둥성, 즉 공산 중국에서 출발한 정크선들이 도착하는 부두가 있다. 공산 중국의 분위기가 물씬 배어나는 그런 곳이다. 금방이라도 무너질 듯한 식당에서 형편없는 생선요리에 밥을 먹는 노동자들의 을씨년스런 어깨 너머로는 공산 중국의 산업적 잠재력을 선전하는 거대한 포스터가 걸려 있다. 견인선 상갑판에는 인민의 권리, 제국주의의 침략 따위의 구호들이 요란스레 나붙어 있다. 그곳 골목길의 어느 다락방에서는 고독하면서도 단호한 플루트 소리가 흘러나왔다. 공산주의 선전가요를 연주하는 소리였다. 조잡하기 짝이 없는 정크선에서 내려진 수천 마리의 오리들은 거대한 나무바구니 속에서 꽥꽥거렸고, 쾌활하고도 웃음 많은 막노동자들이 죽 늘어서 릴레이로 바구니를 날랐다. 심지어 그 오리들마저도 세뇌된 듯한 카키캠벨스Kahki Campbells 오리였다. 중국에서 오는 이런 물자 조달 없이는, 중국의 오리와 닭과 야채 없이는 홍콩이 그리 오래 버티지 못하리라. 1997년에 그 배후지의 임대기간이 끝나면 홍콩을 똑 따먹을 수 있으리란 걸 중국의 공산주의자들은 잘 알고 있다. 하지만 필요하다면, 그날이 오기 전이라도 언제든 억지로 돌려받을 수도 있음 또한 잘 알고 있다. 카드는 모두 중국 손에 있다. 삼차대전을 일으킬 양이면 무력으로 점령할 수도 있겠고, 굶겨 죽일 수도 있다. 아니면 그저 수십 년 더 기다릴 터이다. 그 정도 시간쯤이야 수천 년 중국 역사에 견주어 눈 깜짝할 사이 아니겠는가.

영국인들이 홍콩에서 크게 나쁜 짓을 하는 것도 아니고, 세상을 향해서도 뭔가 좋은 일을 하고 있다. 그렇지만 이 식민지의 현 상황을 뒷받침하는 명분들은 호락호락하지 않다. 공산 중국이 홍콩을 용인하는 이유는 더 큰 관심사가 많기 때문이고, 불필요하게 다른 문제를 일으킬 건 없다고 생각하기 때문이다. 또 뭔가 협상할 물건이 필요하기 때문이고, 홍콩이 경제적으로 쓸모가 많음을 깨달았기 때문이다. 홍콩의 자본주의가 꽃을 피울 수 있었던 것은 적어도 1998년 이전에는 공산주의자들이 치고 들어오지 않으리라는 믿음 때문이었다. 그래서 넉넉한 시간을 가지고 옛 단물을 더 빨고 새 단물도 후닥닥 마련할 수 있었던 것. 보통 사람들은 현명한 정부와 경제적 기회로부터 얻어낼 거나 최대한 얻어낼 뿐, 미래에 대해선 생각 않는 쪽을 택한다.

하지만 이런 몇몇 태도들에 앞서 이곳 홍콩에서는 아시아의 거대한 생산성, 그 거침없는 힘이 느껴지기에 일견 섬뜩하기도 하다. 불과 얼마 전만 해도 잉글랜드가 중국이란 큰 나무에 도끼를 댔구나, 마치 나무꾼이 나무를 자를 때처럼 "나중에 아무 때나 자를 수 있게 표시"한 거로구나, 그런 진단이 팽배했다. 그런데 오늘날의 홍콩을 보시라. 그 언덕 너머의 60억 중국인들, 구석구석 아시아의 에너지와 소음으로 들썩거리는 곳, 아시아의 힘이 언제나 무슨 징후처럼 덮고 있는 곳, 수수께끼 같은 아시아의 이데올로기가 넘실대는 곳. 여기 홍콩에서 당신은 생각지 않을 수 없다. '나무꾼 중국'이 권력의 정점에 이르렀을 때 과연 얼마나 큰 야심을 드러내 보일 것인지, 또 '우리 늙다리 나무들' 중 얼마나 많은 게 베어져 땔감 신세가 될 것인지 말이다.

*

153

홍콩의 중앙시장에서는 살아 있는 식용개구리 여러 마리를 지푸라기로 둘둘 묶어서 한 묶음으로 포장해 놓고 판다. 그래서 좌우 대칭을 이룬 게 꼭 팔 다리가 수십 개인 생물체 같아 보인다. 다리 한 쌍은 줄곧 왼쪽으로 뛰고, 다른 쌍은 또 오른쪽으로 발길질을 하고, 그래서 도무지 어디로 어떻게 뛸지 알 수 없는 그 덩어리의 푸드덕거림…. 불쌍한 개구리들에게야 그 노릇이 편할 리가 없지만, 바라보는 사람으로서는 재미난 일일 수도 있다. 그 모습을 처음 보았을 때, 나는 무심코 중얼거렸다. "세상에나, 이 나라에서는 개구리조차도 한쪽 다리가 열두 개씩이니, 또 저렇게 우습고도 맹렬하게 돌진하고 있으니, 도대체 이 특별한 사람들과 어떻게 겨룬단 말인가…."

> 훗날 여러 차례 홍콩에 들렀다. 첫 방문 이후 40년이 지나 영국의 식민지였던 홍콩이 중국에 반환되는 장면까지 지켜보았으며, 급기야 『홍콩』이라는 책까지 쓰게 되었다. [이 책의 32장 참조]

ch 8
베네치아, 1959

> 1950년대의 마지막 날을 맞은 곳은 베네치아였다. 베네치아와의 첫 만남은 2차 대전 말 영국군대의 명령을 받고 그곳에 부임했을 때였다. 1950년대 말 나는 가족들과 함께 대운하 주변의 조그만 집에 살면서 베네치아를 다룬 책을 썼다. 책 제목은 단순히 『베네치아』였으며, 아래는 그 책의 첫머리이다.

북위 45도 14분, 동경 12도 18분. 아드리아해의 이탈리아 쪽 해안선을 타고 항해하던 중 항법사가 외쳤다. "저기 길쭉한 해변에 구멍 뚫린 데가 보이는군." 거기서 서쪽으로 기수를 돌리자 가파른 물살을 타고 배가 라군lagoon 즉 바다호수로 접어들었다. 그러자 사나운 바다의 기운이 씻은 듯 사라졌다. 그 주변의 바다는 얕지만 투명하진 않다. 분위기는 이상하게 투명해 보인다. 색감도 무척 창백해진다. 물과 진흙을 가득 담은 그 거대한 사발 모양의 지형에는 뭔가 구슬픈 기운이 어려 있다. 마치 색소결핍증에 걸린 바다호수 같다.

바다호수 주변은 환상투성이이다. 마치 사막의 신기루처럼 가공의 물그림자가 드리워지고, 나붓거리는 나무들과 희미한 윤곽의 언덕배기들, 선체 없는 배들, 상상 속의 습지들이 주위를 에워싼다. 이런 환상에 푹 젖은 듯 바다는 일종의 무아지경 상태로 누워 있다. 바다호수 동쪽의 모래톱을 따라 어촌 마을들이 여기저기 드문드문 흩뿌려져 있다. 텅 비고 너저분한 모습의 마을들이다. 쓰레기 더미 속으로 고기잡이배들의 돛들이 보인다. 귤색, 노랑, 자홍색의 돛들에는 신비스런 기호나 전령傳令의 상징 및 모든 것을 내다보는 외눈 따위가 그려져 있다. 얕은 물에서는 말뚝을 박아 만든 울타리에 작대기와 바구니가 달려 물살에 어수선하게 일렁거린다. 그 한복판에서 한 사내가 홀로 물 반 진흙 반인 개펄을 쿡쿡 쑤셔대며 조개를 캐고 있다. 모터보트 한 대가 고기 냄새인지 기름 냄새인지 모를 악취를 뿜고 슝 지나간다. 해변의 한 여인이 목 놓아 친구를 부르는 소리가 3, 4층짜리 집들 사이사이로 울려 퍼지며 먹먹하게 왜곡되어서 묘하게 소용돌이치며 사라진다.

그 바다호수 곳곳에 섬들이 습지와 진흙 둑에 둘러싸인 채 조용히 누워 있다. 바로 거기에 못마땅하게 노려보는 8각형의 요새가 있고, 바로 거기에 버려진 등대가 을씨년스레 서 있다. 어느 어부의 조그만 섬 담벼락에 걸쳐둔 그물의 그물코는 그대로 무늬가 되었고, 물 위로 바로 뚫린 문으로 드나드는 배들은 요란한 곤충 떼 같다. 군대 막사로 쓰이는 어느 섬의 성벽에서는 모자를 눈 위에까지 눌러쓴 병사가 초소 밖으로 지겨운 듯 나른하게 손을 흔들었다. 파괴된 저택에서는 사나운 개 두 마리가 뛰쳐나와 짖어대며 날뛰었다. 벽 위에서는 도마뱀들이 날름날름 움직였다. 어떤 때는 물 위로 투박한 시골 내음이 도둑처럼 엄습하기도 했다. 외양간 내음인 듯, 건초 내음인 듯, 퇴비 내음인 듯…. 또 어떤 때는 배가 남긴 물살을 쫓아 무언가 팔랑대며 따라 날았으니, 그건 알바트로스가 아니라 나비 한 마리였다.

이제 이 쓸쓸한 땅에 활기가 되살아나고 있다. 깔끔한 뽀얀 저택들이 모래톱 위에 솟아오르고 있다. 멋진 호텔의 커다란 덩치가 나무 위로 훤칠한 모습을 드러내고, 카페의 파라솔은 화사한 꽃무늬 장식처럼 빛난다. 승객을 가득 태운 말끔한 증기선이 남쪽으로 질풍처럼 내달린다. 고기잡이 배 한 무리가 어깨를 나란히 하고 큰 바다로 나아간다. 서쪽으

©Movana Chen

로 보면 멀리 흐릿하게 보이는 산맥 아래로 스모그인 듯 탁한 대기 속에서 석유탱크가 살짝 은빛으로 반짝인다. 탄산음료를 잔뜩 실은 노란 바지선 한 척이 튕겨지듯 접안시설을 떠나는 모습은 꼭 노아의 방주에서 경쾌하게 날아오르는 한 마리 비둘기 같다. 뽀얀 요트 한 척이 유유히 옆을 지나간다. 어린 소년 셋은 자기들 보트를 모래밭 위로 끌어올리더니 질벅질벅한 진흙을 서로 집어던지며 노느라 야단이다. 컴컴한 창고 안에서 번쩍하고 산소용접기 불꽃이 튀었고, 보트 수리소 바깥의 목발형 거치대stilts에는 바지선 한 척이 얹혀 있다. 기적이 운다. 묵직한 종소리는 고결하다. 커다란 몸집의 뿌연 바닷새 한 마리가 말뚝 위에서 억센 날개를 접는다. 바다로 코를 디민 땅을 휘이 돌아가니 거기에 도시 하나가 항법사의 눈앞에 펼쳐진다.

아. 이곳은 정말 오래된 도시이다. 또 진정으로 웅장한 도시이다. 등이 굽은 사람을 보는 듯하다. 도시 곳곳에 망루들이 높이 솟아 이쪽저쪽으로 휘어진 채 바다호수를 굽어보는 모습은 괴벽스런 노인네의 위풍을 풍긴다. 종탑, 돔, 뾰족탑, 크레인, 돛대, 텔레비전 안테나, 톱니 모양의 성벽, 희한한 모양의 굴뚝 및 붉은 색의 커다란 곡물 전용 엘리베이터까지 골고루 어우러진 이곳의 스카이라인은 참으로 정교하다. 번개무늬 장식을 단 지붕에 나부끼는 깃발들, 대리석 기둥들, 동굴처럼 움푹한 운하들의 모습도 언뜻언뜻 보인다. 부두 앞이 비좁은 듯 물길을 가득 메우고 오가는 수많은 배들의 모습. 거대한 유람선도 자기 자리로 미끄러져 들어온다. 금세라도 넘어질 듯 기우뚱한 수많은 대저택들은 시무룩한 표정의 괴물 같다. 그런 건물들이 물가에 바투 서서 땅을 내리누르고 있는 모습은 마치 병약한 귀족들이 서로 밀치면서 신선한 공기를 한줌이라도 더 마시겠다고 악다구니를 쓰는 꼴이다. 이 도시는 나무가 비틀어져 옹이가 맺힌 듯한 느낌을 주지만, 그래도 참으로 눈부시고 멋진 곳이다. 햇살 부서지는 하늘에서는 제트기 한 대가 굉음을 울리며 근사

하게 날아가고, 배는 이제 교회를 왕관처럼 쓴 섬 하나를 마지막으로 돌아 점점 더 이 도시로 다가간다. 그러면서 모든 풍경은 아지랑이처럼 흔들리기 시작한다. 분홍빛 아지랑이 속에서, 세월에 흔들리고, 자기만족으로 흔들린다. 슬픔에 젖은, 기쁨에 젖은 그 아지랑이 속에서….

 항법사는 해도를 집어던지고 신이 나서 밀짚모자를 눌러쓴다. 마침내 긴긴 항해를 마치고 가장 반가운 목적지인 절세絶世의 땅 베네치아에 도착한 때문이다.

2부_1960년대

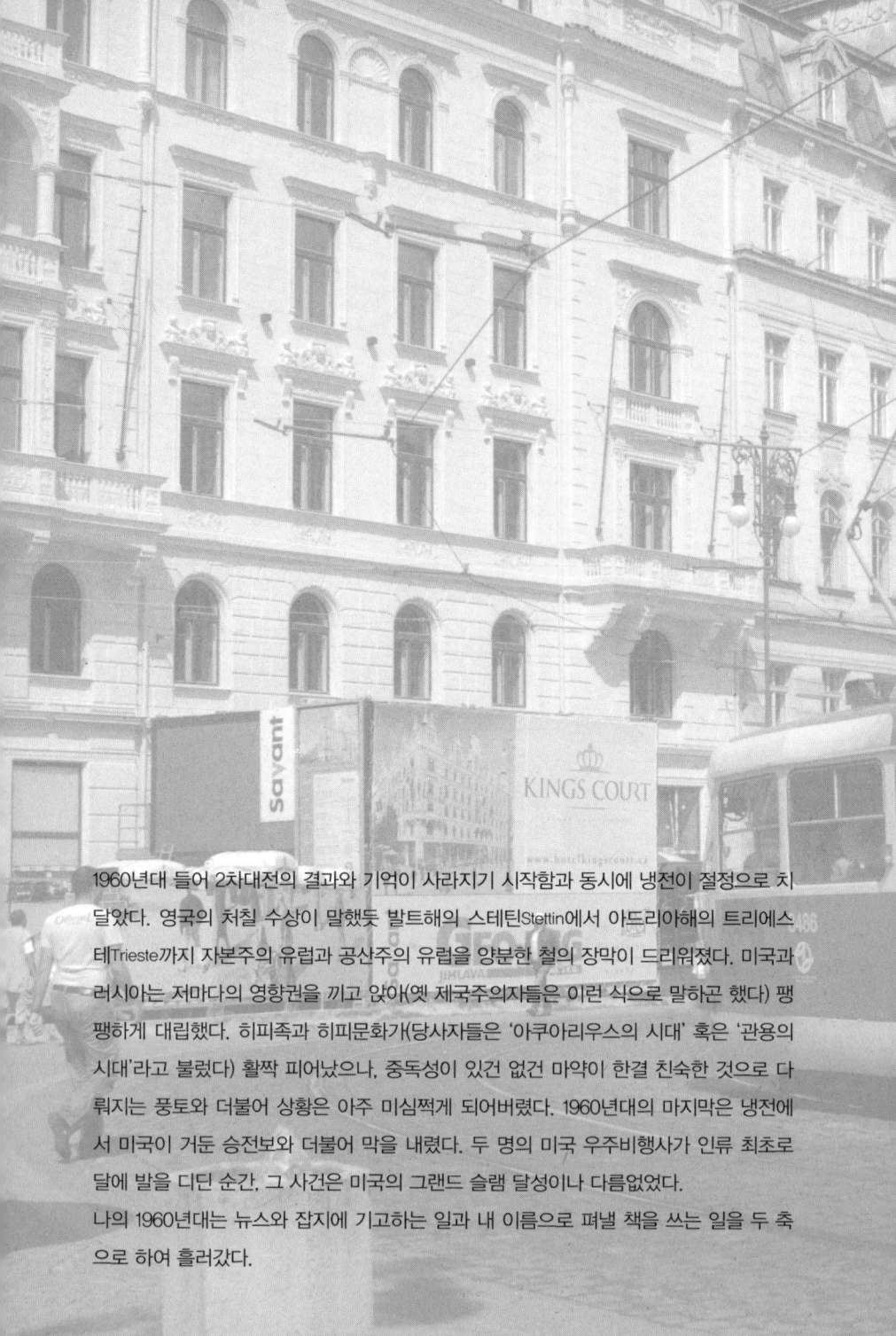

1960년대 들어 2차대전의 결과와 기억이 사라지기 시작함과 동시에 냉전이 절정으로 치달았다. 영국의 처칠 수상이 말했듯 발트해의 스테틴Stettin에서 아드리아해의 트리에스테Trieste까지 자본주의 유럽과 공산주의 유럽을 양분한 철의 장막이 드리워졌다. 미국과 러시아는 저마다의 영향권을 끼고 앉아(옛 제국주의자들은 이런 식으로 말하곤 했다) 팽팽하게 대립했다. 히피족과 히피문화가(당사자들은 '아쿠아리우스의 시대' 혹은 '관용의 시대'라고 불렀다) 활짝 피어났으나, 중독성이 있건 없건 마약이 한결 친숙한 것으로 다뤄지는 풍토와 더불어 상황은 아주 미심쩍게 되어버렸다. 1960년대의 마지막은 냉전에서 미국이 거둔 승전보와 더불어 막을 내렸다. 두 명의 미국 우주비행사가 인류 최초로 달에 발을 디딘 순간, 그 사건은 미국의 그랜드 슬램 달성이나 다름없었다.

나의 1960년대는 뉴스와 잡지에 기고하는 일과 내 이름으로 펴낼 책을 쓰는 일을 두 축으로 하여 흘러갔다.

The 1960s

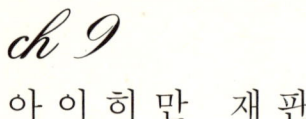
아 이 히 만   재 판

> 1961년에 나는 예루살렘을 다시 찾았다. 〈가디언〉지의 기자로서 아돌프 아이히만의 재판을 취재하기 위해서였다. 아이히만은 '최후의 해결책'이라는 이름 아래 유럽의 유대인들을 말살시킬 정책을 입안한 나치의 핵심인물이었다. 그는 1년 전에 아르헨티나에서 이스라엘 정보기관 요원들에게 납치된 뒤 줄곧 예루살렘에 감금되어 있었다. 내가 그 재판을 두고서 무슨 쇼 같다고 본 건 아니지만, 유대인들의 상징성이 분명히 드러난 사건으로 보았던 건 사실이다.

유대력 5721년 7월 25일 11시, 유대인에 대한 범죄 혐의로 기소된 독일인 아돌프 아이히만이 예루살렘의 유대인 법정에 섰다. 바로 이 한 문장 속에 이 비극적이고도 상징적인 재판의 모든 의미를 담았다고 나는 감히 생각한다. 다른 모든 건 부차적인 것들이다. 온갖 논란과 증거들, 온갖 암시와 판결, 평결 등 모든 것들이. 아이히만 재판의 요점은 그 재판이 결국 벌어졌다는 사실 자체에 있다. 유대인들은 이 의식을 통해 역사가 던진 질문에 대답을 한 것이다.

아이히만은 오늘 아침, 갖가지 신비와 전설을 낳았던 그간의 기나긴 투옥과정 끝에 거의 아무도 모르게 법정에 모습을 드러냈다. 그를 위한 재판이 준비되고 있는 줄은 아무도 몰랐다. 법정을 밝힌 긴 네온등의 불빛은 해사하고 비정했다. 벽에 매달린 거대한 유대 특유의 가지촛대는 금빛으로 반짝였다. 다섯 명의 유대인 검사들은 대부분 젊어 보이는 남자들로서 심각한 표정을 하고 있었고, 그 중 대표 검사는 구레나룻을 한 우울한 얼굴에 기다란 팔다리, 나긋나긋한 몸매의 소유자로 테 없는 키파 모자를 쓰고서 줄 끝에 우아하게 앉아 있었다. 독일 측 변호사인 세르바티우스Servatius 박사는 그의 젊은 서기보와 함께 뭔가를 열심히 얘기하고 있었다. 통역관들과 여자 속기사들도 자리를 잡고 있었고, 뾰족한 모자를 쓴 경찰들이 문 앞을 지켰으며, 어수선한 보도진은 흥분과 불평으로 술렁거리며 메모를 하거나 황당한 농담을 늘어놓고 있었다. 그리고 방탄유리로 만든 피고석이 있었다. 대형 박물관의 전시용 진열장 같이 생긴 그 박스는 사향고양이나 극락조를 넣기에는 너무 컸고, 공룡을 집어넣기에는 너무 작았다. 바로 그 유리 박스가 이 모든 소동의 초점이자 요체였다. 빈틈없고, 치밀했다. 우리는 그저 피고인이 나타나기만 기다렸다.

하지만 정작 피고인이 나올 때 우리는 모두 엉뚱한 쪽을 보고 있었다. 그는 푸른 색 제복을 입은 경찰 세 명의 호위를 받으면서, 약간 쑥스러워하는 듯 조용하게 입장했다. 그의 등장을 살핀 사람은 거의 아무도 없었으므로 법정 내에 전율이 흐르고 어쩌고 할 것도 없었다. 내 등 뒤에 앉아 있던 누군가가 "저기 있다"고 속삭이는 소리가 들렸다. 그건 마치 장례식장에서 어느 문상객이 저쪽의 부자 친척을 가리키면서 건네는 말 같았다. 그랬다. 고개를 돌려 유리 진열장을 쳐다보니 이미 그 안에 그가 있었다.

짙은 색 뿔테 안경에 그 전날 재판용으로 사주었을 검은 정장 차림의 그는 고상하다 못해 떳떳해 보이기까지 했다. 그 자신이 변호사인 듯 보이기도 했고, 최근에 퇴역한 육군 장성 혹은 약간의 지적 취향을 지닌 섬유업체 사장 같아 보이기도 했다. 하지만 그를 다시 살펴보니 그의 몸놀림은 희한하게 뻣뻣했고 불규칙적으로 움찔거리고 있었다. 그는 방청석을 전혀 쳐다보지 않았다. 찾아볼 사람이 아무도 없었으니까. 하지만 새로 산 검은 정장과 희미한 저항의 기미 너머, 그의 예상과 마음의 준

©Movana Chen

비를 보여주는 미세한 몸짓만으로도 나는 충분히 알 수 있었다. 아돌프 아이히만은 떨고 있었던 것이다.

면접을 보는 지원자처럼 그는 자리에서 일어났고 세 명의 재판관인 모쉐 란다우 박사, 벤자민 할레비 박사, 이차크 라베 박사가 입장할 때 그는 흡사 숨을 멈추고 있는 듯했다. 세 재판관은 모두 유럽계 유대인으로서 그 중 두 명은 독일 출신이었고 나치 인종주의자들이 집권하자 독일을 떠나야만 했던 이들이었다. 그들은 근엄한 표정에 모자를 쓰지 않은 당당한 풍모의 소유자들이었다. 하지만 재판이 시작되는 순간 그런 권위는 홀연 사라졌고, 통시통역기계가 제대로 작동하지 않는 바람에 수많은 언론기자들이 웅성대기 시작했다. 유대인들에게 운명의 순간이었던 아이히만 재판은 그렇게 휴대용 플라스틱 통역기를 흔들고 두드리는 어수선한 잡음 속에서 시작되었다. "피고는 아돌프 아이히만입니까?" 재판장인 란다우 박사가 물었다. 유리 상자 안의 마이크에 대고 아이히만이 대답하는 목소리가 전선을 타고 나와 내 주변의 잡음을 뚫고 들려왔다. "네, 재판장님." 드디어 재판이 시작되었다.

아이히만은 이스라엘의 나치 및 나치 동조자 처벌법에 따라 15가지 혐의로 기소되었다. 란다우 박사가 고발장을 읽는 데만 1시간 넘게 걸렸고, 그 동안 아이히만은 미동도 없이 줄곧 서 있었다. 그의 섬뜩한 혐의의 요체는 게슈타포 우두머리로서 그가 수백만 유대인의 살상을 불러일으켰다는 것이었다. 유대인을 노예화하고 추방하고 약탈하고 탄압한 책임자이며, 폴란드, 슬로베니아, 집시, 체코인들에게도 비슷한 짓을 저질렀다는 것.

이런 끔찍한 죄목이 선포되자마자 (아이히만은 몇 차례 움찔거리기만 했을 뿐 내내 대리석처럼 꼼짝도 않았다) 세르바티우스 박사는 벌떡 일어나 그 문제는 이스라엘 법정의 소관사항이 아니라는 반론을 폈다. 피소된 나치 변호 전문 베테랑인 그는 약간 허리가 굽은 노인이었다. 그의 주장이 얼마나 무거운 것일지는 그곳에 앉은 모든 이들이 익히 알고 있었다. 그에 대한 기디온 하우스너 검사장의 답변 또한 길게 이어졌다. 법률 책을 폈다 접었다. 껍데기 속으로 집어넣은 곤충의 다리처럼 양손을 법복 속으로 넣었다 뺐다 하며, 그의 주장은 몇 시간 동안 지루하게 이어졌다.

법적 논리가 길게 늘어지자 대다수 방청객들의 나른한 맘들은 아무래도 엉뚱한 데로 흩어지기 시작했던 듯하다. 무미건조한 법정을 잠시 떠나, 지난 수백 년에 걸쳐 계속된 적대의 풍경들이 눈앞에 펼쳐졌다. 이 재판을 앞두고 벌어졌던 사전 심리, 중세의 게토[유대인들의 집단취락], 미국의 컨트리클럽들, 공포와 윽박지르기, 질투와 가스실까지. 그러면서 역사에 과연 패턴이란 게 있을까 의아해졌다. 아이히만의 기이한 입장이 되어 생각해 보면, 과연 그가 이토록 처절한 악몽과도 같은 상황을 상상이라도 할 수 있었을까? 커나란 유리 표본실 안에 감금된 채, 유대 권력에 의해 완전 포위된 채, 예리하고 냉철한 유대인 브레인들이 그에 맞서 소송을 벌이고 있는 모습을, 꼼짝없이 지켜보고 앉아 있어야 하는 자신의 처지를.

그렇게 그는 호송 경찰들 사이에서 무감각하고 무표정하게 꼼짝 않고 앉아 있었다. 하지만 그것은 잊지 못할 모습이었다. 그는 두려워하지도 않고, 절망하는 모습도 아니었다. 그 유리벽에다 몸을 집어던지며 울음을 터뜨릴 것 같지도 않았고, 애국과 충성이라는 케케묵은 딜레마를 들먹여 우리의 심장을 고통으로 찢어놓을 것 같지도 않았다.

그렇게 그는 앉아 있었다. 마침내 재판장이 그를 부르자, 그는 마치 교장실에 불려온 소년처럼 초조함을 감추지 못하고 벌떡 일어섰다. 그가 기소된 첫 번째 혐의에 대해(즉 수백만 유대인의 죽음을 초래한 범죄에 대해) 유죄를 인정했던가, 아니면 무죄를 항변했던가? "그 고발장에 비추어 보아서는 혐의를 인정할 수 없습니다." 아이히만은 그렇게 말했다. 두 번째 혐의에 대해서는(즉 수백만 유대인을 강제수용소로 몰아넣은 데 대해서는)? "그 고발장에 비추어 보아서는 혐의를 인정할 수 없습니다." 아이히만은 그렇게 말했다. 그렇게 살인, 잔학행위, 고문 등 열다섯 가지 혐의에 대해 같은 질문이 아이히만에게 던져졌고, 그는 떨림 없이 담담한 목소리로 "그 고발장에 비추어 보아서는 혐의를 인정할 수 없다"는 답변을 되풀이했다. "아주 좋소. 그렇다면…." 아이히만이 다시 자리에 앉고 이어폰을 끼고 세 짝짜리 자기 마이크로 몸을 숙이는 걸 보며, 재판부는 그렇게 말하는 듯했다. "아주 좋소. 그렇다면… 이제 역사가 말해 보시오."

    곧이어 하우스너가 일어나 연설을 시작했다. 그의 연설은 너무나 열정적인 강렬함, 너무나 압도적인 역사의식, 너무나 명백하게도 유대의 목적에 부응코자 하는 자존심, 너무나 집요하게 추적당했고 이젠 맹렬히 뭔가를 추적하고 있는 불타는 유대의 정신 따위로 가득했다. 그래서 한동안, 시공간을 초월한 색다른 차원 속에서 수천 년에 걸쳐 억압당해온 모든 유대인들의 목소리가 그의 연설 속에서 한꺼번에 한목소리로 분출하는 듯했다.
    그 순간을 나는 절대 잊지 못할 것이다. 내게 있어 그때는 닫혔던 문이 잠시나마 활짝 열린 순간이었다. 그 문을 통해 우리 비유대인들은 유대인의 심장을 들여다볼 수 있을 테고, 그 문을 통해 유대인들은 적어도 수백 년 동안은 존엄성을 회복하고서 얘기할 수 있을 터이다. 바로 그것이 이 재판의 의미였다. 그리고 아마도 이스라엘이라는 나라의 의미일 터이다. 또한 하우스너 박사 자신에게는 그때가 비통한 희열의 순간이었을 것임에 틀림없다.

그의 연설은 이렇게 시작되었다. "제가 지금 여러분들 앞에서, 이스라엘 재판관들 앞에서, 아돌프 아이히만을 소추하고 서 있는 지금, 저는 혼자가 아닙니다. 여기 저와 함께 이 순간 600만 검사들이 서 있습니다. … 유대 민족이 헤쳐가야 했던 피로 얼룩진 역사 속의 모든 길들을 통틀어 보아도, 유대 민족이 이 세상에 태어난 첫 날 이래 그 어느 때에도, 히틀러의 사악한 정권만큼, 히틀러의 오른팔로서 유대인 말살을 도맡았던 아돌프 아이히만만큼 극악한 치명타를 우리에게 날린 경우는 없었습니다. 오늘 여기서 읽어내린 기소장에 적힌 것과 같은 사악한 짓을 한 인간이 저질렀다는 것, 이 또한 인류의 역사 그 어디에서도 유례를 찾아볼 수 없습니다."

만약 55세의 나이에 이르러 당신이 사랑하는 사람들로부터 수천 킬로미터 떨어진 곳에서 당신을 증오하는 사람들에게 둘러싸인 채 이런 말을 듣는다면 어떤 느낌이겠는가? 잠시 뒤 아이히만에게 벌어진 것처럼, 당신이 재판정에 서서 몽고의 칭기즈칸, 훈족의 아틸라, 러시아의 이반대제와 한데 묶여, 이 인물들의 피비린내 나는 야만적 범죄도 당신이 저지른 "가공할 범죄, 그 잔인한 공포에 견주어서는 하찮은 것으로 보일 지경"이라고 내몰린다면 어떤 느낌이겠는가?

나는 아이히만이 어떤 반응을 보일지 유심히 살폈다. 자신을 그런 끔찍한 자들과 똑같이 다루는 건 부당하다는 삐뚤어진 자존심의 기미가 얼굴에 살짝 비치지 않을까 기대했던 것도 사실이다. 하지만 그는 의자에 깊이 기대앉아 두 손을 가만히 무릎에 얹고서 이따금 입술만 오물거릴 뿐이었다. 그건 마치 꽃무늬 앞치마 차림의 어느 초췌한 할머니가, 이웃 사람들이 자신에게 아무리 심한 욕을 퍼붓든 개의치 않겠다며 입 안의 틀니나 매만지며 안락의자에 앉아 있는 모습 같았다.

어쨌든 이제 검찰은 잔혹한 일반론을 접고 섬뜩한 개별 죄목들을 늘어놓기 시작했다. 나치 독일의 부상, 그들의 싸구려 철학에 있어 반유대주의가 차지했던 위상, 그리고 유대인 수용소에서 벌어진 그 익숙하고도 다시금 충격적인 처형 테크닉 따위를 싸늘하게 조목조목 낱낱이 적시하며 공포에 공포를 더해갔다. 아이히만의 조국이 바로 그랬다는 것이다. 그는 늘 의식적으로 이 모든 것을 관할한 담당자였다(고 검찰이 말했다). 검찰은 그를 가리켜 '책상 너머에 앉은 살인자'라고 불렀으며, 체계적으로 문서화된 자료가 그의 스타일에 딱 어울리는 것임에 틀림없다고 주장했다. 몇 시간에 걸쳐 몇 만의 단어와 수많은 공포의 기억들이 시시콜콜 언급되는 동안, 아이히만은 진지하고도 주의 깊은 모습으로 앉아 있었다. 어느새 정오 무렵이었고, 그제야 앞치마 차림의 할머니는 따뜻한 차 한잔을 간절히 원한다는 듯 몸을 꼼지락거리며 동요하는 기색을 보이기 시작했다.

재판정을 짓누르던 상징적 절차의 무게감이 한풀 꺾이고 나자, 법정은 드디어 그 놀라운 조그만 생명체인 아돌프 아이히만이라는 인간을 뜯어보는 — 해부하듯 산산조각 내는 건 아니더라도 — 심리 과정으로 접어들었다. 저 유서 깊은 반유대주의의 그림자가 아직도 법정 안에 짙게 드리워져 있었지만, 대개는 유사 이래 가장 비열하고 추잡한 폭정인 나치 독일에 초점을 맞춘 질문들이 대부분이었다. 이 오전의 심리과정을 통해 드러난 건, 나치즘이라는 맹목적 신념 속에서 못 말리게 혼동되고 있는 가치들이었다. 나치즘은 옳고 그른 것을 분간하지 못하게 했다. 또한 사소한 것과 위중한 것을, 아무 의미 없는 것과 의미심장한 것을, (히믈러Himmler가 애용하는 표현을 쓰자면) 우아하지 못한 것과 살인적인 것들을 헷갈리게 했다.

오전에 우리는 아이히만이 어떻게 유대인 말살 기법을 처음 익히게 되었는지를 그가 직접 얘기한 녹음테이프를 들었다. 그가 이스라엘에 잡혀온 뒤 이 재판을 앞둔 심문과정에서 채록된 것이었다. 그의 입을 통해 직접 그 말을 들을 때 우리를 놀라게 한 건 그 끔찍한 공포 자체라기보다는 그가 자신도 모르게 선명하게 드러내고 만 모순이었다. 그의 증언 초반부에서는 비록 은근하고 모호한 방식이긴 했지만 제국의 힘 같은 게 느껴졌다. 흔히 정복자들의 특징이라 여기는 천둥소리 같은 기운, 광활함의 기운 말이다. 하지만 히틀러의 제3제국은 그런 기운, 그런 힘과는 거리가 멀었다. "프랑스 얘기부터 할까요?" 아이히만은 조사관들에게 그렇게 물었다. "그게 처음엔 프랑스에서 시작했던가요? 거기서 어떻게 시작했죠? 아니면 네덜란드에서였나요? 거기서 시작했던 건가요? … 데살로니카에서는 무슨 일이 있었죠? 에게해에서는요? 그게 처음 시작되었을 때 브라티슬라바에서는 어땠어요? 비슬리세니Wisliceny[아이히만의 직속 부하]가 브라티슬라바에 도착한 게 언제죠? 루마니아에서는 어땠죠?"

그의 이런 장엄한 첫마디를 들으며 내 맘속에는 성바오로나 도우티Doughty, 호머의 울림이 희미하게 메아리쳤다. 그렇지만 그런 스타일은 어느새 홀연 사라지고, 너무나 지독하고 낯 두꺼우며 제정신이 아니고 믿기지 않는, 오로지 나치 독일에서만 가능한 리사이틀이 펼쳐지기 시작했다. 아이히만이 '최후의 해결책'이란 발상을 어떻게 마련했는지 설명하는 대목으로 넘어간 것이었다. 그에 따르면 하이드리히Heydrich가 그 얘기를 그에게 꺼냈다는 것. "처음엔 그가 너무 신중하게 어휘 선택을 해서 무슨 뜻인지를 몰랐지요. 그러다 그의 속내를 알아듣고선, 대답을 안 했어요. 할말이 없었죠. … 그런 해결책은 한번도 생각해본 적이 없었으니까요." 하지만 머지않아 그는 루브린으로 가서 유대인 말살시책이 어떻게 집행되고 있는지를 살피게 된다. 그 도시 근처의 한 수용소에서는 러시아 잠수함의 엔진을 이용해 유대인들을 질식사시키고 있었다.

"그건 정말 끔찍했어요. 이런 일에 꿈쩍도 안 할 만큼 내가 그렇게 강인한 인물은 아니었거든요. 지금 그런 쩍 벌어진 상처를 보라고 하면 난 아마 고개를 돌려버릴 겁니다. 원래 저는 그런 심약한 부류의 사람이라서요. 그래서 어떻게 의사가 되겠냐는 핀잔도 종종 들었죠. …" 그가 약간의 짜증이 섞였을 뿐 거의 똑같은 어조로 이야기한 또 하나의 당시 걱정거리는 수용소 건설 현장의 총책임자이던 경찰간부의 발음 문제였다. "그 사람 목소리는 우렁차고 평범했지만 교양이라곤 없었어요. 아주 흔한 목소리였는데, 추측컨대 독일 남서부 지방 억양으로 얘기하곤 했지요." 아이히만은 20년 전 지옥의 문턱에서 아주 짧게 만났을 뿐인 그 남자에 대해 무척이나 까다롭게 묘사했다. "아마 그 사람이 술에 취했던 건지도 모르죠."

민스크의 한 채석장에서 유대인을 사살하는 장면을 목격한 후에 ㅡ "그때 다리에 힘이 쭉 빠지더라고요" ㅡ 들렀던 르보브Lwow 지역에서도 아이히만은 가장 선명하게 기억나는 것으로 프란츠 요제프 황제의 통치 60주년을 기념하여 세웠다는 노랗고 예쁜 기차역을 꼽았다. "그 무렵 난 늘 기쁨에 충만했어요. 아마 부모님 집에서 그곳에 대해 좋은 말을 하도 많이 들어서 그럴 겁니다. 새어머니의 친척들은 사회적 지위가 꽤 높으신 분들이었습니다."

비록 그의 증언에서 엿보이는 이런 모순들이 사소해 보여도 그 중 하나는 아주 근본적이다. 그의 고백이 아주 얌전한 척, 착한 척, 아부하는 기운으로 가득하다는 점이다. 이 문제에 대해 우리가 선입견을 가져서는 안 된다고 생각한다. 하지만 아이히만이 막강한 힘을 가진 유명한 나치였으며, SS의 간부이자, 대량학살을 가리키는 나치 특유의 또 다른 완곡어법인 '특수처방'의 총책임자로서 권력의 핵심부에 근접해 있던 자라는 데는 의심의 여지가 없다. 그런데도 아이히만은 자신이 잘 알지도 못하는 상태에서 그런 혐오스러운 사건에 연루되었으며, 어머니 무릎 위에서 배운 순종이라는 가르침에 너무 과도하게 충실했을 뿐이라고, 오도되고 오해받은 보통 사람일 뿐인 척 말하려고 애쓰고 있었다.

그의 증언이 한 마디씩 펼쳐질 때마다 법정 안은 당혹감에 몸부림 쳤다. 그러던 아이히만이 신기하게도 자기비하의 순간에 이르러 "이런 끔찍스런 짓에 대한 속죄로서" 공개처형장에 나가 스스로 목을 매야할 지도 모르겠다고 얘기했을 때, 그런 견해에 전혀 끌리지 않는다고 할 사람은 그 법정에 거의 없었다.

> 그로부터 2년도 더 지나 아이히만의 교수형이 집행되었다. 하지만 공개처형은 아니었다. 그는 집행참관인들에게 이런 말을 남겼다. "나는 신을 믿었소. 전쟁 관련 법도 다 지켰고, 내 나라의 국기에 충성을 다 했을 뿐이오. 우리 다시 만납시다." 전 세계의 유대인에게 있어 아이히만 재판은 유대 인종의 부흥을 단적으로 보여주는 전람회 같았고, 내게 있어서는 2차대전의 커튼이 내려진 뒤의 마지막 상징적 커튼콜 같았다.

ch 10
냉 전

> 〈가디언〉 신문에 쓸 기사를 작성할 때건 개인적 저술로 바쁠 때건 1960년대 내내 냉전이 나를 무겁게 짓눌렀다. 철의 장막 양쪽을 오가며 냉전 현상을 살피다 보니 1960년대가 후딱 지나가버렸다. 철의 장막을 넘어 서유럽에서 동유럽으로 가는 길은 마치 칙칙하고 심난한 꿈속으로 빠져드는 일과도 같았다. 특히 공산국 주재 외국 신문 특파원들은 대개 비밀요원으로 여겨지곤 했다. 하지만 내가 냉전의 첫 맛을 본 것은 미국에서였다.

10-1 UN

> 1960년에 나는 〈가디언〉지 기자로서 UN총회의 주요 회의 하나를 취재하고 있었다. 그 회의에서는 핵심적 세계지도자들의 연설이 잇따랐는데, 대부분의 연설이 상호비방으로 가득했다. 가령 소련의 니키타 후르시초프는 서방 열강들을 향해 다음과 같이 경고했다. "머리가 있으면 생각들 좀 해 보시오. 비록 오늘은 아니더라도 곧, 아주 금방 식민주의의 질서는 완전히 사라질 것이오. 거기서 제때 헤어 나오지 못한다면 당신들도 그 물살에 휩쓸려 모두 사라지고 말 것이오. … 다른 민족을 억압하는 민족은 자기 자신도 자유로울 수 없다오." 하지만 이 이데올로기 쇼에서 뜻밖의 스타는 침착한 보수주의자인 영국 총리 해롤드 맥밀란이었다.

이튼스쿨 출신 특유의 미끈한 잿빛 머리칼을 한 해롤드 맥밀란이 UN총회장의 연단을 향해 그토록 천천히 꼿꼿하게 걸어가던 모습은, 비록 오늘 웨스터민스터로부터 강림한 선지자까지는 아니더라도 귀족의 풍모를 풍기기엔 모자람이 없어 보였다. 인상 사나운 사람들만 모아둔 듯한 총회장인지라 더욱 눈에 띈 이 근엄한 정치가의 풍채는 뭔가 유쾌한 느낌이었다. 맥밀란 총리가 (나처럼 지극히 원초적인 영국적 심금의 소유자에게서가 아니라면) 거센 반응을 불러일으키는 경우는 흔치 않다. 그런데 마침내 현란한 수사의 홍수 속 이 총회장에서는 어느 누군가가 맥밀란 총리의 관점에 귀를 기울이는 게 당연했다.

맥밀란 연설의 요점은 이랬다. 냉전의 저변, 그 근심의 핵심에는 두려움이 도사리고 있다는 것. 강대국들끼리 서로 두려워한다는 것. 폭력을 이용한 공산주의의 팽창 전쟁 이후, 서방은 늘 두려움에 시달렸다. 러시아인들은 또 그들 나름의 합당한 이유로 말미암아 그들의 영토가 또 외국군대에게 유린 당하지 않을까 두려워했다. 맥밀란은 말했다. 그러므로 우리 세계가 할 일은 두려움의 원인을 없애는 일이다. 그럼으로써 군축을 향해 꾸준히 진일보하여, 결과적으로 각 민족의 실질적 필요를 충족시키는 데 자원이 투입되어야 한다! "공공과 민간의 투자를 통해, 정치적으로 성숙한 사람들의 커져가는 기대에 부응해야 한다."

세계가 깜짝 놀랄 주장을 담지도 않았고, 과장의 몸짓도 전혀 없었다. 그것은 전 세계 교양인들의 열망을 품위 있게 담아낸, 문명과 교육의 세례를 잘 받은 한 교양인의 연설이었다. 그런데 바로 그 때문에, 연설자 자신은 영국의회에서 갈고닦은 무심함의 객관성을 주도면밀하게 발휘했음에도 불구하고 총회장 참석자들로부터 모순되는 감정들을 자아냈다. 하나의 공연으로서도 그 연설은 완전무결했다. 맥밀란은 새 총회 의장이 "영국과 참으로 긴밀한 유대를 지닌 나라"인 아일랜드에서 나오면 참으로 기쁘겠다는 얘기로 말문을 열었다. 그가 이 말에 어떤 아이러니를 담아 얘기한 것인지 나는 의아했다. 어쨌든 그는 이 얘기 끝에 한참 동안 말을 멈추었다. 그런데 이 진공상태를 메운 것은 서서히 일어나 총회장을 메운 웅성거림 같은 웃음이었다. 그때였다. 맥밀란 수상의 깎아놓은 듯한 뺨 한쪽이 뭔가 교활한 혀끝 놀림 때문에 볼록해졌다.

마구 흐트러진 자세로 못마땅한 듯 입을 쑥 내밀고 앉아 있던 후르시초프가 몇 차례 그의 말문을 막았지만 맥밀란은 전혀 굴하지 않고 그에 응수했다. 후르시초프는 맥밀란이 진정 화해의 뜻으로 그 연설을 하고 있다는 사실을 눈치채지 못한 게 틀림없었다. 손을 흔들며 의자에서 반쯤 일어나 러시아 말을 우당탕 쏟아내던 후르시초프. 그러기를 두 번째, 총리는 그의 걸쭉한 말이 좌중에게 충분히 전달되도록 기다리더니, 기왕이면 영어로 통역하는 게 좋겠다고 우아하게 덧붙였다. 이런 말이 신문에 실리면 무미건조하게 들리겠지만, 실은 너무나 뜻밖이고 결정적인 역습의 한마디였기에 총회장 안에 일제히 박장대소가 터졌다.

맥밀란 수상은 처칠 풍 연설부터 나른한 벽난로 옆 정담에 이르기까지 폭넓은 연설 스타일을 구사하기로 유명하지만, 그 연설에는 피할 수 없는 핸디캡이 부담으로 작용하고 있었다. 연설 내내 미국의 의견을 충족시키면서 동시에 나약하게 보이는 건 피하려는 영국 특유의 입장이 물씬 느껴졌다. 러시아를 향한 배려 또한 절실하게 느껴졌다. 러시아의 입장이 일면 이해될 법하기도 했지만, 그래도 그들이 서방을 위협해 굴복시키려 들지는 않도록 다독거려야 했던 것이다. 그리고 매순간마다 이 옛 제국 출신 정치가가 당혹스러운 식민의 역사에 의해 시달리고 있음이 느껴졌다. 그래서 그의 얘기 대부분은 자기방어일 수밖에 없었고, 어떤 부분은 싫든 좋든 보호자처럼 가르치려는 듯 들렸다.

그래도 그의 연설은 뭔가 승리의 연설 같았다. 원숙한 정치가의 능수능란한 연설이 끝나자 우호적인 박수갈채가 결코 요란하진 않지만 길게 이어졌다. 다만 공산권 대표들만이 그들의 수장인 후르시초프를 따라 적잖이 뚱한 반대의 표시를 드러냈다. 솔직히 그 연설의 알맹이는 그리 혁명적이지 않았다. 그것은 일부 영국 및 서방의 태도를 변호하는 것이었고, 또 일부는 마지못해 러시아를 책망하는 투였다. 또한 지혜롭게 화해를 제안하는 것이었고, 일부는 군축을 향한 새로운 시책을 제안하는 것이었으며, 일부 정상 차원의 경제적 데탕트를 촉구하는 것이었으니, 대결 구도 속에서 세계의 경제적 자원을 허비하지 말고 정상궤도에 올리자는 것이었다. 하지만 전체로 보아 그것은 사실 새로운 출발을, 시시한 주장 따위는 집어치우고 상식으로 돌아갈 것을 호소하는 연설이었다. 이 연설은 옥신각신 중인 거인들을 하나로 모으는 데서 그 의미심장함을 찾을 게 아니었다. 오히려 세계를 이루는 다른 여러 나라들을 향해 냉전이 얼마나 멍청한 짓인지, 그 가망 없는 몰이해의 실태를 밝혀보이는 데서 이 연설의 의미가 드러나게 될 것이다.

> 맥밀란 수상의 연설 중간에 후르시초프가 갑자기 자기 신발을 벗어들고 항의의 표시로 탁자를 내리쳤다. 이 유명한 후르시초프의 끼어들기 덕분에 맥밀란은 뉴욕에서 동네영웅 대접을 받게 된다. 후르시초프의 행동은 현지의 미국인들에게 전형적인 소비에트의 촌스러움으로 받아들여졌다. 그날 밤 회의가 끝나고 왈도프-아스토리아 호텔의 바에 앉아 있는데 맥밀란 수상이 거기에 나타났다. 바 직원부터 해서 그곳의 모든 사람들이 일제히 박수를 치기 시작했다. 그런데 나는 왠지 후르시초프 편으로 맘이 기울었다. 후르시초프의 행동에는 이름 모를 촌로 村老의 솔직함과 우스개가 깃들어 있었고, 노회한 영국 수상께서는 그의 그런 기질을 교묘하게 긁어댔던 것이다. 나중에 알고 보니 거부의 표시로 신발을 탁자에다 내동댕이치는 것은 '옛 러시아의 전통'일 따름이었다. 어쨌든 맥밀란의 연설은 냉전 혹은 역사의 나아갈 바에 아무 영향도 미치지 못했다.

10-2 모스크바

> 모스크바로 처음 날아간 것은 요제프 스탈린이 숨을 거둔 직후의 어느 겨울날이었다. 소련은 예전처럼 희한한 수수께끼 같은 나라였다. 여기 실린 글은 〈가디언〉 신문에 이틀 내리 실렸으며, 에세이 도입부에서는 찰스 디킨스가 1845년에 처음 베네치아를 방문하고 썼던 글을 일부러 모델로 삼았다.

비행기들의 매복공격을 피하듯 여행자는 갈팡질팡한다. 눈밭에는 그가 이제껏 그 어느 공항에서 보았던 것보다 더 많은 비행기들이 금세라도 그를 집어삼킬 거대한 창처럼 늘어서 있다. 사나운 콧날과 치솟은 꼬리들이 따분하게 번득이고, 거대한 몸집들은 더욱 낯설기만 하다. 침침한 조명 아래 답답해 보이는 리셉션 홀에 들어서자 갈색 퀼트 상의와 털모자를 쓴 험한 인상의 짐꾼들이 느긋하게 죽 늘어서 있거나 구부정하게 쪼그리고 앉아 있다. 파란 모자를 쓴 공항직원은 지독한 근시처럼 여권과 서류들을 뜯어보면서, 마치 우스개 연극에 나오는 시골 경찰관처럼 이리 돌렸다 저리 돌렸다 하면서 어떡해야 그 뜻을 더 잘 알아먹을 수 있을까 궁리하는 중이다.

세관 책상 주위에서는 온갖 짐을 바리바리 챙겨든 고루한 옷차림의 승객들이 웅성거린다. 넓적한 얼굴의 뚱뚱한 여인은 거의 울상이고, 아이는 엄마의 핸드백 끈을 연신 잡아당긴다. 벨벳 모자에 천박한 인상의 한 남자는 두터운 비단으로 마감한 짐가방을 올려놓고 실랑이에 한창이다. 더블 상의 차림에 위엄에 찬 얼굴을 한 중국인 여행객들도 눈에 띈다. 거대한 몸집의 사내들은 옷깃엔 배지를 달고 가슴엔 정교하게 만든 메달을 주렁주렁 매단 채 파리한 얼굴 가득 땀을 뻘뻘 흘리고 있다. 이 모든 북새통을 피해 우리의 여행자는 조심스레 나아간다. 그의 뒤에 선 짐꾼 한 명이 거친 숨을 몰아쉬며 발을 끌다시피 하면서 바깥에서 기다리는 차로 그의 짐을 옮긴다. 그렇게 그는 눈으로 질척대는 길을 따라 추위에 얼어붙은 풍경을 뚫고 도시를 향해 차와 함께 사라진다.

도로를 가로지르는 바람 탓에 눈발이 한바탕 흩날린다. 차창은 얼음과 성에, 물방울로 두텁게 덮여 있다. 도시로 들어가는 길가의 풍경은 마치 술주정뱅이의 눈으로 본 것처럼 희뿌연 겨울 대기 속에 흐릿하다. 낡은 판잣집들이 뒤엉킨 빈민가가 엉망으로 늘어서 있고, 까만 옛날에 칠한 듯한 퍼런 페인트는 마구 벗겨지고 있다. 베란다는 무너질락 말락 하고 무릎 깊이의 눈에 묻힌 현관도 허술해 보인다. 집에 딸린 헛간, 담장, 개집, 돌무더기 따위도 낡기는 마찬가지다. 작은 집들은 마치 늑대의 울음소리를 듣고서 서로 온기와 위로를 나누고자 옹기종기 모여 껴안고 있는 듯한 모습이다. 눈 덮인 황무지는 비정하고 비열해 보인다. 전나무만이 음침하게 그 땅을 내려다본다. 온갖 꾸러미와 바구니를 들고 그 땅을 가로질러 홀로 걷던 인물은 아마도 녹색 두건을 쓰고 누더기

코트를 질질 끄는 할머니가 아닐까. 마치 낯선 숲속의 불하받은 땅으로 가는 한 마리의 레밍처럼 길을 뚫고 가던 그 할머니.

간혹 비썩 마른 말이 썰매 가득 높이 바구니와 상자를 싣고 한쪽으로 휘청 기운 채 길을 달리기도 한다. 차도 달린다. 지나가는 차마다 진득한 배기가스를 뱉고 내뺀다. 원유 냄새마저 확 풍기는 듯하다. 투박하게 생긴 트럭도 지나간다. 보닛 위를 퀼트 천으로 덮은 거무칙칙한 녹색 차인데, 나무들 사이의 암흑 속으로 묵직한 소음과 함께 사라진다. 이제 막 차 앞유리 너머로 뭔가 도시 같은 모습이 뿌옇게 나타나기 시작한다. 밝은 파랑과 노랑 칠을 한 교외용 전동버스가 차와 나란히 미끄러져 간다. 차창에 김이 서려 버스 안의 모습이라곤 머리두건 몇몇과 찡그린 얼굴들이 어렴풋이 분간될 따름이다. 유리에 얼굴을 대고 있는 아이의 분홍빛 콧잔등도 보인다. 갈수록 도로가 막힌다. 휑해 보이던 시골은 저 뒤로 사라졌다. 그러자 곧 변덕스런 눈발 속에 무시무시한 건물들의 퍼레이드가 시작된다. 무지막지 크고 네모난, '출입금지' 표지판을 단 듯한 그 8층짜리 건물들에는 아무 스타일도 시대적 특징도 없다. 그냥 길게 줄지어 선 거대한 번식용 주택들이다. 창문에 셔터를 내린 건지, 아무도 안 사는 건가 싶었는데, 군데군데 음산한 불빛이 새어나오긴 한다. 길 양편으로 그런 건물들이 단호하고도 엄중하게 서 있다. 한 집 두 집, 한 블록 두 블록, 몇 킬로미터를 가도 계속 같은 풍경이다. 그건 마치 어느 외딴 비밀 하적장에 거대한 탄약통을 줄줄이 늘어놓은 꼴 같다.

위쪽이 둥그런 문을 열고 나서는 이라곤 땅딸막한 여인네 몇뿐이다. 지붕 위에 뒤죽박죽 엉겨 붙은 텔레비전 안테나는 서글프지만 밉지 않은 무례한 짓 같아 보인다. 이 우울한 자동차들의 행렬을 받아내는 도로 또한 엄청나게 넓다. 마치 기차가 어느 지점을 통과할 때처럼, 지금 막 건물의 리듬이 바뀌고 있다. 숨 막히던 좌우대칭이 사라지더니, 옛것과 새것, 그리고 그 중간이 뒤섞인 모습이 등장한다. 이를테면 높은 담장이 쑥 들어간 자리에 고전주의 풍의 현관이 보이더니, 회반죽벽이 낡아 속에 얼기설기 넣은 윗가지가 다 드러난 단층 오두막들이 줄줄이 늘어선 막다른 골목이 나오는 식이다. 얼어붙은 강을 건널 때는 다리에 매달린 장식용 항아리에 소총, 단검, 트럼펫, 자동소총 따위가 조각되어 담겨 있다. 우리의 여행자는 털모자로 차창을 슥슥 문지르고선 성큼성큼 다가오는 이 도시의 모습을 살핀다.

꽁꽁 얼어붙은 교외엔 어떤 색감도 없다. 아무런 색의 느낌, 색의 추억도 그곳에 활기를 불어넣지는 못한다. 모든 게 갈색과 회색이고, 그조차 눈에 덮여 있다. 다부진 체격의 행인들은 두툼한 방한외투와 모피, 긴 부츠로 온몸을 싸매고 거대한 짐짝처럼 거리를 오가고, 그 옆의 아이들도 모자와 양가죽 속에 몸을 꼭꼭 숨겨 마치 포장지에 둘러싸인 보석처럼 두 눈만 내놓고 걷는다. 길거리의 눈을 치우느라 곳곳에서 기계 돌아가는 소리가 요란하다. 선량한 족제비처럼 경쾌하게 움직이는 조그만 청소차, 마치 바닷가재처럼 기다란 팔을 달고 덜컹대며 움직이는 거대한 장치, 눈을 빨아들이는 흡입관, 그리고 커다란 키에 우락부락하게 생긴 눈 쟁기까지. 그 기계들 사이로 흰 앞치마에 패딩 상의 차림인 무뚝뚝한 여자 청소부들이 부지런히 쓸고 퍼담고 집어올리기를 반복한다. 그들은 인도 위에는 그물 모양의 빗자루 흔적을, 공기 중에는 끊임없이 획획 타다닥거리는 리듬을 남기고 지나간다.

땅바닥의 철망 사이로 증기가 올라오고, 초췌한 비둘기 대여섯 마리와 도시의 건달들인 참새 몇 마리가 떼를 지어 거기 몸을 웅크리고 있다. 조그만 소년들은 공원의 나무들 사이를 스키로 누비고, 귀덮개를 한 어느 늙은 철학자께서는 눈발에도 아랑곳하지 않고 벤치에 앉아 책을 읽는다. 그의 외투 깃에 내려앉은 하얀 눈이 마치 흰 모피 목도리 같아 보인다. 넓은 교차로를 오밀조밀 건너가는 사람들의 행렬은 끝도 없고, 벨트와 패딩 상의, 높은 부츠에 털모자 차림의 경찰관들이 성마른 몸짓과 호각소리로 행인들의 움직임을 재촉한다. 모스크바는 신기하게도 텅 빈 듯하면서 동시에 밀실공포를 불러일으킬 만큼 빽빽한 느낌도 준다. 텅 비어 보이는 건 건물들이 죄다 죽은 과학자들을 위한 기념비처럼 헬쑥하고 냉담해 보여 그렇고, 빽빽해 보이는 건 서두르는 시민들의 몸짓들에서 뭔가 암울하고 멈출 수 없는 무엇이 느껴져서 그렇다. 그 수많은 개체들의 엄청난 힘을 그 누구도 막을 도리가 없다는 것이다. 그 거침없는 행렬이 기쁨이나 근면함, 야망, 심지어 의무감 때문에 일어난 것조차도 아니고, 마치 철새가 이동하듯 혹은 조그만 흑색 연어가 급류를 거슬러 올라가듯 불가항력으로서의 몸의 본능에 따른 것이라고 느껴진다.

그때다. 오피스들 사이로 희미하게 희한한 괴물 같은 고층건물들이 모습을 드러낸다. 지붕선 위로 혼자 쑥 올라와 있는 그 건물 꼭대기는 이상스럽게도 뾰족한 첨탑과 스파이크들로 장식되어 있어 마치 어느 동방총독의 관저 같아 보인다. 드디어 땅거미가 내리기 시작할 무렵 여행자의 눈앞에 그 거대하고 위압적인 요새가 우뚝 나타난다. 작은 탑들로 꼭대기를 장식한 옛 성곽이 이 요새를 둘러싸고 있다. 관문 아래로는 얼음장 같이 찬 강물이 널찍하게 흐른다. 성곽 안은 동글동글한 금빛 장식들로 찬란하다. 대단히 정교한 종탑과 성채, 궁, 풍향계, 힘과 권력의 상징인 휘장, 대성당과 병영, 현란한 망루까지 그 모든 게 어울려 한 덩어리의 거대한 모자이크를 이룬 성채. 돔 지붕 위의 무지하게 큰 깃발은 바람결에 도도하게 흩날리고 있다.

이 서늘하고도 경이로운 장관 아래의 광장으로 우리의 여행자는 차에서 내려선다. 그리곤 묵묵히 줄을 선 시민들과 함께 우상처럼 딱딱한 표정의 두 보초병 사이를 통과한다. 그 병사의 옷깃은 뺨까지 올려져 있고, 부츠는 번들대며, 조그만 눈들은 굳게 고정된 채 미동도 않는다. 줄 선 사람들은 화강암 정문을 지나 거대하고 텅 빈 건물 안으로, 마치 벙어리들처럼 사색에 잠긴 듯 느릿느릿 들어선다. 긴 잿빛 방한복 차림의 장교들이 그늘 속에서 이들을 유심히 지켜본다. 사람들이 모자를 벗어들고 경탄에 가득 차 화강암 계단을 올라 이 거대한 건물의 복부 속으로 들어가는 동안 정적을 깨뜨리는 소리라곤 어느 철부지 갓난아기의 울음소리뿐이다. 조용히, 아주 찬찬히 행렬은 앞으로 나아간다. 규칙적으로 들려오는 숨소리, 두터운 외투가 사각거리는 소리, 돌바닥에 신발이 둔하게 터덕대는 소리까지 선명하게 들린다. 좋든 싫든 순례자 행렬에 끼어 있던 우리의 여행자는 마침내 지하감옥 같은 어느 내실에 다다른다. 소총을 든 네 명의 병사가 묵묵히 그곳에 서 있다. 거대한 인파의 행렬은 마치 요염한 뱀처럼 방을 휘휘 돌며 끝없이 이어진다. 다닥다닥 붙어서 숨소리까지 들릴 정도로 함께 걷는 이들은 그 순례의 또아리 내내 방 한가운데 서 있는 유리박스에서 잠시도 눈을 떼지 않는다.

    방부 처리된 두 사내의 시신이 거기 소총더미 위에 누워 있다. 그들에게 쏟아지는 빛은 지상의 것이 아닌 듯하고, 그들의 몸은 기이해 보일 정도로 깨끗한데다 왁스로 광까지 내 번들댄다. 한 사내는 짧은 턱수염을 길렀고 머리 위가 불룩하다. 다른 사내의 콧수염은 굵고 무성하며, 그의 창백하고 푸르죽죽한 몸 위에 걸쳐진 상의는 훈장으로 뒤덮여 있다. 화장술의 개가라 할 이 시체들을 지나치는 사람들의 입에서는 단 한 마디의 말이나 한숨, 기침도 새어나오지 않는다. 피라미드의 무덤 한복판에서 벌어지는 일인 양 뭔가 신비로운 의식의 기운이 방 안에 가득하다. 이 행렬의 매혹에 사로잡혔던 우리의 여행자는 그 방을 빠져나와 저녁 빛에 젖어드는 큰길로 마치 꿈을 꾸듯 걸어나간다. 그때쯤 우리의 여행자는 이미 뭔가가 자신의 몸에 착 들러붙는 걸 느낀다. 그것은 자신의 구겨진 코트와 접어올린 바짓단 속에 고여 있고, 마치 기차 객실의 담배 냄새처럼 그의 머리칼에 배어들며, 그의 손톱 밑을 파고들고, 그의 눈을 따끔거리게 한다. 그것은 모스크바의 악취, 모스크바의 진액이다.

*

겨울의 모스크바는 달콤한 꿈도, 그렇다고 악몽도 아니다. 차라리 몽롱한 숙취의 느낌이랄까. 흐릿하고 입이 타는 게 뭔가 망가진 것 같다. 그렇지만 거의 고통에 가까운 명료함의 순간들이 따끔따끔 닥치기도 한다. 그럴 때면 말이나 생각, 추억들이 맘속에서 마치 핀볼게임기의 쇠공들처럼 금속성으로 요동을 친다.

우아하지는 않아도 매료되는 도시, 낯선 아시아 세계의 수도 모스크바. 말로 표현할 수 없는 스탈린주의적 취향의 허망함을 낙인처럼 보여주는 추한 건물들이 늘어선 모스크바의 거리에서는 두텁게 껴입은 군중들이 걸신스레 거친 발길을 재촉한다. 신화에 자주 등장하듯 아무 생각 없이 그렇게 움직이는 모습은 아니다. 오히려 독특하게 터득한 나쁜 행실의 결과로 그리 움직이는 것 같은데, 스스로 자아낸 황홀감에 도취된 나머지 다른 행인들의 존재를 의식에서 싹 지워버린 듯 걸어가는 것이다. 마치 요가 수행자가 자신을 둘러싼 물집투성이 환자들을 무시해버리는 듯 말이다. 모스크바 사람들은 효과적으로 밀치는 기술 부문에서 세계 최고다. 그래도 일단 줄을 서고 나면 생기 없이 축 늘어져 고분고분해진다. 중앙시장의 우유판매대 앞에서든, 오페라 공연 뒤 모자와 방수용 덧신을 되찾기 위해 숨 막힐 정도로 빽빽하게 줄을 서서 앞 사람 목덜미에다 씩씩대는 숨을 내쉬며 기다릴 때든, 그렇게 길게 늘어선 모습은 늘 똑같다. 모스크바의 길거리에서 일말의 품격이나 스타일을 기대하는 건 부질없다. 이곳은 보통 사람들의 거대도시이고, 이들은 자랑스레 콧물을 훌쩍거리며 보르시치borscht 수프를 먹는다.

이 음울한 프롤레타리아들의 살풍경을 뜯어보면 괴상한 미스터리들이 어슴푸레 모습을 드러낸다. 어떤 건 공산주의의 미스터리다. 미라가 되어 누운 철학, 신격화, 아기 모습을 한 레닌을 새긴 메달들, 호화로운 관 속에 누운 어느 물리학자, 떠들썩한 팸플릿과 구호, 5개년계획들! 몽고인, 카자흐인, 밋밋한 중국인, 흉터투성이 아프리카인, 부리부리한 눈망울의 인도인, 울퉁불퉁한 지팡이에 쪼글쪼글한 양가죽 모자를 쓴 깡마른 중앙아시아 사람까지, 희한한 얼굴들의 변화무쌍한 모자이크를 보노라면 모스크바가 무슨 제국주의 도시가 아닌가 싶어진다.

어떤 모습은 고대국가의 미스터리다. 크렘린 궁전의 보물창고에서 본 뾰족한 중세 투구들, 눈부신 말안장 장식, 왕가의 썰매, 정교한 격식에 따라 쌓아둔 금괴, 잉글랜드에서 온 찬란한 은제품, 천재 세공장인의 손을 거쳤을 보석들, 상아로 만든 옥좌, 왕권의 상징인 홀笏, 황금수탉, 부엉이, 꿩, 기차, 황금계란 더미 위의 배. 갤러리를 찾은 관광객들은 두툼한 펠트 덧신을 신고서, 마치 모스크 사원에라도 들른 듯 안내자의 뒤를 순순히 무리지어 따르며 케이스 안의 번쩍거리는 갑옷들을 구경한다.

종교의 미스터리들을 보여주는 것들도 있다. 탁월한 정치학자였던 레닌을 이미 영묘한 존재로 만들어버린 레닌주의라는 이름의 종교. 아니면 양파 돔 아래에서 여전히 화려하게 건재한 제정러시아라는 종교도 있다. 일요일 아침의 교회 예배는 여전히 베일에 가린 채 이상한 괴로움을 보여준다. 포크 모양의 수염을 한 노인이 문밖에서 시끄럽게 지절대는 지저분한 비둘기들에게 모이를 주고 있다. 안으로 들어서면 모스크바 시민 백만 명이 그곳을 꽉 메운 듯 발 디딜 틈도 없다. 어찌나 빼곡한지 한꺼번에 무릎을 꿇을 때면 교회 안에 그야말로 파도가 일어난다. 저 멀리 아주 먼 곳에서 어느 사제의 제사복이 촛불 빛에 어른어른 이따금 보이기도 한다. 어딘가에 숨어 있을 성가대의 느린 합창은 기둥과 성상들을 감돌아 들려온다. 문 가까이에는 창백하지만 평온해 보이는 두 할머니의 시신이 꽃더미 위에 누워 있다. 한 부속 채플에서는 긴 금발에 안경을 쓴 사제가 제단 옆에 놓인 식탁의자에 앉아 여인들이 웅얼대는 고해성사와 탄원을 듣고 있는데, 마치 마법사를 둘러싼 난쟁이들처럼 여인들의 다그치는 기세가 대단하다.

모스크바에서의 만남들 또한 특이하다. 비유하자면 열에 들떠 헛

것이 보이는 것 같다. 묵직한 부츠에 거대한 가죽장갑 차림의 한 남자는 샴페인 바에서 자신을 공산주의 노동자 사령관이라고 소개하고선, 잉글랜드의 미장공 동지들의 복지 상태를 묻는다. 레닌도서관에서 만난 쾌활한 아가씨는 사회주의 리얼리즘에 대한 불경스런 재담을 넌지시 건넨다. 이혼법정의 한 여성 판사는 자신의 고아 시절을 회상하며 눈물을 터뜨린다. 몸에 착 붙는 코트를 입은 두 젊은이는 파운드 지폐, 만년필, 〈라이프〉 잡지, 껌, 나일론 셔츠, 축음기 음반 따위를 달라고 간청한다. 모스크바는 빈정대는 풍자로, 스파이의 기미와 의혹으로, 불길한 비밀의 임박한 위협 따위로 넘실댄다.

때로는 목을 조르는 듯한 질식감이 당신을 압도하기도 한다. 그럴 때면 바다로부터 너무 멀리 떨어져 있구나, 거대하게 부풀어 올라 그 크기를 가늠조차 할 수 없는 무언가의 한복판에 갇혔구나 싶어서 머리와 맘속의 맥박수가 훌쩍 떨어지는 듯한 느낌마저 든다. 지하철 타러 내려가서 만난 흠 잡을 데 없는 지하공간이 바로 그렇다. 초대형 상징들과 우유 짜는 여인들이 춤추는 벽화가 당신을 질식시킨다. 수많은 교과서와 소책자, 레닌전집 따위도 그렇고, 훈장을 단 영웅들의 초상화도 그렇고, 경제지침서들, 어느 서점의 선전선동 포스터들도 숨을 막히게 한다. 답답한 대칭형으로 지어진 모스크바대학을 거닐 때도 마찬가지다. 빅브라더Big Brother의 모교인 듯한 32층의 이 두뇌 공장(열람실 33개, 기숙사 5,754실, 학술원 회원 80명, 공로과학자 20명, 서적 백만 권, 나무 50,000그루, 1,500석 규모의 집회실, 11개 층 규모의 창고 등, 국영관광국 홍보책자의 표현대로 "세계 최고의 대학은 오로지 모스크바에서만 찾을 수 있다"고 할 만한 규모이다)의 생산라인에서 25,000명의 학생들이 마치 개미떼처럼 분주히 일한다.

때로는 겁에 질리는 느낌도 든다. 어딘가 숨겨진 마이크가 내 목소리를 몰래 녹음하는 듯한 느낌, 비밀경찰, 외국인 주민들을 억지로 한곳에 몰아 고립시켜 둔 주거단지, 혹은 이 침침하면서도 인상적인 도시가 뿜어내는 삭막한 힘 때문만은 아니다. 진짜 두려운 건 당신을 마치 전혀 이질적인 외계인 취급하는 데서 오는 뿌리 깊은 소외감 때문이다. 모스크바에서의 대화는 아무리 정중해 보여도 이데올로기의 간극을 극복하지 못한다. 자상하고 친절한 당신의 정보원이 느닷없이 의식적으로 오만한 목소리를 내기도 한다. 공산주의 노동자 사령관의 질문 뒤에 도사린 건 적의까지는 아니더라도 피할 도리 없는 오해임에는 틀림없다. 이미 결정되어 있어 우리가 어찌해볼 수 없는 어느 지점에 다다르면 서로의 어휘와 개념이 마구 멀어져서 화해할 수 없는 지경에 이르는 것이다. 모스크바에서는 결코 진실을 파악할 수가 없다. 여기서 진실은 스르르 녹아 눈 속으로 떨어진다. 심지어 그 떨어진 흔적조차도 거대한 군사처럼 지나가는 행인들의 발자국에 의해 지워지고 만다.

    그렇지만 때로는 이 도시의 미스터리들이 어떤 핵심을 지니는지, 그 맛을 희미하게나마 간파할 수는 있다. 그건 마치 술을 마신 다음 날 토하다 말고 전날 먹은 술이 무엇 무엇이었는지 너무도 또렷하게 분석되는 것과 엇비슷한 느낌이다. 거창한 러시아 서사시가 거침없이 무대에 올려지는 볼쇼이 극장에서일 수도 있다. 요란한 팀파니와 철컹대는 갑옷들의 소리, 거대한 합창단이 뿜어내는 노래 속에 일단의 영웅들이 선두에 서고 기사들과 말, 노예들이 그 뒤를 따르고 또 따른다. 뾰족 투구와 쇠사슬 갑옷들이 정신없이 날뛰고, 깃발들이 눈부시게 휘날리며, 배경막 뒤에서는 화염과 연기가 솟구치고 횃불이 번쩍댄다. 오케스트라는 부들부들 떨릴 정도의 포르티시모로 연주하고, 지휘자는 땀에 젖은 대머리를 훔친다. 수많은 관람객들은 좌석을 부여잡거나 혹은 샹들리에 위 금빛 찬란한 발코니석에서 목을 길게 빼고 응시한다. 그때다. 이 모든 요란함 속에서도 당신은 옆 사람 어깨 너머로 중앙부의 엄청난 귀빈석을 힐끔 보게 된다. 거기 지상에서 가장 센 권력을 휘두르는 이가 앉아 있다. 약간은 지루한 듯 짐짓 멍한 표정의 그는 양 입꼬리에 슬픈 미소 같은 걸 짓고 있다. 쪽 찐 머리에 축 늘어진 갈색 드레스를 입은 그의 아내가 얌전하게 그에게 딱 붙어 앉아 언제든 시중을 들겠다는 태세다.

이쯤 되면 마지막 악장까지 기다릴 것도 없다. 얼른 집에 가서 잠이나 푹 자는 게 나을 테니.

> 같은 해 1960년. 그 소란스럽던 해에 한 미국 첩보비행기의 조종사가 소비에트 대법원에서 재판을 받았다. 그의 첩보기는 우랄산맥 위 18,000미터 상공에서 피격 당했다. 이 사건은 소련의 대공화기가 신기록을 작성한 징표로 여겨졌다. CIA가 제공한 자살용 독침을 사용하기를 거부한 그 조종사는 스베드르프스크 Sverdlovsk 근처에서 농부들에게 생포되어 모스크바의 법정에 서게 된다. 이 재판은 1920년대부터 시작된 소련의 국제적 전시용 재판의 마지막을 장식했다.

오늘 아침 모스크바 노조회관[24]에서 31세의 미국인 게리 파워스 Gary Powers가 이른바 간첩이라 불리며 소비에트 국가에 대한 간첩활동 혐의로 소비에트대법원 군사법정에 섰다. 그는 자신의 죄를 시인했다.

그의 아내는 검정 옷에 넓고 하얀 퓨리턴 칼라 차림을 하고 법정 뒤쪽에 앉아 있었다. 카프카나 조지 오웰을 연상시키는 수백 명 정도의 외교관들도 거기 그렇게 앉아 있었다. 하지만 대체적으로 오늘 아침의 분위기는 그리 살벌하지 않았다. 멋진 재판장인 칼럼홀의 분위기는 암울한 우려로부터 커져가는 회의론을 거쳐 이따금 경박한 장면에 이르기까지 했다. 오늘 아침의 법정은 확실히 겁을 먹이려 드는 재판장의 으름장과는 거리가 멀었다. 그럴 이유가 뭐 있겠는가? 원하는 걸 이미 다 얻었으니, 남은 목표라곤 빛바랜 백합 한 송이 그리는 게 전부였다.

오늘 아침 파워스가 모습을 드러냈을 때만 해도 여느 때처럼 섬뜩

---
24 House of the Union. 18세기 전반에 처음 지어진 이 건물은 10월 혁명 후 모스크바 노동조합평의회 소속이 되면서 지금의 노조회관이란 이름을 얻었다. 신고전주의 기둥이 많은 외관 때문에 '칼럼홀'이라고 불리기도 한다. 원래는 뛰어난 음향시설 덕분에 모스크바 최고의 클래식 공연장이었고, 소비에트 시절에는 공산당총회장 및 레닌, 스탈린 등의 장례식장으로 쓰였다. [역주]

한 의식이 으스스하게 펼쳐지겠구나 싶었다. 판사들은 불투명한 흰색 커튼을 배경으로 해 무대처럼 꾸며진 자리에 앉아 있었다. 그 가운데에 군사법관과 두 명의 배석판사가 앉았는데, 모두 장군급이었다. 멀끔한 비둘기색 제복을 입고 높은 나무의자에 앉은 그들의 모습이 꼭 덩치 큰 부처 같았다. 법정 왼쪽이 검사 측인데, 소비에트연방의 검찰총장이 칙칙한 푸른색 법복으로 어마어마한 덩치를 가리고 있었다. 실내는 샹들리에와 길게 늘어선 알전구, 투광조명까지 켜져 눈이 부실 지경이었다. 그 조명 아래 실내의 모든 구석이 서늘하게 환했고, 재판 참여자들 모두가 화장한 것처럼 반들반들거려 보였다.

  10시 정각, 파워스는 올리브색 상의와 파란 바지 차림의 젊은 군인 두 명의 호위를 받으며 이 놀라운 풍경 속으로 들어섰다. 푸른색 러시아산 양복이 너무 큰지 파워스는 틈날 때마다 소매를 걷어 올렸다. 그는 뭔가 독특해 보이는 군인 머리를 하고 있었는데, 아마도 군인들의 짧은 머리가 옷자란 것이리라. 파워스는 나무 도크 안에 갇혔는데, 그건 마치 큰 아이들이 놀 수 있도록 만든 울타리 같았다. 투광조명이 쏟아지는 그 울타리 옆으로 마치 장식 관대를 지키듯 보초들이 섰고, 드디어 카메라가 윙 돌아가는 소리와 더불어 그의 재판이 시작되었다.

  재판은 무섭게 시작되었다. 파워스는 틀림없이 겁에 질려 있었고, 나 역시 그랬다. 싸늘하게 또박또박 격식을 차려 그의 죄목이 선포되었고, 섬찟할 정도로 메마른 학술용 영어로 파워스에게 통역되었고, 동시통역된 프랑스어, 독일어, 스페인어가 헤드폰으로 흘러나왔다. 검사 측 증인들이 수줍어하며 무대에 올랐다. 푸른색 더블 상의를 입은 네 명의 다부진 남자들이었는데, 서기장 책상에서 서명을 한 뒤 어색한 몸짓으로 물러났다. 전문가 증인들도 소집되었다. "전문가 여러분, 앞으로 나와 주시겠습니까?" 그러자 제복 차림의 장교 여섯 명과 산뜻한 잿빛 정

장을 한 과학자 한 명이 올라왔다. 이따금씩 호기심 어린 청중들이나 멀리 떨어진 파워스 부인의 모습을 담기 위해 카메라 조명이 이리저리 움직이곤 했다. 피고석 울타리 안에서 징징거리는 그 젊은이부터 높은 판사석에 냉담하게 앉은 장군에 이르기까지 법정 안의 그 모든 게 서늘하게 느껴졌다. 예정된 운명과 절망만이 팽배했다.

파워스는 쏟아지는 카메라 조명을 뚫고 한두 차례 홀 쪽으로 시선을 돌렸지만, 자기 아내를 보지는 못한 것 같았다. 그는 이미 모든 걸 잃은 사람 같았다. 잔뜩 망가져 풀이 죽은 채 비굴한 아부의 표정을 내비치는 게, 마치 거미줄에 걸린 불쌍한 파리 꼴이었다. 걱정에 찬 모습으로 그는 일어났다 앉았다 하면서, 착한 아이처럼 질문들에 대답했다. 물론 그들이 파워스를 다루는 방식은 아주 부드러웠다. 선량하고 단순하면서도 사람을 속이려 드는, 철저한 아메리칸 보이 역할을 충실히 할 수 있도록, 자본주의의 꼭두각시 노릇을 완벽하게 보여줄 수 있도록 파워스에게 모든 공간을 허용한 것이었다. 변호사 측의 변론도 부담스럽긴 하지만 명쾌했다. 즉 파워스는 이번 비행을 그 목적에 대한 아무런 이해 없이 수행했다는 것이다. 그는 자신에게 주어진 명령을 단지 아무 생각 없이, 이번의 경우엔 죽지도 않고, 따르기만 했다는 것이다.

그럼에도 불구하고 검찰총장은 몇몇 묘하게 가시 돋친 대답을 들어야만 했다. 오늘 아침은 그렇게 확 기뻐지다가 일순간 절망하는 일이 기이하게 반복되는 가운데 막을 내렸다. 하지만 우리들의 맘속 깊은 곳에서는 세뇌와 어두운 지하감독에서의 고문을 의심했다. 몇 시간 동안의 심문 끝에 드디어 검찰총장이 독침 얘기를 꺼냈을 때 법정의 긴장감은 팽팽해졌다.

"내가 고문을 당해 견딜 수 없을 경우를 대비해 그걸 받았습니다. 차라리 죽는 게 낫다는 거죠."

"그러니까 당신의 상관들은 당신 목숨에 별 가치를 부여하지 않은 거네요?"

"글쎄요. 아마도 그 문제를 저한테 일임한 거 아닌가 싶습니다. 아무도 저한테 스스로 목숨을 끊으라고 하진 않았거든요."

"당신이 고문을 받을 거라고 말하던가요?"

"그런 말을 듣진 않았지만, 그러리라고 기대는 했지요."

"그럼 고문을 받았나요?" 검찰총장이 물었다.

"아뇨." 파워스 대위는 말했다. "저는 아주 좋은 대접을 받았습니다."

간밤 파워스의 변호를 맡았던 미하일 그리네프Mikhail Grinev(그는 절제력 넘치는 올리버 하디Oliver Hardy 같았다)는 형량 경감을 위한 모든 주장들을 내놓았다. 그의 견해에 따르면 파워스는 아메리카의 평범한 보통사람muzhik으로서, 자기 속만 차리는 자본주의 국가에 의해 착취당했으며, 그를 둘러싼 냉담한 환경의 난관을 타개하고자 자그만 일을 하고자 한 한낱 개인일 따름이라는 것이다. 출신성분도 아주 평범한 그는 전 세계 노동자들의 평범한 야망을 공유했을 뿐이니, 전쟁 도발자들의 자본주의 사회가 그를 혹독하게 짓누른 나머지 잠시 궤도를 벗어나 U2기를 타고 러시아 상공으로 날아온 것뿐이라는 것이다.

그래도 재판 과정 중에 짜릿한 매혹의 순간도 있었으니, 이제껏 경험해볼 수 없었던 신기한 세계를 잠시 엿볼 수 있었다. 이를테면 페샤와르Peshawar[파키스탄 북부 도시]에서 비행복 차림에 산소 헬멧을 쓴 파워스의 사진이 공개되었는데, 마치 전쟁터로 나가는 기사 같았다. 주머니에 찔러 넣은 지도, 그의 비행기에 장착된 비밀 장치들, 그의 지도 위에 표시된 로켓 지점들. U2부대 사령관인 쉘튼 대령의 모습도 희미하게나마 볼 수 있었다. 그는 활주로를 가로질러, 이륙하기 직전의 파워스에게 걸어가 검은 천 조각을 건넸다. 궁색한 설명에 따르면 파워스가 보도 Bodo[노르웨이 북부 도시]에 무사히 도착하면 건네게 되어 있는 부적이라는 것. 우리는 러시아 상공에서 파워스가 앉았던 조종실 위치에서 아래를 내려다보기도 했다. 거기 멀리 아래로 소비에트 비행기 한 대의 비행운飛行雲이 선명하게 보였다.

우리는 스베르드로브스크Sverdlovsk 인근의 시골 사람들이 하늘에서 떨어지는 낙하산을 지켜보는 장면도 보았다. 전문가 동지들의 설명을 곁들여, 현대 첩보전의 총아인 카메라부터 레이더 교란기까지 온갖 장비들을 점검해보기도 했다. 우리의 시야는 파미르 고원으로부터 스칸디나비아까지 확장되었다. 나아가 파워스가 "군 입대를 앞둔 사람을 아무도 써주려 하지 않아서" 할 수 없이 인명구조대로 일했다는 이야기를 통해, 그의 청소년기를 보여주는 미국까지 살펴보았다. 그리고 우리는 보았다. 약간 몽고 풍 얼굴을 한 재판장이 거대한 망치와 낫[소련 국기] 아래 마치 신처럼 앉아 이 모든 장면들을 꼿꼿하고도 묵묵하게 지켜보는 모습을.

재판부는 판결을 준비하는 데 4시간을 쓰더니, 그 판결문을 읽는 데는 4년쯤을 쓸 작정인 듯했다. 취재에 열을 올리는 기자들부터 호기심을 못 이겨 뒤쪽 커튼 틈 사이로 내다보는 비번 속기사들까지 법정의 모든 사람들이 기대감에 충만한 가운데, 세 명의 장성급 판사들이 입장했다. 모두가 일어섰고, 재판장이 판결문을 낭독하는 동안 다들 그렇게 서 있었다. 파워스는 "미국 정부의 비호 아래 작전을 수행하는" CIA의 도구였다는 게 판결문의 결론이었다. 그의 러시아 상공 비행은 국제 긴장을 고조시키기 위해 의도적으로 고안된 것으로 보편적 평화에 큰 위협을 초래했다는 것이다.

그때 나는 잠시 동안 최악의 경우가 벌어질 것을 염려했다. 15년형을 구형한 검사 측의 요청도, 변호사의 형량 경감 탄원도, 어쩌면 모두 최악의 판결에 극적인 효과를 더하기 위한 맛보기에 불과한 게 아니었을까? 아래를 보니 파워스 부인이 백짓장처럼 하얗게 질린 얼굴로 손수건을 부여줘고 서 있었다. 내 옆으로는 12개국에서 온 동료기자들이 자세를 잡고 기사를 써내릴 태세였다. 법정 내의 여러 카메라맨들도 피고에게 카메라를 고정시킨 채 전원을 켤 준비를 하고 있었다. 그 잠깐 동안 나는 생각했다. 우리 모두는 지금 사형 판결을 기다리고 있는 건가?

그러나 그때 최종판결이 낭독되었다. "소비에트대법원 군사법정은 소비에트 휴머니즘의 원리에 입각해, 또 파워스가 진심으로 뉘우치는 것을 참작해, 프랜시스 게리 파워스를 소비에트연방에 대한 간첩 혐의로 10년 구금형에 처하며, 그 중 3년을 감옥에 수감할 것을 판결한다." 법정이 크게 한 번 술렁거렸다. 잠시 후 샹들리에가 파르르 떨릴 정도의 환호가 일어났다. 파워스는 앞뒤로 군인의 호위를 받으며 제법 편안한 모습으로 법정을 빠져나갔다. 그러자 순식간에 법정을 가득 메웠던 조명이 사라졌다. 거대한 칼럼홀의 청중들도 홀연 모습을 감췄다. 수수께끼 같던 세 명의 판사들도 퇴장했고, 파워스 재판은 끝났다.

나는 이 재판의 매 순간이 끔찍하고 지독했다. 그것은 우리들의 멋진 신세계를 압축해 보여준 소우주였고, 그 악취는 정말 대단했다.

> 그때 나는 파워스가 과연 격추된 것일지 의아해하며, 아마도 그의 비행기가 무슨 기계 결함을 겪은 것이리라 짐작했다. 한번은 고향집의 가족들과 사적인 전화 통화를 하다가 그런 짐작을 입에 올려보았는데, 보이지 않는 검열자의 싸늘한 목소리가 툭 끼어들며 내 말을 끊어놓았다.
> 파워스 씨는 미국에서 붙잡힌 소비에트 요원과 맞바꾸는 조건으로 1962년에 석방되었다가, 1977년에 헬리콥터 추락사로 세상을 떴다.
> 모스크바에 머물 때 여러 해 동안 소련의 첩보원으로 암약했던 가이 버제스Guy Burgess라는 전직 영국 외교관을 알게 되었다. 영국 측에서 보자면 배신자였던 것. 불쌍한 그 친구는 그 무렵 고향 잉글랜드를 그리며 지독한 향수병을 앓고 있었다. KGB의 지령 때문인지, 아니면 그저 향수에 젖어서인지, 그는 소련을 찾는 남녀배우들과 작가, 언론인들과 자주 어울리곤 했다. 그가 불쌍하다고 생각하고 있던 차에, 어느 날 밤 둘이서 볼쇼이 공연을 보러가기로 약속했다. 극장 계단 앞에서 만나기로 했는데, 내가 도착하니 그는 계단에 서서 나를 기다리고 있었다. 사람들 사이를 헤치고 나가며 그에게 손을 들어 인사했고, 그도 내게 손을 흔들어 주었다. 그런데 내가 문 앞에 도착했을 때는 그가 어디론지 사라진 뒤였고, 그 후 다시는 그를 볼 수 없었다.

10-3 레닌그라드

> 모스크바와 정반대의 모습을 보이는 곳이 바로 세인트피터스버그, 즉 예전의 페트로그라드였던 레닌그라드이다. 내가 레닌그라드를 처음 방문한 것은 키예프에서 돌아가는 길에 비행기를 갈아타면서 이 도시에서 하루를 보낸 때이다. 그 다음 날 아침에 집으로 돌아가 〈가디언〉에 다음과 같이 매혹적인 글을 기고했다.

표트르대제[25]는 이곳을 '서구로 열린 창문'이라고 불렀는데, 지금도 여기는 하나의 망루 역할을 하고 있다. 이곳의 스타일과 격식은 세밀한 부분까지 서구적이며, 도시 전체가 아시아로의 관문에 위치한 유럽의 격조 높은 작품 같다. 소련 사람들은 레닌그라드를 길들였다. 그곳의 황제들을 몰아내고 새로운 용도로 활용했다. 궁궐은 박물관이 되었고, 여자대학들은 정당 사무실로 바뀌었다. 정교하게 아름다웠던 레스토랑들은 거칠어졌고, 부채 장인과 미술 교관들은 망명의 길에 올랐다. 서점들은 변증법적 유물론으로 꽉 차 버렸고, 대성당은 훼손되었으며, 위계적 사회구조는 꺾어져 버렸다. 까불대는 재미들은 자취를 감췄고, 대로들은 희치희치 너덜너덜해진 채 방치되었다. 그래도, 내가 육감적인 우크라이나를 떠나 그곳으로 날아갔을 때 이 도시는 마치 도시들의 클레오파트라인 듯 보였다. 자신의 운명을 극복하고 날아오르는!

레닌그라드는 단순한 기하학적 도시를 넘어 천문학적 거대도시라고 할 만하다. 이곳으로 들어오는 남쪽 관문인 모스코브스키 프로스펙트Moskovsky Prospeckt[모스크바 대로]는 10킬로미터에 이르는 길이를 자랑할 뿐만 아니라 남쪽 고원지대의 풀코보 천문대에서 발원하는 자오선 상에 위치하고 있는 것이다. 이 아름다운 대로를 따라 달리면 도시는 차분하고 꼼꼼하며 우아해 보인다. 스카이라인을 어지럽히는 우악스런

---

25 Peter the Great. 제정 러시아의 시조로서, 1672~1725년까지 재임했다. [역주]

몽고 풍 고층건물 없이, 고전 풍 콜로네이드와 바로크 저택, 돔, 금빛 첨탑 등이 어울려 안정감과 균형미를 자아내는 게 여전히 고급스런 순종이로구나 싶었다. 바다와 눈에 반사된 빛들이 이런 구조물들을 끊임없이 통과하며 부드러워진 뒤, 네바 강의 언 물 위에서 반짝였다. 작은 섬들을 품고 가지런한 건물들을 양안에 거느린 네바 강은 선착장들 사이를 지나 서쪽으로 핀란드만을 향해 흘러갔다.

내 눈은 우크라이나의 비늘들에 의해 여전히 황홀해진 채였고, 그 상태로 나는 이 명료한 분위기 속을 돌아다녔다. 강 건너 성베드로와 성바오로 두 성당의 금색 손가락 모양 뾰족탑에 부딪혀 반짝거리는 햇볕이 기적 같았다. 그 탑들은 꼭 성벽 위로 불거진 뾰족굽처럼 호리호리했다. 실내를 가득 메운 햇살로 환한 가운데 아래로 희고 금빛 찬란한 바로크 풍경을 굽어보는 에르미타주Hermitage 박물관의 상층부 갤러리들에는 저 위대한 르누아르와 고갱, 모네, 그리고 푸른 색 마티스의 작품들이 황홀한 활기를 내뿜으며 걸려 있었다. 향기를 들이마시듯, 칭찬이 자자한 포도주를 꿀꺽 삼키듯 그 활기를 음미해야 하는 곳. 겨울철의 러시아는 섬뜩하고 음침한 나라임에 틀림없다. 눈이 녹아 질척대는 길바닥처럼 도그마로도 꽉 막힌 곳이니까. 그렇지만 나처럼 레닌그라드로 날아가 보시라. 그러면 당신의 분비샘들이 활짝 되살아날 테니.

온갖 유물론 혁명의 전당들과 쿵쾅대는 외곽의 산업지구, 조선소 물 위에 둥둥 떠 있는 원자력잠수함 등 그 모든 시대의 징후들에도 불구하고 레닌그라드는 마치 늙지도 않는 고급 매춘부처럼 꼭 필요하지도 않을 매력들을 여전히 간직하고 있다. 그날 아침 나는 길모퉁이 가판대에서 하얀 통 작업복 차림의 근엄한 여인으로부터 튀김옷을 입혀 튀겨낸 소시지 하나를 샀다. 어느 낡은 서점의 먼지 쌓인 책 더미 속에서는 1905년판 바데커Baedeker사의 러시아 가이드북을 찾아냈는데, 오래전 잉크로 쓴 막대기 같은 모양의 독일어 필기체 서명이 적혀 있었다. 난

섬머가든Summer Garden의 숨겨진 대리석 조각상들 사이로도 걸었다. 마치 고집불통 님프를 바위 속에 가두듯 겨울을 맞아 각 조각상들이 저마다의 나무집 안에 갇혀 있었다. 표토르대제의 무덤 위에 엄청나게 많은 생화 꽃다발이 놓여 있는 건 참으로 의아한 풍경이었다. 성이삭 대성당의 발코니에서는 애드미랄티Admiralty 건물의 반짝거리는 첨탑(마치 얼음 위에 세운 불교 사리탑 같다)과 겨울궁전의 어마어마한 위용(여기서 짜르들이 상상을 초월하는 사치를 누리며 살았고, 혁명가들은 그곳으로 역사적 진군을 감행했다)을 지켜보았다. 모스크바에서는 속물처럼 느끼지 않기가 어렵다. 레닌그라드에서 당신은 무두질 하지 않은 긴 부츠를 신은 농노가 된다. 과거가 남겨 놓은 호화로운 마차들과 그 대단원의 막에 입을 딱 벌린 채로 말이다.

왜냐하면 여기는 시간이 흘러도 변하지 않는 매력의 도시이기 때문이다. 다른 곳의 러시아인들은 너무나 매혹적이지 않아서 어떻게 이 인종이 재생산되고 있는지 의아하다는 생각까지 들 지경이었다. 하지만 이곳에는 아직도 혼을 빼놓고 향수를 자극하는 아름다움을 간직한 여인들이 길거리를 걸어다닌다. 영원한 걸작 소설들 속에 등장하는 그런 여인들 말이다. 남자들의 타고난 기품 또한 계급과 시대를 초월한다. 기억에서는 지워진 서유럽의 메아리 또한 여전히 암시적으로 남아 있다. 내가 묵은 호텔에서 두 명의 젊은 외교관들을 살펴보았다. 그들은 두터운 코트와 높다란 털모자를 쓰고 있었다. 영락없는 잉글랜드인의 얼굴에 프론트데스크에서 그들의 긴 팔다리가 자아내는 나른한 태도는 그들로 하여금 마치 [런던의] 이스트칩Eastcheap 거리에서 온 저돌적인 모피상 같아 보이게 했다. 아마도 황후로부터 영업권을 얻어내기를 기다리고 있는 것이리라.[26] 내가 모닝커피를 마신 곳은 마치 제국 시절의 빈에서

---

[26] 『쟌 모리스의 50년간의 유럽여행』 3-23 에피소드 참조. [역주]

©Movana Chen

훌쩍 이곳으로 옮겨온 것 같았다. 거기서 들었던 재즈는 어찌나 경쾌한 홍키통크 리듬이었는지, 삼십 년 전쯤 시카고의 [고가철도] 루프Loop 이야기를 그린 어떤 옛 희가극 속에 내가 들어가 앉아 있는 건가 싶을 정도였다.

레닌그라드는 유머의 도시이다. 외투보관실의 직원은 궁중 예법을 익살스럽게 과장해서 당신 머리에 모자를 씌워준다. 심지어 소비에트 공식 가이드 책자에도 재미난 구석이 있다. 무신론 박물관 부분(정확히 말하자면 '종교와 무신론의 역사를 보여주는 박물관')에 존경하는 레닌 동지를 찬양하는 항목이 함께 수록되어 있어 교묘한 즐거움을 선사하는 것이다. 그 차림새가 아주 당당해 꽤 멋스럽고 종종 너무 거침없어 보이기도 하는 레닌그라드의 젊은이들은 명랑한 재미가 뭔지를 잘 안다. 온갖 격변에도 불구하고 취향과 스타일, 섬세함의 흔적들은 면면히 이어지는 것이니, 아직도 몸에 꼭 맞는 옷을 입고 넘치는 흥겨움으로 눈이 반짝이는 시민들이 적지 않다.

레닌그라드에는 아주 모던한 전차도 있다. 난 이제껏 전차란 기계는 '모던하다'는 어휘에는 어울리지 않는다고 여겨왔는데 말이다. 자비롭게도 눈에 잘 안 띄면서도 아주 친절한 경찰들도 있다. 이스파한 Isfahan에서 옮겨온 듯한 모스크도 있고, 둘러싼 건물이 죄다 공연장인 거나 다름없는 광장도 있으며, 비행기 발명가가 살았던 집도 있다(음, 이 발명가는, 그러니까, 라이트 형제보다 20년 전에 비행기를 발명했다는 것). 유럽 식 '하얀 결혼식'[27]을 공식 권장하는 러시아답게 결혼궁전도 하나 있다. 한 박물관에는 매머드도 한 마리 있으며, 19톤에 이르는 거대한 꽃으로 꾸민 꽃병도 있고, 이 도시가 간직한 렘브란트의 작품도 스물다섯에 이른다. 눈 쟁기조차도 특별한 비례감각을 뽐내며 일을 한

---

27 white weddings. 영국 여왕 빅토리아가 알버트 공과 결혼하며 처음 하얀 드레스를 입은 데서 유래한 표현. 유럽 식 결혼식 및 피로연 등을 통칭해 일컫는다. [역주]

다. 궁전 광장을 치우던 그 기계는 마치 구닥다리 수확기처럼 느릿느릿 원을 그리며 돌았다. 원이 점점 작아져 더 이상 돌 수 없는 지점에 이를 때까지 말이다. 그러자 쾌활한 여인네들이 빗자루와 삽을 들고 나와 마지막 눈더미를 치울 때까지 눈보라 속을 폴짝폴짝 뛰어다녔다. 마지막 눈더미를 다 퍼올렸을 때는 거기서 틀림없이 토끼들이 튀어나올 텐데 싶었다.

오후에는 어린이 인형극장에 들러 관객들 사이에 앉아 그 황홀한 소극을 구경했다. 너무나 엉망으로 요란법석을 떠는 관객들이었던지라, 마치 어느 잉글랜드 시골학교의 학기말 학예회가 '혼돈'의 반대말인 '질서'인 거로구나 싶을 정도였다. 저녁에는 〈박쥐〉Die Fledermaus[요한 시트라우스 2세의 1874년 오페레타] 공연을 보러 갔다. 참으로 흥겨운 위풍당당함이 느껴지는 무대였다. 그 왈츠의 마법과 빙빙 도는 하얀 치마들, 날렵하게 움직이는 연미복들이 너무나 짜릿하여, 내 주위의 여인들 — 한결같이 소비에트 프롤레타리아들인 — 얼굴을 훑어보았더니 그 얼굴 모두가 도시인들의 진정한 황홀함으로 반들거렸다.

저녁을 먹을 때는 그들이 샴페인을 내놓았다. 병 꼭대기에는 깔끔하게 접은 냅킨으로 원뿔을 만들어 씌워놓았다. 그날 밤 늦게 난 애드미랄티 근처 강변을 따라 언 길 위를 미끄러지듯 걷다가, 얼어붙은 네바 강을 뽀드득뽀드득 가로질러 건넜다. 하늘은 짙고 서늘한 푸른색이었다. 도시의 불빛들이 얼음에 부딪쳐 부서지며 희미하게 푸르스름한 빛을 발했다. 애드미랄티의 황금 첨탑은 투광조명을 받아 눈부시게 반짝이는 게, 마치 천사장의 마술지팡이가 밤하늘에 떠 있는 듯했다. 다리 아래로 유서 깊은 유람선인 〈오로라〉호Aurora의 높다란 굴뚝 셋이 보였다. 배의 둥근 창문들에 점점이 불이 밝혀져 있었다. 레닌그라드는 심지어 오밤중에도 그렇게 반짝이고 있었다. 그 모습이 내게는 이상적 유럽의 모범이자 전형이며 동시에 부고 같았다.

다음날 아침 자욱한 안개가 레닌그라드를 뒤덮었다. 강 건너편이 전혀 보이지 않는 그런 안개였다.

> 레닌그라드에 대해 다시 글을 쓴 것은 1999년에 들어서였다. 1999년이면 도시 이름이 다시 상트페테르부르크로 바뀐 뒤였고, 신흥 러시아 자본주의가 활짝 꽃을 피울 때였다. 내가 머문 독일인 소유의 호텔도 엄청나게 으리으리했다. 그래도 마법에 홀린 듯한 기분이 들기는 마찬가지였다.

10-4 오데사

> 나는 오데사도 좋아했다. 당시 오데사는 소련에서 가장 유대색色이 짙은 도시였다. 비록 소비에트연방의 다른 어디에서보다 더 끈질긴 KGB의 미행을 당하고 있다는 느낌에 내내 시달려야 했지만 말이다.

세상에서 가장 극적이며 가장 성실한 지휘자의 생생한 모습을 보려면 오데사의 오페라 발레 극장으로 가야 한다. 그는 지긋한 나이지만 아주 열정적이다. 그가 일할 때면 주변에서 온갖 별난 일들이 일어난다. 절반쯤 빈 관객석의 뒤편에서는 연주 중에도 끊임없이 일상 대화들이 이어지고, 두 번째 줄의 수염을 깎다 만 듯한 아랍인 세 명은 아편의 몽롱함 끝에 오는 고통에 휩싸인 듯 몸을 비틀고 한숨을 내뱉는다. 앞의 무대는 몇 가지 사소한 실수들로 오히려 더 활기차다. 작은 문이 이상하게도 연신 열렸다 닫혔다를 반복하고, 부채를 떨어뜨리는 가운데, 철제 장식물들의 달그락거리는 소리 속에서 〈라트라비아타〉 공연이 한창이다. 150센티미터 안팎의 키밖에 안 되어 보이는 출연진들은 환한 무대 조명 속에 금이빨을 번쩍이며 딱 부러지게 웃고 있다.

그래도 지휘자는 흐트러짐을 모른다. 이 모든 어수선함에 추호의 흔들림도 없이 그는 당당하게 그 파도를 헤치고 나아간다. 때로는 화가

난 듯 앓는 소리를 내며, 때로는 힘찬 바리톤 음성으로 아리아를 따라 부르며, 숱 많은 머리를 뒤로 젖혔다가는 몸을 반으로 접기도 하고, 음모가의 자세로 뒤로 물러났다가 와락 앞으로 달려들기도 하면서, 끊임없이 표정을 바꾸고 분위기 변화를 꾀하며 목관 파트를 향해 자주 쉿쉿 명령을 내렸다. 사회주의 진영에서 이보다 더 헌신적으로 맡은 바 임무를 수행하는 사람은 없을 것이며, 영웅의 도시 오데사의 점수를 드높이는 데 이보다 더 크게 기여한 사람도 없을 것이다.

모스크바나 키예프에서는 러시아혁명의 단순성에 호응하는 게 종종 쉽지 않은 일이 된다. 그런 대도시에서는 공산주의적 생활의 의도적 천박함이, 헐렁한 바지와 헤어크림, 토요일 밤 무도회의 영원한 아우라가 이미 사랑스러운 수준을 넘어 사람을 우울하게 한다. 그래서 당신의 신념이 아무리 평등주의적이라 해도 거만 떠는 상류층 레스토랑을 그리워하고, 사교계 신출내기 여성들에 대한 요란스런 뒷담화를 갈망하게 된다.

그렇지만 오데사처럼 보다 작은 지방 중심지에서는 상황이 달라진다. 이곳은 섬뜩한 국가의 통치가 미치기에는 머나먼 곳이다. 그래서 이 상주의적 민중독재 개념이 아직도 희미하게 통용된다. 아주 단순한 자존심과 목적의식으로서 말이다. 그런 상황에서 모던한 러시아 도시민들의 성실한 태도가 보다 훈훈해 보이는 건 당연하다. 그 성실함이 자신의 영어 발음을 끊임없이 바로잡으려는 것이든, 혹은 찢어지는 콘트랄토 노래를 어떻게 고칠 것인지에 대한 것이든 말이다.

한 세기 전만 해도 이곳은, 짜르의 프랑스인 총독인 콩트 드 리슐리외Comte de Richelieu에 의해 각광을 받게 된 곳으로서 프랑스 풍의 도회적 매력이 넘치는 항구였다. 부드와boudoir[28] 풍의 사치 문화가 사라

---

28 프랑스 귀족여성들의 내실, 특히 침실, 거실, 드레싱룸 등을 일컫는다. [역주]

진 지는 오래지만 그래도 오데사에서는 색 바랜 우아함이 곳곳에서 느껴진다. 근사한 대로가 항구 바로 위쪽을 지나가는데, 거기서 시작되는 넙직한 계단이 바로 〈전함 포템킨〉[29]에 등장했던 그 계단이다. 오데사에는 화려한 파리 풍의 옛 증권거래소도 남아 있고, 유령 같은 잉글리시 클럽English Club, 껍데기만 남은 리용은행Credit Lyonnais, 뮤즈와 님프들이 금세라도 나타날 듯 고상한 전통적 화려함을 뽐내는 오페라하우스도 남아 있다. 심지어 지방 제정러시아의회Duma의 옛 건물도, 정직지 못한 국영관광국에 의해 "구체제 아래에서 운영된 또 하나의 불필요한 증권거래소"라고 소개된 채 남아 있다. 이 도시의 길거리는 넓고 곧은 파리 풍이다. 리슐리외 총독의 허벅지에는, 크림전쟁 당시 이곳 바다를 포악스레 누비고 다닌 영국 전함 〈타이거〉호Tiger에서 날아온 포탄이 박혀 있다.

오데사는 짜르가 남방 진출을 염두에 두고 세운 항구로서, 현재 소련에서도 두 번째로 큰 항구이다. 도시가 남쪽과 동쪽을 향해 있으며, 부두에 내건 "전 세계 인민들의 평화와 우정이여, 영원하라"는 선언적 문구는 아랍어, 중국어, 프랑스어, 영어로 각각 적혀 있다. 오데사의 대기에는 늘 기분 좋은 타르 냄새가 배어 있으며, 항구를 점점이 수놓은 선박들 사이로 멋진 배들이 오종종 모여 있는 모습을 언제나 볼 수 있다. 마스터 세 개짜리 배 두 척 위에서는 사관생도들이 분주하다. 흑해를 누벼 그루지야나 이스탄불로 떠날 여객선 두세 척도 보인다. 라타키아나 알렉산드리아에 온 화물선들도 있고, 주먹코 같이 생긴 굴뚝을 비스듬히 달고 있는 땅딸막한 러시아 전함도 있다. 여름이면 영국과 그리스에서 온 크루즈 여객선이 에게해의 햇살을 듬뿍 받은 뒤 잠시 이곳에 들러 호기심어린 눈길을 던지고 가고, 겨울이면 얼음 조각들만 포구 위

---

29 에이젠슈테인 감독의 1925년 무성영화. 짜르 진압군에 맞선 시민들의 항쟁이 이 계단에서의 학살 장면인데, 특히 유모차가 계단을 구르는 장면이 유명하다. [역주]

를 어슬렁거릴 뿐 배들은 대부분 무기력하게 버려진 듯 머무른다.

부두는 높은 벽으로 둘러싸인 채, 경찰들이 그 출입구를 지키고 있다. 그래서 항구의 모습을 보려면 높은 언덕에 올라 보거나 아니면 출입구 근처를 배회하며 어느 동지를 만나려는 척하는 수밖에 없다. 그래도 오데사는 어김없이 항구의 느낌을 준다. 이곳은 너덜너덜 후회에 찬 항구요, 소비에트의 탕헤르Tangiers[모로코의 항구도시]이다. 물론 오데사는 지금도 그리스인, 유대인, 아르메니아인, 그루지야인, 이집트 선원들, 중국 기관원 등으로 가득한 국제도시이다. 교회에서 만난 쾌활한 늙은 성구聖具 관리인은 허물어져가는 유대교사당 주위를 안내해 가며 당신에게 보여줄 것이다. 아마 머리에 쓰라고 하얀 제복용 모자도 빌려줄지 모른다. 그리스 교회에서는 혈색이 나쁜 지중해 풍 얼굴의 소유자가 당신을 엄숙하게 반길 것이다.

오데사는 눈 내리는 일 없는, 오식 햇살로 가득 찬 남쪽의 나른한 해변도시다. 그래서 공산주의의 수호신들을 모신 전당이나 노동자영웅 단조차도, 당중앙위원회의 쩌렁쩌렁 울려대는 스피커나 달그락대는 깡통 소리를 내는 새 편종조차도, 누군가 당신의 뒤를 밟고 있다는 찜찜한 느낌조차도, 이 도시가 선사하는 느긋하고 편안한 분위기를, 보스포러스 해협 쪽에서 불어오는 따뜻하고 부드러운 바람 같은 느낌을 깡그리 망가뜨리지는 못한다.

오데사는 현 정권의 전시장이 결코 아니다. 붐비는 산업체들이 있고, 큰 대학, 유명한 안과병원이 있긴 하지만, 우연히도 부드러운 하층토 지형인 덕분에 서랍 식 묘지 같은 고층아파트는 여기에 없다. 어느 큰길에서든 큰 교차로 하나 정도만 지나 외곽으로 나가면 홀연 혁명 이전 러시아의 풍경이 펼쳐지는 도시이기도 하다. 거기엔 다 쓰러져가는 아파트들이 공동 뜰을 둘러싸고 서 있고, 물통을 든 아낙들은 한복판의 공동야외수도에서 물을 떠다 나른다. 모든 게 자그마하고 상냥하며 꾸

©Movana Chen

믿없는 느낌이다. 크림전쟁 동안 오데사가 보여준 영웅적 저항을 기려 세워진 새 철도 역사에는, 버튼을 누르면 서부 러시아 도시들로 가는 모든 노선에 불이 들어오는 식으로 작동하는 거대한 게시판이 있다. 역에 모여든 사람들은 끊임없이 이 버튼을 눌러 노선을 확인하는데, 그 간단한 기계 작동이 건네주는 기쁨에는 뭔가 강력한 끌림이 있다. 고개를 갸웃거리다 말고 왁자하게 유쾌해지는 기분, 마치 시골 풍물장터에서 벌어지는 떠들썩한 놀이 한판 같은 것, 바로 그런 게 그 버튼에 감도는 매력인 것이다.

오데사에는 뭔가 모순적으로 구식인 것들 또한 있다. 번지르르한 젊은이들로 붐비고 천박한 재즈 연주로 어수선한 레스토랑에서도 예약을 받을 때는 기가 막힌 19세기 방식을 쓴다. 뻔한 슬로건의 뒤에서 오데사의 공공건물들은 점잖은 옛 예법의 흔적을 아직 간직하고 있다. 젊은 여성 둘이서 한가롭게 길을 걸어가는 모습을 잘 지켜본다면, 당신도 깜짝 놀라게 될 것이다. 아, 이건 무슨 데자뷰 같은데? 저 여인들, 왜 이렇게 낯이 익지? 저들을 어디서 봤더라? 그리곤 번쩍하며 생각이 날 것이다. 다락방 서랍 속에 차곡차곡 모여 있던 낡은 신문 쪼가리들의 모습이, 모든 여성들이 종 모양 모자와 긴 외투를 입고 다니던 삼십년대의 풍경들이 눈에 선하게 떠오르면서, 이윽고 당신은 깨달으리라. 오데사의 이 아가씨들이 신비롭게도 당신의 어린 시절을 불러냈음을. 마치 앨범 속의 스냅사진들처럼 말이다.

아, 생각해 보시라! 오데사는 러시아 제2의 항구요, 우크라이나의 관문이며, 흑해의 진주가 아닌가. 그런데도 오데사가 내 가슴속에 들어와 불러일으키는 거라곤 — 세상에나, 시간과 경험은 이토록 불가분이란 말인가 — 희미한 어린 시절의 추억이라니! 지난 30년 동안 잠자고 있던 그 기억이, 포템킨 계단 위에서 언뜻 지난 시절의 유행을 접하자마자 훌쩍 되살아나다니!

> 오데사의 내 호텔 방 스팀은 어찌나 푹푹 찌는지 숨이 막힐 지경이었다. 창문을 살펴보니 꼭꼭 막혀 있었다. 부끄러운 일이지만 나는 묵직한 물건으로 창문 하나를 깨뜨려 환기를 시켰다. 사실 1960년대의 소련에서는 누구나 탈법을 저질러야겠다는 맘을 먹게 되기 십상이었다. 우크라이나(당시 소련의 일부)의 카르코프 Kharkov 공항에서 맞은 어느 날 아침엔 참으로 멋진 해방감을 맛보았다. 도대체 몇 시간을 기다렸는지 모른다. 거만한 항공사 직원들은 되룽되룽 거짓말만 늘어놓았고, 대기실은 말도 못하게 추웠고 정나미가 뚝 떨어지는 곳이었다. 드디어 나와 같은 비행기를 탈 소련 승객들의 인내심이 폭발하고 말았다. 탑승용 이동계단을 어디선가 끌고 온 그들은 그걸 활주로로 밀고 나가 비행기 문까지 손수 열어 젖혔다. 그들은 눈이 동그래진 승무원들을 밀어제치고 비행기 안으로 들어가 자기들 자리에 털썩 주저앉고선 보드카를 달라고 고함을 질렀다. 난 그들 뒤를 졸졸 따라가며 키득거렸다. 마치 구절양장의 크렘린 궁이라도 쳐들어간 듯한 기분이었다.

10-5 체코슬로바키아

> 체코슬로바키아는 이른바 소비에트 진영에서도 가장 억압적인 공산국가였다. 〈가디언〉지 기자 신분으로 취재여행을 떠났을 때가, 암흑세계와 같은 이 스탈린주의 위성국가를 맛본 첫 경험이었다. 수도 프라하에서 얼마 동안 머문 뒤 체코슬로바키아 서부의 이름난 온천을 찾아 떠났다. 그 온천은 한때 유럽 각지에서 몰려온 부유층들의 휴양지이기도 했는데, 그때는 몇 안 되는 서방 방문객들에게 뭔가를 내세우고 싶어 안달이 난 체코 인민공화국의 전시장 같은 곳이었다.

"모리스 씨, 오늘 아침엔 우리나라 서쪽에 있는 마리앙스키 라즈네 Marianske Lazne에 들르도록 하겠습니다." 사업가처럼 단정하게 묶은 금발머리를 매만지며 내 안내원이 경쾌하게 말했다. 내 가슴은 들뜨지도 가라앉지도 않았다. 추위와 별 볼 일 없다는 생각에 너무 시달려 마비가 되었는지 내 맘은 꿈쩍도 않았다. 나의 불신은 무척 심각했다. 그곳은 체코슬로바키아였고, 때는 중부유럽의 매서운 겨울 추위의 한복판 즈음이었다. 내가 탄 차는 무릎이 벌어진 다리 모양으로 생긴 초록색 스코다Skoda였다. 어색하게 웃으며 알았다고 한 뒤 뒷자리 깊이 몸을 잔뜩 웅크리고 앉았다. 안내원 아가씨는 내 옆에 앉고서 그다지 맘이 놓이질 않는지 부드러운 미소를 지으며 한마디 덧붙였다. "당신도 아시겠지만, 구정권에서는 마리엔바트Marienbad라고 불리던 곳이랍니다."

마리엔바트? 갑자기 내 머릿속에서 종소리가 울렸다. 찬란하지는 않더라도 충분히 경쾌한, 약간 금 간 듯해도 충분히 넉넉한 그 소리란! 이상하게 친숙한 느낌의 이름이었다. 프라하에서 누추한 바로크 풍 저녁들을 보낸 뒤, 저 높고 추운 타트라Tatra 산맥에서 민속 체험을 한 뒤, 완전히 눈에 뒤덮이고 거무튀튀한 전나무만 을씨년스런 체코의 시골길을 오싹오싹 떨며 하염없이 운전한 뒤 그 이름을 듣다니. 마리엔바트! 내 안내원이 노동자 가족들을 위한 새로운 치료의 명소로 그곳이 자리 잡았다는 친절한 설명을 자분자분 계속하는 동안, 내 맘속에선 내팽개쳐진 온갖 옛 평판의 장면들이 떠올랐다. 레이스와 빳빳한 흰색 옷깃들, 달가닥달가닥 걸어가는 잿빛 말들과 아첨꾼 같은 신하들, 여기선 높은 깃털을 꽂은 제국 시절의 모자가 보이고, 저기선 화려하게 수놓은 부채가 펄럭이는 모습이. 안고 다니던 작은 애완용 랩독들, 부산을 떠는 하인들, 하늘하늘한 탁자 위의 커피, 장미밭에서 현의 음을 맞추는 오케스트라, 긴 콧수염을 포마드로 정돈한 호텔 지배인이 전하를 맞이하러 부랴부랴 서두는 모습까지. 마땅히 끝났어야 할 그 시대, 당연히 사라졌어야 할 그 사회, 그 부당한 특권과 철 지난 예법의 시대를 나는 떠올렸던 것이다. 그렇지만 그건 마치 빛바랜 휴가지의 엽서처럼, 이제는 상상 속에서 옛 라벤더의 매력을 간직하고 있는 모습들이었다.

내 맘을 파고든 건 그뿐만이 아니다. 그 모든 풍경들 속에서, 한가롭게 거니는 옛 사람들과 그 악단들 속에서, 어떤 한 사람의 뜨거운 눈빛이 내 맘을 뜨겁게 쏘아보고 있었다. 내 맘속의 성소에 모신 인물 중 한 명으로 〈드레드노트〉호Dreadnought의 창시자인 영국해군 제독 '재키' 피셔가 있다. 그는 이습타파자에 자기중심주의자, 아첨꾼, 인생 실패작이자 또 익살꾼이었다. 내가 태어나기 6년 전에 숨을 거둔 그는 신기하게도 그를 향한 내 애정 속에 늘 살아 있다. 드넓은 아량의 소유자인 재키는, 영광의 시절 마리엔바트의 단골손님이었다. 거기서 그는 제국의 지배자들과 당당하게 어울렸고, 제국의 여인네들과 행복한 춤을 추었다. 외국 장군들로부터는 정보를 빼냈고, 대륙의 미녀들을 향해서는 장난스레 눈썹을 쫑긋 세웠다. 마리엔바트의 어느 이름 모를 호텔들의 이름들로써 화려하게 수놓인 문양과 그곳 윈터가든을 그린 판화로 디자인 된 누렇게 바랜 종이 위에 피셔가 큼직하게 휘갈겨 쓴 편지를 난 여러 통 읽어보기도 했다.

그런데 내가 마리엔바트로 가는 거다! 우리 차가 음산한 풍경 속을 헤쳐 그곳으로 가는 동안 전나무들 사이로 피셔의 쭈글쭈글 냉소적인 얼굴이 계속 나를 지켜봤다. 그의 얼굴은 참으로 특별했다. 어찌나 희한하고 놀라운 인상이었으면, 그가 실론 섬 어느 왕자의 숨겨진 아들이라는 얘기까지 있었다. 한번은 모로코의 술탄이 피셔의 지중해함대를 시찰한 뒤, 번쩍거리며 도열한 전함들, 대단한 위용의 대포들, 흠잡을 데 없는 발사 시범 등 중에서 가장 놀라운 게 뭐였는지에 대해 질문을 받았다. 술탄은 주저 없이 대답했다. "제독의 얼굴이었소!" 그렇게 덕지덕지 자부심으로 빚은 듯한 얼굴이 또 있을까. 쾌활함으로 그토록 눈부시게 장엄한 얼굴, 그토록 자랑스러워하고, 그토록 타인을 업신여기는 얼굴. 그토록 시시덕대는 표정이면서 동시에 그토록 설득력 넘치는 얼굴이란! 들판을 장막처럼 뒤덮은 눅눅한 안개 너머로 나는 그가 두터운 눈꺼풀을 거의 눈에 띄지 않을 정도로 살짝 움직여 윙크하는 모습이 보이는 듯했다.

그렇게 우리는 그곳에 도착했다. 온천을 둘러싸고 조성된 멋진 광장과 콜로네이드 건물들을 향해 뚫린 멋진 길 위로 차를 몰았다. 마리엔바트는 그 모든 우울한 공산주의의 기운에도 불구하고 위엄을 갖춘 모습으로 건재했다. 이제 주로 프롤레타리아 단체손님들 차지가 된 옛 호텔들도 페인트가 벗겨지고서도 여전히 멋스러웠다. 지저분한 옷차림의 청년단 소속 소년들이 어슬렁대던 지붕 덮인 산책로는 아직도 서글픈 우아함을 간직하고 있었다. 분수들도 여전히 은은하게 멋있었다. 정원도 아직 푸르렀다. 이제 모두 공공기관 소유가 된 멋진 집들에서도 새틴과 창가 화단의 희미한 향취의 매력이 여전했다. 그곳은 유령 같았지만, 화려한 색깔의 흔적을 곳곳에 간직한 유령이었다.

우리는 그곳을 꼼꼼히 둘러보았다. 온천에서 무료 치료가 어떻게 진행되는지도 보았고, 이런 저런 기관들도 방문했다. 온천의 풀죽은 장엄함을 따라 다소 느긋하게 걷기도 했다. 그리고 나서 거대한 몸집의 거칠기 짝이 없는 한 동지의 안내를 받으며 시립박물관 구경을 하게 되었다. 대부분 그 사악한 옛 시절인 합스부르크 제국 때의 기념품들을 모아둔 이 희한한 박물관은 시가지 중심부의 작고 예쁜 저택에 위치해 있었다. 이 방 저 방을 옮겨다니며 여러 유리진열장을 들여다보는 동안, 큐레이터 동지께서 제국의 왕자님들을 음흉하게 째려보는 동안, 그리고 내 안내원이 드문드문 자기 머리를 매만지는 동안, 즉 우리가 이 슬픈 전시를 바라보는 동안 이따금씩 내 눈은 어느 열린 창문 밖으로 아래쪽의 굽은 산책로를 향하곤 했다. 아마도 사악했고 종종 이기적이었을, 대체로 무모했고 때로는 잔인했을, 하지만 이제는 사라진 위풍과 광채로 살아 움직였을 그 1880년대의 나이 든 귀족들을 상상 속에서 떠올리기란 얼마나 손쉬운 일인가! 구레나룻을 기른 유력자들과 호리호리한 잉글랜드 귀족들, 인형 같은 오스트리아 귀부인들, 그리고 여인네들의 깃털 목도리 사이에서 껄껄 웃고 있는 전사 중의 전사 피셔까지, 다들 눈앞에 선히 떠오르지 않는가!

나는 큐레이터 동지의 어깨를 살짝 조심스레 두드렸다. 박물관은 참 좋네요, 하지만 이 도시의 어느 누구도 그 옛 시절을 실제 **기억하는** 사람은 아무도 없겠는데요, 부호 정치가들과 전쟁광들이 이 온천에서 그토록 후안무치하게 호의호식하던 시절 말이에요, 난 그렇게 말했다. 그 거한은 대답을 하기 전에 한참을 깊이 생각하더니, 씩 웃으며 그런 사람이 하나 있다고 했다. 바로 그 집에 살았던 사람이라는 것인데, 알고 보니 바로 그 집을 소유했던 여인으로서 인민정부가 들어설 때까지 거기서 사치와 탐욕에 젖어 살던 인물이라는 것. 마치 어물쩍대는 거대한 곰처럼 그는 그림들이 걸린 가파른 계단을 내려가며 길 안내를 계속했다. 드디어 우리는 현관 옆 큰 홀에 다다랐다. 큐레이터는 그 여인이 이 집을 깨끗하게 유지하는 조건으로 지하실의 한 방에서 살 수 있도록 허락했다고 했다. 그리고 어떤 문을 열더니 지하로 내려가는 계단실에 대고 거칠게 고함을 질렀다. 처음에는 침묵뿐이었다. 큐레이터가 강한 명령어로 또다시 고함을 지르자 아래에서 뭔가 움직이는 기척이 들려왔다. 기침 소리와 부스럭거리는 소리, 그리고 힘겹게 계단을 올라오는 발자국 소리. 그렇게 거의 누더기나 다름없는 옷차림의 어느 늙은 여인이 홀로 올라와 치마에 손을 슥슥 닦으며 우리 앞에 나타났다. 멍하고 무표정한 얼굴의 그녀. 마치 중풍을 맞은 듯 그녀의 몸동작은 어색하고 딱딱했다. 피부는 지저분했고 손은 거칠거칠 구부러져 있었다. 그녀는 마치 어디가 부러진 석탄 운반용 조랑말이나 다리를 절어 쓸모가 없어진 양치기 개처럼 활기라곤 전혀 없는 늙은 짐승 같았다. "이 여자랍니다." 손짓으로 그녀를 홀 안으로 확 끌어당기며 큐레이터가 말했다. "당신이 알고 싶은 걸 이 여자한테 물어보세요."

　나는 당혹스러웠고 그 덩치 큰 사내에게 화가 났다. 이 잔인하고 환한 세계 속으로 그녀를 불러내지 말았어야 했는데 싶었다. 뜻밖에도 내 안내원은 아주 다정하게 그녀에게 웃고 있었고, 난 용기백배해서 그녀에게 딱 하나의 질문을 던져 보았다. 마리엔바트에 들르던 그 많은 외국 방문자들 중에, 그녀 인생의 복도를 걸어다녔을 그 저명한 남자들과 눈부신 여인들 중에, 혹시 영국해군의 재키 피셔 제독을 기억하시는지?

그녀의 눈에 가냘픈 빛이 깜박였다. 뭔가 따스한 게, 약간의 야단스러움이, 뭔가 생기에 가까운 게 느껴졌다. 그녀는 힘겹게 머리를 돌려 나를 바라보면서 카키색 면 옷을 걸친 등을 곧게 펴면서 대답했다. 완벽한 에드워드 시대[1901~1910] 영어로 또박또박. "아! 재키 피셔! 재키 피셔! 그 사람 얼굴 정말 끝내줬죠!"

나는 그녀의 힘없이 늘어진 손을 덥석 잡았다. 비누로 거칠어진 손이었다. 그렇게 박물관을 나오니 밖은 차가운 안개로 가득했다. 거기서 나는 한 멋진 남자의 유쾌함이 얼마나 오래도록 빛날 수 있는지를 생각했고, 나의 마리앙스키 라즈네 방문에 그렇게 안녕을 고했다.

> 40년 뒤에 피셔 제독을 다룬 어느 들쭉날쭉한 책(『피셔의 얼굴』이라는 제목의 사랑의 글 모음 같은 책)에다 이 이야기를 싣게 되었다. 그런데 그 노파의 한 친척이 이 얘기를 읽고서는 내게 편지를 보내 공산주의자들이 그녀를 그렇게 심하게 다룬 건 아니라고 말해주었다.

10-6 바르샤바

> 폴란드는 소비에트 위성국가들 중에서 가장 변화무쌍하게 약동하는 나라였다. 그래서 그곳에서 느끼는 처연함은 더욱 구슬펐다. 수도 바르샤바에서 바보 같이 불법 환전을 하고서 언제 어디서 폴란드 감옥으로 끌려갈지 몰라 맘을 졸이고 있을 때 쓴 에세이인지라 한결 더 시큰둥한 느낌의 글이 되었다.

한겨울, 어느 호텔 창밖을 몇 시간씩 내다보자니 바르샤바는 역시 바르샤바일 수밖에 없구나 싶었다. 지상의 그 어느 곳도 이곳에 버금가는 뒤범벅의 분위기를 자아낼 수는 없으니 말이다. 브리스톨 호텔 221호는 지독한 빅토리아 풍으로 꾸며져 있지만 그 분위기가 꽤 편안하기도 하다. 고리버들 매트가 한쪽 벽에 장식물로 걸려 있는가 하면, 다른 쪽 벽에는 요란하기만 할뿐 모험심은 느껴지지 않는 추상화가 걸려 있는 식의 부조화. 문밖에는 두 명의 땅딸한 할머니 두 분이 흰 모자에 앞치마, 천 실내화 등 완벽한 하녀 차림으로 걸핏하면 바닥에 앉아 속삭속삭 수다를 떤다. 복도 끝에는 마치 불사조 새장 같이 생긴 커다란 유리 엘리베이터가 거창하게 요동치며 현관으로 미끄러져 내려가고, 승객들은 내리면서 운행자에게 즐로티 동전 몇 개를 찔러준다. 엘리베이터가 열리자마자 요리 냄새가 코를 찌른다. 아래층에서는 미국에서 온 어느 전위 극작가의 타이프 치는 소리가 들려올지도 모른다. 간밤에 저명한 사회학자들과 어울리더니 지금은 메모를 정리하느라 한창 바쁘신 것이리라.

호텔은 고급스럽긴 해도 애절한 느낌을 주는 낡은 구식일 뿐이지만, 창밖의 바르샤바는 참으로 널찍하다. 광활한 잿빛 하늘은 틀림없이 중부 유럽의 하늘이다. 넓은 도로 위엔 눈이 두텁고 시무룩하게 쌓여 있다. 자그만 실개천 하나만이 꼬불꼬불 언덕을 흘러내려와 얼어붙은 비스툴라Vistula 강으로 합류한다. 잉글랜드에서 온 방문객이 느끼기에 바르샤바의 대기는 석유와 삶은 감자 냄새를 살짝 풍긴다. 그래도 그 느낌은 숲에서 불어온, 가없는 평원과 카르파티아Carpathia 산맥에서 불어온 시골바람 같다. 얼어붙은 새벽 창문을 열면 처음 들려오는 건 달그락거리는 말발굽 소리와 못 말리는 수탉의 승리에 찬 울음소리다. 아래쪽 길가로 새벽의 첫 시민들이 드문드문 모습을 나타낼 것이다. 신이 난 검은 개를 데리고 나온 할머니, 킬킬대며 등교 중인 학생들의 무리, 털 후드를 푹 눌러쓰고 마치 풀숲의 새끼 여우처럼 내다보는 높은 광대뼈의 황홀한 얼굴들. 줄줄이 달리는 대형트럭들과 함께 기다란 마차가 눈을 가득 싣고 지나가기도 하고, 심지어 고풍스런 사륜마차가 삐걱대는 소리 요란하게 택시정류장을 향해 달려가기도 한다. 바르샤바가 완연하게 잠에서 깨어나 파리한 햇살이 거리를 비추면 221호의 구경꾼도 폴란드인들의 세계가 휙휙 지나가는 걸 볼 수 있게 된다.

바르샤바가 속속들이 음울한 곳인 건 아니다. 폴란드인들은 자신들의 공산당 지도자들로부터 많은 양보를 얻어낸 사람들이다. 어느새 보도를 가득 메운 사람들의 행색은 전혀 남루하지 않다. 서유럽의 기준으로는 색감이 좀 떨어진다고 할 정도이지, 신발도 멋있고 외투도 포근해 보인다. 어떨 때는 너무 멋있어서 오히려 우스울 지경인 젊은 미인이 브리지트 바르도 같은 걸음걸이로 살금살금 조심스레 길을 가기도 한다. 최고급 나일론 옷에 세상에서 제일 엉뚱해 보이는 털모자를 쓰고서 말이다. 어떨 때는 나달나달 해진 두툼한 서지serge 정장 차림에 거대한 부츠를 신고 성큼성큼 거리를 활보하는 농부를 발견하기도 한다. 거의 대부분 사람들의 입성은 사실 그저 그런 수준이다. 마치 인생의 제1관심사가 주위의 이목을 끌거나 상사의 딸에게 잘 보이려는 데 있는 게 아니라, 그저 몸을 따뜻하게 감싸고 얼른 푸줏간에 가자는 데 있다는 듯 말이다.

길 건너편의 가게들이 뉴욕의 5번가나 런던 리전트스트리트에 가더라도 두각을 보일 그럴 곳들은 아니지만, 기대했던 것보다는 훨씬 세련된 곳들이다. (식료품 가게의 줄이 너무 길고, 고기를 넉넉히 팔지 않는 것도 실망스러웠지만.) 불요불급한 물품들이 놀랍게도 아주 당당하게 팔리고 있다. 예컨대 미국 담배, 프랑스 정어리 통조림, 하와이 파인애플, 플로리다 과일주스, 잉글랜드 깡통커피, 마드라스 차, 아르헨티나 올리브, 병에 든 불가리아 구스베리(같아 보이는 것), 중학생이 쓴 듯 삐뚤빼뚤한 한자 모양의 병에 든 중국 잼 등이 말이다. 조금 아래쪽 서점의 매대에는 물씬 향수를 자극하는 옥스포드대학 출판부의 그림책으로부터 미국의 보다 실용적인 보급판까지 새 외국 책들이 즐비하다. 바르샤바에서는 당신이 폴란드제보다 프랑스제를 더 좋아한다면, 또 하는 대로 내버려두는 너그러운 남편이 있다면, 프랑스제 향수를 살 수도 있다.

점점 늘어나고는 있지만 여전히 적당히 많은 수준의 자동차들은 대부분 뒷모습이 딱정벌레 같고 고집불통처럼 생겼다. 이따금 사회주의 리얼리즘과는 완전 딴판인 멋진 러시아산 신형 리무진도 볼 수 있고, 호화로운 벤츠, 우아한 피아트 등도 굴러다닌다. 수많은 극장들 중 어딘가에서는 아가사 크리스티 작품이 상영 중일지도 모른다. 그랜드 호텔에서는 〈맨체스터 가디언〉 신문[〈가디언〉지의 전신]도 읽을 수 있다. 버스는 프랑스제이다. 길을 조금 내려가면 영국해외성서공회[30]의 사무실도 있다. [옥스포드의 유명 건물인] 톰쿼드Tom Quad나 [뉴욕의] 타임스스퀘어Times Square가 그리울 수는 있겠지만, 바르샤바에서도 고향과의 끈은 가늘고도 다양하게 이어져 있다.

멀찌감치 221호 창문에서 보아도 폴란드 사람들은 뭔가 특별해 보인다. 그들의 걸음걸이에서는 특별한 활기가 느껴지는데, 그건 거의 의기양양함 수준이다. 그들의 얼굴 또한 강인하고 흥미롭다. 바르샤바라고 하면 대개 슬픈 기억들부터 떠오르지만, 그래도 거리의 공기는 오로지 폴란드인의 가슴에서만 용솟음치는 생기와 즐거움, 유쾌함으로 가득하다. 점심 후 몇 시간 뒤 침실 정리를 하러 오는 메이드 할머니의 주름투성이 눈가에는 웃음의 기운이 반짝거린다. 적어도 영국인 방문자가 보기에는 폴란드 사람들과의 대화가 무한히 편안하고 즐거우며 어쩐지 익숙하다. 간혹 창밖 길가로 만취한 취객이 비틀비틀 눈밭을 가며 고래고래 농담을 내뱉고 음탕한 노래를 부르기도 한다. 폴란드 사람들, 그들은 냉담하고 쌀쌀맞은 불가해한 이들이 아니다. '이 사람들, 아일랜드 가면 잘 어울리겠다.' 내 느낌은 그렇다.

하지만 다른 순간들에는 바르샤바와 [아일랜드의] 골웨이Galway 사이가 너무 멀리 느껴지기도 한다. 저녁이 무르익어 전위극작가 양반도 타이핑을 멈추고 잘나가는 철학자 일곱 명과 죽은 철학자들 얘기를 나누러 외출할 때쯤이면, 공원 너머의 교회로 열심히 발길을 재촉하는 시민들의 행렬이 눈에 띌 것이다. 거기 쌍둥이 천사가 금빛 공 위에 십

---

30 British and Foreign Bible Society. 1804년 런던에서 설립되어 세계적 규모의 성서 보급 운동을 전개한 단체이다. [역주]

자가를 떠받치고 있는 곳, 화려한 자신감으로 우뚝 서 있는 교회로 말이다. 교회로 향하는 이들의 걸음걸이에서는 뭔가 실질적인 다짐 같은 게 느껴진다. 그러니까 [아일랜드 중부 시골마을인] 발리코먼Ballycommon과는 사뭇 다른 것이다. 그들은 마치 거기서 무슨 할 일이 있다는 듯 서둘러 교회 안으로 미끄러져 들어간다. 문간에서 성호를 그리는 모습은 공장에 도착한 노동자가 출근카드를 찍는 것과 아주 흡사하다. 시간이 넉넉하다면 당신은 잠시 후 그들이 용무를 마치고 나오는 모습까지 볼 수 있다. 코트 깃을 여미고 두터운 장갑을 끼면서 서둘러 전차 쪽으로 발걸음을 옮기는 그들. 그들은 마치 그날 밤에 쓸 기름을 넣으러 주유소에 들른 것 같은 표정이다. 이들을 보면서 난 ― 불경스럽게 굴려는 건 아니고, 다만 공감의 뜻으로 하는 말이다 ― 뉴욕 4번가의 조스바Joe's Bar를 가득 메우고 허송세월 중인 알콜중독자들을 떠올리기도 한다.

그리고 바르샤바에 밤이 닥친다. 일찍 닥치는 차가운 밤이 되면 동유럽의 희미한 전등들이 마지못해 불을 밝힌다. 발코니에서 내려다보이는 모습도 무겁고 우울해진다. 등 뒤로는 늘 꽁꽁 얼어붙은 비스툴라 강이 도사리고, 차도에서도 어딘가로 열심히 달리는 차량들의 행렬이 드문드문 이어질 뿐이다. 커피숍과 레스토랑은 자기 신분을 감추려는 듯 커튼을 내리거나 문을 꽁꽁 닫는다. 당신을 공연장으로 이끄는 환한 불빛 같은 것도 거의 없다. 눈밭을 가로질러 온 어느 재즈밴드의 연주가 귓전에 맴돌긴 하지만, 도시 전체는 침침하고 먹먹하게 완충재로 뒤덮인 듯 느껴진다. 바르샤바 신시가지의 삭막한 네모꼴 건물들은 추위 속에 무표정하게 서 있다.

그러나 고개를 들어 지붕 위로 눈길을 돌려보시라. 황금 공을 들고 있는 천사들 너머로, 마치 어둠 속의 거대한 야경꾼처럼 이 잿빛 도시 위에 둥둥 떠 있는, 소비에트연방이 폴란드에 기증한 문화과학궁전의 거대한 붉은 빛이 눈에 들어올 것이다. 그리고 아마도 거의 동시에 들릴 것이다. 덜컹대는 전차와 지나가는 차들의 부릉대는 소리를 잘 걸러내고 열심히 귀를 기울여 보면, 차가운 밤공기를 뚫고 들려오는 기도문처럼, 저 멀리 어느 학생의 다락방에서 가느다랗게 흘러나오는 쇼팽의 황홀한 폴로네즈 가락을.

아니, 안 그럴 수도 있지. 너무 낭만적으로 쓰면 안 되지. "룸서비스죠? 커피 한잔, 아스피린 두 알, 그리고 케이블 선 좀 주세요. 네, 그게 전부입니다. 고마워요, 221호요."

> 브리스톨 호텔은 이제 다시 별 다섯 개짜리의 최고급 국제 호텔로 거듭났다. 하지만 당시도 철의 장막 너머에 꽁꽁 틀어박혀 있었다. 221호에 묵고 있던 어느 날 호텔 지배인이 내게 호텔 홍보용 전단지를 한 장 써줄 수 있는지 물었고, 나는 그 부탁을 들어주었다.
>
> 냉전 탓에 완전히 새로운 장르의 스파이 소설과 영화가 생겨났다. 신문사 특파원들은 늘 자기들 자신의 모습을 소설 중간이나 영화의 어디쯤에서 발견하곤 했다. 부다페스트로 가는 여행길에 한 친구가 그곳의 어느 대사관에 근무하는 외교관에게 전해달라며 책 보따리 하나를 맡겼다. 나는 어떤 책인지 묻지도 않았고, 체인브리지[부다와 페스트를 잇는 다뉴브 강 위의 다리] 한복판에서 만나 건네주라고 했을 때도 군소리 없이 그저 알았다고만 했다. 그야말로 영화의 한 장면 같았다. 약속된 시각, 정각에 다리를 건너기 시작했고, 다른 쪽에서 걸어오는 인파 속에서 이내 그 사람을 식별할 수 있었다. 약간 흔들리는 화면, 서로 가까워지면서 왜곡되는 느낌의 거리, 마치 장초점렌즈를 통해 우리 둘을 들여다보는 느낌이었다. 그렇게 우리는 만났다. 서로 인사말을 나누었다. 악수도 했다. 책 짐을 건네주고 나는 부다 쪽으로 돌아왔다. 드럼과 첼로로만 이뤄진 음산하고 심난한 음악소리 속으로 걸어가는 동안 영화 끝 자막이 올라가는 느낌이었다.

10-7 제6함대

> 냉전시대를 주름잡은 막강한 힘 가운데 하나는 미국의 제6함대였다. 50척의 배, 200대의 비행기, 2만의 병사들이 끊임없이 지중해를 누비고 다녔다. 모든 물자는 미국에서 직접 공수되었다. 제6함대가 가는 곳이면 어디든지 소련 함대의 감시가 뒤따랐다. 〈가디언〉 신문의 취재 의뢰를 받고 나는 최신 항공모함 〈사라토가〉호Saratoga(65,000톤급)로 날아갔다. 그 배는 당시 물 위에 뜬 함선들 가운데 가장 강력한 것 중 하나였다.

큰 키에 마른 체형인 〈사라토가〉함의 선장은, 마치 이발 중인 듯 혹은 자기 집무실로 들어올려지는 듯한 모습으로, 우뚝 솟은 함교艦橋 좌현에 놓인 푹신한 팔걸이의자에 높이 앉아 있다. 그래서 그는 비행갑판 쪽으로 난 비스듬한 유리창을 통해 아래에서 펼쳐지는 경이로운 역사의 장면들을 낱낱이 살필 수 있다.

에어컨이 씽씽 돌아 서늘하고 넓은 선장실 안은 고요하고 먹먹하다. 지중해는 푸르고 고색창연하다. 서쪽으로 얼마 떨어져서 구축함 한 대가 이따금씩 게으른 신호를 날리기도 하면서 차분히 모함을 호위한다. 뒤쪽으로는 구조용 헬리콥터 한 대가 만반의 태세를 갖추고 날고 있다. 한편, 선장의 유리창 바로 밑으로는 거대한 제트 폭격기들이 보인다. 지시가 떨어지기 무섭게 시속 1,600km의 속도로 러시아 땅을 향해 수소폭탄을 떨어뜨리러 날아갈 폭격기들이다. 이들이야말로 미국 제6함대 소속 〈사라토가〉호와 그 부속 선단을 이제껏 만들어진 것들 중 가장 강력한 전쟁 도구로 만드는 기계들이다.

지중해의 제6함대, 이건 정말 크고 번지르르하며 기가 막히게 사치스럽고 눈부신 물건이다. 〈사라토가〉호의 정보 책자와 명예선원증, 조종사용 헬멧을 나눠주는 홍보담당 장교의 설명이 청산유수다. "이 배를 칠하는 데 든 페인트만 해도 미국 가정집 30,000가구를 칠할 수 있는 양입니다. 배를 위로 세우면, 그 끝이 엠파이어스테이트 빌딩 18층에 닿습니다. 배 안에 전화기가 2,000대, 에스컬레이터 세 대, 소다수 판매점이 세 곳, 9개의 좌석을 갖춘 이발소, 바지걸이 3,676개 등이 있습니다. 이 배의 발전기로는 오하이오 주의 산업도시인 피츠버그 정도의 도시에 전기를 댈 수 있죠. 에어컨 시설은 라디오시티 뮤직홀 크기의 공연장 스무 곳을 서비스할 수 있을 정도입니다. 매일 저녁 11편의 영화가 선상에서 상영됩니다. 감자 깎는 기계는 한 시간에 천 개씩 감자껍질을 벗겨냅니다. 선상의 가게에서는 스쿠터도 주문할 수 있답니다."

그렇다고 해도 제6함대 자체는 단순한 개념일 뿐이다. 흔히 생각하듯 이 함대가 다닥다닥 붙어서 열심히 뭉쳐 다니며 엉터리 출동신호가 울릴 때마다 끝도 없이 내달려야 하는 잿빛 전함들의 군집인 건 아니란 말이다. 이발소 의자 같은 데서 선장이 밖을 내다보면 호위 중인 구축함들이 보일 테고, 함대의 기함旗艦인 구축함〈디모인〉호Des Moines의 불룩하고 거대한 실루엣도 보일 것이다. 그렇지만 이 함대의 다른 배들은 어디에든 가 있을 수 있다. 베이루트 근처 바다나 수바Suva만을 떠다닐 수도 있고, 아테네 사람들에게 영향력을 행사하거나, [터키의] 이스켄데룬에서 갑판 청소 중일 수도 있다. 아니면 그저 순항 중일 수도 있다. 조종사들은 가끔 전투기로 풀쩍풀쩍 뛰어오르고, 선상 취주악대는 트럼본을 부지런히 닦고 그러면서 말이다.

〈사라토가〉호가 달리면서 내뿜는 발랄함과 번쩍임에는 뭔가 극적인 요소가 있다. 그처럼 밝고 활기차고 정열적인 모습은 분명 아름답다. 그 모습을 지켜보면 즐거워진다. 고개를 들어보면 회색의 거대한 레이더 장비가 위엄을 뽐내며 잠잠히 돌고 있다. 갑판 안에 잠겨 있는 굴뚝에서는 가느다랗게 김이 새어나온다. 호리호리한 젊은 선원들은 청바지나 작업복 차림으로 자기 구역을 돌보거나 난간에 기대 있는데, 그 반듯반듯한 각도의 우아함이 영국 수병들의 느긋한 자세와는 완전 딴판이었다. 마치 아보카도가 순무와 완전 딴판이듯!

비행갑판에서는 활주로 관리장교들이 마치 극단 감독이나 안무가처럼 노랑 스웨터를 입고 왔다 갔다 한다. 여기저기서 눈에 띄는 몇몇 조종사들은 노란 구명조끼에 둥근 헬멧, 바싹 자른 머리칼 등 그들 직업 특유의 장식들을 정성스레 걸치고서 마치 맘씨 좋은 달 탐험가처럼 대기하고 있다. 펄럭이는 깃발들부터 비행기 위에 그려진 현란한 그림들까지 이 배는 구석구석 형형색색이다. 번쩍거리는 헬리콥터가 날아와 날개 소리 요란하게 갑판 위에 몸을 내린다. 자주 그렇듯 비행기가 이륙

할 시간이 되면 배 전체가 묘하게도 신선하고 격렬하며 극적인 흥분에 휩싸인다.

비번 중인 구경꾼들이 비행갑판 위 난간으로 모여든다. 비행기를 쏘아 올릴 발사기가 작동을 알리는 김을 내뿜는다. 이상한 헬멧을 쓰거나 방화복 차림인 선원들이 갑판에 나타나 발사장 통로 위에 몸을 웅크린다. 확성기 소리가 요란하게 울린다. 조종사들이 잽싸게 조종석으로 들어간다. 선장은 의자에서 일어나 창가에 서고, 제트엔진의 첫 굉음이 배 전체를 뒤흔든다. 저 밑에서 들릴 듯 말 듯 쿵쾅거리던 배 엔진 소리를 꿀꺽 삼켜버릴 정도의 폭발음이다. (홍보담당 장교는 지칠 줄도 모르고 떠든다. "이 배는 갑판이 17개 층으로 나뉘어 있어요. 이 거대한 배 위에 7천 개도 넘는 커피 컵이 있죠. 배 이름은 미국독립전쟁의 한 싸움터 이름을 따온 겁니다.")

그때다. 고막을 찢을 듯한 소음과 함께 비행기들이 날아오르기 시작한다. 퍽 놀랍다. 바람 속에 멍하니 서 있는데 갑자기 당신의 시야 한쪽 끝에서 날쌘한 은빛 제트기가 폭발음을 내며 무서운 속도로 갑판을 박차고 하늘로 날아오른다. 갑판이 금세 비행기로 꽉 차 버리는 느낌이다. 갑판을 돌아 나오고, 뱃머리 쪽으로 반듯하게 서고, 번쩍번쩍 으르렁대며 줄줄이 날아오르는 제트기들은, 마치 무희들이 격렬하게 몸을 놀리면서도 너무나 정확하게 무대 위를 균점하는 중국 발레의 거대한 스펙터클 같다. 일순간에 비행기들은 전부 하늘에 떠서 터키 쪽 하늘로 점점이 사라진다.

사실 오늘 아침 이 젊은 조종사들이 대포알처럼 폭발하듯 갑판을 떠났지만 딱히 어디로 가는 건 아니다. 그들은 금세 배로 되돌아와 갑판으로 떨어져 내릴 것이다. 갑판을 가로질러 설치한 와이어가 비행기 바퀴를 나꿔챌 때의 그 오싹한 덜컹거림과 충격을 온몸으로 견디면서 말이다. 잠시 후면 그들은 엘리베이터를 타고 에어컨이 돌아가는 아래층 사관실로 내려갈 테고, 아이스티와 잡지 〈타임〉, 깎듯이 배려하는 승무원들이 그들을 기다릴 것이다. 만약 당신이 선장실에서 선장과 함께 있게 된다면, 배가 부지런히 움직이는 동안, 홍보담당이 쓰레기분쇄기와 소각기에 대해 떠드는 동안, 또 호위 구축함의 신호등이 깜박거리는 동안, 이 거대한 배의 심장부에서 그 예의바른 선장 옆에 서 있는 거라면, 당신은 문득 그 짤막하고 현란한 스펙터클의 의미를 깨달을지도 모른다.

제6함대의 놀라운 위력은 흑표범처럼 미묘하고 감각적이며, 레이더처럼 민감하고, 번개처럼 폭발적이다. 번쩍이는 섬광, 제트엔진들의 폭발음, 인정사정없이 돌진하는 열두 명의 젊은이들, 이런 게 합쳐지면 끔찍스런 역사의 한 페이지가 대번에 쓰일 수 있을 정도다. 자기 자리로 돌아가는 〈사라토가〉호의 선장이 신중하면서도 엄격한 신神의 풍모를 풍기는 것도, 그렇다면, 당연하지 않은가.

10-8 헬싱키

> 냉전의 적대감을 잊을 수 있는 중립지역 스칸디나비아로 가는 여행길은 늘 기쁜 일이었다. 하지만 그 또한 어떻게 보자면 용두사미 같은 일이었다. 다음 에세이는 처음으로 소비에트 러시아를 도망치듯 빠져나와 바로 바다 건너 지근거리의 핀란드 수도 헬싱키에 들렀을 때의 기록이다. 그런데 이 짧은 여행은 뜻밖의 모호한 변주로 끝을 맺었다.

당신이 아무리 자유분방하고 마음이 넓다 해도, 또 늘 상대의 좋은 점만 보려 한다 해도, 공산주의의 잿빛 그늘이 짙게 드리운 동네를 떠나는 일은 사뭇 신나는 사건일 수밖에 없다. 마치 새 여름의 첫 수영처럼, 혹은 문득 사랑에 빠져드는 일처럼, 뭔가 붕 뜬 듯 우아하게 축하해야 할 일인 것이다. 레닌그라드를 떠날 때 짐 검사는 아주 꼼꼼했다. 내 노트를 일일이 뒤적이기도 했고, 경제발전7개년계획 도표를 발견하고

선 아연 반색하는 기색이었다. 그렇게 애매하게 누그러진 태도로 이젠 비행기 타라고 나를 보내는데, 마치 "교장선생님이 실은 너한테 화난 게 아니라, 그냥 조금 실망하신 거야"라고 타이르는 듯했다. 하지만 갈팡질팡하는 일류신Ilyushin 비행기 안에서 아쉬워하는 눈치의 승무원과 달랑 둘이서 짤막하게 한 시간을 날고 나서 헬싱키에 내리면 거기 세상의 다른 쪽 절반이 펼쳐진다. 입국수속대의 직원은 그저 "여권 주시겠습니까"라는 다정한 한마디뿐이다. 그렇지만 어디선가 벨들이 울리고, 새들은 노래하고, 병 따는 소리까지 퐁퐁 들려온다.

그 친절한 남자직원이 내 여권을 거의 보는 둥 마는 둥 나를 휙 핀란드로 입국시키자마자, 이번에는 아주 아름다운 항공사 여직원이 길 안내까지 해주었다. 그때 나를 즐겁게 했던 것들로는 우선 그 핀란드 항공사 여직원들! 그들의 고상한 숨결에는 시들어가던 것을 되살리는 힘이 있었다. 둘째는 자유를 속삭이는 듯 깔끔하게 반짝거리는 건축물들. 또, 한 줄로 길게 늘어선 작고 멋진 주택들. 이윤의 환한 빛으로 사람들을 반기는 에쏘Esso와 인터내셔날 하비스터International Harvester. 제 속도를 내며 길을 달리는 — 러시아는 아무리 공간이 넉넉해도 시속 50킬로를 안 넘기려고 작정한 나라인 것 같았다 — 온갖 나라의 자동차들. 살 찐 마을주민들의 장밋빛 뺨과, 자기 집 마당에서 놀고 있는 아이들의 모습. 멋지게 차려 입은 진열장의 마네킹들, 멋지게 재단된 양복, 아무나 걸어다닐 수 있는 부두, 부둣가를 달리는 즐겁고 세련된 증기기차, '심플리시티' 문양들, 스웨덴어 〈마이 페어 레이디〉 공연, 그리고 커피주전자. (뚜껑이 떨어져 커피잔을 엎지르게 하는 소동 따위 절대 염려할 필요 없는!)

도시들 중에서도 가장 사랑스러운 유령이라고 할 레닌그라드를 막 떠나온 터인데도 헬싱키는 참으로 자유롭고 편안하게 근심과 두려움을 잊게 한다. 이 아늑한 길들에는 서유럽의 온갖 산들바람이 마치 묘약 각

테일처럼 넘실거린다. 자칭 유럽에서 가장 크다는, 열두어 가지 언어의 책들로 가득한, 헬싱키에서 가장 유명한 서점에 들러보시라. 특히 소비에트 연방의 그 음침하고 의무감에 찬 칙칙한 책꽂이들에 질려 있는 상태라면 이 방문은 정신이 번뜩 드는 원기회복제이자 짭조름한 소금 맛 같을 것이다. 쇄빙선이 (만약 파업 중이 아니라면) 정박지 주위의 얼음을 깨느라 끈기 있게 묵묵히 앞으로 갔다 뒤로 갔다 움직이고 있는 부둣가에서의 산보는 대단히 신나는 일이다. 러시아의 바닷바람은 가족 누군가의 죽음을 떠올리게 하는 칼바람이었지만, 핀란드만에서 불어오는 바람은 뺨을 살짝 불그레하게 할 뿐이다. 또 핀란드 사우나, 그 증기 욕탕에서의 한 시간이란! 이따금씩 자작나무 잔가지들로 몸을 철썩철썩 때리고, 미치게 뜨거운 열탕에서 오싹한 냉탕으로 달콤하게 몸을 담그면서 그렇게 한 시간을 보내면 참으로 충분하다. 당신의 몸에 진득하게 밴 그 지독한 러시아의 기운을 싹 씻어내기에, 또 마치 잡지 광고 모델처럼 미끈하고 생기 넘치며 멋져보이게 하기에 말이다.

큰 덩치에 입을 굳게 다문 러시아인들과 어울린 뒤에 만나는 헬싱키 사람들은 놀랍도록 나긋나긋하고 날렵하다. 덩치는 크지만 민첩하고, 바이킹 뷔페 smorgasbord에서는 그토록 쾌활하며, 마치 티벳의 성인들처럼 핀란드의 눈밭을 성큼성큼 스윽스윽 미끄러져 다니는 사람들이니까. 아이스하키 스틱을 들고 미끄러져 다니는 아이들은 마치 스키를 타고 이 땅에 태어났으며 이데올로기 시위에 대한 관심은 아직 전혀 맛보지 못한 듯한 느낌이다. 부인들은 아주 깔끔하고 단아하며, 비싼 커피집에서 재치 넘치게 수다를 떤다. 헬싱키의 호텔은 아주 매력적인 모던 풍(화사한 색의 나무와 미닫이 유리창)이거나 향기로운 1900년대 풍(벽화와 시가 냄새 밴 나무판자)이다. 교외지역 또한 헬싱키 특유의 속물스러움으로 반질반질하며, 이 세상 그 누구도, 심지어 늘 시위에 참여하는 정열적인 진보파조차도 이곳 사람들에 대해 연민의 감정을 가질 수는 없겠다 싶다. 이들은 못처럼 꼿꼿하고 의연하며, 그 뾰족함은 못의 두 배쯤이다.

헬싱키, [레닌그라드의] 겨울궁전에서 겨우 1시간 떨어진 여기서 당신은 원하는 걸 뭐든 할 수 있다. 뭔가 게슴츠레한 느낌의 조랑말이 끄는 썰매를 타고 얼어붙은 항구를 가로질러 달릴 수도 있다. 의심에 찬 경찰의 제지를 염려하지 않으면서 말이다. 얼음에 구멍을 파고, 아예 조그만 집까지 하나 지어놓고 저녁에 먹을 생선을 낚을 수도 있다. 숲에서 만들어진, 온갖 산딸기류와 솔방울, 북극검은딸기로 만든 묘한 마법의 술을 마실 수도 있다. 슬픔의 눈물을 억누르며 [산타클로스의 썰매를 끌던] 순록 혀 훈제를 샐러드와 함께 먹거나, 피시 콕fish cock(민물청어와 돼지고기를 함께 싸서 빵 모양으로 구운, 희한하게 생긴 요리)을 허겁지겁 마구 삼킬 수도 있다. 프랑스 영화를 보거나 미국 연극을 구경하고, 대통령궁 ─ 부동산 업자들이 흔히 '개조해서 쓰기에 딱'이라고 홍보할 법한 조그맣고 예쁜 저택이다 ─ 바깥에 앉아 보란 듯이 과장된 몸짓으로 영국 신문을 읽을 수도 있다.

당신이 탄 택시가 기분 좋게 헬싱키 시내로 달려갈 때 이 모든 즐거움과 자극들이 당신을 반기는 것이다. 이는 곧 서유럽의 모든 재미와 자유가 당신을 반긴다는 것이고, 당신이 허비한 체력을 북돋우는 데 필요한 모든 비타민과 칼로리가 거기서 당신을 기다린다는 뜻이다. 철의 장막 너머 '감자의 세상'을 떠나올 때면 대부분의 사람들이 뭔가 신선한 것, 뭔가 남성적인 식품을 간절히 원하기 마련. 가령 신선한 상추나 파인애플, 오이나 계란 피클 등을 말이다. 동유럽을 떠나 핀란드로 날아가는 비행기 안에서 내 식욕을 간절히 사로잡은 것은 생 당근이었다. 헬싱키에 도착하자마자 나는 곧바로 야채가게로 직행해 당근 1킬로그램을 사서 호텔 욕실에서 박박 문질러 씻은 뒤 쉬냅[네덜란드 독주] 한잔과 함께 기분 늘어지게 먹어치웠다.

그런데 묘하게 짜증나는 일이 하나 벌어졌다. 그 푸짐한 빨간 야채를 기쁘게 먹으며, 나는 자본주의의 젖빛 쾌락에 흠뻑 빠진 황제 같은 기분이었다. 하지만 그날 늦게 저녁 자리에서 뭘 읽을까 생각하다가, 문득 일종의 마지못한 향수 같은, 계속해서 스멀스멀 기어나오는 존경과 애정 같은, 그런 뜻밖의 본능이 나로 하여금 그 책을 고르게 했다. 그렇게 나는 그날의 돼지족발 요리를 투르게네프와 함께 먹게 되었다. (나는 또 느꼈다. 그 조그만 수도의 잘 차려입은 사람들, 그 용감하고 공손한 시민들 중 그 누구도 이렇게 멋진 동행이 되어주지는 못한다는 걸.)

10-9 트리에스테

> 아드리아해의 항구도시 트리에스테는 냉전이 빚어낸 또 하나의 비정상 그 자체였다. 2차대전 후 이탈리아와 유고슬라비아가 이 도시를 두고 힘겨루기를 했고, 처칠은 '철의 장막'의 남쪽 끄트머리가 거기라고도 했다. 내가 다음 글을 쓸 때쯤 트리에스테는 마침내 이탈리아 땅으로 확정되었다. 그래도 그곳은 이쪽도 아니고 저쪽도 아닌 어중간한 상태인 채였다. 또 이 에세이는 내가 한 도시에 쓴 최초의 글이기도 했다. 그 후 도시 이야기를 쓰는 게 내 직업이자 문학 인생의 근간을 이루었으니, 이 글이 그 첫 단추가 된 셈이다.

"우리를 죄다 따돌린 워링 씨, 그 워링 씨는 대체 어찌 되었을까?"[31] 브라우닝의 시는 그렇게 도시에서 사라진 한 남자에 대해 묻는다. 같은 질문을 트리에스테에 대해 던질 수도 있다. (트리에스테는 사실 워링 씨가 머물렀던 곳이기도 하다.) 세계적인 뉴스의 무대였다가 그렇게 교묘하게 사라져버린 도시가, 잊힌 사건들의 연옥 속으로 완전히 묻혀버린 도시가 또 어디 있으랴. 때로는 한 여행자가 '삶의 목적 없이 쓸쓸히

---

31 『잔 모리스의 50년간의 유럽여행』의 '프롤로그' 참조. 프롤로그뿐만 아니라 각 장의 '들어가는 말'을 모두 트리에스테 에피소드로 시작할 만큼 잔 모리스에게 트리에스테는 "유럽 하면 늘 제일 먼저 떠올리는 도시"(같은 책, 18쪽)가 되었다. [역주]

버려진 도시'로 희미하게 추억하는 이곳으로 되돌아온다. 때로는 이집트나 중동으로부터 이곳을 거쳐 어딘가로 가는 외교관이 [철의 장막의] 표시선을 여기서 보았거나 혹은 슬로베니아 데모대의 함성을 어렴풋이 들었다고 기억한다. 그 외의 우리들에게 트리에스테는 우리 주변에서 슬며시 사라져버렸고, 대부분은 거기서 대체 무슨 소동이 일어났던 건지도 잊어버렸다.

2차대전이 끝나고 몇 년 동안 이탈리아와 유고슬라비아가 동시에 이 항구에 대한 점유권을 주장하면서 그 소동은 시작되었다. 논란이 격화되면서 뭔가 일촉즉발의 대치 상태가 금세라도 일어날 듯했다. 그렇지만 논란은 아무 결론 없이 하루하루 찔끔찔끔 김이 빠져갔다. 인근의 이스트리아 반도는 유고슬라비아가 삼키는 대신, 트리에스테는 이름도 잊히고 재갈도 물린 그런 꼴로 다시 이탈리아의 일부가 된다는 것, 그게 사실상의 결론이었다. 아직도 퉁명스런 슬로베니아 인구가 약간 살고 있어서 슬로베니아 학교나 문화센터 같은 것들도 있긴 하지만, 실질적으로 이곳은 이탈리아의 항구가 되었다. 밝은 색의 작은 피야트 자동차들이 해변도로를 달리고, 미끈한 이탈리아 여객선들이 부둣가에 게으르게 정박해 있으며, 팔짱 끼고 가슴 내밀고 나른한 눈빛으로 걸어다니는 아가씨들은 죄다 야심에 찬 소피아 로렌 같아 보인다. 오늘날 트리에스테의 정취는 틀림없이 이탈리아 풍이다. 높은 언덕 위 옛 총독궁을 사무실로 쓰는 행정관장군님은 어느 모로 보나 로마 집정관 같다.

그런데 이 모든 게 법적으로는 약간 불분명하다. UN이 이곳을 대체 어떡할지 결정한 게 아직 없기 때문인데, 이 불확실한 처지가 트리에스테의 동면 상태를 초래하는 데 일조했다. 트리에스테는 불평이 많고 화를 잘 내는 도시이다. 이 도시의 옛 기능이었던 오스트리아-헝가리 제국의 주요 항구 지위를 잃은 지 어언 반세기가 가까워오지만, 오늘날까지도 이 도시는 고개를 돌려 그 옛날의 전성기를 기웃거린다. 사치스럽던 제국주의 시대에는 제국의 영화가 이 도시의 금고로 쏟아져 들어왔고, 빈의 세련된 도회풍이 트리에스테의 살롱들에도 흘러들었다. 이제 트리에스테는 이탈리아 동쪽 맨끝의 툭 튀어나온 땅이지만, 견고하고 뭔가 생각에 잠긴 듯한 모습으로 여전히 중부 유럽의 느낌을 풍긴다. 내게 트리에스테는 파산한 귀부인 같아 보인다. 피켓 카드놀이와 폰 호프만스탈von Hofmannsthal[오스트리아 극작가(1874~1929)]의 작품에 중독된 이런 여인들은 지금도 케케묵은 응접실에 앉아 합스부르크 왕조의 쇠퇴를 한탄한다. "물론 우리도 한때는 참 멋진 것들에 익숙했지. 그런데, 아! 세상이 변하고 말았어! 그래, 자네의 가난한 어머님은 좀 어떠신가?" 이 도시도 그런 푸념을 늘어놓는 듯하다.

전쟁 후 몇 년의 논쟁 때 트리에스테는 그리 행복하진 않았어도 적어도 살아남아서 심술궂게 불평을 늘어놓곤 했다. 도시의 배후지도, 거대한 중계무역센터로서의 지위도 잃어버린 뒤였지만, 그래도 세계의 이목을 끌면서 '에고'에 활력을 불어넣던 시절이었다. 또 열강들이 도시의 미래를 두고 갑론을박 함으로써 이 도시의 '이드'를 살며시 떠받쳤다. 그런 에고와 이드란 게 실은 겁 안 난다는 허세에 불과했지만, 그래도 당시 이 도시엔 외국 돈이 굴러다녔고 씀씀이 헤픈 주둔군 병사들도 있었다. 그때는 열띤 모험과 흥분의 시기였다. 토요일 밤에 폭동이 일어나고, 티토Tito[유고슬라비아 대통령(1953~1980)] 장군을 어이-여어 하고 부르는 시절이었으니! 하지만 오늘날 트리에스테는 권태에 빠지고 말았다. 이탈리아 정부는 이 항구를 공화국의 일상 속으로 야금야금 편입시켰고, 이제 이곳에 뭔가 특별한 건 아무것도 남지 않았다. 이탈리아에 길들여져 본래의 맛을 잃어버린 것이다. 한때는 세계에서 일곱 번째로 큰 항구였는데, 이제는 이탈리아에서도 셋째일 뿐이다.

물론 운도 역사도 트리에스테에게 너그럽지를 않았다. "이 도시는 아주 불편한 상황 위에 세워져 있어요." 트리에스테의 한 변호사는 그렇게 말했다. 틀림없는 사실이다. 고개 넘어 황폐한 구릉지대로는 공산 진영의 영토이다. 갑岬을 돌아나가면 맑스주의 나라들의 해안선을 따라가며 보아야 하는 바다 아드리아해가 나온다. 이곳의 부두를 열심히 이용해야 할 배후지들은 대부분이 그만 철의 장막 너머로 묶이고 말았다. 이탈리아의 시장과 공장을 이용하기에는 거리가 너무 멀어 비경제적이다. 유럽 지도를 펼쳐 보시라. 왜 아무도 이곳에 자본이나 열정을 쏟아 붓지 않는지 짐작이 갈 것이다. 트리에스테는 양대 이데올로기 사이에 불안하게 끼어 있다.

    이곳은 확실히 아직도 오스트리아의 항구이다. 해변산책로를 따라 부지런히 덜컹대고 다니는 기차들은 주로 그라츠Graz나 빈에서 오던 것들이다. 요즘도 상당히 많은 차량들이 이곳을 통과한다. 조선소는 파업 중이지만 않으면 제법 바쁘게 돌아간다. 몇몇 신흥 산업도 이곳에서 일어났다. 실업률이 이탈리아의 다른 곳들에 비해 특별히 더 높지도 않다. 철마다 관광객들도 찾아온다. 사람들의 차림새도 괜찮고 영양상태도 좋아 보인다. 이곳은 보험산업의 주요 거점 중 하나이며, 로이드 트리에스티노라는 [보험사의] 이름은 큰 바다의 뱃사람들에게 아직도 익숙한 이름이다. 그다지 비극적인 일이 트리에스테에게 벌어지지도 않는다. 그저 어정버정 꾸무럭댈 뿐이다. 화 난 트리에스테 사람들은 말한다. "제노바 봐요. 볼로냐 다른 이탈리아 붐타운들 좀 보라구요. 피우메Fiume도 보시고! 이탈리아인들이 우리한테 뭘 약속했는지 알아요? 그 자들이 우리한테 안겨준 건 주먹구구 관료제뿐이에요! 내 말 잘 들어요, 친구 양반." 담뱃재를 털고, 눈을 한 번 깜박인 뒤, 음성을 슬쩍 바꾸면서 말이 이어진다. "내가 충성스런 이탈리아인이긴 하지만 말이지, 우리 문제가 아예 해결되지 않았으면 하고 바랄 때가 여러 번 있다 이 말이야."

    오늘날 트리에스테를 찾은 당신에게 가장 충격적인 것, 그것은 바로 활기의 실종이다. 브라우닝의 목격자는 말했다. "시간도 역경도 워링의 얼굴을 망쳐놓지는 못해요." 그런데 트리에스테는 유명세를 잃어버린 뒤 그리 쾌활하지 못했다. 재능 많은 젊은이들은 이곳을 떠나고, 자유스럽던 옛 전통은 잊히며, 대담하던 장사꾼의 감각들은 무뎌지거나 실패를 맛봤다. 풀 죽고 열의 없는 모습으로 트리에스테는 환멸에 젖어 정처 없이 흘러가고 있다. 술에 취해 비틀거리는 것도 아니고 전쟁에 나갔다 다리를 절게 된 것도 아니다. 억압받지도 않았고, 곤궁하지도 않다. 다만 지겨울 뿐이다. 그렇다, 다만 지겨울 뿐이다.

ch 11
남미에서 전율을

> 〈가디언〉 신문사가 나를 몇 달 동안 남미로 보냈다. 당시 다른 대부분의 유럽인들처럼 나도 남미대륙에 대해 거의 깡통이었다. 이 일을 맡으면서 나는 냉전의 난맥상을 잠시 잊을 수 있었다. 이 경험은 또한 다채로운 전율을 맛보게 했다. 콜롬비아에서는 강물에 시체가 둥둥 떠내려가는 데도 사람들은 본척만척했다. 칠레에서는 바다에서 바로 잡은 성게를 날것으로 꿀꺽하기도 했다. 부에노스아이레스에서는 향수병을 앓았고, 리우데자네이루에서는 기쁜 나머지 황홀경에 빠지기도 했다. 〈가디언〉지는 내가 보낸 기사들을 따로 모아 소책자로 발간하였는데, 여기에 그 중 세 편의 도시 회상기를 소개한다.

11-1 라파스

> 최근 혁명을 거친 나라 볼리비아. 그곳에서는 모든 시민에게 사회적·정치적 평등이 보장되었다. 적어도 이론적으로는 말이다. 그런 상태가 얼마나 지속될지는 아무도 몰랐다. 하지만 공화국의 정치적 수도인 라파스에 넘실대던 멋진 활기는 전적으로 혁명의 산물임이 확실했다.

금속성 푸른빛으로 반짝이는 티티카카 호수로부터 남쪽으로 달리는 고속도로는 알티플라노Altiplano 고원을 관통해 달린다. 동쪽으로는 눈 덮인 안데스 대산맥의 고봉들이 겹겹이 고고하게 펼쳐진다. 그렇지만 해발 4,300미터를 달리는 도로 주위의 풍경은 천상의 아름다움이라기보다는 달 위의 모습처럼 황량하고 음산하며 고독해 보인다. 아이마라Aymara 인디언들의 가난한 진흙집들과 그들이 이 척박한 땅을 일구며 골라낸 돌 더미들이 어지럽게 흩어져 있다. 때로는 당나귀나 라마를 끌고 가는 농부도 눈에 띄고, 때로는 당신 차가 일으킨 먼지가 흙벽돌색 마을을 덮치기도 하며, 또 때로는 폭풍의 언덕 위에 웅크리고 서 있는 마녀 같은 느낌의 어느 꼬부랑 인디언 여인이 황야 저 멀리 돌무더기 사이를 홀로 잽싸게 누비고 다니는 모습을 확인할 수도 있다.

100킬로미터가 넘도록 그런 무미건조한 도로 풍경이 계속되다가, 문득 낭떠러지 같은 내리막이 시작된다. 불쑥 고원지대의 가장자리가 나타나고, 가파른 내리막을 구불구불 우당탕 퉁탕 구르듯 내려가 깊은 구덩이로 떨어진다. 거의 U자형으로 구부러진 길을 돌아나가다 보면 아래쪽 협곡 사이에서, 그 거대한 단층 지층들 사이에 비밀스럽게 숨어 있는 도시 라파스가 홀연 그 모습을 드러낼 것이다. 라파스의 붉은 지붕과 진흙집들은 협곡의 절벽을 타고 차곡차곡 쌓여 있으며, 아래쪽 계곡의 찰랑대는 강물 바로 위에까지 흩어져 있다. 주변은 온통 광활한 알티플라노이며, 남쪽으로는 아름다운 흰 봉우리 일리마니Illimani가 침묵 속에 우뚝 솟아 있다. 잉카제국을 지키던 전설의 왕실 콘도르가 거기서 거대한 날개를 접고 쉬고 있다고 사람들은 믿고 있다.

해발 3,700미터에 위치한 라파스는 세계 대도시들 중 가장 높은 곳의 도시다. 이곳은 늘 떠들썩한 흥분 상태인데, 때로는 광적인 수준에 이르기도 하며, 언제나 덤벙거리는 곳이라는 느낌이다. 하지만 전원 취향이 있고 극적인 드라마를 탐닉하는 이라면 이 도시의 자극에 호응하지 않을 길이 없다. 아니, 이 도시가 처한 환경의 그 놀라운 희한함에 굴복할 수밖에 없는 것이다. 고원지대에서 내려오던 그 놀라운 길, 그 놀라운 환경이란! 그쯤 되면 당신은 옛 항해자들처럼 눈이 셋이거나 머리를 어깨 아래에 들고 다니는 사람들을 기대해도 좋을지 모른다. 그러고 보면 라파스도 나름 최선을 다한다. 몇 가지 간단한 사실들부터 한번 살펴보시라.

©김수련

▶ 라파스 대기의 산소 농도는 아주 낮기 때문에, 한 대뿐인 시 소방대 소속 소방차의 유일한 쓸모는 정치 데모대를 향해 지워지지 않는 색소물을 뿜어대는 일뿐이다.

▶ 라파스에서 가장 왕성하게 활동하는 단체 가운데 하나는 밀수업자 노동조합이다. (공식 명칭은 '국경상인들의 신디케이트'이다.) 현격한 차이로 1위를 달리는 쇼핑센터는 '메르카도 네그로' Mercado Negro인데, 불법 수입품들을 파는 대형 노천 시장이다. 최근에 나는 거기서 불법 음반들을 사려고 나온 한 세관원과 우연히 만나기도 했다.

▶ 라파스 여인의 절반은 중산모를 쓰고 다니는데, 교회에 들어 갈 때는 정중하게 모자를 벗는다. 민간요법 상비약으로 야마의 태아, 고양이 가죽, 아르마딜로의 뿔 등이 널리 쓰인다.

▶ 라파스는 볼리비아 독립 후 135년 동안 쿠데타나 혁명을 179차례나 경험했다. 이곳의 화폐 단위는 정말 기가 막히는데, 하루는 주머니를 다 털었더니 거기서 나온 돈만 해도 683,700 볼리비아노스였다. (호텔 숙박료를 내려면 백만 볼리비아노스가 필요했고, 물론 벨보이 팁을 위해 몇 천이 더 있어야 했다.)[32]

어랏, 여기 진짜 웃기는구나 싶었다. 하지만 비뚤어진 애정이 자아내는 웃음이었다. 이렇게 마음을 확 빼앗는 도시는 찾기 어려우니까 말이다. 도시의 표면 아래 도사린 건 절대 익살스러운 게 아니다. 라파스는 애처로울 정도로 우스꽝스럽고, 비극과 자극, 공갈로 가득하다. 라파스는 또한 지난 4세기 전 스페인인들이 이곳을 발견했을 때 함께 들여온 엄청나게 찬란하고 숨 막히게 반짝이는 것들을 여전히 일부 간직하고 있다. 그 자체로 아름다운 곳은 아니다. 몇 안 되는 옛 건물들은 미

---

32 화폐 단위 이야기는 원화의 경우도 크게 다르지 않은 듯. 하지만 이 정도 숫자에다 달러나 파운드화 단위를 붙여보면, 잔 모리스가 왜 경악하는지 수긍이 간다. [역주]

지근한 모더니즘의 수렁 속에 잠기고 말았으며, 인디언들은 진흙과 골함석판으로 마감한 테라스하우스들의 거리로써 협곡의 우묵한 곳 주변을 온통 뒤덮었다. 하지만 그런데도 이곳은 거의 기이할 정도로 개인주의의 장점들을 지니고 있다. 지상의 그 어디에서도 라파스 같은 곳을 찾을 수는 없겠지만, 굳이 엇비슷한 데를 꼽자면 다마스쿠스나 카이루안 Kairouan 같은 흔들리는 사막 도시들이 티벳고원 안의 어느 가파른 언덕으로 기적처럼 옮겨져 있는 곳?

라파스는 안데스산맥의 도시다. 오늘날 라파스의 스타일을 결정하는 것은 그곳을 가득 메운 안데스의 아이마라 인디언들이다. 귀덮개를 단 울 모자에 잉카의 표정을 짓고 있는 아이마라 남자들의 모습도 때로는 충분히 놀랍지만, 안데스 여자들은 정말 묘사를 불허할 만큼 매혹적이다. 멋지게 뒤로 제껴 쓴 중산모에, 눈이 멀 정도로 현란한 색감의 블라우스와 치마, 잔뜩 주름을 넣은 페티코트 차림인 그녀들. 등에 업은 아기들은 마치 거친 아기 권력자처럼 펄떡거리고, 발에는 낡은 타이어를 잘라 만든 샌들을 신었다. 눈부시게 차려 입고 끝도 없이 부지런한 여인들, 종종 근사한 위엄과 자신감으로 스스로를 다듬는 여인들, 그들이 라파스에 일부 집시 같은, 일부 과일행상 같은 운치를 선사하며, 얼얼한 묘미 또한 모두 그들의 몫이다.

인디언의, 또 고원지대의 소란은 이 도시를 탱탱하고 신중하게 만든다. 그래서 자정의 통행금지도 예외가 아니라 당연하게 여겨진다. 볼리바르[33]의 초상화가 지켜보는 가운데 국회의사당 안을 채운 사람들은 대부분 스페인 계통으로서 남미의 정치 쟁점들에 대해 열을 올리고 있지만, 그 위층 방청석 난간을 잡고 묵묵히 내려다보는 얼굴들은 수수께끼 같은 눈을 반짝이며 경청하는 검은 아이마라 사람들이다. 인디언 사

---

33 Simon Bolivar(1783~1830). 스페인 치하에서 볼리비아, 페루, 콜럼비아 등 다섯 나라를 독립시켜 라틴아메리카 해방의 아버지라 불린다. 볼리비아란 나라 이름도 볼리바르를 기려 명명된 것이다. [역주]

람들의 의식이 드높아지고 있음은 라파스 곳곳에서 확인할 수 있다. 그와 더불어 숨어 있던 폭력성도 부글부글 끓어오르고 있다. 이곳은 풍문과 메아리의 도시이다. 어떤 때는 카타비Catavi 광산의 광부들이 인질을 끌고서 수도를 향해 행진하기도 한다. 어떤 때는 동도 트기 전부터 창밖이 시위대의 노래와 구호, 발자국으로 어수선해지기도 한다. 어떤 때는 경기관총을 어깨에 둘러맨 복면의 경비병들이 무기를 찾는다며 당신 차를 샅샅이 수색하기도 하며, 어떤 때는 언덕 꼭대기의 도시 관문을 쇠사슬로 꽁꽁 차단하고 소총을 든 민간인들이 그 곁을 지키고 서 있는 걸 보게 되기도 한다. 15년 전 라파스의 성난 군중들은 마구 망가진 대통령의 시체를 무리요Murillo 광장의 가로등에 대롱대롱 매달기도 했다. 오늘날 이 광장에는 게르만 풍의 철모와 두툼한 하이칼라의 제복을 입은 군인들이 좍 깔려 있다. 그곳에, 대성당 지붕을 조심스레 겸손하게 내려다보는 자리에 대통령궁이 있다. 대통령궁 외곽을 지키는 조그만 발판 위에서 근무하는 병사들의 얼굴은 계면쩍은 표정으로 딱딱하게 굳어 있다.

　이 모든 열정과 에너지들이 밤낮 없이 이 도시를 쿵쾅대며 활보한다. 높은 고도의 숨 막히는 명징함은 그것을 뭔가 칼 같은, 파르르 떨리는 뭔가로 갈아 놓는다. 주말의 산책로에서 바로 그런 기운을 느껴볼 수 있다. 순박한 눈망울의 아가씨들이 작은 콧수염의 청년들과 카페 코파카바나의 식탁에 앉아 뭔가에 아주 즐겁게 열중하며 재잘재잘 수다를 떤다. 이곳의 대화들에는 그런 기운이 역력하다. 이야기의 갈피는 당최 오리무중이지만 마구 과장하는 건 재미나다. 냉소적인 분위기이지만 또 종종 뭔가 숨겨져 있는 듯하기도 하다. 벽이란 벽마다 덕지덕지 요란한 수많은 구호들 속에서도 그런 기운이 드러난다. 약자로 마구 표기해 뭐가 뭔지 알아볼 수가 없는 정치적 구호들, 그런 훈계의 말들 끝에서 동글동글 맺혀 주르륵 미끄러지듯 떨어지는 뜨거운 페인트 얼룩들에서 말이다. 심지어 이 도시 태생의 유명한 종인 카르파초Carpaccio 개들이 웃고 꼬리를 흔들며 부산떠는 모습에도 그런 기운이 배어 있음을 볼 수 있다. 관광객들로 하여금 어지러움에 숨을 헐떡대다 침대에 뻗게 만드는 라파스의 이 놀라운 얼음 같은 대기는 거품 같은 활기와 튀어오르는 탄력, 무모한 의욕을 부추긴다. 바다와 면하지 못한 내륙국가의 산 속 거대도시인 이 희한한 도시의 고립감은, 도시 전체가 내성적 강박증을 앓고 있다는 인상적인 느낌을 부여한다.

무엇보다 어두워진 뒤 고지대의 인디언 지구를 방문하면 라파스의 압박감이 어떤 것인지 제대로 알게 된다. 먼지투성이로 언덕배기에 굴러떨어져 있는 듯한 낙오자들의 동네. 밤이면 이곳이 여러 행사로 떠들썩해진다. 그렇다고 시끌벅적한 에너지를 말하는 건 아니다. 방음재를 덧대 숨을 죽인 채 넌지시 전해지는 그런 에너지이다. 그러면서 아주 주도면밀하게 열중하는 것이기도 하다. 조그만 골목마다 지칠 줄 모르는 행상들이 쉿쉿 소리를 내는 난로 같은 걸 끌어안은 채 웅크리고 앉아 있다. 아니면 귤 좌판 뒤에서 스커트와 숄, 아기들까지 마구 뒤엉킨 채로 널브러져 누워 있기도 한다. 인도의 판매대를 따라 수백의 양초들이 반짝인다. 수많은 캔버스 천 차양 아래에서 인디언들은 걸쭉한 스튜를 먹거나 코카 차를 홀짝인다. 안뜰을 둘러싼 컴컴한 발코니들, 라파스 특유의 여행자용 숙소는 그런 모습이다. 대형트럭들은 그 집 바깥에서 새벽에 길 떠날 준비를 하고 있다. 푹푹 찌는 날씨의 융가스Yungas로 가서는 열대과일과 정글의 채소들을 가져오고, 알티플라노를 가로질러 가서는 티티카카 호수의 특산품인 무지개송어를 실어올 차들이다.

그림자 짙고 어수선한 이 장면의 상세한 모습들을 인파 속을 헤집고 다니며 속속들이 파악할 수는 없다. 그래도 인상이란 게 남는데, 그건 바로 끊임없이 샘솟는 에너지이다. 희미하게 기억된 낯선 얼굴들과 근육질의 팔다리, 흐리멍덩하게 파악되었을 뿐인 의도들, 작업복 차림의 조그만 몽고인의 웃음, 뚜껑 없는 배수구에서 갑자기 풍기는 악취, 촛불 속에 어른거리는 비스듬한 중산모들의 부대. 그 중에서도 가장 인상적인 것은 너무 또렷하고 너무 가까워서 저게 가로등 아닌가 헷갈리게 되는 은하수! 넓고 푸르스름한 볼리비아의 밤하늘, 그리고 초롱초롱 티 없이 맑은 남반구의 별들.

그런데 여기에 이상한 게 있다. 급경사면을 타고 북쪽에서 라파스로 내려온다면 이곳은 온갖 도시들 중 진짜 돋보이는 영재처럼 보일 것이다. 하지만 차를 타고 일리마니 남쪽을 향해 이 도시를 떠날 때, 마지막 산등성이를 넘어가며 고개를 돌려 뒤돌아보면 도시의 마법이 죄다 사라져버린 걸, 모든 색깔이 바래버린 걸, 그 모든 노이로제가 커다란 환상이었음을 깨닫는다. 그때, 음산한 옛 탄광마을 같아 보이는 라파스는 온갖 찌꺼기들 중 제일 더러운 부스러기처럼 보인다.

11-2 리마

> 페루의 수도 리마는 분명히 내 양심이 철렁 내려앉는 심란함을 불러일으켰다. 그래서 내가 하는 말이 제대로 된 〈가디언〉 기자처럼 들리게(딱 한 번뿐이었지만) 해주었다.

페루에서는 비참함의 악취를 맡을 수 있다. 애써 킁킁거리지 않아도 된다. 건조한 안데스의 언덕이 바다를 향해 구부정한 내리막을 이루는 리마. 꼭대기에 순례자의 십자가가 하나 서 있는, 리마의 전형적인 풍경을 이루는 상크리스토발San Cristobal 산이 시내를 굽어보며 서 있다. 그 꼭대기에 서면 산 아래 겨울 안개 속에 옹기종기 모여 있는 '왕들의 도시'의 전경이 놀랍게 펼쳐진다. 상이시드로San Isidro와 미라플로레Miraflores 등의 부유층 교외단지들, 어김없는 도심의 고층건물들, 고층아파트와 광장들, 곳곳에 흩어져 있는 옛 궁궐들, 이 모든 게 전설적인 200년의 통치기간 동안 이 식민총독들의 도시를 서반구 제1의 도시로 만들었던 찬란함을 증언한다. 그러나 당신의 바로 발밑은 어떤가. 거기 언덕배기에 다닥다닥 붙어 있는 것들은 아래쪽 원경과는 전혀 다르니, 그 놀라운 꼭대기가 순식간에 최악의 전망대나 다름없는 곳으로 둔갑한다. 그 빼어난 경치를 굽어보는 곳은 아이러니하게도 슬럼의 차지가 되었다. 짓무르고 악취를 풍기는, 흉물스럽고 야만스러울 정도로 빽빽하게 모여 사는, 물, 빛, 보건, 휴식 따위는 전혀 없는, 쓰레기와 배설물에 푹 잠겨 있는, 온갖 피부병에 넝마를 걸치고 신발도 없이 돌아다니는 아이들로 우글거리는, 동네로 접어들면 금세 구토가 솟구쳐 얼른 손수건을 꺼내게 될 정도로 오물 냄새가 코를 찌르는 곳. 바로 이 비참한 동네의 잡탕으로부터 그 더러운 악취가 풍겨나오는 것이다. 악취는 안개처럼 왕들의 도시를 자욱하게 뒤덮고, 나아가 언덕 꼭대기 십자가 주위를 휘몰아치기도 한다.

　이런 끔찍한 바리아라들barriaras이 리마를 둘러싸고 있다. 전체인구 120만인 이 도시에서 약 25만 가까운 사람들이 그런 곳에서 살고 있으니, 엄청난 부자들과 처참한 극빈층 사이의 격차가 그렇게 고통스럽게 현격한 곳을 나는 이제껏 그 어디에서도 본 적이 없다. 아늑한 중산층의 완충장치 따위는 전혀 없는 거나 다름없다. 부지런히 주말농장을 돌보는 사람들은 없고, 중고 잔디 깎는 기계의 요란한 소음도 없다. 하이티[34]용 먹을거리들을 내놓는 갈매기 날개 문양의 접시 따위도 여기엔 거의 없다. 부재지주들과 방대한 규모의 반봉건적 농장들, 높은 문맹률, 무책임한 정치, 복잡하기 짝이 없는 금융 절차, 속물근성과 허식, 사치와 방종, 겉치레 등, 페루는 온갖 보수 반동의 증상으로 얼룩져 있다. 상

34　high tea. 영국 풍속 중, 차와 함께 오후 늦게 조리한 음식, 빵, 버터, 케이크를 곁들여 먹는 걸 말한다. [역주]

크리스토발의 상징성은 뼈아프게 정확하다. 오랜 세월 동안 왕들의 도시 리마는, 마치 옛적의 상트페테르부르크가 그랬듯 황량한 배후지들과 거의 철저하게 격리되어 있었다. 하지만 참상은 스멀스멀 도시로 기어들었다. 무일푼의 인디언들과 혼혈인들이 농촌에서 밀려든 이래, 오늘날 리마의 의미를 드러내는 건 자카란다 나무가 자라는 정원 혹은 위풍당당한 옛 교회들이 아니다. 그것은 당신의 맘속 깊은 곳을 파고들어 떠날 줄 모르는 슬럼들이다. 사교계 동정란을 장식하는 후리후리한 몸매의 아가씨들에게는 안 그럴지 몰라도, 적어도 호기심 충만한 외국인이 보기에는 그렇다는 말이다.

　이 나라에 금세 무슨 격변이 일어날 것 같지는 않지만, 뭔가 기미가 느껴지기는 한다. 멀리 어디선가, 아마도 알티플라노의 어느 까마득한 요새에서, 혹은 어느 음침한 암자나 지하실에서 눅눅한 도화선이 막 타들어가기 시작한 듯한 느낌이다. 페루의 지도자들 말고 누구에게 이에 대한 책임을 묻겠는가. 만약 리마가 혁명의 물결에 휩싸인다면, 그래서 리마의 자긍심 높은 귀족들이 폭력과 수모를 겪어야 한다 해도, 그들은 누구의 엉덩이도 걷어찰 수 없다. 오직 악취투성이인 자기 자신의 엉덩이밖에는! 누군가는 내게 말했다. 리마의 귀족들도 이제 마지 못해서라도 깨어나고 있다고. 이타심까지는 아니더라도 이기심이 그들을 깨어나게 한다고. 그러나 그들의 역사, 그들의 무모함, 그들의 저속한 부유함과 배타성을 보라. 그들은 교수대로 끌려갈 모든 자격을 갖추고 있다.

　그러니 이해해주시라, 어느 골수 영국계 전통주의자가 내리는 조악하고 아마도 성급한 결론을. 어느 날, 나는 상크리스토발의 더러운 동네에서 상이시드로의 한 컨트리클럽의 차 모임으로 바로 차를 몰고 갔다. 내 겉옷과 내 신발 바닥에 밴 슬럼의 냄새도 나와 함께 그곳으로 갔다. 조악하고 불경스러운 향 냄새처럼 말이다. 그리고 난 그곳에 앉아 있었다. 앙증맞은 검은 드레스와 쫀득쫀득한 케이크들, 희끗희끗한 머리의 특권층들과 멋 부린 플레이보이들, 풀밭에서 뛰노는 어여쁜 아이들과 이를 지켜보는 거만한 표정의 유모들, 세련되고 우아한 온갖 도회생활에 대한 수다들 사이에 난 가만히 앉아 있었다. 그리고 머리를 만질 때마다 풍겨오는 그 악취를 되새기며 난 떠올리지 않을 수 없었다. 돌이켜보아 너무 바리새인처럼 구는 건 아닌가 싶긴 하지만, 존슨 박사의 그 유명한 말을 말이다. "난 냄새를 맡는 거죠. 당신이 냄새를 풍기는 거고."[35]

11-3 쿠스코

> 오늘날 페루의 쿠스코를 모르는 사람은 거의 없다. 그렇지만 1961년 당시 나는 그 도시 이름을 난생처음 들었다.

페루의 어느 산에서 열다섯 마리의 라마가 구불구불 옛 잉카인들의 길을 한가하게 내려온다. 그 뒤로 무릎 아래를 여민 반바지에 판초 차림을 한 남자와 하얀 밀짚모자에 눈부신 색상의 풍성한 페티코트 치마 차림으로 등에 아기해먹을 짊어진 여인이 묵묵히 뒤따른다. 남자는 마취 성분이 있는 코카잎 덩어리를 질겅질겅 씹고 있고, 여인은 연민의 땀을 흘리고 동정의 눈물을 흘리는 기적으로 널리 알려진 동네의 '지진의 신' 상을 찾아가 기도를 드려야겠다고 다짐하고 있다.

북쪽에서는 카우캐처cow-catcher를 앞에 매단 낡은 미국제 기관차 한 대가 귀에 익은 경적을 울리며 지그재그 계곡 아래쪽으로 내려오고, 그 뒤로 소를 잔뜩 태운 열차들이 길게 뒤따른다. 남쪽에서는 어느 화려

---

35 "I smell, you stink." 존슨 박사(Samuel Johnson, 1709~1784. 잉글랜드 작가 겸 사전학자)의 몸에서 냄새가 난다면서 "You smell."이라고 투덜댄 어느 귀부인에게 'smell'이 아니라 'stink'란 단어를 쓰는 게 맞다고 비꼬면서 대꾸한 말이다. [역주]

한 종탑의 낡은 종들이 쨍그렁대는 소리가 들려온다. 산에서 내려오던 두 사람의 맨발과 라마들의 두툼한 발굽이 부드럽게 움직여 먼지를 일으키며 마지막 구비를 돌면, 거기 아래쪽으로 고산지대의 청명한 햇살 속에 '네 나라suyu의 땅'[36] 잉카의 수도가 모습을 드러낸다.

남미의 그랜드투어로 비유해 보자면 스톤헨지에 작은 바르셀로나와 카트만두를 덧보탠 어떤 것으로 이해될 수 있는 곳은 오로지 쿠스코뿐이다. 이 조그만 도시가 지닌 흥미와 역사적 상징성이 그토록 대단하며, 그 다양성과 박진감 또한 놀라운 것이다. 페루의 알티플라노 고원 내 3,300미터 고지에 위치한 이 도시로 가려면 리마에서 가압설비를 작동하지 않는 비행기를 타고 마치 물담배를 피듯 산소 튜브를 빨며 안데스산맥을 넘어가는 숨 막히는 비행을 감행해야 한다. 하지만 그 골짜기 일대는 푸르고, 주변의 산들은 마치 잉글랜드의 초원처럼 신선하고 생기발랄하다. 밤이면 성가시게 콩닥거리는 가슴, 그리고 눈 덮인 봉우리들을 살피는 맑디맑은 밤하늘 등이 문든 당신에게 일깨워준다. '맞다! 지구 반대편, 스키 타러 가던 스위스의 생모리츠St Moritz가 여기 이 호텔보다 1,500미터나 더 낮다는 거지.'

500년 전, 티티카카 호수와 저 무시무시한 아마존 정글 사이에 위치한 이 외딴 천혜의 요새가 잉카제국의 수도였다. 찬란했지만 동시에 불길했던 잉카, 일부 환히 빛나는 귀족사회면서 또 일부 숨통을 옥죄는 규율사회였던 잉카제국은 안데스산맥 일대의 방대한 영토를 다스렸으니, 프랑스, 스위스, 이탈리아, 벨기에, 네덜란드, 룩셈부르크 등을 억지로 한데 합친 것만 했다.

여기서, 내장을 다 들어낸 잉카 황제들의 미라들이 휘황찬란한 태

---

[36] Land of the Four Quarters. 잉카 황제는 제국을 네 구역으로 나누고 각각의 구역에 왕을 두어 황제의 명령을 따르도록 했는데, 이 구역을 'suyu'(영어로 옮기면 quarter)라고 하였다. 황제가 직할통치하는 제국의 수도가 바로 쿠스코였다. [역주]

양의 신전 안 말총 파리채 옆에 얼룩덜룩한 모습으로 수십 년을 앉아 있었다. 선택받은 여인들이 황제에게 바칠 순결한 몸에 어디에도 견줄 수 없는 옷감을 둘렀던 곳도 여기며, 흉포한 잉카의 장군들이 군대를 집합시킨 곳도 여기, 점성술사들이 실험대상의 창자를 꺼내 점을 치던 곳도, 제사장들이 희생 제물을 마취시켜 제사를 준비하던 곳도, 경이로운 솜씨의 잉카 수술사들이 머리에 구멍을 뚫고 팔다리를 절단하고 기관을 적출하던 곳도 여기다.

15세기에 쿠스코는 한 문명의 심장부였다. 너무나 특이하고 참으로 정교하고 빼어났던 잉카문명에 견줄 만한 건 그 후 전혀 나타나지 못했다. 이 조그만 도시가 그 모든 것들의 중심이었다. (쿠스코라는 이름의 뜻 자체가 '배꼽'이다.) 이 도시의 어디를 가든 여전히 잉카의 자취가 역력하다. 물론 잉카랜드의 기념품이나 괴상한 이국적 취향의 보석 장신구, 민속축제에 동원된 여학생들의 말도 안 되는 머리 장신구, 그들이 등불을 들고 펼치는 신녀神女 연기 등 관광용 돈벌이로 전락하기도 했다. 하지만 보다 근본적으로, 오늘날까지도 이 도시의 가장 밑바닥을 이루는 거대한 석축 기초야말로 가장 질긴 잉카의 생명력이라 하겠다. 끌로 돌을 쪼아 정교하게 이어붙인 이 거대한 구조물은, 뜻밖의 희한한 각도와 몸서리치게 정확한 모서리들의 조합 등, 정교한 대가들의 솜씨를 유감없이 보여주는 작품 같다. 이 석축물들은 지금껏 너무나 새 것 같고 참으로 빈틈없어 보여서, '복원 석재'라고 불리는 잉글랜드의 건축자재를 연상시킬 정도였다.

태양의 신전의 기초는 현재 한 교회를 멋지게 떠받치고 있으며, 선택받은 여인들의 궁전 담벽 또한 같은 역할을 하고 있다.[37] 집집마다 대문 위에는 여전히 성스러운 잉카 뱀 장식이 지키고 있으며, 수도원 안에

---

[37] 고정석의 『라틴은 행복이다』 169쪽 사진으로 확인해볼 수 있다. [역주]

도 잉카의 성소들이 아직 남아 있다. 삭사우아만Sacsahuamán이라는 이름의 수수께끼 같은 요새는 오늘도 쿠스코를 굽어보며 음울하게 서 있는데, 도대체 저렇게 엄청난 돌을 쌓아 올리다니, 인간들의 재주란 정말 놀라운 것이구나 싶다. 그런데 피사로는 이 모든 놀라운 구조물들을 죄다 허물어뜨렸다. 그의 무기는 지독한 편견, 직감, 탐욕, 그리고 화약이었다. 그렇게 쓰러뜨린 잉카의 수도 위에, 황제도 없고, 선택받은 여인들과 점쟁이들도 모두 사라진 그곳에, 스페인인들은 제2의 도시를 세우고서 전혀 다른 태양신에게 그 도시를 바쳤다.

화려한 황금 장식에 촛불 반짝이면서, 속물스럽게, 그리스도교 기적들과 위대한 인물들의 이름으로 번쩍대면서, 아치와 종탑, 우아한 광장을 거느리고, [스페인의] 안달루시아와 무어 풍 실내에서 울리던 노래, 뜨거운 요부, 은빛 성막교회tabernacle 등과 함께, 오늘날 스페인인들의 쿠스코는 잉카 엔지니어들의 작품 위에 그렇게 득의만만하게 서 있다. 사람들은 이곳을 '고귀하고 위대한 도시 쿠스코, 페루 왕국들의 으뜸이자 두목'이라고 부르는데, 페루 안데스의 계곡 깊은 곳에서 이곳은 아직도 유럽의 정력을 기리는 모순적 기념비로 머물러 있다.

이 도시의 기원을 따져보자면 그리 놀랄 일도 아니지만, 훌쩍 떨어진 다른 대륙의 완전히 낯선 배경 속에 세워진 스페인인들의 쿠스코는, 그곳의 옛 신들이 기대했듯, 뭔가 기적의 느낌을 풍긴다. 온갖 장엄한 무늬들로 뒤덮인 교회들이 아르마스 광장을 둘러싸고 군림하듯 서 있다. 어둑해 보이지만 빛나는 대성당, 거만해 보이는 예수회 교회, 종교재판 홀 바로 옆의 침울해 보이는 예수와 마리아 성지. 냉담해 보이는 승리 교회에는 1536년에 성모가 아기 예수를 품에 안고 나타나 인디언 폭도들을 겁에 질리게 했다는 이야기가 전한다. 옛 거물들의 저택은 아주 정교하고 멋있다. 삐뚤어진 출입문 틈으로 들여다본 정원은 눈부시다. 물이 뚝뚝 떨어지는 항아리 화분들, 볏 장식이 화려한 발코니 등 부드러운 위안이 느껴지는 분위기이다.

거의 모든 구석마다 스페인인들의 자부심이 느껴지긴 하지만, 그 모든 스페인 건축의 향연에도 불구하고 오늘날 쿠스코를 지배하는 건 스페인인들이 아니다. 사라진 잉카인들도 아니다. 오늘날의 쿠스코는 스페인과 인디언의 혼혈 종족인 메스티조인들이 다스린다. 그런데 쿠스코에 생기 넘치는 색감과 활력을 불어넣는 건 인근 시골에서 온, 보다 순혈에 가까운 케추아Quechua 인디언들이다. 때로 이들은 집시처럼 보인다. 질질 끌리는 치마 차림을 보면 애리조나의 나바호Navajo 인디언 같기도 하다. 그들의 높다란 흰 모자와 숄 차림을 보면 보로우의 『거친 웨일스』에 나오는 여인들 같기도 하다.[38] 하지만 내게는 이들의 겉모습뿐만 아니라 이들의 소리, 냄새, 움직임 등이 마치 히말라야의 셰르파Sherpa 부족 같다. 그만큼 속이 편한 것 같지는 않고 다정한 건 분명 덜하지만, 그래도 똥불dung-fires과 감자, 연기 자욱한 어두운 실내, 땀, 무두질하지 않은 가죽 따위에 본능적으로 끌리는 건 똑같다. 케추아족들은 또한 허리를 끊어놓는 노동, 가난, 미신, 탄력성, 여자들의 침으로 발효한 옥수수를 증류한 지독한 술 등을 즐기기도 한다.

케추아족들은 쿠스코 어디서나 목격된다. 풍경소리 울리는 사원의 티벳인들처럼 지진의 신 앞에 납작 엎드려 있기도 하고, 허리를 반으로 꺾은 채 짚단을 잔뜩 짊어지고서 자갈 깔린 골목의 밤길을 빠르게 지나기도 한다. 저 멀리 알티플라노의 버림받은 넓은 땅을 지키는 페루 인디언들은 대부분 의기소침하다. 찢어지게 가난하며 심지어 실제 굶주리기도 한다는 것이다. 쿠스코에서는 그럴 일은 없다. 그들의 존재감이 약간 힘없어 보이기는 하지만 그래도 이들은 거침없는 사람들이다. 아이들은 어찌나 사랑스러운지 나 스스로 대여섯 명 입양해도 좋겠다 싶었다. 비

---

[38] George Borrow가 쓴 Wild Wales는 1854년에 웨일스를 여행한 기록이다. '웨일스의 사람, 언어, 경치'라는 부제를 달고 있다. [역주]

스듬한 모자에 화려한 장식을 매달고서 당당한 몸집으로 분주한 시장을 누비고 다니는 여인들은 — 걸어 다니면서 털실을 자아 옷을 짠다! — 내가 보기에 약간의 기회와 약간의 교육만 주어지면, 딱 1년만 제대로 된 식사를 누린다면 놀라운 원기와 기개를 맘껏 내뿜을 사람들 같다. 코카와 영양부족, 그리고 수백 년간의 쇠락 탓에 일견 멍해 보이는 케추아족 남자들을 보면, 불길한 조짐으로부터 가장 지독한 숙취에 이르기까지 지상의 그 어떤 것도 그들의 따분하고 고단한 일상의 역경을 멈추게 하지는 못할 듯하다.

'페루 왕국들의 으뜸이자 두목'인 이 도시에서 우두머리는 단연 인디언들이다. 그들 옆에 선 혼혈인들은 거들먹대는 벼락부자 같아 보이고, 리마의 상류층은 운이 다한 사람들 같아 보인다. 이들이 자립하려면 긴긴 시간이 필요할 것이다. 그러나 쿠스코의 모습들을 마음속에 다시 그려보면, 현관문 위의 뱀 문양들, 향불에 시커멓게 그을린 지진의 신, 종탑들과 언덕 위의 요새, 요란스레 기적을 울리던 기차 등을 지나, 그 잉카 도로 위에서 멀찌감치 바라봤던 풍경을 마지막으로 떠오른다. 느릿느릿 걷던 열다섯 마리의 라마, 코카 덩어리로 뺨이 불룩하던 남자, 화사한 색상이지만 칙칙한 페티코트 치마에 맨발로 걷던 여인, 그리고 그녀의 등에 업혀서 어찌나 꽁꽁 싸맸던지 갈색의 호기심 어린 눈 하나만 목도리 사이로 빼꼼히 보이던 작디작은 케추아 아기까지. 영원히 안데스에서 걸어나올 듯하던 그 모습들이….

ch 12
옥스포드, 1965

> 1960년대도 반이 지났다. 『옥스포드』란 책을 쓴 게 바로 그 즈음인데, 그 책에서 나는 옥스포드를 현대 잉글랜드 전체를 예시적으로 보여주는 패러다임으로 삼았다. 옥스포드라는 도시와 옥스포드대학을 한 덩어리로 본 결과였다. 그런데 정작 내 관심을 끈 것은 스타일과 가치, 충성도의 변화 속에서 위협받고 있던 옥스포드대학의 유서 깊은 개인주의였다.

    어떤 점에 있어서 옥스포드대학은 거대한 변덕쟁이다. 늘 시대로부터 한발 삐딱하게 벗어나 있는 것. 이런 지적은 독립성보다 논리성을 높이 사는 이들의 심사를 건드릴 것이다. 마치 옥스포드에 산업 기능이 침투함으로써, 도시란 무릇 한 덩어리여야 한다고 믿는 사람들, 즉 죄다 학문적이거나 죄다 상업적이기를, 온통 시커멓거나 온통 뽀얗기를 바라는 이들을 진노케 한 것처럼 말이다.
    옥스포드 식 딴청의 가장 악명 높은 상징은 올소울즈All Souls 칼리지이다. 동네 번화가에 자리한 이 남성 전용 대학원은 [2차대전 직전 히틀러에 대한] 체임벌린 수상의 유화정책의 온상이었다고 손가락질받는가 하면, 어떤 이들에게는 학문 자원을 낭비한 끔찍한 사례로 꼽히기도 한다. 올소울즈는 원래 고등연구기관이지만, 60여 명이라는 상당한 숫자의 펠로우들Fellows만은 유독 연구 의무를 갖지 않는다. 실제로 이들

펠로우가 하는 일이라곤 칼리지 안에서 가끔 식사하고 그들을 위해 마련된 침대에서 자는 것밖에 없다. 올소울즈 펠로우 가운데 약 40명은 대학에서 일하는 학자 신분인데, 어떤 이는 교수 지위에 오르기도 했다.[39] 다른 젊은 연구자들은 지독스레 어려운 시험을 통과해 펠로우 신분을 얻은 이들이다. 나머지는 대부분 여러 분야의 색다른 펠로우십을 지닌 자들로서, 주말에 이들이 런던에서 옥스포드로 내려올 때면 온갖 대도시의 가십과 자기들 전문분야의 화제로 가득 찬 이야기보따리를 들고 나타난다.

올소울즈 칼리지에서 벌어지는 '오리 의식'만큼 멍청한 이벤트가 유럽을 통틀어 또 있을까. 시시한 시골의 친목 모임이나 무지막지한 아나톨리아 식 술잔치도 이보다는 낫다. 사실 이 예식은 100년에 한 번 열리는데, 물론 그 사이에도 보란 듯이 성대한 기념식을 펼친다. 그러니까 15세기에 올소울즈를 지을 때 기초공사 하던 곳의 한 배수구에서 물오리 한 마리가 날아올랐고, 그 뒤 무슨 이유에서인지 이 새를 하염없이 기념하는 것이다.

100년마다 펠로우 일당은 저녁을 잘 먹은 뒤 '오리 경'을 따라 나선다. 오리 경은 의자 식 가마에 앉아 막대 하나를 들었는데 그 끝에 죽은 오리 한 마리가 대롱대롱 달려 있다. 펠로우들도 저마다 장대나 창을 들고서 물오리의 그림자를 찾아 나선다. 한밤중에 지붕 위까지 뒤져대는 이들은 이미 거나하게 취해 있다. 밤공기를 가르는 고함 소리가 래드클리프 광장을 쩌렁쩌렁 울리고 횃불이 번득거린다. 이른 새벽 시간이 되어서야 이들은 자기들 휴게실로 돌아와 마지막 한잔을 걸친다. 오리 피를 두른 술잔을 들이키고서야 '대롱대롱 그 오리'는 100년 동안의 휴식을 보장받는다.

---

39 영국에서 '프로페서' 즉 교수는 대학 교원 가운데 최고 직위에만 붙이는 직함이다. 전임강사부터 모든 대학 교원을 교수라고 부르는 우리나라 대학과는 많이 다르다. [역주]

개인적으로는 올소울즈가 나름의 꼬장꼬장한 특색을 고수하기를 바라지만, 실은 방마다 열정적인 풀타임 학자들로 붐빈다. 올소울즈는 화려함뿐만 아니라 드높은 권력까지 곁들인 최고의 대학원 칼리지가 된 것이다. 이곳의 참나무 탁자를 사이에 두고 주고받는 사상과 논쟁 그 자체가 어느 정도 잉글랜드스러운 윤활제가 되어, 전국민의 생활을 비옥하게 하며, 여러 직업들 사이의 벌어진 틈을 이어주고, 그래서 하인 딸린 태평스런 잉글랜드라는 유서 깊은 전통의 마지막 생존자로 보존할 가치가 있다는 게 통상적인 생각이다.

하나의 단체로서 옥스포드대학 또한 술만 좀 덜 마실 뿐 같은 전통관을 떠받들기는 마찬가지다. 여전히 자기 생각만 하는, 변화 요구에 거의 꿈쩍 않는 기관인 것이다. 옥스포드대학은 그러니까 일종의 귀족제 전통을 평등주의 시대에 맞게 적응시키려고 노력을 기울여온 것이다. 이런 움직임이 동정론자들에게는 좀 쓸쓸해 보일지언정 대체적으로는 경탄할 만한 일이라고 여겨지지만, 비판론자들에게는 그저 교만에 찬 짓거리로 받아들여지기 십상이다. 하절기 회합 때문에 이 도시를 찾는 노동조합 관계자들은 씩씩거리는 칼리지 포터[40]들을 자극하느라고, 이런 곳은 그저 싹 다 밀어버려서 교육장관이 처음부터 다시 시작할 수 있게 해야 한다고 비아냥거리기도 한다. 한시도 멈춘 적이 없는 옥스포드에 대한 비판은 이 대학 특유의 유서 깊은 우월감으로부터 생겨난다. 즉 아무리 계몽주의자인 척해도 오로지 국민의 위쪽 절반만 교육대상으로 삼고, 졸업생들에게 부당한 특권을 부여한다는 느낌을 풍기는 것이다.

하지만 이런 세간의 평가들 대부분은 이곳의 걸걸한 얼버무림을 오해한 것으로서 엉뚱한 진단일 따름이다. 겉으로는 그렇게 뭔가 거슬리는 전통의 수호자들 같아 보이더라도, 그 고갱이에는 단조로움에

---

40 porter. 칼리지 출입 통제, 경비, 시설 관리 등을 맡는 직원. [역주]

©Movana Chen

대한 마땅한 불신과 관용의 정신이 자리하고 있으니까 말이다. (물론 2001년 올소울즈데이 행사 때 래드클리프 광장 주변에 사는 사람이라면 누구든 엄청나게 짜증스러울 테지만 말이다. 펠로우들은 다시 오리 경 뒤를 따를 테고, 굴뚝 위에서 떠들 테고, 그 망할 오리를 들고 다닐 테니까.)

이 도시에는 마치 자기만의 고유 시간대를 지닌 조그만 독자적 세계가 하나 존재하는 것 같은데, 이는 어느 정도 사실이기도 하다. 왜냐하면 이제껏 살펴본 옥스포드는 이제 거의 사라져버린 하나의 문명을 대표하기 때문이다. 아무리 이 도시를 하나의 덩어리로 보려고 노력해도 공장지대나 고층 주거단지는 여전히 뭔가 고대 유물 보존지역에 끼어든 침입자처럼 보인다. 옥스포드에서 가장 놀라운 것, 즉 다른 도시들과 구별짓는 것, 다른 대학들과 구별짓는 것은 다름 아닌 사라진 잉글랜드스러움의 체제에서 비롯된다. 본질적으로 귀족들의 사회인 잉글랜드. 하지만 그 경직된 틀 안에 무수한 다양성을 포용하고도 남을 만큼 충분히 안정적이고 관용적이며, 아마추어 같고 확신에 찬 체제 말이다. '잉글랜드 신사'가 옥스포드의 분위기를 주름잡는다. 물론 그 실물은 아예 모습을 감춘 거나 다름없지만, 그 기운이 이 장소의 혼 속에 면면히 남아 있는 것이다.

새로운 잉글랜드가 막 생겨나고 있으며, 옥스포드 또한 이에 적응 중이다. 이젠 옥스포드에 자동차 공장도 있고 교통체증도 벌어지고 있으니, 제법 시대와 발맞추고 있는 셈이다. 이 도시에 지긋지긋하게 끔찍스런 구석은 없다. 새 옥스포드도 옛 옥스포드에 버금가게 스스로 뿌듯해하는 게 분명하다. 그렇지만 지금 그 상황을 곰곰 생각해 보면, 문득 창업한 연극의 마지막 장면을 보는 듯한 느낌이 든다. 잉글랜드 조경 정원사들이 전성기를 누릴 때 심겨진 거대한 나무들은 이제 한창때를 넘겼고, 곧 자빠져버릴 것이다. 보다 광범위한 서유럽 문명의 세력 확대에 따라 잉글랜드의 섬사람 기질 또한 점점 엷어질 것이다. 그래서 이 모든 게 조만간 역사 속에서만 살아남을 것이다. 그래도 우리는 너무 늦지 않았다. 옥스포드는 우리에게 자신의 실책과 장점들을 상기시키면서 아직도 제자리에 잘 서 있다. 용감하고 오만하며 관대한, 화려하고 신랄하며 의기양양하고 웃기는 자신의 모습 그대로.

> 자랑할 일이 하나 있다. 2001년에 올소울즈 칼리지에서 그 오리의 추억을 또다시 기념하였는데, 이 때 내가 그 의식을 비웃은 표현이 칼리지에서 발행한 기념책자의 표지에 실렸던 것! 그런데 2001년의 옥스포드는 1965년의 옥스포드와는 이미 속속들이 달랐으니….

ch 13
오스트레일리아

> 〈가디언〉 신문 특파원으로 여러 달간 오스트레일리아에 머물게 되었다. 그 전에는 한 번도 가본 적이 없는 나라였다. 당시 유럽에서 출발한 비행기들은 대개 시드니나 멜버른으로 가는 도중에 다윈에 착륙해 재급유를 받곤 했다.

13-1 다윈

긴긴 비행 끝에 드디어 오스트레일리아에 착륙한 곳이 다윈이라면, 정말 기가 막힌 세관 통관용 서류 한 장을 받아들게 될 것이다. 당신이 무슨 매복 공격을 하러 입국하는 줄 아는 걸까? 잭나이프나 단검, 몽둥이, 곤봉, 격투용 쇠장갑, 혹은 칼로 변신하는 지팡이 따위의 위험한 무기가 있는가? 말안장이나 재갈, 승마용 깔개 따위를 소지했는지? 가방에 동물 뿔이나 발굽, 건조 혈액, 깃털, 세균 배양액, 미생물 등이 있는가? 어떤 발육 상태건 곤충과 함께 여행 중인가? 도대체 만족이란 걸 모르는 질문들이 계속 이어진다.

그런 식으로 당신은 다윈을 맛보게 된다. 다윈은 개척자 도시의 풍모를 자랑스러워하는 곳이다. 여기서는 승마용 깔개의 멋, 몽둥이와 뿔과 발굽의 전통, 캥거루에서 야생물소, 악어와 딩고dingo에 이르는 이색적인 동물 세계를 자랑스럽게 여긴다. 다윈은 방문자를 가장 거칠게 환대하는 도시다. 맥주를 그렇게 빨리 마셔대는 곳도 없다. 그토록 태평스럽고 느긋하게, 닥치는 대로 무심하게, 떼를 지어 관광객을 반기는 도시가 또 있으랴! 오스트레일리아에 대한 하나의 서곡으로 보자면 다윈은 훌륭한 작품이다. 기후, 풍습, 기질에 의해 잘 다듬어진 이곳은 온갖 유명한 오스트레일리아의 덕목들(손쉽게 '최고의 파도'를 타고 서핑을 즐길 수 있다는 사실로부터 선술집 여인의 단호한 구릿빛 얼굴까지)로 구성된 모자이크와도 같기 때문이다. ("그래도 이곳만 보고 모든 걸 넘겨짚으시면 안돼요." 친절한 다윈 주민은 당신을 그렇게 안심시킬 터. "이 빌어먹을 대륙을 통틀어 봐도 탑엔드Top End[다윈 인근 지역]는 진짜 별나니까요.")

탑엔드라는 이름처럼 다윈은 오스트레일리아 노던테리토리Northern Territory 주의 가장 위쪽에 자리 잡고 있다. 티모르해와 접한 항구도시로서, 인도네시아에서 쏜 총알이 날아올 정도로 가깝다. 머나먼 남부로는 앨리스스프링스로 달리는 길고 외로운 도로만이 뻗어 있다. 사람들은 이 길을 애정을 담아 '더 트랙'Track이나 '더 비투맨'Bitumen이라고 부른다. 다윈 시계를 벗어나자마자 세계에서 가장 무시무시한 황무지가 시작된다. 거기서 남부 해안의 애들레이드까지 온통 사막과 바싹 마른 관목 덤불만 가득한 것이다. 다윈을 떠나 처음 만나는 도시급 촌락인 앨리스까지 딱 1,600킬로미터를 달려야 한다. 기차는 남쪽으로 480킬로미터만 달리곤 끊긴다. 전화번호부에는 이런 말이 대수롭잖게 쓰여 있다. "다윈 전화구역의 동쪽과 서쪽은 전화가 한 대도 없는 구역과 접해 있습니다." 적도에서 12도 남쪽으로 내려온 이곳 다윈은 홀로 동떨어진 열대 도시로서, 오스트레일리아의 여름[북반구의 겨울]에는 찌는 듯한 무더위로 이글대다가 7월이면 달래는 듯 포근해진다. 탑엔드에 혈혈단신 서서 자기 동료들을 참으로 자랑스러워하는 듯해 보이는 다윈이지만, 간혹 빈곤과 밀집 상태의 수억 아시아인들이 바로 앞바다 건너에 살고 있다는 불편한 사실을 깨닫기도 한다.

야자수 잎 하늘거리고 산들바람 살랑대는 태평양의 어느 낙원을 상상해서는 곤란하다. 오스트레일리아의 이마 부분에 툭 튀어나와 있는 아넘랜드Arnhem Land 반도는 거칠고 불쾌한 땅이다. 잡목들로 빼곡한 밀림으로서, 물가의 습지에는 맹그로브 숲이 무성하고 주위는 온통 평평하고 단조로운 수풀들로 빽빽하다. 30년 전만 해도 이곳은 철저한 개척자 항구로서, 도박굴과 매춘부들, 차이나타운 따위로 어수선했다고 한다. 지금은 훨씬 나아졌다. 오늘날의 다윈은 주로 행정도시다. 노던테리토리의 행정중심지로서 인구의 60퍼센트 정도가 공무원이다. 이들은 말쑥하고 일률적인 공공주택에 살면서, 공무원 특유의 위계법칙을 어디서나 높이 떠받든다. 주민들은 이들이 산토끼보다 더 빠르게 번식하고 있다고 얘기한다. 이 지역의 우스개에 따르면, 다윈이 제일 많이 수입하는 게 바로 공무원이고, 제일 많이 수출하는 건 빈 맥주병이다.

비록 60퍼센트의 사람들이 그처럼 진부할지언정, 나머지 40퍼센트는 놀랍도록 소탈하고 대범하다. 셀프서비스 매장이나 에스프레소 바, 중고차 매장 따위도 있긴 하지만, 다윈은 또한 떠들썩한 술자리의 기분 좋은 분위기도 간직하고 있다. 무엇보다 길을 따라 내려가면 텅 빈 대륙이 나타난다는 걸 일러주는 표식들이 이곳에는 허다하다. 큰 술집의 홀은 짧은 옷을 입고서 팔을 죽죽 뻗어대는 잘생긴 젊은이들로 가득하다. 맥주 냄새가 나는 숨을 내쉬는 억센 부두 노동자들도 여전히 선창을 어슬렁댄다. 어쩌다 산악지방의 멋진 농장주가 챙 넓은 모자를 쓰고 귀족적인 분위기를 풍기면서 다윈 호텔의 문을 활짝 열고 들어서기도 한다. 아주 가끔은 가게에서 빛바랜 꽃무늬 옷에 곱슬머리를 한 옛 개척자의 아내가 입을 꾹 다물고 있는 다부진 모습을 만날 수도 있다.

한쪽 눈으로 늘 아시아를 쏘아보았던 다윈이 그 유서 깊은 인종적 편견을 걷어내는 데는 오랜 시간이 걸렸다. 다윈의 관용이 지금 얼마나 만개했는지 살피기에는 토요일 저녁 스미스스트리트 영화관의 휴식 시간이 최적이다. 관람객들이 쏟아져 나와 근처의 밀크 바에 들러 콜라와 아이스크림을 즐기는 모습을 보시라. 흑인, 황인종, 이탈리아인, 중국인, 반짝거리는 피부의 원주민, 혼혈인들까지. 거기다 캘리포니아에서 봄직한 여인들, 키다리 네덜란드인 같은 남자들 등 놀랍도록 다양한 인종의 사람들이 거기 있다. '화이트 오스트레일리아'란 개념은 이곳 다윈에서 정말 같잖은 소리다. 다윈의 대기 속에서 뭔가 엄격하고 거만한 북유럽의 흔적을 찾기란 어렵다. 사생아 비율이 엄청 높고, 다른 인종 간의 출산은 아넘랜드만큼이나 오래된 전통이다. 이런 날 밤의 스미스스트리트는 거의 브라질 같은 흥취로 북적거린다.

하지만 이 모든 집단들을 하나로 묶어 독특한 개성을 부여하는 것, 즉 쇳물을 부어넣을 거푸집을 마련하는 것은 우리가 '오스트레일리아인' 그러면 대뜸 떠올리게 되는 바로 그 사람들이다. 아직도 눈에 띄게 영국 풍인 이들은 세상에서 가장 빼어나고 호감 가는 사람들이다. 이곳 거대한 아웃백의 끄트머리에서 보게 되는 오스트레일리아인은 가장 자신감 넘치는 오스트레일리아인이다. 이 '진짜 오지'dinkum Aussie들은 나이가 많든 적든 대개 이곳에 유배된 죄수나 혹은 영국 뉴캐슬에서 갓 이주해온 이들의 후손이다. 평범한 은행원일 수도 있고, 아니면 광야의 오두막에서 거친 길을 달려 다윈에 들러 술이나 느슨한 생활(어떤 늙은 폐광사냥꾼 한 분은 내게 이걸 '보드빌 타고 놀기'riding the vaudeville라고 표현했다)에 돈을 써제끼려고 하는 개척자일 수도 있다. 그가 누구든 간에 '오스트레일리아인'을 만나는 건 멋진 일이다. 오늘날 세상 어딜 가도 보기 힘든 자유로운 영혼의 소유자인 그들은 계급의 속박이나 불리한 조건 따위에 연연해하지 않는다. 검소 따위는 잘 모르고 점잔 빼는 격식은 더더욱 모른다. 애써 참는다는 게 뭔지, 질투와 경멸, 비열함이 뭔지 이들은 모른다. 그러니까 '오스트레일리아인'이란, 수세기 동안의 부담으로부터 해방된 어느 훌륭한 잉글랜드 노동자와도 같은데, 남반구의 태양에 의해 더 강해지고 더 깨끗해진 상태로 역사를 완전히 새로 시작할 수 있게 허락받은 이들인 것이다.

물론 이렇게 거듭 태어나는 과정에 잡티도 있긴 하다. 술집 농담들이란 게 금세 진부해진다. 맥주 같은 인생이란 것도 때론 짐승 같은 짓과 맞닿기도 한다. 내가 마치 텔레비전 퀴즈쇼에 나온 양 "만나서 반가워요, 짐"이라며 억지로 내 세례명으로 나를 불러댈 땐 진짜 화가 난다. 이곳에는 뭔가 독특한 어중간 분위기가 있다. 그건 마치 붐 없는 붐 타운, 혹은 장교 없는 군대 같은 느낌이다. 내게 다윈은 대단한 장래를 지닌 땅, 즉 태동기의 샌프란시스코로 느껴지질 않는다. 늘 성장하는 곳이긴 하다. 하지만 다윈은 머물러 있다. 최초의 정착 이후 숱한 세월이 흘렀는데도, 수백만 갤런의 맥주가 그 시민들의 목구멍을 타고 넘어갔는데도, 이곳은 여전히 조그맣고 눈에 안 띄는 도시인 것이다.

그래도 다윈은 오스트레일리아로의 입문으로는 훌륭하다. 뭔가 신선하고 새롭고 매력적인 것이다. 언제나 싱싱하고, 늘 웃음이 있으며, 허풍스런 얘기와 말도 안 되는 캐릭터들(항상 마셔대고 언제든 기꺼이 도우려고 나서는 사람들)로 넘치는 곳. 대개의 영국인 방문객은 이런 분위기에 선뜻 적응하기 어렵겠지만, 이처럼 관대하고 '쓰는 게 남는 거'라는 이 도시의 철학이 내게는 너무 잘 맞다. 아마도 날 이렇게 편안하게 만들고 또 이 넓고 익숙지 않은 경치에 맘이 느긋해지게끔 하는 건, 내 핏속에 흐르는 어떤 유전적 본능 탓일 거다. 그건 또 아마도 보다 덜 붐비는 지평선과 덜 자욱한 하늘을 원하는 섬사람의 오랜 바람 탓일 거다. 내가 바에서 맥이 풀린 목소리로 소심스레 파인애플 주스를 한 잔 더 달라고 주문하는 걸 당신이 본다면 "글쎄올시다" 하시겠지만, 또 아는가, 사륜구동 차 한 대랑 든든한 부시우먼 한 명을 붙여준다면 나도 저 광야를 직접 누비고 다닐지도!

13-2 시드니

> 내가 얼마나 시드니를 몰랐냐 하면 Sydney를 써놓고도 맞춤법이 맞았는지 늘 미심쩍어할 정도였다. 시드니의 첫 인상도 너무너무 싫었다. 이 에세이를 발표한 뒤 꼬박 5년 동안 나는 분개한 오스트레일리아 독자들의 대꾸에 시달려야 했다.

  시드니는 항구도시다. 누가 봐도 단번에 알아보는 다리가 그 항구를 가로지른다. 하지만 그 도시를 둘러싼 풍경이 어떤지는 그 누구도 잘 떠올리지 못한다. 시드니의 기원은 그리 감미롭지 않다. 시드니의 역사를 읽다 보면 맘이 무거워진다. 도시의 기질은 조악하고, 짜임새는 마구잡이며, 교외는 섬뜩하다. 시드니의 정치는 별스럽기 일쑤이며, 건물은 대부분 단조롭고, 사람들의 목소리는 귀에 거슬린다. 그들이 내세우는 '예술운동' Art Movement은 내가 보기엔 피상적이며, 이곳 신문들은 따분하거나 혐오스럽다. 그러므로 당신이 이 유명한 곳에 들러 아름다움이나 위안을 찾고자 한다면 결국 그대가 돌아가야 할 곳은 좋든 싫든, 배들이 정박할 곳을 찾아 우아하고도 조심스레 미끄러지는 곳, 거대한 곱사등이 다리[하버브리지]가 무슨 재판관처럼 굽어보고 있는 이 부둣가뿐이다.
  이방인이 내뱉기엔 좀 혹독한 말들이긴 하다. 그렇지만 가장 혹독한 대조는 시드니와 그 주변 무대 사이의 이질성이 아닌가. 이 항구는 내가 보기에 흔히 거론되는 유명한 항구들인 리우, 홍콩, 샌프란시스코만큼 아름답지는 않지만, 그래도 꽤나 어여쁘긴 하다. 어느 화창한 일요일 오후 노스헤드 North Head 위에 서서 남태평양의 거센 놀과 브레들리스헤드 Bradley's Head를 느릿느릿 돌아나가는 요트들의 행렬을 쳐다보는 일은, 즉 그런 오후에 시드니의 관문에 서 보는 일은 이른바 여행의 전형적 즐거움 중 하나이다. 당신 머리 위의 하늘은 뭐라 형언하기 힘든 남반구의 푸른빛을 머금을 테고, 항구의 그 수많은 만과 피요르드가 자아내는 분위기는 얼마나 뜻밖이고 반가울까. 유조선들은 너무도 유유히 먼바다로 나아갈 테고, 아톨베이Athol Bay의 전함들은 고요하고도 위풍당당하게 떠 있을 것이다. 너무나 거대해 괴물 같아 보이는 그 다리의 곱사등은 양쪽 곶 위로 불룩 솟아 있을 테고.

이런 풍경을 내세울 만한 곳은 샌프란시스코밖에 없다. 실제 열광적인 여행가라면 여기서 그 멋진 항구를 떠올리기도 할 것이다. 우선 겨울 안개가 서로 엇비슷하고, 어디서 고개를 돌려도 철썩이는 바다가 보이는 것도, 울루물루Wooloomooloo 해변 위 도메인Domain 공원의 시원한 녹지도, 항구를 굽어보는 절벽 끝에 참으로 매력적으로 자리 잡고 있는 대저택들도 그렇다. 만약 제대로 된 시드니 사람을 만난다면 여행자는 샌프란시스코에서처럼 여기서도 성실하고 신중하면서도 유머를 잃지 않는 이들과의 시간을 즐길 수 있다. 가까운 과거 일에 세심한 관심을 기울이는 것도 비슷하며, 분위기 즐거운 클럽들도 그렇다. 특히 킹스크로스의 에스프레소 바들을 가보시라. 거침없는 진짜 보헤미안들로 발 디딜 틈도 없을 테니! 돌로 쌓은 성곽과 끔찍한 기억을 간직한 핀치거트 섬은 물론 [샌프란시스코의] 알카트라즈를 떠올리게 한다. 〈맨리 페리〉Manly Ferry[통근 페리선]가 어느 주민의 피아노 연주와 거리의 악사들의 바이올린 소리를 들으며 항해에 나서는 가운데, 서큘러부두를 가득 메운 배들의 번잡스런 웅성거림에 귀를 기울이다 보면 마치 멀리서 들려오는 [샌프란시스코의] 피셔맨스와프의 소박한 메아리로 들릴지도 모른다.

그러나 시드니는 슬프게도 '되다 만 샌프란시스코'일 뿐이다. 마치 도만 롱[41]의 근사한 다리[하버브리지]가 아무리 그럴듯하고 튼튼하다 해도 금문교의 둔한 아류에 불과하듯 말이다. 시드니는 최고 수준의 도시

---

41 Dorman Long. 잉글랜드 북동부 미들스브로에 위치한 철강회사로, 특히 시드니의 하버브리지 등과 같은 철제 다리 건설로 유명하다. [역주]

로 손꼽을 만한 곳은 아니다. 내가 거기서 체험한 여러 가지 것들 중 — 경마 해설 정도를 제외하면 — 그 어느 것도 1등급에 들진 못했다. 사실 시드니는 샌프란시스코만큼 오래된 곳이며 유럽의 여러 수도들보다 더 큰 편이다. 하지만 이 도시의 심장은 뭔가 서늘하고 멍한 느낌이다. 그래서 이방인들은 주변 사람들이 아무리 다정하게 대해줘도 시드니의 거리에서 왠지 모르게 외로워진다. 대부분의 시드니 시민들에게 있어 삶의 목적은 아마도 맨리 해변에서 펼쳐지는 인명구조대원들의 행렬 속에 요약될 수 있을 것 같다. 토요일 오후의 뜨거운 태양 아래 구릿빛 육체미를 자랑하는 그 쇼가 전부라니, 아마도 바로 이런 목적의식의 결여 (고상한 기억과 의도의 결핍) 때문에 이 거대도시의 영혼은 그토록 창백하고 쌀쌀맞게 느껴지는지도 모른다.

이와 더불어 친절함의 부족도 한 몫 거든다. 시드니 사람들은 대개 당신을 충분히 따뜻하게 심지어 뜨겁게 반긴다. 하지만 위대한 이민자들의 '신세계' 도시인 몬트리올, 뉴욕, 상파울로 등에 견주자면 이곳은 정말 지독하게 차가운 느낌이다. 이런 느낌은 아마 시드니의 유래 탓이리라. 왜냐하면 사교계 여인들이 아무리 그럴듯한 궤변을 늘어놓는다 해도, 이곳은 겨우 여섯 세대 전에 잉글랜드가 내다버린 인간쓰레기들에 의해 만들어진 도시란 사실이 바뀌진 않기 때문이다. 사실 그렇게 눙치는 여인들의 표정에서 이미 그런 느낌이 드러난다. 쇳덩이 같고 경멸과 힐난을 퍼붓는 듯한 그들의 얼굴을 보면, (신께서는 금하셨으나) 뭔가 부적절한 제안을 우리가 그들에게 해주길 기대하고 있는 듯하다. 시민들이 서로를 대하는 참을성 없는 태도 또한 그렇다. 퉁명스런 버스 차장이 짜증내는 승객들에게 하는 거나, 성질 사나운 여점원이 염치없는 손님에게 하는 걸 보면 안다. 시드니는 안식처의 느낌을 주지 못한다. 한때 뉴욕은 "간절히 자유를 호흡하기 원하는, 피곤하고 가난해 다닥다닥 붙어사는 이들"을 껴안으려 했지만, 시드니는 그런 적이 없다. 위대한 정치이념이나 인본주의 정신이 이 도시의 비전으로서 빛난 적도 없었으니, 오로지 스스로 앞서나가고 생존해야 한다는 노골적 충동만이 이 도시를 이끌었다.

시드니는 만족감을 주지도 않는다. 도시 전체가 비난, 조소, 불평으로 가득찬 듯하다. 유럽과 잉글랜드에서 온 이민자들은 걸핏하면 분노를 터뜨린다. 쏟은 맥주 냄새가 진동해 꼭 공중화장실 같은 싸구려 술집들에서는 흥겨운 건배 소리를 들을 수 없다. 대신 남자들끼리 공모해 얼토당토않은 일을 꾸미는 듯한, 그래서 간혹 겁나기도 하는 분위기뿐이다. 내가 오스트레일리아에 머무르는 동안 멜버른이 자랑스러워하던 새 다리가 무너지는 사고가 일어났는데, 시드니 지역신문인 〈데일리 텔레그라프〉에 실린 그 사고 관련 사설에는 애도의 말 한마디 없었다. 농담조로 친절하게 건네는 한마디도 없었고, 단지 조악하고 악의 가득한 조소뿐이었다. 시드니 사람들은 스스로를 '괴상한 무리'라고 생각하길 좋아하지만, 난 그들이 편안하고 분방하게 놀러다니길 좋아한다는 의미에서 괴상하다고 생각해본 적이 없다. 오로지 비비 꼬인 애매함과 고립감을 드러낸다는 의미에서만 괴상한 사람들인 것이다.

나는 이런 성급한 일반화와는 전혀 무관한 예외들이 얼마든지 있음을 잘 안다. 시드니에 살고 있는 친절하고 교양 넘치는 사람들도 물론 많다. 인내심 최고였던 네덜란드계 여점원, 유쾌한 이탈리아계 부두노동자들, 언덕 위 대학에서 만났던 매력적인 교수들, 공공도서관 안에서 보았던 학구적인 사람들, 쾌활한 택시운전사들, 친절한 서점 사람들, 주의회에서 만난 공손한 직원들, 그리고 배 방향을 바꾸면서 이쪽 조타실에서 저쪽 조타실로 갑판 위를 해군 제독처럼 고상하게 활보하던 그 인상적인 페리선 선장까지. 새로운 오페라하우스를 위해 내놓은 대담한 디자인은 앞으로 얼마나 멋지고 새로운 것들이 펼쳐질지에 대한 서곡일 것이다. 해마다 유럽인들이 유입되면서 이 날것 그대로인 도시에 약

©Movana Chen

간의 우아함과 약간의 온화함을 보태고 있다. 새 고층건물들 중 몇몇은 숨을 멈추게 할 정도는 아니지만 충분히 그럴 듯한 맵시를 뽐낸다. 새로 지은 몇몇 고속도로는 아주 젊고 폭발적인 항구에서나 기대할 법한 그런 속도감과 강렬함으로 번쩍인다.

이 모든 걸 다 인정한다 해도 시드니는 위대한 도시로 느껴지지 않는다. 시드니는 너그럽고 평화로운 자신감의 도시가 아니다. 온정의 도시, 영광의 도시도 아니다. 하버브리지를 등지는 순간 당신은 짜증 부리는 인간들이 사는 거친 교외로 여행을 떠나야 한다. 도무지 사랑할 수 없는 찻길들이 얽히고설킨 미로 속으로, 그 따분한 황량함 속으로 말이다. 마침내 그 끝자락에 섰을 때도 당신이 굴하지 않고 계속 발을 내디딘다면 텅 빈 상태의 오스트레일리아가 당신 앞에 펼쳐질 것이다. 피할 도리 없는 공허함, 바로 이것이 어쩌면 이 나라의 혈관 속을 달리는 섬뜩한 바이러스인지도 모른다. 이 공허함은 불안했던 지난날들을 너무도 단단히 하나로 묶고 있다. 그래서 당신은 심지어 오늘날에도 사슬에 묶인 죄수들이 시드니 어딘가에 있으리라고, 처형의 칼날을 휘두르는 소리가 핀치거트 섬에서 들려온다고 느낄지도 모른다.

> 시드니를 처음 방문했을 때 나는 음식을 즐기는 재미를 깨달았다. 그 전에는 먹고 마시는 게 그저 하찮은 일로만 여겨졌다. 어느 날 오스트레일리아인 친구가 시드니 항구를 내려다보는 잔디밭에 펼친 피크닉 점심 자리에 나를 초대했다. 그 친구가 그저 평범한 음식을 먹는 법, 오스트레일리아 산 백포도주를 들이키는 소리, 손가락을 놀려 딱딱한 빵을 뜯어내는 요령 따위를 보면서 불현듯 식도락의 세계에 눈을 뜬 것이다. 여러 해가 지나 그날의 경험에 대한 짧은 에세이를 쓰게 되었는데 그때의 감흥이 또렷하게 기억났다. 참으로 음식을 즐기던 내 친구의 표정, 고개를 들면 드넓고 푸르른 하늘, 아래를 굽어보면 으리으리하게 펼쳐지던 항구의 파노라마, 그리고 무엇보다 바로 그 순간을 축복이라도 하는 양 활짝 펼쳐져 뽀얗게 빛나던 오페라하우스의 날개를 닮은 지붕선…. 그렇게 에세이를 다 쓰고 나서야 깨달았다. 아차! 그때는 시드니 오페라하우스가 지어지기 전이었구나!

13-3 앨리스스프링스

> 네빌 슈트Nevil Shute의 1949년 소설 『앨리스 같은 마을』A Town Like Alice 덕분에 '앨리스'란 이름은 전 세계적으로 오래도록 유명하였다. 그럼에도 불구하고 1960년대에 그곳을 찾는 관광객은 거의 없었다.

앨리스스프링스가 모든 오스트레일리아 여행에서 차지하는 비중을 헤아리려면 피렌체가 옛 그랜드투어 일정에서 차지한 비중을 떠올리면 된다. 그것은 하나의 절정을 뜻하니, 그 여행이 표방하는 모든 것들이 적어도 이론상으로는 완성되는 것이다. 아웃백에서는 그곳을 '더 앨리스'라고 부르는데, 이곳은 아마도 지상에서 가장 유명한 소도시 중 하나임에 틀림없다. 비록 대륙횡단 통신망의 분기점으로 구상되었던 이 도시의 기원이 아주 기능적이기는 하지만, 오늘날에는 사람들이 앨리스를 어떤 상징이나 구호로 여기곤 한다. 비행기 왕진 의사의 고장, 원주민 화가, 아프간인 낙타 운전수들이 있는 곳 정도로 말이다. 또 몰고 온 가축들을 드디어 기차에 실을 수 있는 철도의 시발점, 비투멘 도로가 다윈과 티모르해 방향으로 뻗어 있는 곳으로 말이다.

앨리스에서 단 하루를 머문다 해도 제대로 된 오스트레일리아의 진수를 맛볼 수 있다. 지금도 야생의 관목 더미 위를 맴돌며 무언가를 환기시키는, 반갑게 확 풍겨오는 칙칙하고 톡 쏘는 가죽 안장 냄새, 그 냄새 하나로 모든 오스트레일리아 신화의 느낌이 생생하게 되살아나는 것이다. 오늘날의 오스트레일리아는 근본적으로 도시 중심의 국가로서, 축 늘어진 기운을 연상시킨다. 하지만 무한한 지평선을 향해 뻗은 거대한 황무지 곳곳에 울끈불끈 야생이 살아 숨 쉬는 이곳 앨리스에서는 홀연 전설이 되살아난다.

그 맛을 보려면 싸늘한 사막의 밤기운이 미처 사라지기 전, 아주 이른 시간부터 서둘러야 한다. 이곳 말로 '실드 로드'sealed road 즉 포장도로가 시작하는 앨리스의 북쪽 끄트머리를 향해 걸어보시라. 운이 좋다면 중부 오스트레일리아의 가장 멋진 볼거리인 '도로 위의 열차' road train 즉 대형 트레일러트럭을 볼 수 있을 것이다. 엄청난 디젤엔진의 폭발음과 함께 스무 개의 바퀴가 구르고, 귀를 찢는 경적 소리, 어지간히 으스대는 분위기까지 갖춘 트럭 열차가 그르릉대며 도시를 빠져나간다. 마치 개척자들의 국경선이 움직이는 듯한 환상을 불러일으키며 말이다. 45미터짜리 트럭에는 소떼와 네 대의 트레일러, 거대한 트랙터까지 잔뜩 실려 있다. 도로 위를 달리는 세계에서 가장 큰 물건, 또 진정 오스트레일리아스러운 현상이 바로 이것이다. 높은 운전석에 앉은 기사는 솟구치는 먼지 너머로 당신을 향해 씩 웃으면서 폭음과 함께 북쪽으로, 내륙의 거대한 농장을 향해 달려갈 것이다. 그런 농장들에서는 소떼의 숫자가 수십만에 이르고, 벨기에보다 조금 더 큰 크기의 농장이 있을 정도이다.

이 도로 열차의 운전사가 새로운 오스트레일리아의 모습이라면, 앨리스의 다른쪽 끝에서는 유서 깊은 방식으로 가축을 몰고 평원을 가로지르는 오버랜더 overlander들을 볼 수도 있다. 오늘날에도 매주 황야를 가로질러 거대한 소떼를 몰고 오는 소몰이꾼들이 앨리스로 입성한다. 소몰이 대장정을 막 마친 오버랜더들의 미끈한 말들이 길가의 말뚝에 묶여 있고, 솥 가득 아침 여물이 부글부글 끓는다. 오스트레일리아인 그러면 떠올리는 모습이 바로 이들의 모습이다. 너무나 침착하고 차분한 그들의 매너, 너무나 친절한 유머에 흠뻑 빨려드는, 바싹 말랐지만 너무나 매력적인 그들의 체격까지, 이들은 지구 위의 다른 그 누구보다 더 강인하고 호감 가는 사람들이다. 앨리스스프링스에 도착할 무렵 그들은 피곤하고 후줄근하다. 웃자란 수염이 꺼칠하고 손톱도 지저분하기 짝이 없지만, 그래도 그들은 자신들이 몰고 온 동물들 속에서 왕자님처럼 쉬고 있으니, 부럽기 짝이 없는 성취를 이룬 자, 타고난 오스트레일리아인이 바로 그들이라고 하겠다. 하지만 경탄도 잠시. 당신은 서둘러 비행장으로 가야 한다. 마치 [피렌체의] 두오모 성당 밖에서 마구 경적을 울리며 재촉하는 관광버스처럼, 거기 당신을 에어즈록Ayers Rock으로 데려다 줄 조그만 비행기가 기다리고 있을 것이다. 잠시 후 당신은 그 유명한 언덕 위를 날고 있을 테고, 아래로는 중부 오스트레일리아의 기괴한 붉은 세계가 넓게 펼쳐질 것이다. 사하라나 룹알할리Empty Quarter 사막도 이보다 더 섬뜩한 풍경을 연출하지는 않는다. 괴이하고 아찔한 그 붉은 빛깔도 그렇지만, 기이한 침식 작용 탓에 깊이 골이 파인 주름들을 보노라면 마치 어떤 불길한 요새 같아 보인다. 사람이나 동물 그 어느 것도 생존이 허락되지 않는 곳인 듯한.

그 중에서도 가장 묘한 것은 역시 더 록The Rock 그 자체이다. 이 민둥머리 언덕의 그림자 속에 서면 당신은 붉게 타오르듯 물든다. 세상에서 가장 큰 바위, 가장 고압적인 그 거석은 평평한 땅 위에 방대한 몸집으로 홀로 서 있으며, 빛의 변화에 따라 시시각각 색깔을 바꾼다. 파란색에서 분홍색으로, 석양 무렵엔 진홍색으로. 이 거암의 불룩한 옆구리는 매끈하고 미끄러운데, 그 경사면으로 물 내려오는 길을 따라 올라가다 보면 차츰차츰 주변의 야생성이 드높아지는 게 느껴진다. 점점 넓고, 점점 텅 빈 야생이 펼쳐지더니 마침내 돌무덤과 홀로 선 나무 한 그루가 지키고 선 정상에 다다른다. 바람이 휘파람처럼 귓가를 어지럽히고 바위 위의 물웅덩이들이 찰랑이는 가운데, 문득 절대적 고립감의 백척간두 위에서 몸의 균형을 잡으려고 애쓰고 있는 듯한 느낌에 사로잡힐지도 모른다. 평범한 것들의 세계를 훌쩍 떠나 홀연 원주민들의 전설과 마법의 세계로 들어온 듯한, 네버네버[42]의 다락방 꼭대기에서 묵는 듯한 그런 느낌에….

---

[42] never-never. Barcroft Boake의 시나 Jeannie Gunn의 소설 등에서 아웃백 깊은 곳의 황무지를 일컫는 표현이다. [역주]

그럴 만도 하다. 이곳은 원주민들의 땅이기 때문이다. 노던테리토리 소속 보호구역 중 하나인 것. 더 록을 기어 내려가면 검은 피부의 사람들이 모여 사는 캠프를 방문할 수도 있다. 이들은 기운찬 개들이나 그들의 곁을 지켜주는 낙타 두어 마리와 함께 너덜너덜 엉망인 천막에서 생활한다. 비록 유럽 풍 옷들을 걸친 모습은 집시와 크게 다르지 않지만, 이 놀라운 부족은 지난 시절 어떤 살림살이를 영위할 때도 늘 그랬듯 거의 으스스한 느낌의 무심함, 나아가 신비주의의 느낌을 간직하고 있다. 부족장은 영어로 인사하면서 당신을 맞이하고 악수를 건넬 테고, 엉성한 모닥불 주위에 모여 앉은 여인들은 아주 따뜻한 미소를 건넬 것이다. 그러나 아무리 노력하더라도 대화가 마치 프리즘을 통과한 빛처럼 왜곡되어, 자꾸 어떤 미끄러운 장애물에 걸려 미끄덩거리는 느낌은 어쩔 수 없다. 당신이 전혀 이해할 수 없는 파장과 흐름들이 당신을 꽁꽁 포위한 듯한 느낌도 들 것이다. 이 오스트레일리아 원주민들은, 그들이 처한 환경이 아무리 처참하게 뒤죽박죽인 듯 보여도, 논리의 한계에 갇혀 있는 백인들은 결코 제대로 음미하지 못할 그 텅 빈 풍경과 꼭 닮아 있다.

그렇게 신비로운 무언가와 눈길을 주고받은 뒤 약간 오싹해진 기분으로 당신은 앨리스로 가는 비행기에 몸을 실을 것이다. 하지만 스튜어트 암스 펍에서 맥주 한잔 마시고 나면, 진부한 도시의 원기가 금세 회복될 것이다. 그리고 앨리스스프링스에서 보내는 하루는 마땅히 시작 지점으로 되돌아가는 것으로 마무리되어야 한다. 마치 지각 있는 피렌체 방문자가 아르노Arno 강가를 찾아가듯 말이다. 이 조그만 도시의 북쪽으로 1~2킬로미터 떨어진 곳에 원조 앨리스 터가 있다. 앨리스의 존재이유였던 옛 전신소의 목조건물은 별빛 속에서 여전히 깊은 생각에 잠긴 모습을 하고 있다. 거기 가서 하루를 매조지하시라. 유칼립투스 숲에선 바람이 바스락거릴 테고, 물에서는 개구리들의 자지러지는 울음이, 대기는 먼지와 꽃향기로 흥건한 가운데, 고개를 들면 남십자성이 석탄자루Coal Sack[밝은 은하수 속에서 유독 검은 암흑성운] 옆에서 더욱 환히 반짝이고 있을 것이다. 물웅덩이 건너 어슴푸레한 달빛 속에 두 마리의 말이 어적어적 뭔가를 씹고 콧김을 내뿜으며 후추나무 아래에서 보초를 서고 있다. 오스트레일리아의 텅 빈 마법에는 뭔가 굉장히 육감적인 게 있다. 앨리스의 끄트머리에서의 이런 순간은 억제되지 않는 감정과 울림, 핼쑥한 기미 따위로 너무나 꽉 차 있어서, 단지 그것을 겪어보는 것만으로는 부족하다 싶어진다. 그 순간을 끌어안고, 그 순간에 몸을 맡겨야 마땅한 것이다. 아니면 적어도 그걸 탱커드tankard 잔에 가득 따라 들이키거나.

ch 14
새로운 아프리카

> 1960년대 내내 유럽의 여러 제국들은 꾸준히 자신들의 아프리카 점령지에서 물러나왔다. 덕분에 나는 아프리카 여러 곳의 독립기념행사를 취재하러 다녔다. 한 번은 오밤중에 비행기를 타고 어느 공항에 내렸는데, 그 야경으로 미루어 보아 틀림없이 아주 큰 대도시였는데도 그 도시 이름은 생전 처음 듣는 것이었다. 그런 황당함의 순간이 꽤 오래 흐른 뒤에야 그 도시 킨샤사가 예전에 내가 들렸던 레오폴드빌Leopoldville이란 것을 깨달았다.[43]

14-1 가나

> 1957년에 골드코스트[지금의 가나] 독립축제에 참석했는데, 그로부터 몇 년 뒤 〈가디언〉 기자 신문으로 공화국 대통령 크와미 엥크루마 치하에서 수도 아크라가 어떤 상황인지를 취재하러 되돌아가게 되었다.

항해왕 엔리케 왕자의 범선들이 남쪽의 케이프타운 방향으로 서아프리카 해안을 샅샅이 살피고 다닐 때, 뚝심과 유혈, 노예무역을 동력 삼아 그 해변에 하나하나 포르투갈의 요새들이 세워졌고, 이들은 오늘도 그 해안선을 밝히는 인상적인 말뚝처럼 서 있다. 이 구조물들은 한결같이

---

[43] 킨샤사는 지금의 가나공화국의 수도이며, 1957년의 가나 독립 이전까지는 1874년에 세워진 영국령 골드코스트의 수도로서 레오폴드빌이라고 불렸다. 서아프리카 기니만의 해안선은 노예, 황금, 상아, 곡물, 후추 등 주요 약탈물의 이름을 따 골드코스트(황금해안), 아이보리코스트(상아해안) 등으로 불렸다. [역주]

넓찍하고 화려하며 오만해 보인다. 그 태생 탓에 사악한 권력의 느낌을 물씬 풍기는 곳들이다. 오늘날 이국적 나무와 야자수 오두막, 롱보트[44]들, 그리고 아프리카 특유의 활기 따위가 어수선하게 뒤엉킨 덩어리가 이 멋진 요새의 성벽들에 곁들여졌다. 마치 고층 주거단지 사이에 멀뚱멀뚱 홀로 남은 수많은 전원 풍 대저택들이 그러하듯, 이들 요새 또한 냉소적이고도 낡은 방식으로 이런 지역의 정취를 결정하는 데 크게 기여한다.

가파른 오르막을 거쳐 이런 성채들 중 가장 막강해 보이는 곳으로 올라가, 그 성곽에 서서 발아래로 펼쳐진 혼란스러운 도시의 풍경을 살펴보았다. 느끼하게 뒤틀린 미소를 던지던 잘생기고 쾌활한 한 장애인이 다리를 절뚝거리며 나를 그 언덕 위로 안내했다. 근처 오두막에서는 눈부신 푸른색 긴 옷을 입은 한 남자가 나를 향해 손을 흔들었다. 아래쪽 해변의 호리호리한 카누와 그물 더미 속에서 일하던 근육질의 흑인 어부들은 "헤이, 매서[45]!"라고 나를 불렀다. 성벽 아래 비탈에 다닥다닥 붙어 형성된 마을에서는 축제가 한창이었다. 마을 추장이 행사용 파라솔 아래 번지르르하게 앉아 있고, 공식 주술사linguist가 자기 지위의 상징인 토템을 마구 휘두르는 가운데 마을의 진흙 오두막들 사이로 북소리가 요란하게 울렸다. 마을 게시판에는 12사도 교회 대주교인 존 해크먼(일명 '안캄 치아')의 장례식 안내문이 붙어 있었다. 장례위원 명단에는 여성예언자 그래세 타니, 원로예언자 존 엘루바 쿠웨시 같은 이름이 포함되어 있었다. 하지만 난 이런 볼거리에 현혹되지 않고 그 모든 걸 지나쳐 그 요새의 가장 높은 전망대로 직행했다. 야자수가 수놓은 매력적인 해안선이 멀리 대도시를 향해 길게 뻗은 모습이 펼쳐졌다. 이런 놀라운 느낌과 더불어, 이런 역사와 열정, 색감과 미숙함의 혼합물을 맛보며 한 나라의 수도로 다가갈 수 있는 곳은 지상에서 오직 이곳뿐이다.

---

44 long-boat. 16세기 경 생겨난 항해용 선박으로, 돛과 더불어 8~10인이 노를 저어 운항한다. [역주]
45 '주인님'을 가리키는 master의 준말. [역주]

오직 단 하나의 도시만이 이처럼 톡 쏘는 맛의 배후지를 지니고 있으리니, 사람들은 이곳을 아크라라고 부른다. 한때 포르투갈의 주둔지였던 곳. 그 후 네덜란드, 덴마크, 영국의 수중에 들어갔다가, 이제 가나공화국의 수도가 된 곳.

　이곳은 아름답지는 않지만, 어딜 가나 흥겨움이 넘치는 곳임은 틀림없다. 늘 좋은 이유로만 흥겨운 것도 아니다. 재즈스럽고 신명 넘치는, 늘 명랑한 이곳에서, 사람들은 형형색색의 눈부신 긴 옷을 걸치고 발을 질질 끌듯 움직이며 '하이 라이프'라고 알려진 느리고 왁자한 춤을 즐긴다. 가나가 독립을 이룬 이래 아크라는 해괴한 먹구름 같은 정치적 격동기를 몇 차례씩이나 거쳐야 했다. 정치가들이 아무리 지독한 짓을 거듭한다 해도 이곳은 여전히 독립이라는 그 사실 자체에 의해 크게 고무된 듯 느껴진다. 그건 마치 스물한 살을 훌쩍 넘겼는데도 아직까지 집 앞에서 열쇠 들고 나와 노는 걸 자랑하는 젊은이를 보는 듯한 느낌이다. 아크라 길거리에서 만나는 환한 미소의 유쾌한 사람들 중 상당수는 아주 가난한 이들이다. 너무나 가난한 나머지, 말린 생선과 질긴 야채로 연명하며, 누추하기 짝이 없는 오두막에 몸을 누이고, 중세적인 충성심과 미신의 거미줄에 묶인 채 이들은 살아간다. 그런데도 도시 전체는 넉넉해 보이고 자신감 넘쳐 보인다. 내륙의 거대한 농장지대에서 수확하는 코코아 값이 늘 이 도시를 지탱한다. 아크라는 태생적으로 유복하여 느긋함을 타고 난 그런 도시들 중 하나이다. 그저 슬쩍 어깨를 으쓱한 다음에 통계 문건 따위 획 던져 버리고 유람이나 즐기러 가버려도 아무 문제 없는 그런 곳인 것.

　혹은 '뒷담화' 즐기러 가기에 딱이라고 하는 게 더 정확할지도 모르겠다. 아크라에는 볼 게 별로 없지만 수다거리는 많고도 많다. 교육이 이곳 고유의 관습과 깊이 결합되어 생겨난 결과라고 하겠는데, 사실 교육은 주로 유럽인들과 선교사들이 도입한 것이기 때문에 이 둘의 결합은 간혹 묘한 부조화의 냄새를 풍기기도 한다. 아크라의 '영맨'(가나 사람들이 옛 모습을 벗어던진 이들을 가리켜 부르는 말)들은 '아샨티의 황금 의자'의 기원이 뭔지, 아모아포 전투의 결과가 어땠는지는 잘 모르지만, 놀랍게도 튜더왕조나 국본조칙 등에는 훤하기도 하며, [모세의 후계자인] 여호수아나 셸리, E M 포스터의 말을 황당할 정도로 정확하게 인용하곤 한다. 아크라의 멋진 공공도서관은 늘 사람들로 붐빈다. 그게 단지 티타임을 틈타 최신 동물 베스트셀러를 찾으러 호록시즈 Horrockses[1940~50년대의 유명 여성의류 브랜드] 면 드레스에 샌들 차림으로 도서관에 들른 창백한 잉글랜드 아낙네들 때문만은 아니다. 아크라의 언론도 대단하다. 무모하고 팔팔한데다 논리 따위는 완전 뒷전이다. 기사에서 상대 언론사와의 적대관계가 노골적으로 드러나고, 야심과 거의 개인적인 농담, 오탈자 따위가 난무한다. 엉망진창 꼬인 메타포들은 거의 사팔뜨기 수준이고, 욕설은 라블레 수준, 인물 꾸며내기는 디킨스 수준이다. 즉 아크라의 토착 언론은 그 왕성한 혈기 빼면 시체인 것! 큰 재판이 열릴 때면 아크라 대법원은 사태를 훤히 꿰고 있는 열성파들로 가득 찬다. 펄럭거리는 긴 옷이나 어색한 기성복 차림인 그들은 마치 윔블던 테니스대회 때 센터코트를 찾은 관중들처럼 커다란 하얀 눈을 껌벅이며 두 적수 사이로 분주히 시선을 옮겨 다닌다. 아크라의 삶을 걸쭉한 스튜 요리에 비유하자면 그것은 언제나 모략과 음모로 간이 되어 있다. 이를테면 식당 웨이터나 가게 점원들은 학생들처럼 목소리를 낮추고 눈을 비밀스레 반짝이며 당신을 최근의 내각 불화설 따위로 끌어들일 공산이 크다. 나아가 나라 전체의 구조가 갑작스런 비밀 격변, 대규모 체포 사태, 터무니없는 비방 따위로 얼룩지기 십상이다.

　아크라에서는 완전히 진부한 거라곤 찾아볼 수 없다. 모든 게 과잉인 도시인 것이다. 가나의 시장통은 — 그 구성에 있어서나 비유적으로

— 굵은 팔뚝을 자랑하는 순수 혈통의 시장 '마미'들 차지이다. 성질 우락부락한 경제적 동물들인 이 여인들은 가나의 발전에 있어 엄청나게 중요한 역할을 수행한다. 아크라의 이 대단한 여인들은 원색의 옷을 걸치고, 말린 생선, 눈부시게 뽀얀 면직물 두루마리, 우중충한 야채 더미, 갈고리에 걸린 닭고기, 두툼한 고무 밴드 덩어리들에 파묻힌 채 이 도시를 주름잡는다. 저 고귀한 빌링스게이트[런던의 대형 어시장]의 널찍함 같은 게 이 여인들에게서 느껴진다. 유사 이래 아크라의 시장 마미들에게 사기를 친 인물은 전무했으며(아마 서로 속이고 속고는 했겠지만), 현명한 정치인 치고 이들의 요구를 무시하는 이들도 없다. 저 유명한 아크라의 '마미 왜건'을 도입하는 데 쓴 돈도 그녀들의 주머니에서 나왔다. [양쪽이 개방된] 이 버스 겸 트럭은 아크라의 재미난 민속 볼거리 중 가장 빼어난 것이다. 이 요란한 색의 트럭 같은 탈것은 근대 교통수단들 중 가장 재미나고 번지르르한 것임에 틀림없다. 보통 뼈가 달그락거리는 소리를 낼 정도로 빨리 달리는 차인데다, 거기 실린 물건들은 놀라운 뒤범벅의 어떤 경지를 보여주며, 희한한 구호들이 그 표면을 장식하고 있으니 어떤 건 신랄하고('외로운 여인은 남자의 유혹이다') 어떤 건 경건하며('진리를 따르고 하늘에 순종하라') 어떤 건 수수께끼 그 자체다('왜?'라고만 적은 거, 혹은 '당신은 절대 모를걸' 따위). 이런 현상들에 당신은 금세 싫증을 느낄 것이다. 너무 번지르르해서, 색깔의 충돌이 너무 심해서, 그리고 청소년들의 부질없는 반항 같아서! 하지만 이런 게 수도 아크라에 실제로 변화무쌍한 추진력을 불어넣으며, 마치 싼 술을 병째 꿀꺽꿀꺽 들이키는 느낌을 선사하는 것이다.

    가나 국회는 아프리카의 힘이 워낙 넘실거리는 곳이어서 실내 공기가 온통 튀어오르는 불꽃들로 꽉 찬 듯하다. 그건 마치 후끈하고 뜨거운 밤을 맞아 부드러운 천들 사이에서도 불똥이 튀는 듯한 분위기이다. 모든 게 아주 빠르고 엄청 떠들썩하다. 마치 〈키스톤 캅스〉[46]의 주인

공들이 '그런 건 우리 몫'이라며 나설 듯한 분위기다. 의회는 잠시도 가만히 있질 못한다. 존경하는 의원님들은 마이크 쟁탈전을 벌이느라 붕붕 날아다니고, 장관들은 벌떡 일어나 빈정대듯 답변을 늘어놓는다. 선풍기들이 윙윙 돌고, 열린 문과 창문 바깥으로는 푸른 법복 차림의 여인 혹은 셔츠 차림의 남자들 모습이 순간 나타났다 홀연 사라지길 무한 반복한다. 이 기운 넘치는 국회에서도 특히 우스운 시간으로는 대정부질문이 으뜸이다. '의회에서 말을 주고받을 땐 적어도 이 정도는 해야지'와 같은 제약이 거의 싹 사라지는 시간이다. 연신 폭소가 터져 실내를 왕왕 울려댄다. 마구 종주먹을 휘두르고 여야 사이에 온갖 재담들이 오고간다. 갑자기 큰 소동이 벌어지기도 한다. 다들 한꺼번에 고함을 지르고, 서로에게 "싯 다운!"[앉아!]을 외치느라 회의장 가득 쉿쉿 소리가 펄펄 날아다닌다. 그럴 때 간혹 한 의원께서 눈의 흰자위로 빛을 내뿜으며 눈썹을 치켜세운 채 어깨를 쭉 빼 손가락으로 야당을 가리키는 모습을 구경하게 되기도 한다. 그건 마치 야당에게 뭔가 우호적인 주문이라도 거는 듯한 모습이다.

청소년들 같은 건가? 그 순간 대뜸 떠오른 내 반응은 그럴 수밖에 없었다. 그 모든 참 기쁨, 그 모든 왁자한 다정함과 지성미에도 불구하고 아크라라는 도시는 내게 가장 덜 어른스런 수도 같다. 아크라가 드러내는 건 가장 시끌벅적한 아프리카, 가장 불안한 아프리카의 모습들이다. 그 아프리카는 원시적이거나 어렴풋이 이해되었을 뿐인 믿음들, X표가 그어진 가치들, 공허하게 까불어대는 요란함 등이 절묘하게 어울린 혼합문이다. 톨스토이에게 모스크바가 낡은 실내용 가운 같았다면, 내게 아크라는 가장무도회용 드레스에 폼폼[응원용 방울술]을 든 것

---

46 Keystone Kops. 1910년대의 슬랩스틱 코미디 무성영화. 소동만 피우는 무능한 경찰들 이야기로, 찰리 채플린이 카메오로 출연하기도 했다. [역주]

과 같다. 이 도시는 거의 원액 그대로의 아프리카니즘Africanism 자체다. 옛 셈족의 유산, 아랍의 스타일, 혹은 유대의 신비 등에 아무런 영향을 받지 않은, 게다가 떠나간 제국 체제의 찌꺼기를 잽싸게 뒤집어 버리는 아프리카니즘 말이다. 역사가들은 그 황홀한 베냉Benin 동상이 아크라에서 겨우 800킬로미터 떨어진 곳[기니]에서 만들어진 걸 떠올리기 좋아한다. 하지만 난 고백해야겠다. 모락모락 물안개 자욱한 기니의 해변은 유서 깊은 예술이나 심오한 지혜, 고결한 종교 등과는 전혀 무관한 곳 같은 느낌이다. 거긴 무슨 유치원용 해변 같다. 겉만 번드르한 인간들끼리 옥신각신 승강이나 벌이고 낄낄대다가 양철 나팔이나 불어대는 그런 곳 말이다.

　아직도 아크라에서는 주주juju[서아프리카 주술]를 행하다 사람을 죽이기도 한다. 원로예언자들도 있고, 마법 관련 단체와 앞날을 내다보는 사람, 마법사들도 아직 있다. 파도타기 인파와 해수욕장 그늘막 사이로 아름다운 해변을 걷다 보면 "저기가 특히 막강한 힘을 지닌 주물의 거처로 잘 알려진 야자수 숲이랍니다" 같은 소개의 말을 듣게 된다. 오토바이 소리 요란한 이 도시의 시장들에 가면 주술사들의 애용품인 뱀머리, 말린 쥐, 카멜레온, 원숭이 두개골 따위를 볼 수 있다. 때로는 앰배서더 호텔에서 식사를 시작하기 전에 일행의 양해를 구하고 정원으로 나가 신께 바치는 술잔을 올리는 전통 고수파들을 만나기도 한다. 가나대학교의 평균 학문 수준이 영국 대부분의 대학들보다 더 높다는 얘기를 듣긴 했지만, 막상 그 졸업생들이 사회생활의 난맥상을 경험하게 되면서는 겁나게 많은 불평불만을 토로한다. 아크라의 개선문에는 굵은 활자로 '자유와 정의'라는 문구가 새겨져 있다. 그러나 그 울림이 때론 시큰둥하고 유감스런 반응을 불러일으킨다. 특히 또 한 명의 정치적 불평분자가 쥐도 새도 모르게 감금되었을 때, 혹은 또 하나의 졸렬한 민주주의 모방품이 유권자들 들뜬 틈을 타 슬쩍 한 자리를 꿰찰 때 더더욱 그렇다. 어느 날 아침 집권당 지도부 중 세 명이 불쑥 체포되었는데, 공식 신문에서는 이들에게 대번에 위험한 기회주의자, 범죄적 사대주의자, 사악한 변절자라는 딱지를 붙였다. "탐험대 대장인 아다마피오와 그의 종족주의 집단, 그 선봉에 아다마피오 자신과 아코 앗제이, 코피-크라베 3인이 섰다. 이들은 조국의 눈에 먼지를 끼얹을 수 있을 것으로 오산했다. 오늘 이 비열한 3인조는 미치광이 권력 야욕을 가장 비인간적으로 추구하는 자들로, 이제껏 등장한 가장 배은망덕한 종족주의 깡패들로 기소되었다."

이 사건은 골드코스트의 피비린내 나는 과거로부터 바로 걸어나온 듯 선명하고 열렬하게 벌어졌다. 실제 아크라는 요새의 성곽부터 추장제에 이르는 온갖 전통들로 가득한 곳이지만, 그 전통의 저변에 충성심이나 목적의식 따위라고는 없다. 아다마피오나 코피-크라베 같은 인물들은 이곳 연감에 끊임없이 등장할 것이지만, 〈가나이안 타임스〉의 저 구닥다리 욕지거리는 아크라의 상태가 뭔가 불안정하며 막연하다는 걸 반영한다. 이는 일부 제국주의 서방의 잘못이다. 노예무역, 간혹 근거 없이 죄악시하곤 했던 것, 무모한 열의만 앞세웠던 선교사업 등의 결과인 것이다. 하지만 내가 보기엔 — 그 활달한 절름발이 길잡이에겐 실례지만, 해변의 그 친절한 어부에게도 실례지만, 파라솔 밑의 그 싹싹한 추장과 요새의 성곽에서 내려다보던 그 멋진 아크라의 전경에게도 실례지만 — 나의 완고한 영국 취향에 견주어 보건대 그건 대부분 오로지 아프리카의 탓이다. 사랑스럽고도 무서운 옛 아프리카 말이다. 때로는 훌륭하지만 때로는 잔인한, 너무나 자주 역사를 가지고 장난치는 듯 느껴지는 그 대륙 말이다.

> 그로부터 얼마 뒤 독재자의 길을 가던 엥크루마는 자신의 중국 방문을 틈 타 일어난 군사쿠데타로 정권을 잃게 된다. 그는 1972년에 사망하였다.

14-2 나이지리아

> 나이지리아 또한 최근 독립한 나라였고, 나는 그 독립기념식도 취재했다. 그렇지만 정작 내 관심을 끈 곳은 나이지리아 북부의 카노Kano라는 이슬람권 도시였다. 그곳에서는 식민 지배의 흔적을 거의 찾아보기 어려웠다.

아프리카를 가로지르면, 즉 애니미즘과 부족신앙, 주술사와 성스러운 돌, 주물, 싸구려 그리스도교의 변종, 악전고투 중인 선교사들과 이따금 등장하는 자칭 메시아 등 엄청나게 잡다한 신앙의 가마솥을 관통해 여행하다 보면, 홀연 이슬람의 끄트머리가 나타난다. 그러면 대뜸 분위기가 바뀐다. 이 놀라운 종교의 으리으리한 가지런함이 사회에 일순 신선한 위엄을 불어넣고, 심지어 대기마저 화사한 마법으로 물들인다. 나이지리아 북부의 핵심 도시인 카노는 바로 그런 무슬림의 전진기지인 곳이다. 카노의 이슬람 통치자Emir는 담쟁이덩굴처럼 사방으로 뻗어 있는 멋진 궁전에서 위풍당당하게 군림하며, 그 담벼락 바깥에는 땅콩 더미들이 마치 하얀 피라미드들처럼 쌓여 있다.

서방의 아프리카 선교가 낳은 비애 가운데 하나는 이 성스러웠던 대륙을 속화시켰다는 것이다. 그 과정에서 수백만의 아프리카인들은 그들의 관습에 위태롭게나마 이어져 있던 젖줄을 잃어버렸다. 대신 사람을 흥분시키는 알량한 교육과 그리스도교라는 이유식을 우격다짐으로 먹어야만 했다. 이 특별식의 결과물인 옅은 거품이 마치 재즈처럼 부글부글 일어나는 걸 지켜보는 건 흥미로운 일이다(적어도 한두 주 정도는). 가령 이런 거다. 벽에 적힌 구호나 포스터의 불경스런 흥겨움, 아크라의 '하이 라이프' 재즈의 금속성 리듬, 거칠고 종종 상스럽기까지 한 신문들, [1685년 영국 서머셋 지방에서 벌어졌던] 세지무어 Sedgemoor 전투나 볼테르 얘기에 신이 난 선생님들, 가발 차림의 발랄한 흑인 변호사들, 나팔소리 요란한 가운데에도 입에 거품을 물던 근본주의 전도사들. 서구화된 아프리카에서는, 그 중에서도 특히 나이지리아와 가나의 해안선을 따라서는 엄청난 활력이 느껴진다. 그들이 간직한 재미의 보물단지 또한 무궁하리만큼 깊고 넓다.

하지만 머지않아 이 모든 것에서 비애감이 느껴지기 시작한다. 그러다 문득 깨닫는다. '이들 모두가 잠시 뿌리를 잃은 사람들이구나. 부적합한 놈, 뭘 못하는 놈, 좌절감이나 맛볼 놈이라는 생각에 시달려온 거지. 그러면서 자기네 역사를 뿌듯해하게 해주던, 그 톡 쏘던 문화를 빼앗겨 버렸구나.' 그건 아마도 블랙 아프리카의 발전 과정에서 유감스럽지만 꼭 필요한 절차일 수도 있다. 소아마비 백신에서 분홍 시폰에 이르는 갖가지 문명의 이기가 그 보상으로 주어졌다. 하지만 어느 날 라고스의 빈민촌을 거닐며 이 서글픈 두 풍습의 혼합교배를 곰곰 생각하노라면, 원숭이 두개골을 말리고 있는 데를 지나 찢어지는 라디오 소리에 귀를 막고서 당신은 문득 스스로에게 중얼거리게 될 것이다. '오 신이시여. 우리가 대체 이 사람들에게 무슨 똥덩어리를 가져다 준 겁니까!' 부족의 악마들과 진보의 망망대해 사이에서, 옛 종교들과 새 것 사이에서, 추장의 대책회의와 어스킨 메이Erskine May[영국 의회 의사진행절차의 바이블로 통하는 1844년 법률] 사이에서 가랑이가 찢어지기 일보직전인 저 수많은 아프리카인들은, 타고난 본능과 열망들을 마구 혼동하면서도 침착한 체 가련하게 떨리는 휘파람을 불고 있다.

하지만 무성하게 풀이 자란 성벽이 마치 미시시피 강의 제방 같이 지평선을 향해 한없이 뻗어나간 카노의 관문을 지나고 나면 이 모든 게 순식간에 사라진다. 성곽도시 바깥쪽엔 남쪽에서 올라온 이교도들이나 그리스도교 분파인 이보Ibo족이나 요루바Yoruba족 마을이 있다. 거기서는 카우보이 모자를 쓰고 다니는 젊은이도 눈에 띄고, 래그타임 재즈가 들려오기도 하며, 양돈장 근처를 지나게 되기도 한다. 성곽 안은 무슬림 사회다. 아프리카인 알리미가 쉰 목소리의 4분음으로 일러주는 소

©Movana Chen

리가 이슬람 사원의 첨탑에서 울려퍼진다. 그리고 거기엔 스타일과 화려한 행사의 기운이 잠재해 있다. 나이지리아의 세 주州는 독립할 때 하나의 연방을 이루었지만, 카노는 지금도 별개의 나라처럼 보인다. 카노 사람들 고유의 충성심은 역사도 길고 뿌리도 깊다. 특별한 의식이 있으면(혹은 관광 포스터의 그림 속에서) 통치자의 경호원들은 옛적 무슬림 전사들처럼 작은 쇠사슬을 엮어 만든 전통 갑옷과 얼굴 가리개를 걸친다. 왕궁 근처의 거대한 흰색 모스크에서는 이 낭만적이고 빼어난 도시의 맥박을 느껴볼 수 있다. 번호가 적힌 뽀얀 작업용 덧옷을 걸친 죄수 몇 명이 감옥 마당 안에 느긋하게 앉아 낄낄댄다. 터번을 쓴 그 흑인 알리미는 관문 옆의 자기 자리에서 사다리를 내려오기 전에 약간 초조한 모습으로 옷을 매만진다. 모스크의 첨탑에 오르도록 허가를 받는 게 늘 손쉽지는 않다. 무슬림이 아닌 사람들을 몇 명까지 그 계단을 오르도록 허용할까를 두고서 한 바탕 작은 소란이 있었기 때문이다. 하지만 거친 숨소리를 섞어가며 몇 차례 협상의 말을 주고받으면, 머리부터 발끝까지 환한 빨강색 옷을 걸친(그래서 꼭 색칠한 미라나 못 먹는 롤빵처럼 생긴) 문지기는 문을 열고서 당신을 위로 안내할 것이다.

거기서 내려다보는 도시는 열기와 위엄을 주렁주렁 매단 채 사방으로 마구 뻗어나가고 있다. 지평선 저 너머 어딘가에는 사하라 사막이 누워 있다. 카노는 그래서 이스파한이나 다마스쿠스 같은 곳이다. 사막의 방식이 미묘하게 스며들어 있는 곳, 대상들의 숙박지와 노예 무역, [목숨을 건] 순례여행의 흔적이 배어 있는 그런 곳 말이다. 카노 도심을 흐르는 작은 개울 양쪽으로 엄청난 크기의 시장이 시끌벅적 자리 잡고 있다. 정말 끝내주는 곳이다. 블랙 아프리카의 모든 색감을 그대로 둔 채 그 악취만 싹 제거한 것 같은 이곳에는 말린 생선과 정체불명의 약초들이 산더미처럼 쌓여 있어서, 마치 이바단Ibadan[나이지리아 서남부 도시]이나 해안의 큰 시장들에 정글의 느낌을 가미한 듯한 인상이다. 먼지 날리는 평원을 향해 여러 갈래로 뚫린 무역로들은 지금도 이 유서 깊은 곳을 지중해와 홍해, 그리고 메카와 연결한다. 아래쪽으로 위대한 풀라니Fulani족 지배층의 호화저택들도 누워 있으니, 그들은 여전히 이 도시를 지배하는 귀족들이다. 이 높은 곳에서 보면 카노는 아주 늙어 보인다. 너무나 자신감 넘치는, 너무나 웅장한 모습이다.

그렇지만 아무리 조용하고 평온해 보여도, 실은 이 도시 곳곳에도 마치 요정나라의 나팔소리 같은 발전의 바람이 어렴풋 불고 있다. 이곳을 속국으로 거느린 반세기 동안 영국인들은 군주제 통치의 기반을 넓혔을 뿐 전혀 폐지하지는 않았다. 독립 나이지리아 연방정부 또한 그러지는 않았다. 통치자와 그의 추종자들은 자신들의 특권을 대부분 유지하긴 했지만, 어쩔 수 없이 국민들이 그런 특권에 관심을 가지고 살피기 시작하는 것까지 막을 수는 없었다. 많은 사람들이 수단에 대해 알고 있고, 수천 명이 이미 사우디아라비아로 순례여행을 다녀왔으며, 오래도록 북아프리카와 관계를 맺어 왔으며, 여느 무슬림과 아랍어 구사 인구들처럼 이들은 이집트에서 어떤 일이 벌어지는지에도 깊은 관심을 보인다(이집트는 그들에게 무슬림 세계의 가장인 동시에 쇼보이showboy이기도 하니까). 결국 나이지리아가 자유국가로 떠오르면 카노의 독특함과 전통적 안정성을 잠식하게 될 것이다. 이 도시가 겉보기처럼 그리 평온하지는 않기 때문이다. 나이지리아에서 북부와 남부의 상호 불신은 뿌리 깊다. 높은 학식과 졸업장을 두루 갖춘 성밖의 이보족과 요루바족들을, 카노 성안의 냉담한 하우사Hausa족, 풀라니족들은 끔찍이 싫어한다. 성밖 사람들도 그 교육받은 콧대를 바짝 세우고서, 여전히 못 말리게도 중세 전통에 젖어 사는 성안 사람들을 무시한다. 카노의 장엄함을 지켜줄 든든한 보장 같은 건 어디에도 없다. 보다 긴 시간을 버텨낸 여러 경우들처럼 이곳 또한 건전한 양식의 자비만을 기대할 뿐이다.

그래도 당장에는 카노의 숨죽인 성직자들의 자신감이 위축되지는 않았다. 그들에겐 기도용 호박 염주가 있고, 경건한 신앙심이 드높으니까. 또 지나가는 외국인을 향해 열심히 엄지를 치켜세우며 인사하는 카노 시민들의 자신감도 여전하다. 많은 여행객들이 카노국제공항에서 유럽으로 돌아갈 비행기를 탄다. 거기서 북쪽으로 지중해를 향해 날아가는 동안 현명한 이라면 몰래 이 고대도시를 눈에 담으며 작별인사를 건넬 것이다. 풀빛 성곽 안에 자리 잡은, 마치 티그리스 강가의 사마르칸트 같은, 혹은 페르시아의 다른 고상한 시장도시 같은. 아프리카에게 이렇게 작별을 고하다니, 참으로 멋지지 않은가! 재즈시대와 강매 장사꾼들로 대변되는 거센 물결에 맞서, 저 유서 깊은 아라비아의 철학들이 이토록 머나먼 곳에서도 승리를 거두다니, 또한 놀랍지 않은가!

> 만약 몇 십 년 뒤에 카노를 찾았더라면 그곳에서 내가 접한 옛 아라비아 철학의 충격이 훨씬 씁쓸한 것으로 기억되었을 터. 요즘 들어 한층 지독하고 교조적인 형태의 이슬람이 위세를 떨치게 되었으니 말이다.

14-3 에티오피아

> 에티오피아 왕국은 1960년대의 변화하는 아프리카에서 가장 시대착오적인 나라였다. 아직도 하이리 셀라시 황제가 에티오피아를 다스렸다. 황제의 수도에는 약 30년 전 이탈리아의 짧은 식민 지배를 보여주는 흔적들이 몇몇 남아 있긴 했지만, 거의 모든 면에서 에티오피아만의 독특함이 물씬 풍겼다.

아디스아바바에서의 어느 날 아침, 어린 사자 한 마리가 나를 뜯어보았다. 앞다리를 가지런히 포개고 꼬리를 뒤로 길게 뺀 채 황궁 경내에 느긋하게 누워 있는 사자였다. 오래도록 나를 살피는 사자의 눈빛은 서늘하고 초연하며 뭔가를 계산하는 듯했다. 난 내심 그 사자에게 '칠흑 전설의 수도'인 아디스의 미래에 대해 물어보고 싶었지만, 왠지 선뜻 다가서기 어려웠다. 도시 그 자체처럼 그 사자 또한 딱히 금지의 눈빛은 아닌 듯한, 결코 악의 어린 시선은 아닌, 하지만 뭔가 비밀스레 물끄러미 바라보는 눈빛으로 나를 돌아보았다. 마치 금방 들쥐 한 마리를 삼키고선 절대로 트림은 하지 않으려 애쓰는 듯한 모습으로 말이다.

아디스아바바 또한 소화액 문제 탓에 만성 소화불량을 앓으나 사자의 위엄을 잃지는 않은 도시이다. 분명 멋지게 잘생긴 도시는 아니다. 아무 형태 없이 헝클어져 무한 반복되는 도시, 진흙 오두막으로부터 수천의 변종 바로크 및 바우하우스 류를 거쳐 짝퉁 코르뷔제까지 어수선한 건축물들. 아디스는 명확한 구심점이 없는 도시이다. 슬럼과 궁궐들이 마구 뒤섞여 있고, 길게 땋은 머리의 대학예비학교 여학생들이 물집 투성이 무릎으로 시장통을 기어가는 마비된 몸의 거지들과 뒤죽박죽이다. 분리해둔 부분들이 너무 치밀하게 들러붙어 있어서, 현격한 대조로부터 비롯되는 충격이랄 게 이 도시엔 없다. 그래서 뭔가 익명의 장소 같은, 흐릿하게 얼보이는, 얼룩덜룩한 자국 같은 모습이다.

오늘날의 아프리카 도시들 중 아디스아바바는 가장 깨끗하고 조용한 곳이다. 이는 일부 정치 덕분이지만(아디스는 흥분과 야단법석을 부추기는 법이 전혀 없는 가부장적 절대권력체제의 수도인 것이다), 대부분은 그 땅의 역사 탓이다. 현재 아디스의 모습은 보잘것없어도 아디스가 자리 잡은 위치, 그리고 그 시점이 이를 보상한다. 도시 주위로 펼쳐진 매력적인 쇼아Shoa 고원은 [잉글랜드 남부의] 윌셔 지방을 연상시킬 만큼 단아하다. 그리고 노간주나무, 낙엽송, 무화과, 유칼립투스 숲들은 마치 교토京都를 뒤덮은 마법의 숲처럼 야금야금 도시 한복판까지 모걸음질한다. 거의 고산기후에 가까운 날씨 덕분에 수도 아디스에서는 반짝반짝 톡 쏘는 맛이 느껴진다. 그 덕분에 질척대는 느낌이나 악취가 사라지고, 초라한 슬럼가의 텃밭들도 비옥해지며, 갓 지은 아파트 단지의 벽을 장식한 형형색색의 사나운 추상화들에도 유머가 덧붙여진다.

아디스아바바는 '새로운 꽃'이란 뜻이다. 19세기말을 앞둔 희망의 향기 속에서 세워진 도시이기 때문이다. 지금까지도 이 도시는 젊은 느낌을 주며 의외의 매력으로 넘친다. 그런 세련미는 주로 에티오피아 사람들의 깍듯한 예의와 남다른 식물 가꾸기 재주 덕택이다.

아시리아 조각상의 시절 이래 이보다 더 훌륭하고 멋진 시민들은 없었다. 한번은 시장에서 수수를 저울질하는 상인을 한참 동안 지켜보았다. 길고 하얀 드레스에 끈 달린 모자를 쓴 아내가 그 옆에 충성스럽게 앉아 있었고, 누더기 작업복 차림의 일꾼 서넛은 자루를 지고 오갔다. 그 상인은 높은 등받이의 의자에 마치 옛 임금님처럼 당당하게 앉아 저울을 읽으며 심각하게 고개를 주억댔다. 그가 고개를 들어 나를 봤다. 광대뼈 사이로 깊이 가라앉아 이글거리는 검은 눈동자, 화강석을 깎아놓은 듯한 코, 도도하면서도 한없이 미묘해 보이는 입, 호머의 주인공들처럼 관자놀이 주위에 곱슬곱슬하던 반백의 머리칼, 위엄으로 서늘해 보이는 그 여윈 얼굴, 그 모습은 아주 절묘하게 그가 무뚝뚝하게 영리한 유머를 구사할 줄 아는 사람임을 일러주었다. 그가 날 보고 웃었다. 입술을 살짝 실룩거리는 정도의 미소였다. 그러면서 그는 지극히 단호한 몸짓으로 저울의 이음쇠 부분을 꽝 내리쳤다. 마치 예수회 신자들을 당장 추방하라고 명령하듯, 혹은 막 조부의 목을 잘랐다는 듯 말이다.

아디스아바바에는 그처럼 기억에 남을 만한 얼굴들이 많다. 비장하고 냉담해 보이는 성경의 한 인물 같은 얼굴을 한 노인들이 구불구불한 지팡이에 슬쩍 의지해 지방법원의 허름한 양철지붕 아래를 느릿느릿 지나간다. 유럽과 아메리카에서 귀국한 듯한 젊은 동량들의 지적이고 신중해 보이는 얼굴들도 눈에 띈다. 호기심의 기색이 전혀 느껴지지 않는 무심한 얼굴의 무슬림들은 모스크의 분수에서 발을 씻는다. 처칠스트리트를 따라 길게 늘어선 침침한 유곽(토 나올 듯한 분홍이나 파랑, 혹은 틀에 박힌 빨강색의) 바깥에서는 순결한 흰색이나 성직자 풍의 자수물을 걸치고 손님을 기다리는 젊은 창녀들의 온순하고 바보 같아서 기억에 척 들붙는 얼굴들을 볼 수 있다. 이건 셈족의 피를 받아들인 아프리카의 풍경이다. 이 얼굴들은 투박하게 껄껄대는 아크라의 얼굴과는 다르다. 이곳의 피에는 뭔가 첨가되어 있다. 보다 차분하고 고상한 무언가, 전설 속의 흑인 귀족 혹은 [성탄 때 베들레헴을 찾아와] 외양간 앞에 선 마기족 동방박사Magus를 떠올리게 하는 무언가가 말이다.

아디스아바바에는 실제로 귀족들이 있다. 당당하게 하지만 부드럽게 그리스도교를 받아들인 이곳 귀족들은 유서 깊은 자존심을 자랑한다. 마치 방콕처럼, 긴 식민지의 치욕을 겪은 적이 없는 아디스. 그래서 이 도시는 해방된 나라의 수도에서 벌어지기 일쑤인, 비난과 좌절, 뒤틀린 감정의 난관을 통과하느라 슬프게 몸부림쳐야 할 필요도 없었다. 그 요란한 아프리카 르네상스의 격동기 와중에도 아디스아바바만은 유일하게 진징한 고대 아프리카 국가의 수도다운 면모를 보였다. 즉 이 나라에는 중세 풍 거만함의 흔적이 역력하다. 문필the Pen 장관이 있고 '왕의 입'이라는 직함의 공직자가 있는 나라인 것. 금빛 '유다의 사자'[47] 상들이 곳곳에 널려 있으며, 모든 호텔 사무실과 모든 레스토랑 벽, 모든 이발소의 벽난로 위 선반에 화려한 궁중 예복 차림이거나 엄숙한 카키색 군복 차림인 '하느님의 선민이시며 유다족의 사자 정복자이신 황제 폐하'께서 모셔져 있다. 전통을 사랑하는 이런 풍조가 아주 값지고 사랑스럽긴 하지만 또한 연민으로 얼룩져 있기도 하다. 지금 지구상에 남은 왕들은 그리 많지 않다. 더구나 솔로몬과 시바 여왕의 직계 후손임을 주장하는 왕을 만나다니, 가슴 뭉클한 일임엔 틀림없다.

그렇지만 이런 '사자의 스타일'이 지속될 수는 없는 노릇. 벌써 너덜너덜 해어져 조롱거리로 전락해 안절부절못하는 꼴 아닌가. 에티오피

---
47 에티오피아의 그리스도교 및 유대교 측에서는 공히 자신들의 선조를 솔로몬 왕실의 유다족으로 본다. 그래서 '유다의 사자'를 예수로 보는 정통 그리스도교의 입장과는 약간 다르다. [역주]

아인들의 위풍은 고립을 먹고 자라났지만, 이제 이 수도는 더 이상 머나먼 신비의 땅이 아니다. 더 머나먼 수도들 이름을 대여섯 개는 더 댈 수 있으며, 보다 구석지고 낙후한 곳도 두어 개 정도 떠올릴 수 있다. 오늘날 유럽으로 가는 비행기가 매일 출발하고, 런던에서 발행되는 일요일자 신문을 월요일이면 이곳에서 읽을 수 있다. 아디스는 콜드제트cold-jet 치과기계로부터 에스프레소 커피점까지 현대도시의 모든 장치를 죄다 갖추고 있다. 버클리 출신 미국인 혹은 프랑크푸르트 출신 독일인이라면 거지와 나병환자, 무능한 관료들로 꽉 찬 이 도시를 참을 수 없이 원시적인 곳이라고 여길지 모른다. 하지만 우리처럼 제국과 제3세계에 익숙한 사람들에게, 우리처럼 대기실에서 기다리는 데 이골이 난 사람들, 엔테로비오폼[이질 약] 중독자들에게, 우리 같은 방랑자들에게 아디스아바바는 너무나 편리한 안식처일 따름이다.

그러나 진보의 기치가 누추하게 잠식되기 시작하면서, 아프리카 전역에서 일어나던 거품이 이곳의 유구한 확실성 주위에서도 피식피식 터져올랐다. 가부장제 질서는 붕괴되기 일보직전이고, 원로 전사이자 현인인 황제 자신조차도 더 이상 신성불가침의 권한을 누리지 못한다. 스웨덴인, 독일인, 미국인, 잉글랜드인 등이 북적북적 아디스아바바 곳곳을 누비며 전화를 가설하고, 목공을 가르치며, 호텔을 경영하고, 길을 놓는다. 이들은 승강이를 벌이고 음모와 훈계, 불평을 일삼으며 돈을 번다. 또 늘 밤낮 없이 해를 거듭하며 말끝마다 이 유서 깊은 예의의 나라에게 타이른다. 당신들 체제가 틀렸다고. 그 가치가 잘못되었다고. 아디스는 원래 구호로 칠갑하고 시위로 어수선한 그런 정열의 도시가 아니다. 그런데 이런 외국인들의 에너지가 물밀 듯 밀려들면서, 하버드나 본, 옥스포드에서 귀국하는 젊은 에티오피아인들이 점점 더 많아지면서, 아프리카의 새로운 혼성문화가 이곳에서도 뿌리를 내리지 않을까 기대할 수도 있으리라. 이들의 재즈 풍 문화가 옛 에티오피아의 정원들을 휩쓸며 확산되지는 않을까, 여전히 고매한 이 거대도시를 우리 시대의 수준에 걸맞도록 평준화시키지 않을까 하는 기대 말이다.

그런 일이 아직 일어난 건 아니다. 황제는 여전히 에티오피아를 통치하며, 아디스도 허세 가득한 의전의 수도인 채이다. 그날 아침 난 황궁에서 서른다섯 마리의 사자를 보았다. 어떤 놈은 어리고 안고 싶은 크기였고, 어떤 건 웅장하게 성숙한 놈이었다. 황궁을 나오며 난 상상했다. 그 모든 사자들의 명상에 잠긴 듯한 눈길이 죄다 내 몸의 움직임을 뚫어지게 응시하고 있다고 말이다. 물론 녀석들은 모두 묵묵히 꼼짝도 않았다. 그건 마치 여인네들이 응접실로 휙 달아나는 순간의, 그리고 남정네들이 일제히 항구를 주목하는 순간의, 그런 공손하면서도 당황의 기색이 느껴지는 침묵의 순간 같았다. 그 사자들은 내가 거기 있는 걸 전혀 원하지 않았다. 하지만 녀석들은 '사자 정복자'의 새끼들이었고, 녀석들이 그런 푸념을 대놓고 말하는 건 꿈도 못 꿀 일이었다.

> 이 방문 때 하이리 셀라시 황제의 모습은 거의 볼 수 없었다. 훗날 다시 에티오피아에 갔을 때는 황제의 전제정권이 훨씬 극성일 때였다. 황제가 탄 리무진 행렬이 지나가면 길거리의 시민들은 잽싸게 얼굴을 땅바닥에 대고 절을 했다. 한번은 정치적 반대세력들을 공개 교수형에 처하는 장면을 목격할 뻔도 했다. 다행히 얼른 그 자리를 피하긴 했지만…. 어쨌거나 나는 20년쯤 전에 황제를 실제 목격한 적이 있었다. 그때는 나라가 이탈리아에 점령된 후, 잉글랜드의 바스Bath에 머무르는 망명자 신세의 황제였다. 런던의 패딩턴 역에서 출발하는 기차 안이었는데, 황제는 일등칸에 홀로 앉아 창백하고 검은 눈에 깊이 생각에 잠긴 모습이었다. 수많은 난국과 불확실성에도 불구하고 1960년대 아프리카의 변화무쌍한 모습은 내게 큰 기쁨이었다. 수단공화국 수도인 카르툼에서는 내가 어떻게 기자 일을 해야 하는지 따끔하게 깨닫는 경험을 하게 되었다. 국가지도부 장관(나중에 국가를 잘못 지도한 죄로 처형당했다)을 인터뷰하던 자리였는데, 그가 내게 이르길 "기자의 임무는 짜릿짜릿하고 즐겁고 행복한 뉴스들을 세상에 알리는 것이며, 그러다 보면 우연히 그 기사에 진실이 담길 수도 있으리라"는 것! 그 후 나는 그의 충고를 어긴 적이 없다.

ch 15
맨하탄, 1969

> 1960년대의 마지막 해에 '뉴욕항만청'PNYA은 내게 책을 한 권 써줄 수 있겠냐고 의뢰를 해왔다. 난 우쭐한 기분이 들 만큼 기뻤다. 집의 벽에 걸어둔 커다란 뉴욕 항공사진을 가리키며 "저 항구가 내 거야"라고 거들먹거리며 섣부르게 떠들곤 할 정도였다. 그 일을 모두 마쳤을 때 항만청 소속인 예인선을 타고서, 갓 처녀항해를 마치고 뉴욕항에 들어온 〈퀸엘리자베스2세〉호를 맞으러 나갈 기회가 있었다. 〈퀸엘리자베스2세〉호는 고전적인 대서양 횡단 정기선들 가운데 마지막을 장식한 배이다. 『위대한 항구』The Great Port라 이름 붙인 내 책의 마지막 결론부를 장식하는 축하행사로서 이 배를 맞이하는 것만 한 게 또 있으랴 싶었다.

  나는 배터리Battery[맨하탄 남단]에서 출발하는 매칼리스터 사의 예인선 한 척에 올랐다. 매칼리스터McAllister는 유서 깊은 뉴욕의 가족기업으로서, 예인선과 항구노동자들을 거느렸다. 이 가문은 아일랜드 혈통이어서 천성적으로 원기왕성하고 손님 접대를 잘하는 사람들이다. 그 회사의 보트 세 척이 그날 아침 바싹 붙어 항해 중이었다. 그 배들을 가득 메운 사람들은 내가 보기에 수백 명의 매칼리스터 씨들 같았다. 험악한 인상의 매칼리스터 할아버지, 미니스커트 차림에 까불락대는 매칼리스터 양, 잠시도 말을 멈추지 않는 매칼리스터 부인, 젊은 혈기에 넘치는 매칼리스터 군까지. 보트 이름은 물론 매칼리스터 가문의 여인들 이름을 따 붙여져 있었다.

보트 갑판마다 초록색 킬트 스커트 차림에 태모샌터 베레모를 쓴 뉴욕 도니걸 파이프 밴드NYDPB[도니걸은 아일랜드의 도시 이름이다]의 연주자들이 대열을 갖춰 서서 파도 위로 억센 성가를 뿜어내고 있었다. 뷔페로 차려진 점심은 제법 흡족해 보였고, 마실 것은 넉넉했다. 배가 베라자노Verrazano 다리 밑을 지나갈 즈음 먼 바다에서 〈퀸엘리자베스2세〉호QE2의 맵시 있게 뻗은 우아한 윤곽선이 보였다. 나도 그날만큼은 명예 매칼리스터 씨가 된 듯한 기분이 되어 도니걸 사람의 자비 어린 눈길로 물길 너머를 내다보았다.

항구는 뉴욕이 가진 것 중 가장 아름다운 자산이다. 오늘날 이곳은 흥분과 소음으로, 연인들이 뿜어내는 묘한 기운으로 떠들썩한 이 불행한 메트로폴리스에서 마지막 남은 피난처 가운데 하나이다. 한때는 이 항구 자체가 맨하탄의 다른 이름이나 마찬가지였다.

항구에는 미국색 물씬 풍기는 화려한 구경거리가 살아 있다. QE2가 미끄러져 들어오던 그날에는 유서 깊은 미국의 관용 또한 볼 수 있었다. 감상적인 충성심도 느껴졌다. 바닷바람이 거칠었고 물살도 제법 일렁거렸다. 그렇지만 배가 내로우즈Narrows 해협을 지나자마자 햇살이 쏟아졌다. 깃발이 펄럭이고 파도 거품 요란한 가운데 배는 베이Bay를 지났다. QE2는 대서양횡단선답게 훤칠한 모습에 어찌나 반지르르하고 미끈한지 짐짓 연약해 보일 지경이었다. 맨하탄의 하늘을 빽빽하게 메운 헬리콥터와 수상비행기들은 마치 연이나 종이비행기처럼 한가로이 하늘을 수놓고 있었다. 주변의 바다에는 약 스무 대 가량의 작은 배들이 바쁘게 오가며 이 으리으리한 대서양횡단선을 정박처로 데려가느라 분주했다.

QE2의 선수 갑판에서는 주방 모자를 쓴 조리사들이 맨하탄 쪽을 물끄러미 바라보고 있었다. 배 옆쪽의 검은 실내를 배경으로 선 뽀얀 제복의 외로운 선원 한 명은 이 정도 광경이야 항해 때마다 보는 것이라는

ⓒ김수련

듯 무관심을 넘어 짐짓 지루해하는 듯한 자세로 서 있었다. 하지만 그를 제외한 다른 모든 사람들이 손을 흔들었다. 우리도 손을 흔들었다. 모든 장벽 따위 죄다 잊은 채 완전히 낯선 그 사람들에게 말이다. 여기저기로 키스를 날려보내기도 했다. 푸른 드레스 차림의 소녀는 갑판에서 흥분에 폴짝폴짝 뛰었다. 무지막지하게 에어컨을 켜댔거나 혹은 중앙난방 중인 라운지의 창은 약간 흐려져 있었는데, 거기에 조심스레 바깥을 내다보는 창백한 낯빛의 한 노인의 얼굴이 어렸다. 아마도 팜코트Palm Court와 마호가니 탁자가 너무 그리워 향수에 푹 젖어 있는 표정이려니, 나는 넘겨짚었다.

모든 게 너무너무 재미났다. 뱃고동 소리는 끊이질 않았고, 마스트 끝의 깃발들은 모든 배 위에서 힘차게 펄럭거렸다. 스테이튼Staten 섬을 오가는 페리선은 QE2를 반기기 위해 갑판 위 높은 곳에 커다란 '웰컴' 표시를 내걸고서 쉭쉭 기적 소리를 내뿜으며 지나갔다. 비행기 엔진 소리도 하늘에 가득했다. 도니걸 파이프 밴드의 백파이프 연주자들도 릴reel 춤곡을 잠시 멈추고서 예인선의 외딴 귀퉁이에서 복장을 잔뜩 흐트러뜨린 채 흥겹게 위스키 잔을 기울이며 서로 껄껄껄 농담을 나누고 있었다. 이따금씩 우리 배의 갑판 배수구로 역류한 물이 튀어오르면 사람들이 깜짝 놀라 갑판의 안락의자 위로 풀쩍 뛰어오르곤 했다. 하지만 거기에다 대고 짜증 부리는 사람은 아무도 없었고 모두들 즐거워했다. 세상은 편안했고 뉴욕은 웃고 있었다. 그 멋진 배가 허드슨 강을 따라 속도를 올리다 마침내 정박처를 찾아들 무렵, 예인선의 무전을 통해 나를 초대한 여인인 제라드 매칼리스터 여사가 막 손자를 보았다는 뉴스가 울려 퍼졌다.

그날 오후 몸은 기진맥진했으나 맘은 너무나 흡족한 상태로 배에서 내릴 즈음 집에서 몇 달씩 베이 사진을 쳐다보며 건방지게도 "뉴욕은 내 거야!"라고 되뇌곤 하던 기억이 났다. 그런데 그 말이 과히 틀린 것도 아니다 싶다. 살아 있는 영국인들 중 그 누구도 나보다 더 자주 뉴욕 항을 보고, 더 잘 알고, 그 드넓고 탁한 신비의 물길 위에서 더 편안해할 사람은 없을 테니까!

> 원래 계획으로는 QE2가 뉴욕항에 정박한 뒤 선상파티를 벌이는 자리에서 내 책도 세상에 알리도록 되어 있었다. 그런데, 맙소사, 훗날 그 배를 따라다니게 된 전통의 첫발이라도 떼려 한 듯 QE2는 기관 고장 탓에 예정보다 넉 달이나 늦게 뉴욕에 도착했다.
> 맨하탄 남부의 쌍둥이 빌딩인 세계무역센터World Trade Center가 뉴욕항만청에 의해 발주된 때도 내가 그곳에서 일을 하던 1969년이었다. 쌍둥이 빌딩 사이의 광장은 당시 항만청 대표였던 인물의 이름을 따 오스틴 토빈Austin Tobin 플라자라고 불렸다. 바로 그 토빈 씨가 내게 『위대한 항구』의 집필을 의뢰한 장본인이기도 하다. 이 흥미진진한 인물은 은퇴할 때가 다 된 늙은 사내였는데도 불구하고, 그와 함께 일하는 동료들은 우뚝 선 두 쌍둥이 빌딩의 별명을 짓궂게도 '오스틴, 마지막으로 세우다'라고 부르곤 했다. 오스틴이 죽은 뒤 세계무역센터가 테러리스트들에 의해 파괴되었을 때 이 농담을 다시 떠올리며 나는 몹쓸 기분에 몸서리를 쳤다.

3부 _ 1970년대

전 세계적으로 보아 1970년대의 운명은 특히 들쭉날쭉했다. 유럽에서 냉전은 비참한 지경으로 치달아 각 나라들을 쪼개어 놓았지만, 1978년에 조인된 브뤼셀 협정은 대륙을 하나로 통일하고자 한 공식적이고 거창한 진일보였다. 아시아에서는 양 진영의 이데올로기 대립이 비등점을 넘어섰다. 그래서 베트남전쟁에 뛰어들었던 미국과 몇몇 동맹국들은 파국적 결과를 감내해야 했다. 하지만 일본, 한국, 홍콩, 싱가포르에서는 놀라운 산업 발전의 기운이 한창 꿈틀대기 시작했다. 아프리카는 한마디로 어수선했으니, 걸핏하면 군사적 충돌이 벌어졌고, 기아, 질병, 인종 갈등도 끊이질 않았다. 아프리카는 옛 제국들에 의해 버림받은 대륙으로서 그렇게 신음했다. 중동은 예전과 다름없이 일촉즉발 불안한 상태였다.

내게 있어 1970년대는 참으로 행복했다. 직업적으로는 내 문학 프로젝트 가운데 최고의 야심작인 『팍스 브리타니카』 3부작 작업에 매달린 시기였다. 개인적으로는 생애 내내 나를 괴롭히던 성적 딜레마의 해결책에 다다른 시기였다. 여전히 여러 잡지의 원고 청탁을 받기도 했지만, 기사든 기행문이든 내가 쓰는 글들이 갈수록 개인적 인상 위주로 바뀌고 있음을 깨달았다. 아마도 세계 곳곳에서 벌어지는 일들이 더 이상 예전처럼 딱 부러져 보이지 않았기 때문이 아닐까?

The 1970s

ch 16
쾌락의 장소들을 찾아서

> 이 무렵 베트남, 냉전, 혹은 제국의 종말이 내 머릿속을 채우지 않을 때는, 즐기기 좋은 곳들에 대한 짧은 글들을 시리즈처럼 쓰곤 했다. 전 세계의 문제 지역들은 넘칠 만큼 충분히 지켜봤으니 뭔가 신나는 위안거리들이 필요했던 것이리라. 그런 쾌락 지향의 에세이들 가운데 여기 카슈미르와 트루빌 두 편을 소개한다.

16-1 카슈미르

> 인도와 파키스탄에 걸친 분쟁지역인 카슈미르는 팽팽한 긴장이 감도는 아시아의 화약고 가운데 하나이다. 그런데 그런 곳이 '현실 도피의 최적지'이기도 하니 참으로 모순이다. 하지만 그때는 실제로 그랬다. 그래서 내가 그곳으로 도피했을 때는 꿈속 같은 기쁨에 흠뻑 젖었다.

  많은 여행 경험에 비추자면 제법 뒤늦게, 내 생애 절반쯤을 통과했을 무렵 난 처음으로 초월을 맛보았으니, 그것은 바로 카슈미르에서였다. 시간이 멈춘 듯한 그 고지대의 계곡에서 실체는 분명 상대적인 것으로 느껴졌다. 거기서 진리는 구부러지고 거리감은 부정확해지며 심지어 달력조차도 오락가락하는 듯했다. 지난 주와 이번 주의 구분이 흐려지고, 일요일 밤의 끄트머리에 바로 금요일이 닥치는 식으로 말이다.
  처음 며칠 간 난 사실에 매달리긴 했지만, 그 집중도는 벌써 현저히 떨어져 있었다. 다른 어느 누구도 그런 것 따위엔 신경도 안 쓰는 눈치였다. 절대 바뀔 수 없는 결정 따위란 없어 보였고, 삶이 여러 사건들 사이의 어떤 어중간한 지점에 붕 떠 있는 게 틀림없어 보였다. 내가 머문 곳은 별 형체도 이름도 없는 어떤 호숫가였다. 거기서 계곡을 따라 수초 우거진 물길을 꼬불꼬불 내려가면 15세기 도시가 나왔다. 거기까지 가려면 보트의 방석에 큰 대 자로 뻗어 기댄 채 1시간을 가야 했다. 내 뒤에서 노를 젓는 사내는 찢어지는 목소리로 혼잣말 같은 노래를 부르다가 간간이 꾸륵꾸륵 물담배를 빨고 소금 넣은 녹차를 마셨다. 이따금 나는 멈춰서서 옥팔찌나 저녁용 오리, 벌집에서 뚝 떼어낸 꿀 덩어리 같은 말도 안 되는 물건들을 샀다. 이따금 생전 처음 보는 이가 "그 시계 얼마나 오래된 거요?" 같은 질문을 던지거나 혹은 자신이 곧 치를 경제학원론 시험 얘기를 늘어놓았다. 이따금, 그 도시에 대한 푸념으로 종일토록 소일한 뒤에 밤늦게 호수로 돌아와서는 과연 내게 구체적으로 어떤 일들이 일어났는지 전혀 생각이 나질 않기도 했다.

그렇게 기어이 나는 스스로를 해방시켰다. 실재의 세계를 훌쩍 넘어 아무 제약 없이 하늘로 솟구친 것이다. 내가 어디에 있는지, 언제인지, 심지어 때로는 누구인지도 흐릿할 지경이었다. 그 모든 질문들에 대해 나는 논리 추구나 원인 규명 따위가 아닌 넋 나간 공상으로써 대답했다. 마치 내 몸이 그 청록의 호수와 주변의 설산들 사이에서 해체되는 듯한 느낌인 게, 나만의 아늑한 열반에 드는 듯했다. 이 하늘의 계곡 카슈미르 말고는 다른 어디도 존재하지 않는구나, 또 그 계곡이란 게 과연 존재하기는 했는가라는 문제도 개인적 지각의 문제로구나 싶었다.

이런 비현실적 감각의 지평에 접어든 게 내가 처음은 아니었다. 적어도 지난 400년간 카슈미르의 그런 효험이 방문객들을 사로잡았다. 16세기에 이곳을 정복한 무굴제국의 황제들은 관능적인 열정으로 이 계곡에 화답했다. 고혹적인 정원들이 이 계곡을 장식했고, '왕족들의 유희장'이라는 영예를 이 계곡에 부여했다. 1840년대에 이곳의 종주국인 된 영국인들은 이곳을 대영제국의 부담으로부터 완벽하게 도망칠 수 있는 피난처로 여겼다. "창백한 손을 사랑했네, 샬리마 정원 옆에서"라는 시구는 그런 마법을 본토로 옮겨다 놓은 것이었다.[48] 오늘날의 방랑 히피들은 여기서 뿌리 없이 편안히 떠다니며, 케냐의 트리톱스 호텔과 홍콩 사이의 경유지로 여기서 이틀 정도 묵고 가는 미국 중산층들은 그 간주곡과도 같은 체류가 가히 몽롱한 꿈이었음을 뒤늦게 실감하기도 한다.

카슈미르는 늘 단순한 어떤 장소 그 이상이었다. 그것은 차라리 어떤 경험, 어떤 마음 상태, 혹은 아마도 어떤 이상 같았다. 아마디야라는 무슬림 분파는 예수가 십자가에서 죽은 게 아니라 성령에 의해 최후의 완벽한 안식처인 카슈미르로 옮겨졌다고 믿는다. 또 무굴 황제 예한지르Jehangir[1569-1627]는 숨을 거두면서, 자기가 늘 믿어온 바와 같이 카슈미르와 낙원이 결국엔 하나의 동일한 곳으로 판명되기를 기대했다.

하지만 내 의식이 그리 혼미하지 않은 순간에조치도 내가 예한지르 황제의 말에 **무작정** 동의했던 건 아니다. 보다 진지하게 현실적으로 생각해 보면, 카슈미르는 엘리시움Elysium[영웅이나 선인들의 낙원]에 크게 못 미친다. 중앙아시아의 지붕에 위치한 이곳, 티베트의 북쪽, 러시아와 중국, 아프가니스탄 사이에 끼인 처지인 카슈미르는 그래서 이 세상의 오염을 좀처럼 피할 수가 없다. 카슈미르의 수도인 스리나가르의 골프 코스 옆에서는 UN 소유의 하얀 차량들 안에서 운전대를 잡고 기다리는 기사들의 모습을 흔히 볼 수 있다. 그리고 이곳엔 언제나 군인들이 있고, 분노에 찬 정치가, 불만 많은 학생, 완고한 종교인들이 있다. 카슈미르는 세계 최악의 분쟁지역 중 하나이다. 인구 대부분이 무슬림이지만, 1947년까지는 영국을 등에 업은 힌두 왕조인 마하라자스 가문의 통치 아래 있었다. 그 후 인도와 파키스탄이 이곳을 두고 지금까지

---

48 로렌스 호프가 1901년에 발표한 시 '카슈미르 송'의 첫 구절. 다음해에 에이미 우드포드-핀덴이 이 시를 노래로 취입하는데, 그게 2차대전 무렵까지 큰 인기를 끌었다. [역주]

분쟁 중이다. 카슈미르 계곡은 통째로 인도 영토에 속하지만, 엄청난 크기의 그 외곽 지역은 파키스탄의 통치 아래 있으며, 그 전체의 법적 주권 문제는 아직 뜨거운 논쟁거리이다. 지구상의 여러 까다로운 구석들처럼 카슈미르 또한 한 번도 안정된 적이 없는 그런 곳들 중 하나이다. 시장통의 유언비어가 난무하는 그런 곳, UN 결의안이 집행되는 곳, 성가신 헤드라인들을 긴긴 세월 동안 만들어내는 곳이다. 마치 최종적 해결이란 게 아예 불가능한 그런 가족 간의 말다툼처럼 말이다.

게다가 내 낙원에서는 아무도 가난하지 않아 마땅한데, 카슈미르 주민 대부분은 사실 아주 가난하다. 내 낙원은 늘 즐거워야 하는데, 카슈미르는 음산한 멜랑콜리로 얼룩져 있다. 내 낙원에서는 관광객 등쳐먹는 호객꾼이나 사기꾼, 행상이 없어야 하는데, 1세기가 넘는 시간 동안 지상에서 가장 멋진 관광지 중 하나였던 카슈미르는 아시아에서 가장 매력 없는 호객꾼과 끈덕진 흥정꾼들로 득시글댄다. 내 낙원에선 버건디 포도주가 물 같이 흘러야 하는데, 카슈미르에서는 엄청난 사치를 즐기는 몇몇 무굴인들을 빼면 죄다 하이더라바드 포도원에서 반병에 16루피씩 하는 인디안 골콘다 포도주를 마실 뿐이다.

내가 어디 있었던 거지? 맞다, 난 흘러다녔지, 거의 꼼짝 않고서 어느 카슈미르의 호수 위를 둥둥. 그게 곤돌라의 먼 친척쯤 되는 덮개 씌운 쉬카라shikara였다면 좋았겠네. 무겁고 근엄한 표정으로 물에 거의 잠기듯이 누워 있으면, 고물에 쪼그리고 앉은 그 물담배의 뱃사공이 노를 젓겠네. **바깥에서 보면** 화사한 색상에 커튼을 드리운 쉬카라는 박람회장에서 만난 뭔가 신기한 물건 같다. 대개 함께 어울려 깔깔대면서 "하이!"라고 외치며 손 흔드는 인도 젊은이들로 — 당신을 남유타대학의 비교인종학과 연구생 정도로 착각한 것이리라 — 꽉 차 있는 게 그 배다. 하지만 **안에서 보면** 쉬카라는 완전 다른 느낌의 배이다. 아름다운 방석을 놓은 자리에 앉아 유원지의 정원이나 피크닉 할 곳으로 연꽃 밭을 고물고물 헤쳐나가는, 둥둥 뜬 캡슐이나 장의자長椅子 같은 것.

비록 카슈미르 계곡이 바다에서 1,300킬로미터나 떨어져 있고, 거대한 산들로 빙 둘러싸여 있지만, 그래도 이곳 최고의 상징은 물이다. 카슈미르라는 것들은 잔물결 치는 액체 성질의 해프닝이다. 지질학자들에 따르면 이 계곡 전체가 과거 하나의 호수였고, 지금도 자잘한 호수들이 길게 이 계곡을 수놓는다. 스리나가르는 호수 넷에 둘러싸인 곳으로, 도시 곳곳으로 뻗은 고대의 운하들은 위대한 강 젤룸으로 이어진다. 스리나가르에서는 배 없이는 못 산다. 거창하거나 지저분한, 끝내주거나 끝장난 배. 억새풀이나 지붕널로 만든 배, 삿대질 하거나 엔진을 단 배. 과일, 견과류, 목재, 모피, 가축으로 그득한 배. 바지선, 너벅선, 카누, 스키프skiffs, 지긋해 보이는 모터보트 택시. 그리고 카슈미르의 경관 속에 등장하는 그 모든 떠다니는 물체들 중 단연 돋보이는, 향취 어린 전설의 선박인 하우스보트houseboat[선상가옥]까지.

카슈미르의 하우스보트는 일종의 샬레 보트 혹은 수상 빌라 같은 형태로 자리 잡았다. 박공지붕이나 지붕널을 댄 지붕을 갖춘 경우도 흔하다. 꼭대기엔 차양을 댄 일광욕 데크가 있고, 쿠션이 편안해 보이는 고물 데크, 물로 내려가는 계단도 있다. 하우스보트는 대개 빅토리아 풍이다. 중후한 짙은 색의 가구나 갈고리발톱 모양의 발을 붙인 욕조를 갖추었고, 앤티머캐서[장식용 의자 덮개]가 있을 공산이 크고, [겨울에 침대 안을 따뜻하게 하는] 뜨거운 물주머니가 틀림없이 비치되어 있다. 모든 하우스보트는 고물 쪽으로 부엌용 배를, 옆쪽으로는 쉬카라를 거느리고 있다. 상주하는 하인들뿐만 아니라 향나무, 카레, 장미, 그리고 검질기게 밴 담배 연기 등의 독특한 냄새 또한 거느린다. 나긴Nagin 호수 옆의 과수원 둑을 따라 정박해 있거나, 스리나가르의 어느 운하에 드리운 버드나무 그늘 아래 느긋하게 자리 잡고 있는 이런 선박에서 살다 보면 머지않아 실체감을 잃어버린다. 그 자리에 차오르는 것들은 찰싹거리는 물소리, 오리들의 새벽 울음, 부엌용 배에서 모락모락 피어오르는 푸르스름한 연기, 물 위로 아늑하게 반짝이는 햇살, 수련 이파리 위에 고인 영롱한 이슬방울, 맑고 푸른 물을 차고 솟구쳐 오르는 조그만 물고기들, 호수 너머를 희미한 자줏빛으로 지키고 서 있는 그 든든한 산들의 존재감, 그 꼭대기께 흰 눈의 띠 등이다.

이런 분위기 속에서 시간은 한없이 확장되고 강제력을 잃어버린다. 시중드는 하인이 일광욕 데크로 커피를 가져다주고, 쉬카라 뱃사공이 자기 방석에 앉아 당신의 지시를 기다리는 동안 시계바늘은 한없이 느릿느릿 움직인다. 배 위의 이동상점이 당신의 시계視界로 슬며시 들어선다. "보석 구경하실래요? 초콜릿이나 담배, 샴푸는요? 스웨이드 코트도 있습니다, 선생님. 새빌로우Savile Row에서 파는 값의 절반만 내심 됩니다. 꽃은 어떠세요, 부인? 이발은요? 털모자는요? 빨랫감은 없나요?" 아주 특별한 일은 벌어지지 않는다. 먹고 싶으면 바로 식사가 나온다. 쉬카라는 늘 거기 있다. 오리들은 꽥꽥거린다. 조금만 주의를 기울이면 누구나 해가 뜨고 지는 걸 목격할 수 있으며, 티타임tea[오후 늦게]과 선다우너sundowner[해 질 무렵 마시는 술] 사이 어느 순간부터 이미 어두워지기 시작하는 것이다.

한편 범위는 줄어든다. 초점이 협소해져 카슈미르의 수상생활이라는 틀에만 매달리게 된다. 전체적인 상황이 더욱 또렷하고 정밀하게 보이기 시작한다. 그러면서 스스로 사소한 것들에 집중하고 있음을 깨닫는다. 이를테면 뽑아버린 수초의 이파리 숫자를 세거나, 물총새들의 파다닥거리는 움직임에 넋을 놓는 식으로 말이다. 난 카슈미르 계곡으로 제인 오스틴의 소설을 가져갔다. 그녀의 최고급 드라마와 미끈한 코미디들은 카슈미르의 섬세한 분위기에 너무나 완벽하게 잘 어울렸다.

*

말했듯 나는 노 젓는 배를 타고 휙휙 시내로 가곤 했다. 그럴 때면 갯버들 아래로 백합 무성한 수로들을 거치는데, 초록의 들판과 사과 과수원이 곳곳에 널려 있었다. 그러다 배가 도시에 가까워질수록 주변의 삶의 무늬가 점점 복잡미묘해졌다. 바지선에 실은 소떼가 시장을 향해 물 위를 미끄러졌다. 거의 물에 잠긴 듯한 카누에서 아이들이 물을 참방거리며 놀았다. 기다란 머릿수건을 단정하게 포개 얹은 여인들이 초라한 배에서 밥을 짓거나 물 위 계단에서 옷을 빨았다. 얕은 물에서는 어부가 홀로 나와 그물을 던지고, 간혹 뱃머리에 다리를 꼬고 꼬마도깨비처럼 앉은 사내 혼자서 텅 빈 너벅선을 저으며 갔다. 우리 배는 차들 때문에 덜덜거리는 중세의 다리들 아래도 지나고, 격자창 뒤에 묘한 신비를 숨긴 높은 집들도 지났다. 앞이 터진 물가의 가게들에서는 장의자에 근엄하게 앉아 부글부글 물담뱃대를 빨던 주인들이 사람들을 향해 거들먹거리듯 고개를 까닥하며 인사를 했다. 우리 배는 사열식을 거행 중인 제독의 요트처럼 도열한 하우스보트들의 함대를 지나 앞으로 나아갔다. 어떤 보트의 선미루에서는 관광객들이 깔깔거렸고, 어떤 보트들은 다음 손님을 기다리는 장례용 배처럼 을씨년스레 버려져 있었다.

이제 우리 배는 젤룸 강줄기에 접어들어 흙탕물을 헤치리라. (0번부터 8번다리까지) 옛 다리들의 퍼레이드와 더불어, 어디를 둘러봐도 뒤죽박죽 어수선한 갈색의 스리나가르 시가지가 펼쳐진다. 정신이 어지러워진 나는 시장통의 미로를 어슬렁거리기 위해 배에서 내린다. 온갖 마땅하거나 저속한 제안들이 연신 내 뒤를 따라붙고, 어느새 나는 어디로 가고 있었던지조차 헷갈린다. 스리나가르는 델리에서 매일 출발하는 비행기로 70분만 날아가면 되는 곳임에도 불구하고 중앙아시아의 변방 도시이기도 하다. 유사 이래 신장新疆이나 카자흐스탄을 출발해 인도로 가는 카라반들이 여기서 쉬어갔다. 그리고 이 혼란스런 시장통은 [인도 북부의] 벵골보다는 [중앙아시아의 광활한 땅] 투르케스탄을 더 닮았다. 이곳에 오면 누구나 우즈벡이나 쿠르드, 몽고인들 및 타슈켄트나 보카라 상인들을 친근하게 느낀다. 이따금 머나먼 북방에서 온 이국적인 사람들이 염소가죽 외투에 털모자를 쓰고 거리를 활보한다. 그럴 때면 누구나 이 골짜기의 꼭대기에 우뚝 솟은 파미르 고원과 힌두쿠시 산맥이라는 거대한 미스터리를 떠올리게 된다.

스리나가르에는 서구화된 구역도 있다. 하지만 구비치는 젤룸 강가를 따라 혹은 그 주변에 흩어진 채 중세 스리나가르는 놀랍게 살아남아 있다. 허물어지는 것들의 풍치를 탐닉하는 이라면 누구나 이곳의 시장 분위기에 매료될 것이다. 향신료 냄새, 좁디 좁은 골목들, 베일의 여인, 금세공인, 모스크, 현인, 난쟁이 등 동양적 매력의 모든 필수 요소들을 여기에서 다 찾을 수 있다. 옛 스리나가르의 대기는 온갖 암시들로 가득하다. 그 골목길들은 긴 옷으로 온몸을 가리거나 터번을 쓴 인물들로 너무나 붐비고, 먼지와 매연, 야채 부스러기들로 너무나 희뿌여니 탁했다. 그래서 변함없이 내 참을성은 바닥이 나버렸다. 사원들과 옷감 상점들을 지나 3번다리를 건너 갔다 되돌아와 자인엘압딘Zain-el-Abdin의 무덤을 지나기까지 하릴없이 헤매다가 끝내는 2륜마차에 올라타고야 마는 것이다. 그렇게 회초리 소리와 말의 땀 냄새 속에 달그락달그락 길을 달려 달게이트Dal Gate에서 끈덕지게 나를 기다리고 있는 쉬카라로 되돌아가는 것이다. "이제 하우스보트로 돌아가시나요?" 쉬카라 사공은 그렇게 중얼거릴 테다. 그리곤 그 호수를 향해 어느 누구의 눈길도 끌지 않으며 돌아갈 것이다. 가는 길 내내 호두를 까먹으며.

하지만 그 길이 아주 신났던 건 아니다. 카슈미르의 눈들은 생각에 잠긴 듯한, 짐짓 악의마저 느껴지는 눈이다. 자기 물건을 두고 저울질하는 가게주인들의 눈이고, 교차로 통제소 위에 서 있는 헌병의 눈이며, 하우스보트의 창문을 연신 기웃거리며 안쪽의 먹잇감을 찾아 번득거리

ⓒ김수련

는 이동상점 장사치들의 눈이다.

카슈미르 사람들은 친절하지만 기운을 북돋우는 인물은 아니다. 그들은 불행의 가능성을 하염없이 따지는 사람들 같다. 특히 골짜기가 아름다워지는 가을이면 나뭇잎 떨어지는 게 그들에게는 개인적인 고통인 듯 굴며, 한 해가 지나가는 게 자신들의 원기가 빠져나가는 것인 양 힘겨워한다. 계곡에 서늘한 저녁이 내리면 여자들은 자신들의 은밀한 처소로 몸을 숨기고, 남자들은 조그만 석탄 바구니에 불을 피워 두툼한 외투 안에 끼고서 땅거미 속에 시무룩하게 쪼그리고 앉는다. 그들의 까칠한 얼굴에서는 희미하면서도 명백하고 뿌리 깊은 불안이 묻어난다. "들어와요, 들어와." 그들은 중얼댄다. "들어와 앉아요. 어서요. 앉아요, 앉아." 그렇지만 나는 대개 이들의 구슬픈 호의를 물리치고 배의 고물에 앉아 오스틴 여사의 흥겨운 이야기를 읽는 편을 택한다.

하지만 그럴 때면 난 좀 부끄러웠다. 그들의 친절은 진짜 진심이니까. 그 과묵함 덕분에 훨씬 더 진실한 사람들이니까. 감사할 일 없다는 듯 고개를 홱 돌리다니, 일부러 계산서를 두고 나온 꼴이잖아. 카슈미르 스타일에는 감동적인 비애가 묻어 있다고 나는 생각했다. "사는 거 어때?" 거기서 알게 된 친구에게 사이가 꽤 친밀해진 뒤 내가 그렇게 물었다. "끝내줘." 뭔가 묘한 후회의 낯빛으로 그가 그렇게 대답했다. "내 삶의 1분 1초를 사랑하거든." 그러면서 그는 코트 주머니에서 차가운 손을 한쪽만 꺼내 허공에다 대고 무기력하게 흔들었다. 자신이 얼마나 기쁘게 생을 누리고 있는지를 그림으로 보여주려는 듯 말이다.

카슈미르 골짜기는 뭔가 4차원 같다. 평범한 사물들의 세계 너머의 그 무언가. 약 160킬로미터 길이에 30킬로미터 너비의 이곳은 설산 사이에 감춰진, 히말라야 대산맥 속 한 줌의 초록 공간이다.

카슈미르가 지닌 초연함의 극치를 맛보려면 여행자는 골짜기 언저리를 타고 올라가 굴마그Gulmarg나 파할감Pahalgam 등의 고산 초원에 서야 한다. 거기서 이곳의 유별남은 거의 육신을 떠난 듯한 경지를 획득한다. 꼭 구름에 싸인 높은 요람 같은 골짜기 전체를 주변의 설산들이 든든히 받치고 있는 모양새다. 이 신비로운 초월감을 맛보려면 당신은 반드시 걸어야 한다. 앙증맞은 샬레형 호텔이나 휴양지 근처의 시장통을 떠나 고요한 소나무 숲을 지나 위쪽으로, 쥐색 송어가 사는 개울의 둑을 따라 고산 양치기들의 허름한 오두막들을 죄다 지나 위쪽으로, 더 이상 나무가 자라지 않는 데까지 올라 화강암 비탈을 넘어 걷고 또 걸어 마침내 절벽 같은 산마루 위에, 흰 눈밭에 서야 하는 것이다.

구름이 아래쪽 골짜기를 군데군데 가리고 있기 십상이어서 보이는 거라곤 드문드문 초록빛 조각들과 물인 듯 보이는 것들이 고작이다. 하지만 주위는 온통 흰 산들이다. 봉우리 너머 또 봉우리, 산마루 너머 또 산마루들이 그 허리께에 카슈미르를 품어 안고 있다. 북쪽으로는 최고봉 낭가파르바트Nangar Parbat가 이 모든 봉우리들의 기준점인 듯 우뚝 서 있다. 카슈미르는 그 어디와도 같지 않은 곳이다. 그런데 그 높은 곳의 눈과 햇살 속, 그토록 멋진 곳에서 보아도 카슈미르는 이상하게도 소극적인 성격의 소유자 같아 보인다. 카슈미르는 다른 어느 곳anywhere else도 될 수 없지만, 어쩌면 카슈미르란 데는 아무데도 아닌 곳nowhere at all일지도 모르겠군, 고산지대의 침묵 속에서 난 문득 그런 생각에 잠겼다.

카슈미르는 카슈미르 그 자체로만 평가받아야 한다. 카슈미르가 지닌 매력의 근본은 자기성찰이다. 이곳을 찾은 방문자들로 하여금 자신의 쉬카라에 누워 꽃비와 물총새들 사이를 떠다니면서 그림처럼 비춰진 자기 자아를 관찰하게끔 하는 그런 기쁨의 거울 같은 것이 바로 카슈미르이다. 여기서 비교 따위를 해서는 안 된다. 낙원은 여기서든 다른 어디서든 늘 맘속에 있다.

16-2 트루빌

> 〈라이프〉 잡지의 국제판 편집팀이 내게 트루빌을 다룬 글을 의뢰했다. 그 글은 내가 그 잡지에 연재하던 역사적 휴양지 시리즈의 하나였다. 솔직히 말해 트루빌이 어디인지 지도에서 찾아보아야 했으나, 거기 도착하자마자 "아하, 바로 여기로군!" 하고 무릎을 쳤다. 어떤 책이나 그림에서 본 탓에 내게 익숙한 게 아니었다. 그곳 전체가 머금은 분위기, 그곳의 균형미 자체가 익숙했던 것이다. 아예 트루빌 자체가 하나의 예술 장르를 이룬 듯한 느낌을 주었다.

긴 해변은 텅 비어 있다. 모래밭 웅덩이에서 새우를 잡느라 발을 동동 걷은 사람 몇 뿐이다. 부댕Boudin[프랑스 풍경화가(1824~1898)]이 좋아한 그런 여인들이 꽃무늬 면 드레스 차림으로 아른아른 흐릿하게 해변의 판자길을 걸어갔다. 해변을 따라 지붕널을 씌우거나 첨탑을 단, 혹은 엉뚱하게 노출목구조의 휴가용 빌라들이 어수선하게 늘어서 있었다. 선미에 삼각돛을 단 어선 세 척이 통통거리며 바다로 나가고 있었다. 그리고 그 모든 것들 너머, 백사장과 강 어귀, 저 멀리 르아브르 갑 너머에 인상파 그림에서 볼 수 있는 빛깔들이 은은했다. 눅눅한 햇살, 높은 두루마리 구름, 바다에 반사된 햇빛 등이 연출해낸 빛깔이었다. 이 정경을 어찌 모를까. 모네가, 보나르가, 푸르스트가 보여준 이 광경을. 근대 들어 바다를 휴양지로 삼는 법을 발명하고 해변 방문을 유행시킨 이들은 잉글랜드 사람들이다. 그러나 해변 경치의 아름다움을 처음 짚어낸 사람들은 프랑스인들이었고, 이들은 저 비스듬한 흰 돛, 자기 모래성 옆에 웅크린 아이의 몸집, 잔뜩 몸치장을 하고 해변을 산책하는 멋진 여인들 등 해변의 영원한 모습들을 예술이라는 그릇에 담아냈다.

이 독특한 미학이 탄생한 곳이 바로 트루빌이다. 트루빌은 프랑스의 해변 휴양지들 중 아주 초창기에 만들어진 곳으로, 누구에게나 어쩐지 친숙해 보이는 그런 곳이다.

*

센 강 어귀에서 남쪽으로 그리 멀지 않은 곳에 투크Touques라는 이름의 작은 강이 영국해협으로 슬그머니 흘러든다. 19세기가 시작될 무렵 강어귀의 오른쪽 둑에 트루빌이라는 외딴 마을이 있었다. 1820년대에 그곳을 찾아낸 화가 샤를 모진Charles Mozin은 애정 어린 연작을 통해 그곳의 온갖 사소한 것들을 그림에 담아냈다. 썰물 때 말을 타고 강을 건너가는 사람들, 억센 어촌 아낙네들, 부두에 정박한 배들의 화사한 돛, 선창가의 열주가 세워진 수산시장, 그리고 무엇보다도 그 작은 마을 위에 감도는 맑은 고요를 말이다. 그의 그림을 통해 이제껏 황폐하고 원시적으로 낙후된 곳으로만 여겨져왔던 해변의 매력이 세상에 알려지게 되었고, 온갖 멋쟁이들의 행렬이 이 노르망디의 해변으로 줄을 이었다. 그 결과 트루빌이라는 지명은 짧지만 강렬했던 제2제정기[1852~70] 시기의 쾌락과 동의어가 되기에 이르렀다. 그녀 자신 무한한 관능의 노예였던 유제니 황비를 필두로 프랑스제국 전체가 마치 감당 불가능한 부자 고모처럼 온갖 향수와 화려한 장식으로 무장한 채 와락 트루빌로 몰려들었다. 판자길 하나가 백사장 위로 놓여졌다. 그 너머의 절벽 아래쪽으로 호텔과 빌라들이 대거 들어섰다. 강이 백사장과 만나는 지점에는 이런 곳에 마땅히 있어야 할 기념비인 양 거대한 카지노도 세웠다. 최신 양식의 회합실들, 그 어떠한 황실 4륜마차든 다 이용할 수 있는 진입로 등을 완벽하게 갖춘 것으로 말이다.

　　트루빌은 웅장함과 예스러움의 촉매가 되었는데, 내가 거기 갔을 때 그 모든 게 단박에 느껴졌다. 화가들이 보여준 그 바다와 백사장, 역사책들에서 보았던 그 양식, 그리고 『잃어버린 시간을 찾아서』에서 읽었던 호텔 지배인의 바로 그 태도가 거기 있었다. 트루빌은 프루스트의 시대 이후로, 아니 어쩌면 유제니의 시대 이후로 거의 성장하지 않았다. 트루빌 외곽의 전원지대는 때 묻지 않은 매력이 넘치는 곳으로 남아 있다. 또 물가에서 서로 만나는 초록의 풀밭과 백사장의 조합 덕분에 해변에서 바라보는 경치는 여전히, 마치 배 갑판에서 얼핏 볼 때의, 즉 저 지나치는 경관이 그리 멀진 않으나 판유리를 통해 보듯 실현 불가능한 것 같아 보일 때의 그런 느낌을 준다.

트루빌은 두 차례 세계대전의 참상을 모면했으며, 그런 행운 탓에 희한하게 보존된, 거의 식초에 절여둔 듯한 분위기를 풍긴다. 트루빌은 다른 무엇보다 더 완벽하게 구성된 시대물이다. 이곳에서는 상업적인 것과 오락적인 것의 균형이 아주 꼼꼼하게 유지되었으며, 오늘날에도 한 세기 전 황실 사람들이나 예술가들이 즐기던 감흥을 고스란히 맛볼 수 있다. 마을의 복판은 여전히 카지노이다. 위풍당당하게 문을 연 이래 이 카지노는 제법 나이를 먹은데다 살짝 몰락의 길로 접어든 게 사실이다. 영화관, 해수 온천, 나이트클럽, 밀랍 인형관 등이 입주한데다, 소방서 하나와 궁색한 세입자들이 사는 집들도 거느리고 있다. 그렇지만 건축물 전체를 보자면 여전히 당당하게 거만하며 어렴풋이 이국적이기도 하다. 마치 털 방울과 돔, 깃대뿐만 아니라 입구 위에 크고 화려한 글자로 자기 이름까지 갖춘 거대한 몽고텐트처럼 말이다.

트루빌에서의 첫날 밤 나는 이 늙은 신동의 계단을 올라가 대리석 기둥에 기대서 눈앞에 펼쳐진 시가지를 훑어보았다. 드문드문 나무들이 서 있고, 주차장으로 사용 중인 건물 앞의 광장은 좍 펼쳐지는 비대칭의 모양새로 인해 마치 우리 증조모 세대에 유행하던 네거티브 몇 장을 이어붙인 그런 파노라마 엽서의 풍경처럼 보인다. 그래서 중앙부보다는 양끝이 더 작아 보여서 희한하게 길쭉해진 모습이다. 이 왜곡된 조망을 선사하는 그 계단 끝 높은 데서 나는 트루빌의 양측을 다 볼 수 있었다. 내 왼쪽으로는 해변과 거기에 따른 모든 것들이, 자존심과 옛 위풍, 툭 트인 공간이 자리했다. 내 오른쪽으로는 어선들이 선착장에 길게 늘어섰고, 요란한 색의 차양들이 가게의 정면을 장식했으며, 그 모든 게 어수선하게 어울려 친밀감을 자아냈다. 이 두 양식 모두가 트루빌이라는 예술 행위의 본질임을, 또 드넓은 바닷가의 빛을 배경으로 두고 벌어지는 이 둘 사이의 그 현격한 대조로 말미암아 이 해변의 미학에 특별하고 짜릿한 매력이 생겨나는 것임을 그날 밤 나는 알 수 있었다.

먼저 내 오른쪽, 어부들의 트루빌을 보았다. 아직도 1820년대처럼 모든 낭만파들의 기쁨이 될 만한 풍경이었다. 밀물 때를 맞아 높아진 강물을 따라 소형어선들의 돛 꼭대기께가 길게 늘어선 게 보였다. 돛대에는 밧줄들과 삭구素具들이 주렁주렁 복잡했고, 깃발, 부표, 구명띠, 그물, 페인트 통 따위가 얼기설기 흩어진 배들이 계류용 밧줄에 묶인 채 파도에 일렁거렸다. 여기저기서 어부들은 잡아온 물고기들을 선착장의 나무상자에 담느라 바빴고, 수산상인들은 엄숙한 표정으로 그 값을 가늠했으며, 옹기종기 모인 어부의 아내들은 오늘 고기 때깔이 어떤지 다 알겠다는 듯 서로 수군거렸다. 몇 안 되는 관광객들은 바다를 떠난 생선들이 누구에게나 불러일으키는 그런 멍해지는 매력에 빠진 채 그 광경을 지켜보았고, 푸른색 원피스 교복 차림의 어린 소녀 몇 명은 낄낄대며 인파 속을 헤치고 지나갔다. 커다란 캔버스 어망을 갖추고 강물에 묵직한 낚싯대를 드리운 낚시꾼 사내들도 있었다. 얼룩 심한 작업복에 선원모를 쓴 짐꾼들은 어물전 주위를 어슬렁댔다. 큰 바퀴의 수레가 벽에 기대 세워져 있었고, 선박수리소에서는 망치 소리가 요란했으며, 거리를 따라 길게 늘어선 생선 좌판에서는 게, 가재, 커다란 물벼룩처럼 생겨 펄쩍펄쩍 뛰는 것들, 몸부림치는 장어, 조개, 굴, 등줄기가 서늘하게 푸른 고등어 등이 번들거렸다. 생선 없는 데가 없었다. 생선 냄새, 생선 이야기, 생선 다루는 솜씨, 생선 담는 상자, 생선 담는 바구니, 레스토랑 앞 도로 탁자 위에 잔뜩 쌓아둔 온갖 조개류 더미들까지.

트루빌은 아직도 사람들이 일하는 도회지이다. 물가에서 고개를 돌리면 평범하게 일하는 사람들의 슬기가 그곳의 복잡한 길거리들에 촘

촘히 배어 있다. 그물과 낚시 도구를 파는 상점, 과일과 야채, 노르망디 치즈가 꿀처럼 흐르는 가게, 거울과 담배연기로 꽉 찬 말쑥한 카페, 큰 체인점 두엇도 있다. 담쟁이덩굴에 뒤덮이고 낡은 성인상들로 장식된 병원의 앞마당에는 원래 트루빌 교회가 남아 있다. 문에서 제단까지 열세 발짝밖에 안 되는 이 조그맣고 어두컴컴한 숭배의 전당에서 어촌마을 사람들은, 최초의 관광객이 이곳을 점찍기 이전까지, 수백 년에 걸쳐 예배를 드렸다. 그 거리들에서는 프랑스 시골 도회지의 삶이 보여주는 갖가지 완고한 모습들이 부스럭거린다. 트루빌에는 희한한 옷차림으로 장바구니를 끌고 다니는 튼튼하고 화사한 할머니들이 참 많다. 또 행색은 초라하지만 정중하기 이를 데 없는 — 8월 중순에 풀 먹인 높은 깃의 셔츠를 입는, 공작마마로부터 퇴역한 우유배달원까지 누구든 될 수 있는 — 늙은 프랑스 신사도 많다. 하지만 껄껄 웃기 좋아하는 프랑스 신세대의 대표주자들도 많다. 이들은 우리가 흔히 짐작하는 프랑스인들보다 키도 크고 유쾌하며 자신감에 넘친다. 조그만 자가용 뒷자리에 어여쁜 아기들을 태우고 다니는 이들에게서는 짐짓 퀴퀴한 과거로부터의 해방감마저 환히 느껴진다.

어부들의 트루빌은 나른하고 무기력한 곳이 아니다. 너무나 유기적인 프랑스 특유의 삶의 모습들을 — 언제나 땅에 가깝게, 바다에 가깝게 살아가는 사람들을, 백년해로의 결합과 이웃들의 험담을 — 놀랍도록 잘 보여주는 곳이다. 프루스트의 위대한 소설에서 못 말리는 귀족주의에 젖어 사는 성채의 안주인으로 나오는 게르망트 대공부인 또한 촌스러운 억양으로 시골의 비화들을 얘기하기를 즐긴다. 저속한 것들에 대한 이 유서 깊은 애착(프랑스 예술혼의 핵심!)을 트루빌 카지노의 오른쪽 풍경은 아주 멋지게 표현하고 있다.

그리고 고개를 돌려 왼편을 보면 거기 해변의 드넓은 산책로 위에 또 다른 프랑스가 있다. 호텔과 빌라들이 해변에 무성하게 무리를 이루는데, 싱싱한 건 하나도 없지만 모든 게 화사했다. 마치 레이스의 여인이나 잿빛 톱햇topper을 쓴 신사처럼 좋은 가문의 유쾌한 인사들이 신나게 즐기러 나온 것 같다. 트루빌을 유명하게 만든 건 정교하기 짝이 없는 한 시대였으며, 이 휴양지의 건물들은 죄다 현란하게 개별적이다. 더러는 둘둘 감은 고리 장식이나 돔, 고전주의 장식들로 찬란하게 장식되었고, 더러는 노르망디 풍 노출 목구조로 고급스런 외장을 한 건물이 백사장 옆에 서 있는 모습에서는 마치 뉴욕 5번가를 걷다 농장을 만나는듯한 부조화가 느껴진다. 아예 미친 듯 장식을 처바른 것도 있고, 성채처럼, 요정의 집처럼, 심지어 페르시아 대상들의 사막저택처럼 생긴 것도 있다. 이쪽 트루빌의 지붕들에는 황금 새와 파인애플, 초승달, 굴대spindle, 금속 꽃, 항아리 따위가 얹혀 있고, 숲 속의 대저택들은 취향이나 사교계의 변동 따위는 나 몰라라 하며 아직도 당당하게 서 있다. 장식적인 정문과 보호막처럼 녹음 짙은 정원 너머에서 이런 집들은 거의 관능적으로 편안해 보인다.

이 휴양지의 전성기 이후 변한 건 별로 없다. 사람들이 해변에 꽂아서 쓰는 색색의 작은 텐트들이 이제는 나일론 소재로 바뀌긴 했지만, 거기서 풍기는 동쪽의[파리 사람들의] 낭만과 열정은 지금도 들라크루아와 고티에를 떠올리게 한다. 오래도록 유명했던 이곳의 판자길은 한여름에 아무리 인파로 붐빈다 해도 여전히 조용하고 한가롭다. 여기에다 고층 호텔을 지은 이도 없었고, 볼링장을 세우지도 않았다. 깃대 설치에 대한 엄격한 규제 덕분에 지금도 백사장의 품위는 잘 유지되고 있다. 카지노 바로 옆의 미니 골프코스는 고풍스런 놀이가 무엇인지를 전형적으로 보여준다. 이곳은 장화와 버슬bustle[스커트의 뒷자락을 부풀리는 허리받이] 차림의 이용자를 통제하는 데 아주 제격이도록 기막히게 만들어진 곳이다. 공을 쳐서 통과시켜야 하는 페인트칠 된 나무 풍차, 까다로운 경사와 엉뚱한 해저드 등을 보고 있자면, 마치 시녀들의 낭랑한 웃음과 장교님들의 너그러운 농담 소리가 끊임없이 재잘재잘 들려올 것만 같다.

　이 도회지의 두 부분을 살핀 뒤에 나는 카지노의 거대한 몸집을 휘돌아 뒤쪽으로 걸어갔다. 거기, 좁은 강 너머로, 더 크고 더 번쩍이는 도회지가 있었다. 황제의 의붓형제인 모니Morny 대공은 묘하게도 트루빌의 쇠퇴를 촉발한 인물이 되고 만다. 1860년대에 이 기업가 겸 투기꾼은 투크 강 너머로 눈길을 던졌고, 그쪽 백사장도 찬란한 금빛이고 기후도 매우 빼어나며 바다도 진짜 멋지다는 걸 발견했다. 그런데 땅은 텅텅 비어 있는 게 아닌가. 트루빌은 벌써 유행의 정점에 이르러 있었고, 파리의 엘리트들은 다른 데서 좀 더 멋진 걸 경험하기를 갈망했다. 모니 대공의 추진력 덕분에 몇 년이 지나지 않아 투크 강의 좌안에는 도빌 Deauville이라는 기막히게 사치스런 호화 휴양지가 들어서게 된다. 이곳은 현재 프랑스 북부 해변이 최고급 피서지이고, 그날, 트루빌 카지노의 뒤쪽에서 내가 거길 보았을 때, 거긴 마치 또 다른 시대의 약속 같아 보였다. 오늘날 도빌의 고객들은 트루빌보다 부유하며 훨씬 더 국제적이다. 도빌 카지노의 수익은 트루빌의 2배에 이른다. 도빌의 가로등은 트루빌보다 15분 일찍 켜진다. 도빌의 경마대회는 유럽에서 가장 중요한 대회 중 하나이다. 선원들의 카페가 도빌의 우아한 산책로 풍경을 망치지도 않으며, 오로지 요트와 쾌속정만이 그곳의 정박지로 드나든다. 도빌은 온통 휴양지이다. 이제 트루빌이 어딘지 설명하려면 "도빌에서 다리 하나 건너서"라고 얘기하는 게 제일 빠르다.
　그처럼 트루빌 카지노에서 바라다보는 풍경에는 묘한 애수가 깃들어 있다. 하지만 그건 부드럽고 즐거운 애수이다. 트루빌은 창피하다고 생각하지 않는다. 예술가들이 사랑했던 것은 이 조그만 마을이었고, 여러 세대에 걸쳐 다양하게 해석되어 우리의 온갖 감수성 속에 자리 잡은 것은 이 조그만 마을 트루빌의 이미지였다. 트루빌의 백사장과 돛단배들을 우리 모두 희미하게나마 알아본다. 트루빌의 엉뚱한 대저택들은 사진첩의 한 면을 꾸민다. 영국해협의 짜릿한 대기를 받아 너무나 깔끔하고 화사하게 빛나는 트루빌의 환한 햇살은 수많은 갤러리들의 벽면을 장식한다. 트루빌에서는 태양과 바다, 어부와 상류층이 한데 어울려 하나의 영감으로 자리 잡았고, 하나의 예술 전통을 창조해냈다.

그래서 그날 저녁 난 후줄근하게 맥 빠져 하지 않았다. 호텔로 뚜벅뚜벅 걸어가 프루스트의 소설에 나오는 급사 아이들의 인사를 받고, Les Vapeurs[The Vapors, 즉 우울증] 바에서 한잔 하자고 휘슬러와 드무세 씨에게 초대의 메모를 남긴 뒤, 여종업원에게 내가 가지고 간 제일 멋진 구두를 닦아달라고 했다. 저녁 식사 후 카지노 게임장을 돌아다니다 황비를 우연히 만나게 될지도 모르니까.

> 트루빌에 갈 때 나는 내 차를 끌고서 햄프셔 주의 림프니Lympne에 가서 거기서 차까지 싣고 출발하던 항공─페리 편을 타고 날아갔다. 돌아오는 비행기를 기다리다가 나처럼 림프니로 향하는 자동차 여행자 한 명과 이야기를 주고받게 되었다. 한참 얘기 중인데 그가 고개를 들더니 "어! 어!"하면서 놀라는 표정을 지었다. 자기 차가 엉뚱하게도 아일랜드의 더블린으로 떠나는 비행기에 잘못 실리는 장면을 목격한 것이다. 그의 차를 실은 더블린행 비행기는 손쓸 틈도 없이 곧 이륙해버렸다. 그 비행기는 브리스톨 프레이터Briston Freighter 사에서 제작한 유서 깊은 것이었다. 캐나다의 옐로우나이프Yellowknife에 가면 그 비행기 한 대가 보란 듯이 받침돌 위에 전시되어 있는데, 소개의 글에는 "북극에 착륙한 최초의 바퀴 달린 비행기"라고 쓰여 있다.

ch 17
한때 '브리타니카'였던 곳들로

> 1970년대 중반 나는 대영제국을 다룬 3부작 『팍스 브리타니카』 집필에 몰두했다. 여행을 떠나도 한때 영국인들이 지배자로 군림하던 곳들을 주로 찾았다. 그런 곳들을 둘러보며 온갖 인상들을 적어두었고, 그런 인상들은 내 머리에 입력된 옛 사건들을 생생하게 비추어주었다. 그래서 왕실의 영토였던 나라들을 거의 모두 둘러보았는데, 대략 10년이 꼬박 걸린 프로젝트였다. 세계 각지의 여러 출판물들이 고맙게도 내게 원고를 의뢰함으로써 그 숱한 여행들의 경비를 댈 수 있었다.

17-1 싱가포르

> 어떤 면에서 보자면 섬 식민지 싱가포르는 식민지들 중에서도 가장 완벽한 대영제국의 적자嫡子였다. 스탬포드 래플스 경이 1819년에 아무것도 없는 데다 그 도시를 세웠기 때문이다. 싱가포르는 또한 가장 비극적인 식민지이기도 했다. 왜냐하면 영국이 1942년에 그 섬을 일본에 빼앗겼을 때 그 사건은 제국의 역사를 통틀어 영국군대에 가해진 가장 치명적인 일격이었기 때문이다. 1970년대에 이르러 독립공화국 싱가포르는 이미 영국 기질과는 완전 딴판인 나라였다.

  전문 여행자에게 가장 느꺼운 일은 완벽하게 그 자신인 곳, 단호하게 성곽을 둘러 자기만의 독특함을 지키는 곳에 들르는 일이다. '사자도시'[49] 싱가포르 공화국은 좋든 싫든 틀림없이 그런 곳이다. 싱가포르

---
[49] 영국인들은 싱가포르를 Lion City라고 부른다. 영국의 상징 'British Lion'을 따서 싱가포르의 영국성性을 강조하는 별칭인 셈이다. [역주]

는 다른 어디와도 다르다. 싱가포르의 삶은 모험적이다. 찬탄의 대상인 만큼 혐오의 대상이기도 하다. 기대감에 반짝이는 곳이기도 하다. 바다의 끄트머리에 보란 듯이 서 있는 곳. 싱가포르는 마지막 도시국가이다. 혹은 약간 난해하게 얘기하자면, 어쩌면 최초의 도시국가일 수도 있겠다.

하지만 피렌체 혹은 만토바를 떠올리지는 마시라. 나지막하고 찌는 듯 습기 차고 더운 이 섬은 맹그로브 습지를 테처럼 두른 뜨거운 바다에 자리 잡고 있다. 하늘에서 보면 싱가포르는 사람이 살 데가 못 되는 절박한 땅 같다. 마치 뚝딱 만들어낸 땅 같은데, 사실이 그렇기도 하다. 제국의 연금술이 이 땅을 탄생시켰기 때문이다.

추측컨대 한 세대의 영국인들 대부분에게 있어 싱가포르는 래플스 경의 섬으로 남아 있다. 그러나, 싱가포르가 옛 대영제국의 그 어느 식민지보다도 더 기세 좋게 점령되고, 더 낭만적이라고 여겨지지거나, 혹은 더 성공리에 개발되긴 했지만, 역사적 측면에서는 싱가포르가 여전히 식민주의 제국에서 가장 케케묵고 속물적인 모습들로 얼룩진 곳이었다는 것 또한 뼈아픈 진실이다. 헐렁한 반바지와 우스꽝스런 수염, 골칫거리 하인들, 일요일에 시뷰the Seaview에서 노래 부르기, 테니스클럽에서의 맥주 및 로빈슨즈에서의 일레븐지즈[오전 11시경에 즐기는 다과] 모임 등과 같은 모든 게 싱가포르의 모습이었다. 즉 쇠퇴하는 제국에서 벌어지는 가장 부르주아적인 것들, 결국 가장 부질없는 것들이 죄다 싱가포르에 간직되어 있었다. 싱가포르는 서머싯 몸[1874~1965, 영국 작가]의 제국, 노엘 코워드[1899~1973, 잉글랜드 배우 겸 작곡가]의 제국을 가장 잘 보여주는 곳이었다. 이곳이 일본에 점령된 1942년에 사실상 대영제국도 무너졌으며, 제국이라는 발상 또한 무너진 거나 다름 없었다.

싱가포르에 발을 딛자 어떤 귀소본능이 이 죽은 식민지의 핵심으로 나를 이끌었다. 거긴 도심의 파당Padang이라는 녹지대인데, 거기서 제국의 귀신들이 배회하는 걸 보고서도 난 그다지 놀라지 않았다. 싱가포르 크리켓 클럽의 마지막 식후 모임 회원들은 눈까지 내려오는 흰색 면 모자를 쓰고서 진 슬링 칵테일 잔을 기울이며 아직도 베란다에 앉아 있었다. 성공회 대성당에는 조바심 난 듯하면서도 여전히 멋져 보이는 첨탑도 경내에 우뚝했다. 성당 사무실 밖에는 성공회스러워 보이는 작은 차들이 주차되어 있었고, 큰 체구의 성공회스러워 보이는 할머니들이 현관에서 옷맵시를 고쳤다. 대법원의 기둥들 밑에서는 막 링컨스인 Lincoln's Inn[런던의 변호사기구]에서 날아온 듯한 변호사들이 한없이 우쭐대는 모양새로 윙칼라나 비뚤어진 가발 등을 만지작거렸다. 서류가방을 든 공무원들은 거대한 정부청사 안으로 초조하게 들어섰고, 그곳 창문에서는 지난 한 세기 동안의 영국 지배 내내 그랬듯 해외로 파견된 행정 관료들이 자부심 혹은 증오심 어린 시선으로 열대의 녹지를 내다보고 있었다.

거기서 서쪽으로 앤더슨 다리 너머에서는 제국 자본주의의 둔해 보이는 건물들이 여전히 1930년대의 기상을 내뿜고 있었다. 회전문을 열고 폭 넓은 바지와 외알 안경 차림의 신사나 종 모양의 클라쉬cloche 모자를 쓴 여인들이 레지Reggie[남자이름인 Reginald의 애칭]를 만나러 금세라도 들어올 것 같다. 거기서 동쪽으로는 무성한 야자수들에 둘러싸인 래플스 호텔이 나온다. 동방의 셰퍼즈[50]이자 장엄한 제국의 숙소였던 이 호텔에서 숱한 서머싯 몸들이 술을 마시고 숱한 노엘 코워드들이 활기를 내뿜었다. 진 슬링 칵테일이 발명된 곳, '아마추어 사진가를 위한 무료 암실' 및 '호텔 안내인들, 모든 입항 증기선들에 탑승' 등이 나붙었던 곳, 스크리들로프[러시아 해군] 제독과 뉴캐슬 공작[잉글랜드 귀

---

50 Shepheard's. 1841년 잉글랜드이 새무얼 셰퍼즈가 카이로에 세운 유서 깊은 호텔. [역주]

족인 프랜시스 호프 경]이 머물렀던 곳, 여러 세대의 말레이 농장주들이 낙엽들을 치우고 적지 않은 농장주의 아내들이 울면서 친정집으로 향해야 했던 곳이 여기다. 그 모든 게 아직 여기에 있다. 그리고 죽어가는 — 뻔하고 유별나며 뜻만 좋고 한물간 — 제국의 정신 또한 이곳에 헛되이 남아 있다.

1942년의 파당, 바로 이곳에서 일본인들은 패배한 식민 지배자들과 그 아내들을 소집해 창이Changi 감옥까지 혹은 죽음의 문턱 너머로 잔인한 행진을 시작하게 했다. 눈을 감으면 아직도 그 햇살 속의 목소리가 들려올 듯하다. 당당하게 혹은 툴툴거리며 강아지들에게 줄 물을 달라고 요구하거나 혹은 용감하게 "잉글랜드는 영원할 것"이라고 부르짖는 목소리들이. 우리 스스로까지도 속여가면서 아무리 열심히 그 사실을 위장하려 해왔어도, 대영제국의 불꽃은 훌쩍거림과 함께 꺼져버렸다. 특히 싱가포르에서는 그 불꽃이 애수 속에서 사라져갔다. 혹은 더 나쁘게 말해 구슬픈 용두사미로 끝나버린 것이다. 그곳의 장군들은 2진급이었고, 노래들은 진부했으며, 식민정책은 있으나 마나였고, 용기조차도 보편적이지는 못했으니까 말이다.

이런 복합적 상태가 내게는 아주 뭉클하게 느껴졌다. 마치 아주 배타적인 집단들의 스포츠를 일반 대중들이 널리 즐기게 되었을 때처럼, 제국의 에너지는 그 품위를 잃고 기력도 바닥나버렸다. 제국의 좋은 점은, 그 나쁜 점과 마찬가지로, 이를 사용하는 힘과 의지에 따라 구현된다. 1945년에 이르러 영국인들은 그 의지를 영원히 잃어버렸으며, 바로 그 순간 그 힘도 사라져버렸다.

자기학대의 충동에 떠밀려 난 1942년 2월 15일 싱가포르의 운명과 더불어 대영제국의 운명이 일단락되었던 — 불과 1~2년 전에 처칠은 대영제국이 1천 년은 가리라고 예측한 바 있음에도 불구하고 — 바로 그 장소를 찾기로 했다. 그날 일본은 섬의 대부분을 점령했지만 싱가포르 시티는 그 외곽을 겨우 뚫었을 뿐이었다. 연료와 탄약 부족 탓에 그들은 그 불행한 영국인들에게 전력의 우위보다 허풍을 써서 자신들의 뜻을 관철시키기로 했다. 그들은 연승 중이었고 영국은 누가 봐도 지고 있는 쪽이었다. 그날 밤 7시, 철모에 긴 반바지 차림의 아서 퍼시벌 장군은 부킷티마 길을 걸어가 포드자동차 공장에서 토모유키 야마시타 장군을 만나 대동아공영권에 항복하고 래플스의 섬을 넘겼다.

이 공장은 그 후 크게 변하지 않았다. 그럭저럭 수수하고 낮은 건물들은 꽤나 칙칙했으며, 정문의 사내는 아직까지 영국 식민지 시절의 하급 공무원들에게 전형적이었던 약간의 군대식 방식으로 차단기를 들어 올리곤 했다. 안쪽의 사무실에는 조금의 변화가 있어서, 유리 칸막이로 구역이 나뉘었고 항복문서에 서명했던 그 방은 둘로 나누어져 있었다. "그래도 바로 여기가 항복문서에 서명했던 곳이 맞습니다." 아주 침침하고 나무 패널을 두른 티크 가구의 간부실을 내게 보여주던 사람들의 말이다. 가구들도 그대로였다. 저기에 퍼시벌과 그의 장교 세 명이 앉았겠다. 탈진 상태로 처량하게 쭈뼛거리며 절망에 빠져, 거의 아부하듯 좀 더 시간을 달라고 간청하면서. 여기에 훈장 띠에 목단추를 푼 셔츠 차림의 희망에 찬 야마시타가 앉았겠다. "무조건 항복하겠소, 어쩌겠소? 예스요, 노요?" 그들의 머리 위에서는 선풍기들이 무겁게 돌았고, 해가 가라앉기 시작하면서 희미한 전등이 불을 밝혔다. 오랜 침묵 속에서 퍼시벌은 힘없이 서류를 쳐다보고, 야마시타의 손가락은 탁자 위를 연신 두들겼다. 일본 참전기자들과 군 소속 사진가들이 서로 밀치며 탁자 주위에 운집했고, 야마시타 휘하의 사령관들은 그의 옆으로 물끄러미 앉아 있었다. 퍼시벌이 그 조건을 받아들이며 맥 빠진 목소리로 "예스"라고 대답할 때, 확 타오르는 전구 불빛에 움찔하던 영국 장교들의 피곤한 눈이 금세라도 보일 듯했다. 그렇게 항복문서는 조인되었다. 그 순간 야마시타는 의기양양하게 몸을 놀렸을 테고, 학생처럼 꽉 움켜쥔 퍼시벌의 손에는 아마도 2실링 6펜스짜리 만년필이 들려 있었을 것이다.

거기 있는 게 난 부끄러웠다. 그리고 유감스러웠다. 불쌍한 퍼시벌 장군이 다음 생에서는 보다 행복한 전과를 올리기를 빌었다. "그는 정말 창백하고 마른데다 병들어 보였다." 훗날 야마시타는 전범으로 교수형에 처해지기 전에 그렇게 말했다. 영국 사람들이 여기 와서 이 방을 자주 보던가요? 포드자동차 사람들에게 물어보았다. 그리 많진 않아요, 그들은 말했다. 실은 거의 없죠. 하지만 일본관광객들을 가득 태운 대형 버스가 이 공장 정문에 멈추지 않는 날은 거의 없다. 가이드가 그 역사적인 창문을 가리키면 카메라 셔터 누르는 소리가 딸깍거리고….

싱가포르 사람 중 역사를 생각하는 사람은 하나도 없는 것 같다. 그 이유는, 원래 싱가포르의 소유자가 말레이인이기는 했지만, 또 영국인들이 이곳을 개발했고 일본인들이 점령하기는 했지만, 실제 이곳을 경영한 이는 늘 중국인들이었기 때문이다. 중국인들은 이 섬의 노동력 대부분과 두뇌의 상당부분을 제공했다. 그런데 중국인들은 그다지 과거에 관심을 두지 않는 이들이며, 그래서 싱가포르는 그날그날 살아가는 데 익숙할 뿐 역사 따위 과히 괘념치 않는다. 래플스를 비롯해 여러 제국 인사들의 동상은 별 훼손을 입지 않았지만, 마치 아무도 그들이 누군지 모르는지, 활기 없고 흐리멍덩하게 살아남았을 뿐이다. 식민 지배자들이 그토록 꼼꼼하게 건설했던 싱가포르 박물관은 고상함에도 불구하고 그 누구의 사랑도 받지 못한 채 쇠락의 길을 걸어온 것 같다.

싱가포르의 중국성에서는 화교들의 특성이 잘 드러난다. 그래서 마치 오스트레일리아다움이 잉글랜드를 고수하듯 이곳의 중국다움은 철저하게 중국 전통의 핵심을 고수한다. 싱가포르 인구의 3/4이 중국계니까 이곳은 사실상 거대한 — 그 중에서도 아주 거대한 — 중국 도시이다. 이곳에서 가장 활기 넘치는 건 죄다 중국인들의 돈으로 뒷받침된 것들이다. 고층건물부터 길거리의 부티크 상점까지, 고급 레스토랑의 대단한 별미들부터 해가 지면 도시의 거리나 주차장 곳곳에 기적처럼 우후죽순 솟아나는 그만그만한 먹을거리 노점에 이르기까지 중국인들이 주름잡는다. 이는 사실 지극히 통상적인 화교 공동체의 모습이다. 거기엔 평범함이 지닌 유기적인 힘이 있으며, 결코 잠재울 수 없을 듯 느껴진다. 마치 부두에 쪼그리고 앉은 화교 상인들의 손에서 주판을 떼어내지는 못할 것처럼, 그 어떤 자연 재난과 역사적 힘도 이들을 이 섬에서 뜯어내지는 못할 것처럼 말이다.

제국의 발상이 붕괴된 뒤 이 도시국가를 거의 혼자 힘으로 재창조해낸 수상이 중국계 정치가인 리콴유라는 사실은 그리 놀랄 일이 아니다. 그가 만들어낸 공화국이 내게는 그리 매력이 없지만, 어떤 혼이 깃들어 있는 것임에는 분명하다. 팽팽하고 단단하고 작은 이 나라에서는 이스라엘이나 아이슬란드에서와 마찬가지로 까다롭고 방어적인 흥분이 느껴진다. 막다른 골목에 몰린, 덤빌 테면 다 덤비라는 식의, 위기 상황의 흥분인 것. 요란하게 자기 견해를 고집하는 작은 공화국, 공짜로 나눠주는 데는 능숙하지만 요령이나 공감엔 서툰 나라, 너무나 열심히 일하여서 아시아에서 일본 다음으로 가장 높은 생활수준을 자랑하는 나라가 싱가포르이다.

리콴유는 나라 전체가 일종의 공동의 전문가가 되는 걸 목표로 일로매진해야 한다고 믿는다. 논란을 벌일 시간은 없다. 호사가의 취미나 향수, 정당정치의 여지도 없다. 번영만이 국가의 유일한 목표이며, 엄격한 규율과 전문화로써만 그 목표를 이룰 수 있다. 그러려면 해박한 전제정부가 [야당이나 시민사회의] 도전 없이 나라를 다스려야 한다는 것. 리콴유의 합리화에 따르면, 정치적 안정은 곧 외국의 확신이며, 곧 투자이며, 곧 모두를 위한 돈과 같다. 그게 모든 보통시민들이 삶과 국가경영에 대해 기대하는 것이라는 것.

ⓒ김수련

이는 어찌 보아 청교도 윤리와도 같으며, 크롬웰과 마오 둘 다 리콴유의 여러 정책들을 지지할 것이다. 싱가포르는 깨끗하고 다른 곳에 비해 정직한 사회이며 전혀 퇴폐적이지 않다. 길거리에 휴지라도 버리면 엄청난 세금을 물리고, 마약범은 인정사정없이 처단되며, 록 문화는 매섭게 저지된다. 신문은 그저 정부의 공식 입장을 따르거나, 아니면 문을 닫아야 한다. 반대파 정치가들은 곤경에 빠지거나, 심지어 감옥에 갇히기도 한다. 그렇다 보니 독재의 횡포에 따른 단조로움과 무기력함이 팽배한 건 당연하다. 유일정당의 국가보다 더 무료한 건 없으며, 래플스 호텔에서 눈을 떠 파파야와 토스트, 마멀레이드를 식탁에 올리고서 읽을 거라곤 『작은 아씨들』보다도 더 조심조심 말하는 〈스트레이트 타임스〉뿐이란 걸 깨닫는 것보다 더 기운 빠지는 일은 없다.

싱가폴을 찾은 관광객들에게 가장 인기 있는 방문지는 체인지앨리 Change Alley이다. 지붕 덮인 컴컴한 이 시장은 들어서면 팔을 좍 펼 수 없을 정도로 비좁다. 여러 세대의 선원들과 지구여행자들이 이곳의 인도인 가게주인들과 환전상들의 유혹에 금세라도 속아 넘어갈 듯 멍하니 놀란 눈을 하고서 조심조심 이 길을 걸었다. 나는 옛 시절을 회상하고 싶어 두어 번 이곳을 찾았다. 부두의 어수선한 북새통을 벗어나 이 골목으로 접어들면 어느새 유서 깊은 시장통의 정담들이 또다시 인내심을 시험한다. 이른바 제국의 라이트모티브[주제, 중심사상] 같은 그 말들. 돈 바꾸시려오? 기념품 안 필요해요? 어디서 오셨나? 달러 좀 있어요? 파운드 좀 있어요? 여기 봐요, 정말 싸요. 와서 봐요, 안 사도 된다니까, 우리 아버지랑 커피나 한잔 하고 가세요.

그런데 요즘은 체인지앨리의 참맛을 보려면 래플스플레이스로 가는 출구인 맨 안쪽 끝까지 가야 한다. 시장통을 반쯤 가다 보면 동방에서는 바뀌는 게 아무것도 없으며 앞으로도 그럴 거라는 생각에 빠지곤 했다. 그러나 그 시끌벅적한 함정에서 빠져나오는 순간 마치 환상처럼 눈앞에 싱가포르의 새 고층건물들이 햇살 속에 번쩍이고 있었고 난 직감적으로 세계 최초의 어떤 것을 보게 될 것임을 알았다. 섬이라는 둘레 안에 꼭꼭 숨은, 배짱 두둑하고 자신만만한 20세기형 도시국가를! 그건 꼭 터널을 빠져나와 성 밖으로 나가는 것 같았다. 어떤 희한한 외계의 운명 속으로, 모든 게 허풍을 떠는 듯 번들대고 천박하게 요란한, 새로운 유형의 사람들이 유전학적으로 배양되고 있는 곳으로!

'나 좀 꺼내줘!' 꿈에서 깨어나며 난 그렇게 고함쳤다. '좀 꺼내줘, 레지! 레지, 어디 있어?'

> 내가 이 싱가포르 에세이를 실은 곳은 이제는 사라진 런던 잡지 〈인카운터〉 Encounter였는데, 알고 보니 그 잡지는 미국 CIA가 돈을 대서 문화적 냉전의 공세 수단으로 활용한 것이었다.

17-2 실론

> 지금은 스리랑카로 나라 이름을 바꾼 실론은 대영제국사에서 훨씬 미미한 역할을 맡았다. 그런데도 식민 양식은 그곳에 뿌리 깊은 흔적들을 남겼다. 그리고 실론은 옛 제국 땅 중에서 내가 개인적으로 얽혀 있는 곳이기도 하다. 내 인생의 파트너가 바로 그 섬에서 태어난 것이다.

내 창에는 반지르르 윤기 흐르는 깃털의 까마귀 한 마리. 창밖에는 간헐적으로 콧김을 내뿜는 낡은 증기기관차 한 대. 마당의 야자수들, 언뜻 보이는 바다, 막 피어오르기 시작하는 열기의 아지랑이, 멀리 해변에서 먹을 것을 찾는 어렴풋한 생물체들 너댓 마리. 세 바퀴 돌 때마다 못 살겠다는 듯 끽끽대는 천장의 오래된 선풍기. 샌들 바람으로 능숙하게 발걸음을 옮기며 내 아침상을 차려주고 꼬박꼬박 나를 "주인님"이라고 부르는 직원. 아래층에서 올라오는 계란과 베이컨 굽는 냄새. 나는 그렇게 실론에서 아침을 맞고 있는 중이었다. 실론의 중세 이름인 세렌딥 Serendib으로부터 호라스 월폴Horace Walpole[1717~1797, 잉글랜드 예술사가/정치가]은 추상명사 세렌디피티serendipity를 만들어냈으니, 『옥스포드사전』은 이를 "우연히 즐겁고 뜻밖의 발견을 이루어내는" 능력이라고 정의한다.

실론에서의 발견이 죄다 '즐거운' 건 아니다. 예전엔 더 좋은 날도 많았는데, 최근에는 썩어빠진 정치와 틀려먹은 재정 탓에 힘든 나날을 보내고 있기 때문이다. 그래도 실론은 분명 '뜻밖'이기는 하다. 인도양의 멋진 불규칙 같은 이 섬은 적도에서 그리 멀지 않은 북쪽에 불룩 타원형으로 솟아 있다. 이곳의 경치는 세계에서 가장 빼어나다고 해도 과언이 아니며, 우뚝 솟은 피두루탈라갈라 산은 몇몇 종교의 신봉자들에게 너무나 성스러워 믿음 없는 나비들조차도 죽음이 임박했음을 느낄 때면 나풀나풀 그곳으로 날아간다고 믿어질 정도이다. 이 섬의 정치가들이 아무리 난리를 피워도 섬 전체는 늘 부드러운 축제의 기운 속에 안겨 있으며, 거의 모든 방문객들의 마음에 균형 잡힌 평온함을 심어준다.

사실 실론의 역사는 눈에 띄게 헝클어진 과정들의 연속이었다. 힌두 서사시에서는 실론 섬을 마귀 왕들과 원숭이 군대가 사는 거친 곳이라고 묘사하며, 역사시대 들어서는 인도인, 포르투갈인, 네덜란드인, 영국인들이 이 섬을 침략해 깊게든 얕게든 들쑤시고 다녔다. 그래도 1815년 영국이 실론의 통치세력을 완력으로 몰아내기까지는 섬의 내륙 골짜기들을 근거지로 독립 왕조가 성립되어 있었다. 수십 만의 타밀계 인도인들이 좁은 해협을 건너 실론으로 건너와 정착했고, 이 섬의 인종은 참으로 흥미진진하게 서로 뒤얽혀 있다. 터커스 유한회사라는 어느 실론 기업의 임원 명단을 보았더니 코츠왈라, 알로이시우스, 페르난도, 그리고 매비스 터커 여사 본인 등의 이름을 발견할 수 있었다. 최초의 유럽 정복자를 맞은 이래 가톨릭이 강하지만, 타밀인들 사이에서는 힌두교가 융성하며, 요란한 소음과 너울대는 불길 속에서 악마의 춤을 추는 사람들이 여전히 이 섬의 여러 길모퉁이들에 활력을 불어넣고 소심한 섬사람들을 위로한다.

그렇지만 실론을 차분하게 가라앉혀 북쪽의 열광적 반도 인도와 판이해 보이게 하는 건 다름 아닌 불교이다. 이 믿음의 달콤한 전설들이 실론 땅 곳곳에 스며들어 있어, 신문 헤드라인이 어떤 악다구니를 부려도 실론에서의 하루를 바로 그 부드러움으로 시작하게 만든다. 당신의 세렌디피티를 향한 신선한 자극인 셈. 그날 아침 웨이터는 내 아침을 내려놓은 뒤 내게 "즐거운 하루 보내세요"라고 인사를 했다. 난 그에게 전쟁 중에 돌아가신 내 장인의 묘를 찾아갈까 한다고 말했다. "하느님 맙소사!" 그는 대뜸 말했다. "정말 훌륭하세요. 진짜 훌륭하십니다. 부모님은 부처님보다 훨씬 더 대단한 분들이니까요." 그리고 내가 신고 나갈 신발을 손질하려고 집어들고선 우아하게 절을 하고 물러갔다.

실론의 경치는 감당할 수 없을 만큼 다양하다. 무자비한, 유혹하는, 웅장한, 혹은 친숙한 풍경들이 번갈아 등장한다. 그리고 이 모든 게 복잡하게 얽혀 있어서 하루 아침의 여행만으로도 밀림부터 고산지대를 거쳐 고전적인 열대 해변 풍경까지 볼 수 있다. 이토록 놀라우리만큼 다양한 곳들 사이를 울퉁불퉁 구멍투성이 도로가 달린다. 느릿느릿 덜컹대는 기차는 말도 안 되는 경사의 언덕을 낑낑대며 올라간다. 폐차 직전의 버스들이 이쪽 해안선에서 저쪽 해안선으로 터덜터덜 굴러간다. 패키지 관광은 아직 실론에까지 이르지 않았고, 관광이라는 것 자체가 이곳에선 아주 낯선 일이어서, 섬 전체는 여전히 진정한 유기체의 느낌이다. (하루는 아침에 여행자수표를 현금으로 바꾸려고 은행에 갔더니 칠판에 흰 분필 글씨로 "보름달이 뜨면 은행은 쉽니다"라고 적혀 있었다.)

간혹 이런 변화가 너무 급히 일어나, 마치 인테리어 디자이너가 일을 망쳐놓은 것처럼 색과 색이 충돌하기도 한다. 또 섬사람들의 감정 또한 때로는 사나워지기도 한다. 거의 대부분 우발적인 것이긴 하지만 — 치정이나 가족 간 다툼 등이 이유이다 — 지상에서 살인 빈도가 가장 높은 곳 중 하나가 이곳이다. 건조한 산악의 공기와 적도의 습기가 충돌하는 데서 이런 내면의 분노가 쌓이는 게 아닐까 싶다. 원주민인 신할라인들이 이주민인 타밀인들에 분개하며, 불교도들은 힌두교도들에게 분개한다. 각 정당의 모든 정파들은 서로를 향해 음모가적으로 분노를 퍼붓고, 흑인계 아시아인들의 연대 기구만 해도 두 개씩이나 있다.

미개한 원시의 흔적도 강하게 남아 있다. 밤하늘을 가르는 북소리, 악령 숭배, 섬의 어느 으슥한 한쪽 구석에서 여전히 삼삼오오 제멋대로 몸을 흔들고 다니는 숲속 원주민들의 괴이한 무리, 암흑시대의 마지막 흔적들. 실론은 너무나 난해하고 꽉 짜여진데다 농익은 나라여서 서방의 기술 문명이 이곳에서 자리 잡기까지는 여러 세대가 흘러야 할 것이다. 그리고 이곳만큼 안전하게 혹은 편안하게 자연의 뒤틀린 뿌리 가까이 있다는 느낌을 받을 수 있는 곳은 세상 어디에도 없다. 동물원 밖에서 원숭이를 본 적이 한 번도 없다면 실론의 고속도로에서 이들을 보게 되는 건 현대 여행에서 가장 신나는 경험 중 하나임에 틀림없다. 두어 번 폴짝폴짝 뛰어 큰길을 건너거나 새끼를 나무 위로 우아하고도 명랑하게 낚아채 올라가는 이 원숭이들의 모습은 너무나 왕성하고도 숭고하게 자유로워 보인다. 코끼리라고는 6펜스 주고서 아이들 태우는 데서나 만화영화의 우스꽝스런 캐릭터로만 경험해 본 당신이라면, 잠깐 기다려보시라. 실론의 티크 숲에서 의젓하게 통나무를 굴리는 놈들을, 혹은 이쪽 숲에서 저쪽으로 야생의 위엄을 내뿜으며 당당하게 성큼성큼

이동하는 놈들을 볼 때까지.

물론 다른 데서 이런 동물들을 더 많이, 더 험한 환경에서 볼 수도 있다. 하지만 실론의 아름다움이 더욱 찬란한 것은, 사람들이 사는 곳 바로 옆에, 너무나 손쉽게 접근할 수 있고 마을과 거의 다닥다닥 붙어 있다시피 한 그런 곳에, 이들이 산다는 것이다. 해 질 무렵을 술잔을 기울이면서 개똥벌레들이 관목 숲을 너울너울 어지러이 날아다니는 모습을 보고 있으면 이들은 사람들의 마을 너머 다른 세계에서, 즉 원숭이와 코끼리들의 세계에서 온 우방국 특사 같다. 한번은 차를 몰고 가는데 약 8킬로미터쯤 계속해서 노란 나방들이 하늘을 흐르는 시냇물처럼 펄럭펄럭 시야를 메웠다. 실론 섬을 가로지르던 이들의 색다른 행렬은, 지구를 달리는 통행권이 인간의 전유물만은 아님을 내게 일러주는 듯했다.

그리고 이 점을 당당하게 입증하는 것이 바로 실론에서 가장 유명하고 놀라운 볼거리인 폐허도시 시기리야 Sigiriya이다. 사람들이 떠난 그곳을 이제는 주변 덤불의 온갖 야생동물들이 뻔질나게 드나든다. 그 잠잠한 폐허의 주위에서, 섬 북동부의 황량한 경치 속에 벌떼만 극성인 외로운 그곳에서, 가장 흥미로운 실론의 드라마가 펼쳐진다.

시기리야 즉 '사자바위'는 120미터 높이의 뾰족하고 거대한 화강암 덩어리이다. 회갈색의 전원 풍경 속에 삐죽 튀어나온 이 바위는 몇 킬로미터씩 떨어진 데서도 눈에 띄는데, 처음에는 오스트레일리아의 에어즈 록[이 책 13장 참조]이나 애리조나의 붉은 버섯바위들처럼 그저 놀라운 지질학적 괴물처럼 보일 따름이다. 그렇지만 이건 역사적 괴물이기도 하다. 15세기 전 실론의 왕좌를 탐낸 젊은 왕자 카스야파는 자기 아버지인 왕을 벽 속에 산 채로 묻어버렸다. 인도에 있던 형의 복수를 두려워한 카스야파는 가로챈 정권의 터전을 시기리야 바위 위에 세웠다. 진짜 바위 위였다. 평생 생명의 위협을 느끼면서 살았던 그는 바위 꼭대기에다 화강암에 판 가파른 계단을 통해서만 올라갈 수 있는 요새 같은 궁전을 지었다. 그 위에 알현실 하나와 호화로운 처소들, 근위병 주둔지, 물 저장고, 심지어 코끼리 우리까지 갖추었다. 거기 그 높은 데서 존속살인 범인 왕과 그의 신하, 궁녀들이 미치광이 수용소에 갇힌 듯 살았다.

지금도 이 바위로 올라갈 수 있다. 도중에 중간쯤에는 놀라운 시기리야 벽화가 새겨진 긴 방이 나온다. 풍만한 가슴을 드러내고 치렁치렁 보석을 걸친 반라의 여인들을 그린 이 벽화를 두고, 몇몇 연구자들은 불교의 비구니라고, 다른 이들은 왕실의 위안부들이라고 주장한다. 좀 덜 맹렬하던 시기에 만들어진 쇠 난간을 붙들고, 바위 이름의 기원이 된 거대한 사자 조각상의 다리 사이를 지나, 계단을 지나고 또 지나, 긴 방을 지나고 또 지나 오르고 또 오르면 드디어 평평한 바위 꼭대기가 나온다. 약 4,000평방미터 넓이의 그 꼭대기 공간에는 지금도 그 미치광이 왕의 궁전 잔해들이 다닥다닥 붙어 있으며, 발아래로 실론의 잡목 우거진 땅이 텅 비고 변함없는 모습으로 펼쳐진다. 이 엄청난 동방의 베르히테스가덴[51]에서 내려다보면 저 아래 적들의 세상은 정말 무능해 보이며, 카스야파는 거기서 무려 18년을 버텼다. 그러나 결국은 그의 형이 그를 찾아왔고, 상황이 더 악화되기 전에 그는 스스로 목숨을 버렸다.

세렌디피티! 늘 즐겁지는 않지만 틀림없이 놀라움을 선사하는 이곳. 이 에세이 처음에서 내 아침을 가져다준 그 웨이터를 기억하시는지? 그가 방을 나가자 난 그의 말을 그대로 또박또박 옮겨 적으려고 부랴부랴 노트를 찾았다. 그런데 내가 식탁에서 일어나자마자 그 망할 놈의 까마귀가 방 안으로 휘이휙이 날아와 내 토스트 한 조각을 훔쳐갔다.

---

51 Berchtesgarden. 독일의 이 도시에 히틀러의 500미터 고지 요새 겸 별장인 오버잘츠베르크가 있었다. [역주]

17-3 다르질링

> 다르질링은 제국의 잔재가 고스란히 남은 곳이었다. 브리티시 라즈British Raj 즉 영국령 인도 제국 시기에 언덕 위의 휴양지로 각광받던 다르질링은 그야말로 기적적으로 보존되어 있었다. 내가 이 글을 실은 잡지도 아주 제격이었다. 이제는 사라진 영국해외항공공사BOAC가 발행하던 잡지였는데, 그 이름은 BOAC의 전신인 '제국항공'Imperial Airways 혹은 '라즈'만치나 강한 향수를 불러일으키는 이름이기에 말이다.

　인도의 산간 피서지들 중 가장 유명한 다르질링은 모든 작은 것들의 세상이다. 물론 이곳은 물리적으로 아주 작다. 마치 자질구레한 장신구처럼 북쪽 국경의 한 귀퉁이로 훌쩍 밀려나 있어서, 인도 지도에서 찾기조차 힘들다. 그런데 다르질링은 비유적으로는 더 작은 곳이다. 이곳은 내가 아는 한 '의도적으로' 가장 왜소한 마을이다. 하염없이 스스로를 조그마하게 만들려고 애쓰는 마을처럼 보인다는 말이다. 캘커타에서 다르질링으로 가려면 넓디넓은 메마른 평원을 지나고, 엄청난 기세로 휘어 흐르는 강들을 건너, 끝이 없어 보이는 땅을 관통해야 한다. 그런데 그렇게 하여 겨우 다르질링 언덕의 발치에 이르면, 애개, 우리를 기다리는 건 조그만 장난감 같은 기차이다. 파란 페인트로 칠한 이 앙증맞은 열차가 끈덕지게 떼굴떼굴 바퀴를 굴려 숲과 차밭을 지나 칙칙폭폭 우리를 마을로 데려간다.

　꼭대기에서는 자그마한 사람들이 우리를 맞는다. 자그만 말들이 자그만 거리를 달그락달그락 달린다. 수백 수천의 쾌활한 자그만 아이들이 어디서나 데굴데굴 구르고 있다. 해발 2,100미터의 좁은 산등성이를 타고 앉아 양쪽으로 쑥 꺼지는 듯한 깊은 골짜기를 거느린 이 마을에 처음 들렀을 때 구름이 마을을 온통 뒤덮고 있었다. 몹시 은밀하고 자족적인 곳 같았다. 꼭 어린애들이 좋아하는 마당 한켠의 작은 장식용 집처럼 유치한 공상 같다 싶었다. 마을이 마술을 부려 조그맣게 축소되어서

구름 방울 속에 숨어 바깥세상과 인연을 끊어버린 듯한 그런 느낌. 그때였다. 연극에서 어떤 극적인 장면이 일어날 때의 격렬한 북소리에 맞추기라도 한 것처럼, 변화무쌍하던 구름이 한순간 쩍 갈라지며 마을의 배경을 이루며 대단하게 서 있던 히말라야 산맥의 우람한 몸집이 그 모습을 드러냈다. 햇살을 받아 분홍색을 띤 흰 눈, 줄지어 이어지는 작은 산들을 거느린 채 너른 세상을 고요하게 살피고 있던 히말라야가!

난 다르질링이 왜 그렇게 의도적으로 작아지려 하는지 깨달았다. 그 순간 거기서 나는 스스로를 낮추었다.

어떤 방문자들은 이런 눈 덮인 산을 아예 보지 못하기도 하는데, 어떨 때는 며칠씩 보이지 않기도 하기 때문이다. 그렇다 해도 이에 대해 더 왈가왈부할 필요는 없다. 다만 어느 신선한 아침에 다르질링에서 칸첸중가와 그 동료 봉우리들을 쳐다보는 일이 여행의 가장 고결한 순간 중 하나임을 얘기하는 걸로 충분하다. 그건 어쩌면 환상 같은 것이다. 여러 세대의 순례자들이 이에 감동하여 신비주의에 빠졌고, 더 많은 수의 이들은 옛 사람의 글에다 새 글을 덧붙이기를 거듭했다.

그렇지만 다르질링의 멋을 결정하는 건 히말라야 산맥의 그 엄청난 장관이 아니라, 그저 히말라야 그 자체일 뿐이다. 늘 히말라야가 거기 있다는 걸 알기에 이 마을은 마음을 놓고 살아가며, 그렇게 새로운 척도로써 사물들을 받아들인다. 다르질링의 조그마함은 열등감의 폭발이 아니라 '스스로를 아는 것'의 소산이다. 이런 자기인식에서 이 공동체는 특별한 힘과 쾌활함을 얻는다. 다르질링은 마치 산등성이에 세운 모형 동네처럼 가지런히 층을 이루며 만들어졌다. 꼭대기에는 멋진 호텔과 대저택들이, 아래쪽으로는 오밀조밀 복잡한 시장 지구가. 이렇게 빽빽한 겹겹의 건물 덩어리들 사이로 난 길들마다 웅성웅성 쉭쉭 생활의 활기가 가득하다. 다르질링의 기운은 아마도 작은 것들을 위해 더 활

활 타오르는 것이며, 마을의 어느 한쪽 구석도 잠잠하거나 따분하거나 텅 비어 있지를 않다.

다르질링은 놀랍도록 발랄한 생기의 장소이다. 모두들 그저 멋지다고 느끼며 사는 듯하다. 정말 그럴지도 모르는 게, 공기는 엄청나게 맑고 열기는 너무 뜨거운 경우가 거의 없고 냉기도 얼음장 같은 경우는 드물기 때문이다. 다르질링을 처음 지도에 올린 19세기의 웨일스인은 이곳을 처음부터 요양지로 안성맞춤이라고 생각했으며, 시킴 왕국의 국왕은 자신의 "병든 정부 관원들이 이곳의 혜택을 볼 수 있도록 하기 위하여" 다르질링을 인도의 영국 총독에게 기꺼이 양도했다. 오늘날에도 다르질링의 높은 기상은 결코 시들지 않은 듯하다. 아이들은 놀이를 멈추지 않고, 젊은이들도 자신들의 떠들썩한 유희를 끝내는 법이 없으며, 조랑말을 빌려 딸가닥딸가닥 동네를 누비며 깔깔대는 관광객들마저도 지치는 법을 잊어버린 사람들 같다. 정원의 매미는 하루 종일 끊임없이 울어대고, 언덕 아래에서는 작은 기차들이 — 사교적으로 여행하는 걸 즐기는지 두세 대씩이 한꺼번에 실리구리Siliguri를 출발해 장난치듯 — 기적소리와 연기를 내뿜으며 올라온다.

이방인이 보기에 이 모든 게 실제 생활보다 너무 치열하고 너무 결연한 듯 보인다. 특히 어두워진 후, 시장 골목마다 화로에 불을 붙이고 위쪽에서는 호텔의 등불이 아늑하게 빛날 때면, 다르질링 사람 절반이 산책을 나온 듯 산등성이를 따라 중간쯤 오른 곳의 삼각 광장인 차우라스타Chaurasta를 메운다. 다르질링에서의 첫날 저녁 나도 거기로 가서 벤치에 앉아 밤이 내리는 동네 풍경을 지켜보았다. 광장 너머 산등성이가 홀연 밤의 어둠 속으로 사라지더니, 보이는 거라곤 컴컴한 산봉우리들, 눈 덮인 정상인 듯 보이는 흔적들, 그리고 흘러가는 구름 속에서 이따금 초자연적인 빛으로 반짝이던 별들뿐이었다.

이런 밤하늘을 배경으로 다르질링 사람들이 이리저리 어슬렁어슬링 길거리를 오갔다. 마치 저녁 산책을 나온 스페인 사람들처럼, 혹은 상마르코 대성당의 보다 이국적인 베네치아 사람들처럼 두런두런 느릿느릿 걷던 그 사람들. 사리를 입고 코 집게를 한 반짝반짝 훤칠한 아가씨들. 털모자를 쓴 갈색의 땅딸한 남자들. 눈부시게 아름다운 비스듬한 눈매의 아이들과 칭기즈칸처럼 때 묻지 않은 열정의 얼굴을 한 소년들. 수도승과 사제와 군인, 트위드 차림의 당당한 인도 신사와 면 소재의 파티 드레스를 입고 깔깔대는 인도 처녀들. 배낭에 텐트 작대기를 짊어지고 일을 마치고 집으로 발걸음을 재촉하는 산악 짐꾼들. 길게 땋은 머리를 한 고대인 같은 남자들. 히피 두 명과 수녀 한 명, 네 명의 프랑스 관광객들, 그리고 연주용 무대 옆의 벤치에 앉아 마치 무엇에 홀린 듯 그 모두를 바라보던 나.

거긴 마치 세계의 소우주 같았다. 평원과 산들로부터 두루 이것저것 모아서, 그 작은 광장으로 한데 모이게 한, 좀 더 가지런하고 좀 더 관리 가능한 크기로 축소된, 아드레날린 주사를 곱배기로 맞은 듯한 그 소우주.

"당신 나라는 어디요?" 좁은 오솔길을 걷다 만난 한 사내는 내 얼굴에 입김을 뿜으며 대뜸 그렇게 물었다. 내가 잉글랜드의 서쪽인 웨일스라고 하자, 그는 또 대뜸 물었다. "거기 가려면 높은 고갯길이요?"

고갯길은 상상을 초월할 만큼 높고, 골짜기는 뭐라 말할 수 없을 만큼 멀다. 로이드 대령이 다르질링의 초석을 쌓은 이래 한 세기에 걸쳐 사람들은 그 골짜기로부터 산등성이까지 올라가 이곳에 정착했다. 이곳은 어쩌면 국경 정착촌이다. 엄밀하게 보아 그 설산들 중 일부는 인도 땅, 일부는 시킴 왕국이나 부탄, 일부는 네팔 왕국, 일부는 티베트 인민공화국 땅이다. 다르질링은 온갖 미스터리들의 끄트머리에 서 있는 듯한 곳이며, 주민들은 동부 히말라야 곳곳이나 아래쪽 평원에서 이주해

온 이들이다. 서양 마님들을 위한 유서 깊은 요양지는 이제 아주 많다. 다르질링은 유명한 휴양지일 뿐만 아니라 중요한 시장이자 지방정부의 중심지, 일종의 인종전시장이기도 하다.

지상의 작은 마을 중 다르질링보다 더 다양하고 색다른 유형의 사람들과 그들의 생활방식을 보여주는 곳은 없다. 이 지역 원주민인 렙차Lepcha족은 키가 채 150센티미터도 되지 않는 작은 체구지만 엄청나게 강인하고 민첩하다. 에베레스트와 칸첸중가의 고산 전문 짐꾼들인 동부 네팔 출신의 셰르파Sherpa족은 마치 멈추는 법을 모르는 듯 엄청나게 힘차게 성큼성큼 걸어다닌다. 티베트인들은 종종 너무나 세련되어 보여서, 어떨 때는 유행을 선도하는 사람들 같다. 흠 잡을 데 없는 용모에 나팔바지 차림의 그들은 첼시의 디스코텍에 가려는 건가 싶을 정도다. 구르카Gurkha인들은 속속들이 군인 같아서, 언제나 고개를 빳빳이 들고 가슴을 쭉 내밀고 행군하듯 걷는 게 마치 가두행진 하다 말고 빠져나온 사람들 같다. 이런 북방 출신의 몽고계 사람들 얼굴에서는 졸린다거나 멍청해 보이는 표정을 거의 찾을 수가 없다. 모두가 대단히 유능해 보인다. 비뚤어짐 없이 똑 떨어지는 이 사람들을 보면, 예컨대 뉴욕의 브룩클린이나 남부 우랄 지방의 어느 벽촌에 떨어뜨려 놓아도 금세 익숙해져 자립할 것처럼 보인다.

그렇지만 이들도 다르질링의 온갖 종족들 가운데 일부에 지나지 않는다. 네팔 사람들만 해도 구룽족, 마가르족, 타망족, 네와르족 등이 있다. 진짜 티베트인 난민들도 있으며, 편잡이나 라자스탄 출신 인도군 병사들도 있다. 푸른색 통 넓은 바지 차림의 저 검은 피부의 호리호리한 아가씨는 안남인이거나 말레이인일 것이다. 저기 네 사람의 장교는 샌드허스트Sandhurst[영국육군사관학교] 출신임을 일러주는 가늘고 검은 콧수염에 스웨이드 부츠 차림의 라지푸트족들이다. 도로 옆의 힌두 수도승은 온몸에 적황색 황토를 문질러 신비로운 느낌이다. 막 조랑말에 올라타고 있는 벵골 가족들도 있다. 노란색 벨벳 리본에 분홍색 장군 모자를 쓴 아이, 그 아이를 안고서 뿌듯하게 미소 짓는 젊은 아빠, 진짜 화려한 결혼식을 위해 차려 입은 게 틀림없을 정도로 보이는 아이, 그리고 그 아이의 이미 흠 잡을 데 없는 머리를 정성스레 거듭해서 빗질하는 금색과 붉은색 사리 차림의 엄마. 이들 가족은 잔뜩 기대감에 부풀어 있다. 덥수룩한 수염과 묵직한 터번 사이로 당신을 살피는 저 눈은 물론 시크 사람의 눈이다. 옆자리 여인의 미끈하면서도 부끄러워하는 미소는 마드라 지역의 모래와 야자수가 빚어낸 미소임이 틀림없다.

가을이면 다르질링에서는 경마 행사가 열리는데, 그때면 이런 인종들의 향연을 가장 신나게 즐길 수 있다. 그 경마장은 세상에서 가장 작은 경마장이라는 애칭으로 불린다. 말과 마수는 무서운 속도로 결승선을 통과하자마자 잽싸게 멈춰야만 한다. 안 그랬다간 경주로를 벗어나자마자 붙어 있는 진입로로 뛰어들기 십상이기 때문이다. 이 경마장이 처음인 기수들이 기겁하기 딱 좋은 것이다. 경마장 분위기는 그다지 공식적이지 않다. 경마코스의 안쪽에서 젊은이들은 축구를 한다. 당장 경주에 참여하지 않는 말들은 주변을 어슬렁거리며 한가로이 풀을 뜯는다. 마권과 우산을 챙겨 든 경마 팬들은 산등성이의 시가지 쪽에서 산속 비탈길을 휘청대며 내려오고, 도로 쪽에서는 지프와 덜덜대는 택시들이 길게 줄을 지어 빵빵대며 길을 간다.

물론 전통적 절차들 또한 여전히 사랑받고 있다. 이 경마대회는 다르질링의 짐카나클럽이 주관하는데, 대부분 군대 장교들인 운영자와 심판관들은 놀랍도록 빼어난 미모의 부인들과 함께 말쑥하고 우아하게 본부석에 앉아 있다. 간혹 고참 운영자가 경마장 구내를 설렁설렁 걸어다니기도 하는데, 그 모습들은 롱샹[파리의 경마장]으로부터 켄터키다운스[미국에서 가장 유럽 풍인 경마장]에 이르는 온갖 경마장에 공통적인 경마업계 거물들의 위풍당당한 자비심을 물씬 풍긴다. 마권에는 갖가지

©Movana Chen

전문 용어들이 깔끔하게 인쇄되어 있으며, 규칙은 물론 아주 엄격하다 ("조련사와 기수들에게 경고하노니 비록 경마코스 바깥에서 벌어진 것이라 해도 소란 행위, 음주 및 기타 부적절한 행동은 운영자에 의해 심각하게 고려될 것이다"). 사회 보편의 믿음에 맞서 싸우겠노라는 결연한 의지가 없다면 다르질링 짐카나클럽의 내규에 저항하는 일은 꿈도 꾸지 않는 게 좋다.

종이 울리고 깃발이 내려진다. 서너 마리의 조그만 티베트 조랑말들이 왕성한 먼지 구름을 일으키며 트랙을 질주한다. 작은 체구에 툭 튀어나온 광대뼈의, 주홍과 노랑의 화사한 경주복 차림인 기수들은 바이저 선글라스를 바짝 내려쓰고 필사적인 속도와 엄청난 집중력으로 말들을 몬다. 관중들이 까치발을 하고서 흥분하는 가운데 앙증맞은 트랙을 돌진한 말과 기수들은 환호와 웃음, 야유 속에 부리나케 시야에서 사라져 관중석 뒤를 돌아 경마장을 빠져나간다. 그건 마치 아틸라 왕의 정찰병이 휙 지나간 듯한 느낌이다. 처음 이곳을 찾은 이에겐 이런 경주가 충격적이겠지만, 운영자들은 당황하는 기색이 전혀 없다. "끝내주는군!" 그들은 서로 말한다. "정말 대단한 경주지, 응?"

가장 꼰대 같은 진보파라 하더라도 이 조그만 다르질링에게서 느껴지는 어떤 향수의 끌림을 모르쇠 할 수는 없을 것이다. 이 향수는 아무 해도 없다. 이는 그저 옛 시절의 향기, 아직도 여기 이 높은 산등성이 일대를 감도는 어떤 빅토리아 풍 향취일 뿐이다. 대부분의 다르질링은 빅토리아 풍 쾌락추구자들에게 너무나 애틋한 지붕널 마감의 샬레처럼 생긴 건물들로 가득하다. 다르질링의 사람들이 아무리 다양해도 이들 모두는 한결같이 포크 보닛 여성모와 차 한잔과 비스킷 등으로 대변되는 점잖은 문화를 즐긴다. 제정신이 아닌 다음에는 그런 스타일을 싫다고 할 리가 없다. 이는 또한 다르질링의 사소한 신비의 핵심이기도 하며, 그래서 꼭 뮤직박스 같은 마을 느낌을 불러일으킨다. 시계 위에 장식된 것 같은 톱햇과 버슬 차림의 남녀들이 더몰을 따라 삐딱삐딱 행진하는 동안, 햇살 속에서 귀여운 가락이 짤막하게 띠링띠링 울려대는 것 같은 느낌. 에스플러네이드Esplanade, 해피밸리Happy Valley, 스텝어사이드Step Aside 등 곳곳의 이름들에서 이런 옛날의 느낌이 물씬 전해지기도 한다. 다르질링 사람들은 아래쪽 평원으로 내려가는 큰길을 지금도 카트로드Cart Road라고 부른다.

몇몇 호텔도 멋진 빅토리아 풍을 자랑한다. 정통한 이의 말에 따르면 윈더미어(잉글랜드의 바로 그곳!) 호텔 같은 건 스코틀랜드에서도 찾기 어렵다는 것이며, 마운트에베레스트 호텔의 차 한잔은 진짜 우리 할머니들이 즐기던 그런 차 한잔이다. 다르질링에서의 쇼핑 또한 흐뭇하게 유서 깊다. 마님들을 위해 의자가 즉각 제공되고, 가게 점원들은 끈기 있고 세심하게 곁을 지키며, 오래 전 잉글랜드 지방도시의 직물점 등에서 볼 수 있었던 줄로 잡아당기는 돈 통 같은 걸 볼 수 있으리라 기대해도 좋다. 물론 그 돈 통 위에는 카슈미르 숄이나 티베트 불교 수행자들이 기도할 때 돌리는 바퀴가 가로놓여 있을 터이다.

다르질링의 기쁨들 중 대다수는 — 아무래도 시장 지구의 은밀한 재미는 제외해야 하겠지 — 우리 조부모 세대들도 완전 좋아할 것들이다. 이를테면, 나는 자제하느라 하지 않았지만, 새벽 3시에 일어나 타이거힐에 올라 에베레스트 정상의 일출을 구경하는 것과같은 고전적 기쁨도 있다. 굼록이나 카벤터스 낙농장 등의 '흥미로운 곳으로의 소풍'이 선사하는 기쁨도 있다. 야생화와 나무를 식별하거나 스케치하는 기쁨도 있고, 야외 동물원에서 동물들 구경하는 재미도 있다(우리 안에서 사람들의 눈길에 시무룩하게 반응하는 라마와 시베리아 호랑이들은 마치 빅토리아 시대가 아예 닥치지 않았더라면 좋았겠다고 바라는 눈치다). 물론 조랑말 투어도 있고 미니 골프장도 있다. 내가 거기 있을 때는 세인트폴 학교의 학생들이 루디고어Ruddigore[19세기의 코믹 사보이 오페라]를 공연하기도 했다.

무엇보다 다르질링에는 걷기의 기쁨이 있다. 대부분의 거리에서 차량 통행이 금지된 다르질링은 지상에서 가장 걷기 좋은 도회지 중 하나이다. 도시 주위를 가만히 걷는 것도 좋고 식물원을 가로질러 걷는 것도 좋다. 주변의 산으로 피크닉을 갈 수도 있다. 아니면 파인애플 통조림과 침낭을 챙겨 셰르파 팀과 합류해 먼 산으로 떠날 수도 있다. 매년 더 많은 사람들이 다르질링에서 트레킹을 떠나고 있으니, 참으로 건강한 취미임에 틀림없다. "다르질링만 한 데가 없죠." 자기 몸을 지탱하기도 버거워 보일 정도로 덩치 큰 어느 부인이 내게 레모네이드 한잔을 건네주며 꾸짖듯 말했다. "거미줄 날려 버리듯 머리를 맑게 하는 데는 다르질링이 최고예요."

이미 말했다시피 우리 할아버지 세대들은 이런 걸 너무 좋아할 것이다. 감성적인 여행자라면 아주 상투적인 다르질링의 볼거리만으로도 가슴이 뭉클할 것이다. 산등성이의 동쪽 끝인 잘라파하르 고지에는 조그만 군부대가 하나 있다. 연병장에 영내 교회, 가게 등까지 갖춘 주둔지이다. 한번은 이곳 영내를 관통해 거닐며 광을 낸 놋쇠, 하얀 조약돌들 사이에 박아 놓은 연대 심볼, 쿵쾅대는 군화 소리, 사병들의 까칠까칠한 콧수염 등 군부대 특유의 미학을 즐기고 있었다. 그때 뒤쪽의 연병장에서 뜻밖의 소리가 들려왔다. 구르카 병사들의 백파이프 악단이 느릿느릿 흐느끼는 듯한 도입부에 이어 하이랜드[스코틀랜드 북부의 고지대]의 비탄을 노래한 서글픈 곡을 연주하기 시작했다. 먼지 이는 길 위에 멈춰 나는 꼼짝을 할 수가 없었고, 금세 눈시울이 뜨거워지기 시작했다. 그 옛날, 나와 같은 사람들이 얼마나 오랜 세월 동안 망명자의 신세로 저 곡을 듣고 울컥 마음의 동요를 일으켰던가. 인도 국경의 이 산지에서 듣는 저 소리는 얼마나 낯설고도 맑으면서 또 적적한가.

"괜찮으세요?" 내가 멍하니 서 있는 걸 보고 지나가던 사람이 물었다. "아픈 거 아니세요?" 아픈 거 아니에요, 난 언덕 위로 다시 발걸음을 옮기며 그를 안심시켰다. 그냥 울컥한 거예요!

매일 아침 식사 전에 난 옵저바토리힐에 오르곤 했다. 차우라스타 광장 바로 뒤로 우뚝 솟은 이 울창한 언덕은 불교신자들에게는 성지의 하나여서 그 꼭대기에 사원도 하나 세워져 있다. 가파르고 구불구불한 길을 따라 정상에 오르는 내내 탁발수행자들이 신자들에게 한 푼 공양하라고 손을 내밀고 서 있다. 대주교처럼 고개 숙여 인사하는 근엄한 성자들, 명랑한 노파들, 재잘거리며 호기심 많은 아이들의 무리를 향해 말이다. 싱긋 웃는 표정의 두 마리 돌사자가 성지 입구를 지키고 있으며, 나무들마다 기도문을 적은 흰색 천들로 뒤덮여 있고, 사당의 후미진 구석으로부터는 끊임없이 웅얼대며 기도문을 암송하는 소리와 잘랑대는 종소리가 신비롭게 들려올지도 모른다. 거기엔 늘 사람들이 있다. 기도하는 이들, 명상하는 이들, 불경을 읽는 사람들인데, 내가 날마다 만났던 한 사람은 관목숲 속에 홀로 서서 티베트 쪽을 바라보며 커다란 검은 공책에다 뭔가를 쓰는 게 일이었다.

날씨가 쾌청하면 칸첸중가와 그 동료 봉우리들의 장엄한 전경을 볼 수 있어서, 아래쪽 호텔에서 내 아침상에 내놓을 계란 요리를 하는 동안 나는 옵저바토리힐의 풀밭에 홀로 앉아 다르질링의 면역력에 대해 탄복하곤 했다. 내가 보기에 다르질링은 탈출이었다. 다르질링은 자기 주제를 잘 알며 그에 만족한다. 비록 다르질링이라는 이름이 어디서나 유명하긴 해도, 다르질링은 그저 히말라야 산지의 조그만 마을로서 — 땅 가까이, 신전 가까이 — 머무를 따름이다. 지저분한 것들도 아주 많긴 하지만, 그건 절망과는 다르며 타락과는 더더욱 다르다. 짊어진 짐이 허리를 부러뜨릴 지경이지만 그래도 짐꾼들에게는 웃음을 머금을 힘이 남아 있다. 아이들과 닭들이 부엌을 맘대로 들락날락하지만 엄마들은 결코 화를 내는 법이 없다. 덤불에서 땔감을 잘라내는 여자애들은 연신 깔깔거리며, 일꾼들의 등에 잔뜩 쌓인 건초 더미에는 어김없이 연분홍과 푸른색 꽃들이 군데군데 알록달록 어여쁘게 꽂혀 있다.

다르질링은 마치 무의식적 가치 체계를 발휘해 아래쪽 세계로부터 필요한 것 무엇 무엇을 받아들일지 결정한 뒤 나머지는 죄다 거절해버린 곳 같다. 한 차례 다르질링을 방문하는 것만으로도 좀 더 나은 인간, 좀 더 친절한 인간이 되는 걸 느낄 수 있다. 구름 속의 그 엄청난 산들이 척도를 올바르게 설정하며 조화와 균형을 자아낸다. 호들갑 피워 뭐 할래? 산들은 그렇게 말하는 듯하다. 계속 안달하며 살 수는 없잖아? 아침마다 언덕에 오른 지 10분쯤 되면 내게 그렇게 가르치던 산들의 교훈은, 아래쪽에서 계란 요리가 나를 기다리고 있다는 사실 또한 불현듯 환기시켰다. 그러면 난 허겁지겁 내려갔다. 길가에 늘어선 거지들을 지나, 그들에게 벌떼처럼 붙어 있는 아이들도 지나, 그들을 격려하는 삼촌 같은 인상의 현인들도 지나, 빨간 터번에 반짝반짝 윤을 낸 황동 배지를 단 웨이터가 식당 문에 서서 근심스런 눈길로 나를 기다리다 드디어 나를 보고 내 포리지 그릇의 뚜껑을 잽싸게 열어줄 그곳으로.

> 다르질링에 머무는 동안 불교 스님 복장을 즐겨 입던 한 미국 젊은이를 자주 보았다. 들리기로는 근처의 신학교에서 공부하는 청년이라는데, 타래 머리에다 갈색 장삼을 걸치고 얇은 신발을 끄는 모습이 아주 자연스러웠다. 이 희한한 인물을 두고서 그 누구도 놀라는 눈치가 아니었다. 미국에서 아들을 보러 온 그 젊은이의 아버지도 평범치 않은 그곳의 모든 것들을 너무도 편안해했다. 하루는 아버지가 아들에게 하는 말을 들었다. "지미, 내가 한잔 하마. 다―르―질링! 이곳의 끝내주는 사람들을 위해 내 한잔 하겠다고!" (잔을 내려놓던 그 아버지, 빈틈없이 한마디 덧붙였다. "그런데 말이다. 이거 인도 포도주냐? 정말 좋은데")
> 여러 해 뒤 TV용 프로그램을 만드느라 내 아들 톰Twm 및 웨일스, 잉글랜드, 폴란드인 등 다국적 팀과 함께 다르질링의 윈더미어 호텔을 다시 찾았다. 그곳을 떠날 때 나는 호텔의 방명록에 감사의 시 한 편을 써놓았다. 그런데 그 시가 이제 벽에 액자로 걸려 있다고 하니, 참으로 영광이다.

17-4 델리

> 옛 영국 식민지들 가운데 가장 멋진 곳은 단연 델리이다. 인도를 점령한 영국식민정부의 막강한 본부였던 델리! 그곳은 예전부터 헤아릴 수 없이 많은 왕조의 수도였고, 내가 들렀던 1970년대 당시에는 지상 최대 민주공화국의 수도였다. 아래의 에세이는 뉴욕에서 발행되는 잡지 〈롤링스톤〉에 실은 글이다.

"보세요." 정부대변인이 말했다. "델리를 갠지스 강에 비유해 설명해볼게요. 갠지스는 엄청 구불구불하죠. 작은 지류들이 흘러들어오고, 갠지스가 여러 갈래로 나뉘기도 하죠. 워낙 여러 물길로 나뉘어 바다로 흘러들다 보니 아무도 어느 게 진짜 갠지스인지 몰라요. 제 설명, 이해하시죠? 이건 어쩌면 형이상학적 문제일 겁니다. [작가분이시니까] 겉으로 드러난 사물의 밑을 열심히 파헤쳐서 우리 평범한 피조물들에게 보이지 않던 걸 찾아내셔야죠! 자, 우선은 차 한잔 드실 테죠?"

우유 없이 설탕을 듬뿍 넣은 차 한잔을 부탁했더니 목 밑까지 단추를 채운 상의에 스카프까지 두른 배달원이 발을 질질 끌며 차를 내왔다. 의례적인 인사말들이 오가는 동안 나는 대변인의 충고를 곱씹었다. 인도인들은 물론 평범한 것들을 신비로운 것으로 추상화하길 좋아한다. 그게 그들의 '만고불변의 진리'의 일부이다. 지난 200여 년 동안 이 경향이 서방 여행자들을 어리둥절케 하고 성나게 했으며 또한 즐겁게 하고 황홀하게 했다. 머나먼 곳에서 지혜의 성소를 찾아 경배하러 온 순례자들로 인도는 붐빈다. 그런데, **델리라고**? 델리는 그냥 한 나라의 수도가 아니다. 정치적 궁극 중 하나, 원동력 중 하나인 곳이다. 델리는 권력과 전쟁, 영광을 위해 태어났다. 이곳이 위대해진 건 성자들이 거기서 밝은 미래를 내다보았기 때문이 아니다. 북서쪽에서 온 침략자들이 비옥한 갠지스 삼각주를 향해 진군할 때 꼭 거쳐야 하는 전략 요충이었기 때문이다. 델리는 군사들과 정치가의 도시, 저널리스트와 외교관의 도시이다. 델리는 아시아의 워싱턴이고(그만큼 예쁘진 않지만), 야심과 라이벌 관계, 기회주의를 먹고 사는 곳이다.

"아 맞아요." 그가 말했다. "작가님 생각이 상당 부분 맞지만, 그건 델리의 껍데기에 불과합니다. 예술 하시는 분이시니까, 그 너머까지 보셔야죠! 작가님의 궁금증 해결을 돕는 데 저희가 할 수 있는 게 있으면…" 그는 매력적으로 머리를 기울이며 덧붙였다. "…저희한테 뭐든 말씀만 하세요. 언제든지 전화하시면 즉각 필수 정보들을 모아 일러드리겠습니다. 저희는 돕는 게 일입니다. 그게 저희가 여기 있는 이유죠. 아니다, 아니네요, 그건 저희의 의무입니다."

델리는 분명 상상도 못할 만큼 오래된 곳이고, 그 나이가 곧 형이상학이라고 나는 생각한다. 이곳 어디서든 죽음을 묘사한 그림들을 만날 수 있으며, 그런 것들이 델리를 상징들의 잔소리 같은 곳으로 보이게 것도 사실이다. 황제의 무덤이 교차로 옆에 서 있고, 이름도 없는 요새가 교외의 경관을 주름잡으며, 사라진 왕조의 이름들이 비록 길거리 이름으로나마 이곳의 말에 깊이 새겨져 있다.

델리는 결코 순결한 도시가 아니다. 모든 켜마다 부정과 술수가 수수께끼처럼 얽혀 있다. 그래도 드문드문 아주 유기적인 모습을 간직한 곳이기도 하다. 『델리 시티 아틀라스』의 8번 지도는 델리에 대한 소개로서 아주 제법이다. 도시 안의 상당 지역을 "빽빽한 정글"이라고 표시해 둔 것인데, 비록 인구 100만의 도시임에도 불구하고 델리는 아직도 오지 근처라는 느낌을 준다. 툭 트인 평원을 볼 수 있는 곳이 이 도시 안에는 꽤 많다. 인도를 대표하는 나무인 깃털 모양의 능수버들과 없는 데가 없는 아카시아가 델리의 구석구석을 파고든다. 동물도 마찬가지다. 다람쥐는 지천이고, 원숭이, 물소, 젖소, 염소 그리고 백만 마리는 됨 직한 주인 없는 똥개들이 태연하게 거리를 활보한다.

343

순박한 모습 또한 어디서나 발견된다. 인도 전역의 시골 사람들이 일자리를 찾아, 도움을 찾아, 구경을 위해 델리로 모여들기 때문이다. 시크교도들과 말쑥한 벵골인, 번쩍거리는 장신구를 한 라지푸트인, 서부 해안 출신의 멋쟁이 구자라티인, 남부 출신의 아름다운 타밀인, 생가죽 냄새를 풍기는 망토 차림의 티베트인, 애프터쉐이브 로션 냄새를 풍기는 봄베이 출신의 사무원, 학생, 유랑 현자, 군화를 신고 요란하게 걷는 군인, 검은 베일의 무슬림 여인, 펀자브 평원에서 하루 들르러 이 도시를 찾은 그을리고 메마른 농부들까지. 그들은 애정이 가득한 눈빛으로 국가적 기념비들을 순회하며 감탄하고, 그곳 근무자들은 팁을 기대하며 독백 같은 안내의 말을 읊조리고, 대통령 관저 밖에는 관광버스가 줄을 서서 기다린다. 마술사들은 레드포트Red Fort의 성벽 아래 먼지 나는 해자에서 홀연 사라지는 연기나 공중부양을 준비한다.

델리는 욕망, 증오, 복수, 사랑, 연민, 친절, 살인의 충성, 손길 등 기본적이고 즉각적인 감정들의 도시이다. 세부적인 것들에 있어서도 지극히 원색적인 곳이다. 이곳에서는 가난조차도 흑백이 나뉜다. 한쪽에는 "배고파요" "아기" "엄마" 등 절망을 효과적으로 표현하는 몇 마디를 숙달하고서 정에 약한 이방인들에게 올가미를 씌우는 데 번번이 성공하는 조직적 어린이 거지단이 있다. 다른쪽에는 거적이나 천막, 낡은 포장상자만 두른 빈민가인 공손한 자기스jagghis들 수천이 있으니, 이들은 마치 델리라는 거대한 몸집에 일어난 검은 혹덩이들 같다.

민중의 목소리가 곧 신의 목소리라고 간디는 말하곤 했다. 난 글쎄요 싶지만, 그래도 인도의 가난에서는 뭔가 성스러운 요소가 느껴지긴 한다. 오랜 세월과 희생 속에서 빈곤에 기품이 밴 것이다. 인도인들은 이를 환생 개념으로 합리화하는데, 나는 그것도 그리 탐탁찮다. 수많은 고난의 길 중 하나일 뿐일 테니까. 시골로 가는 멀고 긴 여행 끝에 운전사에게 내가 말했다. "다음 세상에선 내가 운전하고 당신이 뒷자리에

편히 누울 겁니다." 그의 대답은 더 간단하고도 심오했다. "다음 세상에선 우리 **둘 다** 뒷자리에 누울 겁니다." 델리에서는 불평등이나 비애조차도 아주 탄탄한 생명력을 내장하고 있다. 그런 끈질긴 숙명론은 많은 모더니스트들을 분노케 하지만, 나 같은 사람에겐 오히려 위로가 된다. 때로는 이런 숙명론이 동방의 미신 숭배로 위장해 나타나기도 한다. 아시람ashram[힌두교 수행처]에서 어리숙한 캘리포니아인들이 그런 가르침을 열심히 배우고, 스와미swami[힌두교 지도자]들은 아주 멋지게든 정말 형편없게든 이를 적극 활용한다. 하지만 인도인들에게 이는 그저 실태를 있는 그대로 상냥하게 받아들이는 것일 따름이다. 눈에 보이는 게 전부가 아니라는 현명한 가르침이 이를 뒷받침하는 것이고.

하지만 비애는 어쩔 수 없다. 델리는 연패의 늪에 빠진 도시이다. 델리는 빗장을 닫아버린 곳, 놓쳐버린 약속, 펑크 난 타이어, 잘못 건 전화 같은 거대도시이다. 델리의 일간신문 지면에는 늘 외교나 경제, 스포츠에서 벌어진 새로운 실패의 이야기들이 등장한다. 내가 거기 있는 동안 코에 보기 흉한 종기가 나기 시작하더니 얼굴 한쪽이 마치 커다란 응어리 같이 부어올랐다. 부끄럽긴 했지만 그래도 난 취재를 계속했다. 처음엔 길거리의 사람들이 나의 그런 모습을 요령껏 못 본 체해주는 게 너무 고마웠다. 그런데 이틀쯤 지나자 난 그게 실은 아주 슬픈 현상임을 깨달았다. 그들은 **정말로** 눈치를 못 챈 것이었다. 그들에겐 부숭한 내 얼굴이 꽤나 정상적으로 보였던 것이다. 온갖 기형으로 가득 찬 땅에서 스쳐가는 한 기괴남이 무슨 대수겠는가?

내 질문 목록을 뜯어보며 정부대변인이 말했다. "그렇군요. 이런 건 아주 간단합니다. 즉시 처리하죠. 말씀드렸듯 저희 의무니까요! 그 일로 월급을 받잖아요! 저는 오늘 오후에 중요한 모임이 있어서, 양해해 주시겠지요? 대신 이 간단한 일을 저희의 유능한 굽타 여사께 맡겨서 잘 진행되도록 하겠습니다. 제가 직접 틀림없이 전화를 드려 답변을 일러드리죠. 만약 제가 아니라면 굽타 여사가 틀림없이 오늘 아니면 내일 아침에 전화를 드릴 겁니다. 저희 등록부에 서명은 하셨습니까? 괜찮으시면 여기에 서명 한 번만 더 해주시죠. 그럼 입구에 있는 여자 분이 출입증 신청에 필요한 서류를 발급해 드릴 겁니다. 출입증만 있어도 모든 게 훨씬 쉬워지니까, 두고 보세요. 걱정은 마세요. 굽타 여사가 모두 잘 처리할 겁니다. 명심하세요, 우리 도시의 영적인 측면이 가장 보람차리란 걸. 갠지스 강도 잊지 마시고! 역사를 배우시는 분이니까, 제가 옳다는 걸 알게 되실 겁니다! 하하! 차 한잔 더 하시죠? 시간 괜찮으시죠?"

그렇지만 뉴델리에서는 영적인 측면이 전혀 압도적이지 않다는 걸 그 대변인도 인정할 것이다. 인도 정부의 본거지이며 인도 주권의 본향인 뉴델리는 델리의 뒤를 잇는 여러 수도들 중 최신이자 최대인 곳이다. **영국인들이 만든** 이 도시는 몇몇 훈계조 상징과 지겨운 글귀들에도 불구하고 ─ "자유는 국민들에게 주어지지 않으니, 국민 스스로 자유를 위해 일어나야 한다" ─ 자기들 고유의 제국 시절 왕조Raj에 대한 노골적이고도 웅장한 기념물이다. 뉴델리는 지금 보아도 그리 어색하지 않다. 우선 이곳은 모든 역사적 우연성들을 감안해 동서양 혼성양식으로 지어졌다. 다음으로 델리에서는 영국색이 전혀 사라지지 않았다. 델리 젠틀맨들은 무진장 영국적이다. 스포츠계는 특히 더 그렇다. 델리에서 벌어지는 사교행사들은 애스코트Ascot[잉글랜드 버커셔주의 경마장]나 로즈Lord's[런던의 크리켓 구장]보다 훨씬 더 잉글랜드스럽다.

안개 낀 이른 아침에 행사용 가로인 라즈파스Rajpath[왕의 길]에서 내려다보는 뉴델리는 두말할 나위 없이 장엄하다. 건물들은 로마도 영국도 인도도 아닌 **제국**양식이다. 이런 혼합 양식의 억지스러움과 무안함은 멀찍이서 본 탓에 아침 안개에 가려 그다지 눈에 띄지 않는다. 잠

깨어나는 델리의 부스럭거림도 그런 부끄러움을 가려준다. 불룩한 서류가방을 든 공무원, 수많은 잡역부들, 거만한 새벽근무조 경찰, 원색 옷의 여자 청소부들, 운전수 딸린 인도산 리무진 안의 장관님 같은 인물(장관이라기엔 너무 이르다), 관저 정문을 지키는 건장한 구르카족 Gurkha 군인, 새벽같이 오베로이 인터콘티넨탈 호텔을 나서는 부지런한 관광객들, 춤추는 원숭이들을 거느린 광대, 어린이 조수들과 함께한 뱀 마술사, 국회 밖 보도에서 머리를 깎아주는 공무원 이발사, 장식용 분수대 옆에서 빨래를 준비하는 여인들, 잘 꾸민 공원을 급히 가로질러 와 당신에게 찬 음료 마시겠냐고 묻는 카키색 옷의 남자까지.

이 칙칙한 북적거림 속에서도 인도의 힘은 거대하고 분명하게 느껴진다. 이 힘은 의도적으로 만들어진 것이면서 동시에 자연스럽게 생겨난 것이기도 하다. 인도의 통치자들처럼 외부에서 온 통치자들도 이 힘을 분별했으며, 역사가 어찌 바뀌든 무심히 인도 위에 군림했던 게 이 힘이다. 세계의 모든 나라들 중 인도는 진정 가장 엄청난 나라인데, 델리에 아침 해가 떠오를 적마다 매일 이런 놀라움이 새롭게 드러난다.

5억 8천만의 인구, 300개의 언어, 히말라야 산맥에서 적도까지 이어진 땅, 봄베이나 캘커타처럼 어마어마한 도시들, 지도에 표시조차 되지 않을 정도로 시간의 뒤안길로 잊혀진 마을들, 핵 과학자들과 산골 원주민들, 막대한 부를 소유한 산업자본가와 역 승강장에 드러누워 죽어가는 거지, 서넛에 이르는 거대한 문명들, 무수한 종교들, 전 세계에서 몰려오는 순례자들, 부정축재에 푹 빠진 정치가들, 페샤와르 Peshawar[파키스탄에 있는 옛 간다라 왕국의 수도]까지 뻗어 있는 그랜드트렁크로드Grand Trunk Road, 햇살 속에 반짝이는 마드라스 지방의 사원들, 무궁무진한 역사, 이해할 수 없는 사회체계, 그 폭을 가늠할 길 없는 인력의 보고, 빈곤의 고통, 모호함, 활력, 혼돈. 이 모든 것들이, 이 방대한 인도라는 집합체가 뉴델리에 힘을 부여하고, 뉴델리 주변에서 펼쳐지며, 뉴델리에 속속들이 스며들고, 뉴델리를 끌어올리며, 뉴델리에 영감을 불어넣고, 거의 완전히 뉴델리를 뒤덮고 있다.

네루는 서구의 근대 문명을 싸구려 모조품이라고 했다. 모조 가치들에 기대고 모조 음식들을 먹는다는 것. 그렇지만 델리의 지배계급들(정치가, 사업가, 군부)은 그런 서구의 근대 가치들을 서슴없이 왕창 받아들였다. 간디는 인도가 '가능한 한 가장 작은 군대'만 가지리라고 했지만 델리는 그 어디보다 더 군사적인 수도이다. 델리 전화번호부에서 칸나Khanna라는 친구를 찾아보니 그 이름의 장성이 넷, 공군 준장이 하나, 대령이 열둘, 공군 대령이 하나, 공군 중령이 셋, 해군 중령이 하나, 소령이 열둘, 해군 소령이 셋, 대위가 넷, 중위가 하나였다.

공교롭게도 나는 이런 힘을 꽤 탐닉하는 편이다. 권력에 굴복하는 것도 별로고 심지어 휘두르는 것도 싫지만, 그런 힘을 지켜보는 건 정말 좋아한다. 화려한 행사나 역사에 의해 찬란하게 덧칠된 그 권력의 미학이 나는 좋다. 나는 모든 나라의 애국자여서, 궁전이나 의회, 웨스터민스터나 케도르세Quai d'Orsay[프랑스 외무성] 위에 펄럭이는 깃발을 구경하는 것도 너무 즐겁다. 그런데도 어쩐 일인지 인도에서의 그런 옛 마법은 내게 별 감흥을 불러일으키지 않았다. 제국의 현란한 위풍에 대한 자신들의 애정을 합리화하면서 영국은 아시아인[즉 인도인]들의 존경심을 꾸준히 유지하는 게 필수적이라고 주장했다. 그러나 그것도 '옷을 입다 만 수도승'(처칠이 간디를 두고 한 말)에 대해서는 아무 쓸모가 없었다. 또 지금도, 델리의 웅장함은 이상하게도 **인도와는 동떨어진 듯** 보인다. 외교가의 대사관들 위에서 휘날리면서 전권대사가 지금 집무 중임을 알리는 거대한 각국 국기들은 참로 동떨어져 보인다! 고위층들의 가식은 초대한 자와 초대받은 자를 떠나 얼마나 부질없어 보이는가. 견장투성이의 장군들이 폴란드 국방장관을 영접하고, 영국 황태자는 불가피하게 폴로 게임에서 승리해야만 하고, 국민회의파 상주대변인께서는

기자회견장에서 잔뜩 칭찬의 말을 듣고, 그 다음 회견장에서는 국가전환부의 객원장관께서 거들먹거리기나 하다니.

그 중에서도 가장 동떨어진 것은 이 도시에 빌붙어 호의호식하는 델리의 끔찍스런 관료주의이다. 권력의 단맛을 빨아먹는 이 거머리들은 실적을 먹고 사는 인간들이고, 부처 간 메모, 신청서 세 벌씩 쓰기, 복사, 해설, 이것저것 덧붙이기, 전례 참조 따위를 정맥주사 삼아 겨우겨우 연명하는 족속들이다. 서류철과 차 쟁반이나 만지작거리며 꼼짝도 하지 않는 이들은 거대한 권위의 괴물이나 다름없다. 이들 대부분은 실제적인 것에는 전혀 관심도 없고 가설 혹은 신조 따위에만 매달린다. 간디 사상의 가장 밑바닥까지를 포괄하는 총서 작업에 40명의 정부 고용 편집자들이 매달려 제54권까지 발간했다. 그 밖에도 수백 명의 사람들이 계획에만 매달리고 있다. 이제껏 계획가들에게 델리 같은 수도가 맡겨진 적이 없었기 때문이란다. 계산자와 문서판, 깨알 같은 글씨의 경고장으로 무장한 빅브라더들이 어디서나 눈알을 부라린다. 델리 관광안내물 하나는 이렇게 엄중하게 못 박는다. "이 지도는 여행객들을 위한 기본 가이드로 제작된 것일 뿐, **법정화폐가 아닙니다**." 간섭하려 들고 자잘한 규칙만 따지는 관료, 쓸데없고 터무니없는 것들을 일삼는 관료, 그런 관료들의 목소리가 바로 인도 공직사회의 진짜 목소리이다.

델리에서 전화교환원의 영어를 듣다 보면 발음을 분명히 끊지 않고 줄줄 이어서 흐릿하게 말하는 경우가 잦다. 인도 영어는 사실 인도가 지닌 잔인한 핸디캡 중 하나이다. 뉘앙스 전달이 불완전한 경우도 흔하고, 인도인과 방문자 사이에 말도 안 되는 상황이 벌어지게 하니까. 어떨 때는 지식인들마저도 이 덫에 걸려 완전 멍청해 보이기도 한다(한 인도 신문의 헤드라인이 'Chinese Generals Fly Back to Front'[52]로 나와서 유명했던 적이 있었다). 그렇지만 문장을 생략하듯 스르르 흘려서 말하는 건 처음이었고, 뭔가 새로운 맛이었다. 나로 하여금 뭔가 이상하게 불분명하고 형태도 없는 존재인 듯 느끼게 하고, 그날 하루를 불확실성이라는 이름의 베일로 덮어 버리는 느낌이었다.

이 느낌이 진짜다. 델리에서는 턱을 바짝 치켜들고 눈을 빛내며 싸움을 걸어서는 안 된다. 델리에서 희망은 시들고 개념은 구부러지게 되어 있다. 코 없는 거지와 잠깐 실랑이 한번 한 걸로 당신의 사회적 가치관이 완전 바뀔 수도 있다. 공항에서 면세물품 신고서 한번 쓴 걸로 당신의 효율성 기준이 완전 바뀔 수도 있다. 한 동안이 지나면 훨씬 중대한 변화가 벌어지기 시작하리라. 당신은 어느새 '그 모든 것의 의미'나 '시간의 실체' 등 옛 인도 특유의 질문들을 던지고 있을 것이다. "깨달으리라, 깨달으리라!" 가장 당혹스러운 건, 델리의 위풍당당이 처음에는 공허한 환상인줄 알았는데 실은 그것만이 그곳의 유일한 실체임을 아마 깨달으리라는 것이다. 다른 모든 것은 신기루이고! 동서남북으로, 라자스타니 사막 너머, 저 아래 코로만델 해변까지, 멀리 티베트 국경까지 인도에 존재하는 다른 모든 것들은 암시일 뿐, 절대 실체가 될 수 없다.

날마다 반복되는 실적과 통제의 주기에 사로잡힌 나머지 델리는, 저 인도의 지평선들 위에 늘 어둡고 암울하게 도사리고 있는 논란과 위협, 불행의 모래폭풍으로부터 역설적으로 보호받는다. 뿌옇게 가려지고 스르르 흘려버리는 델리, 처음에는 미스터리였다가 이내 짜증나는 일이 되어버렸던 델리의 그 모습이 결국에는 다시 안심스러운 것이 됨으로써 종결된다. 세 번 정도 애를 쓰고 나면, 당신은 감사하며 포기한다. 말도 안 된다고 한두 번 분통을 터뜨리고 나면, 당신은 기쁘게 델리가 원하는 걸 따른다. 당신이 체계를 바꿀 수 있다고 생각하시는가? 애 쓰고 또 애

---

52 인도를 방문했던 중국 장군들이 귀국했다는 거면 'Chinese Generals Fly Back'으로만 쓰면 되는데, 거기다 '모자를 뒤집어쓰다' '스웨터를 거꾸로 입다' 등에 쓰이는 'Back to Front'를 엉터리로 붙여놓는 바람에 "중국장군들, 뒤집어져 날다"라는 말도 안 되는 헤드라인이 나오고 만 것이다. [역주]

써보시라. 그러다 델리라는 이름의 공들인 복잡계가 문득 당신을 사로잡을 때, 옛 방식의 길고 복잡한 실적들을 문득 깨달을 때, 오로지 굽타 여사만이 비용 처리를 해줄 자격을 가졌으며 관습에 따라 무케르지 씨가 무크타르 싱 씨 옆에서 일하는 게 금지되어 있으며 또 모하메드 씨는 물론 금요일에는 휴무란 걸 설명받았을 때, 그리하여, 정복자가 들이닥치든 자유가 허용되든 중세 초기 이래 줄곧 델리는 대략 이러했다는 걸 서서히 깨닫게 될 때, 느긋하고 다정한 미소와 더불어 당신은 수긍할 것이다. 델리는 아마 이대로 남겨지는 게 더 좋겠다고.

지금처럼 이대로! 인도는 늘 지금 이대로다! 델리에서 나는 절망하지 않는다. 내 주변을 깊은 무관심이라는 요새가 에워싸고 있음을 항상 느낄 수 있으니까. 수도 델리는 본질적으로 인도라는 나라에 대해서도 무관심하다. 나라는 또 수도에 대해 냉담하고. 현행 증가세라면 세기말 인도에는 약 10억의 인구가 살게 될 것이다. 그 와중에 인도는 어떤 양상의 것이든 혁명을 겪게 될 공산이 아주 클 것 같다. 하지만 그 후 델리를 다시 찾을 여행자는 이 도시가 예전과 거의 똑같음을 알게 되고, 같은 감상에 젖어 출렁이게 되며, 같은 상념에 빠지게 되며, 같은 철학의 수렁에 빠져 허우적대다가, 만약 그도 나와 엇비슷하다면 그 또한 나처럼 다정한 결론을, 결론 없는 결론을 내리게 되리라.

"보세요. 보세요. 제가 말씀드렸죠? 이제 형이상학적으로 생각하시는군요. 제 예상처럼요." 뭐, 그런 셈인가? 그런데 그 정부대변인 양반은 자신의 주장을 몸소 증명해주었다. 그도 굽타 여사도 내게 전화를 주지 않았으니까.